Martin Liepach, Wolfgang Geiger

Fragen an die jüdische Geschichte

Darstellungen und didaktische Herausforderungen

Bibliografische Information der Deutschen Nationalbibliothek

Die Deutsche Nationalbibliothek verzeichnet diese Publikation in der Deutschen Nationalbibliografie; detaillierte bibliografische Daten sind im Internet unter http://dnb.d-nb.de abrufbar.

Schriftenreihe des Fritz Bauer Instituts, Frankfurt am Main,
Studien- und Dokumentationszentrum zur Geschichte und
Wirkung des Holocaust, Band 33

www.wochenschau-verlag.de

Umschlaggestaltung: Ohl Design
Titelbild: picture alliance_Joker
Gedruckt auf chlorfrei gebleichtem Papier
Gesamtherstellung: Wochenschau Verlag
ISBN 978-3-7344-1631-6 (Buch)
E-Book ISBN 978-3-7566-1631-2 (PDF)
DOI https://doi.org/10.46499/2160

Inhalt

B. Qualitative Befunde 2014–2023

C. Didaktische Herausforderungen

Einleitung

Der Titel „Fragen an die jüdische Geschichte" erinnert an den Titel des Schulbuchklassikers „Fragen an die Geschichte" aus den 70er Jahren. Inzwischen hat er sich längst verselbständigt und Eingang in Form von Kapitelüberschriften für Schulbücher oder wissenschaftliche Aufsätze gefunden, wenn es um übergreifende Fragestellungen oder Bestandsaufnahmen geht.[1] In diesem Sinn soll es in diesem Buch um jüdische Geschichte gehen: um eine Bestandsaufnahme vorhandener Darstellungen in Schulgeschichtsbüchern der jüngsten Generation und daraus ableitend um allgemeine sachliche und didaktische Fragestellungen für den Geschichtsunterricht.

Es gibt keine „Didaktik der jüdischen Geschichte", sowenig es eine Didaktik zu bestimmten Epochen wie beispielsweise des Mittelalters gibt. Geschichtsdidaktik orientiert sich immer an allgemeinen Fragestellungen. Dennoch ergeben sich gerade im Hinblick auf die unterrichtliche Beschäftigung mit der jüdischen Geschichte einige Spezifika, die aus ihren Eigenheiten rühren. Daher geht es in diesem Buch um *Fragen an den Umgang mit jüdischer Geschichte* und die damit verbundenen didaktischen Herausforderungen.

Jüdische Geschichte bedeutet in diesem Buch in erster Linie die Betrachtung der deutsch-jüdischen Geschichte. Dort, wo transnationale Bezüge der jüdischen Geschichte in den Schulbüchern erkennbar waren, wurden diese aufgenommen. Ausgenommen von der Untersuchung wurden der Nahostkonflikt und dessen Wurzeln. Die Komplexität der Thematik und die damit verbundenen didaktischen Herausforderungen verdienen eine eigene Untersuchung.

Die Geschichte der Juden ist nicht die Geschichte des Antisemitismus. Die Trennung dieser beiden Perspektiven, wenngleich gerade erforderlich in der Vermittlung im Unterricht, wird in den Schulbüchern selten eingehalten. Dies hat zur Konsequenz, dass in unserer Untersuchung die Geschichte des Antisemitismus und seine Thematisierung eingeflossen sind. Ebenso schwierig gestaltete sich in der Praxis die Abgrenzung zu weiterführenden Fragestellungen, wenn es um die Behandlung bestimmter Epochen ging. Insbesondere der Nationalsozialismus dominiert, nicht überraschend, zu großen Teilen die Wahrneh-

1 Beispielsweise: Anno 11/12, Ausgabe Sachsen, 2008. Martin Sabrow: Die Diktatur des Paradoxons. Fragen an die Geschichte der DDR. In: Hans Günter Hockerts (Hg.), Koordinaten deutscher Geschichte in der Epoche des Ost-West-Konflikts. München 2003, S. 153-174.

mung der jüdischen Geschichte in den Schulbüchern. Einige damit verbundene weiterführende, jedoch nur indirekt aus der jüdischen Geschichte herrührende Fragen wie die Behandlung der NS-Ideologie wurden dennoch aufgenommen. Das Werk ist aber keine Untersuchung über die Darstellung des Nationalsozialismus in deutschen Schulbüchern[2], auch erhebt es nicht den Anspruch auf eine systematische und erschöpfende Untersuchung auf dem Gebiet der Holocaust-Education. Das Buch bietet vielmehr auch einen Durchgang durch die jüdische Geschichte von der Antike bis in die Gegenwart entlang der Darstellungen und Materialien in den aktuellen Schulbüchern.

Die Bestandsaufnahme in den Schulbüchern im ersten Teil ist nicht als „Schulbuchschelte" gedacht. Schulbücher sind eine „Art Seismograph für das jeweils auf gesellschaftlichem *common sense* beruhende hegemonialen Wissen"[3], „Schulbuchwissen" ist dementsprechend gesellschaftlich konsensfähiges Wissen. Schulbücher lassen sich auch als eine Ausdrucksform von Geschichtskultur deuten. Die Analyse gibt daher Aufschluss über die geschichtskulturelle Wahrnehmung von Juden und der gemeinsamen christlich-jüdischen Geschichte am Beispiel deutscher Schulbücher der Sekundarstufe I. Die Analysen und kritischen Bestandsaufnahmen sind zudem als Schärfung für einen genaueren Blick bei der Behandlung jüdischer Geschichte im Unterricht gedacht. Insbesondere der zweite Teil soll den Blick weiten, hier fließen nicht nur die Ergebnisse der zugrunde liegenden Schulbücher in die Analyse ein, sondern auch weitere Unterrichtsmaterialien und Schulbücher, die nicht Bestandteil des Samples für die empirische und qualitative Analyse waren. Die Ausführungen sollen Anregung und hoffentlich Anstoß für weitere notwendige Diskussionen über die didaktischen Erfordernisse bei der Vermittlung jüdischer Geschichte sein. Das Buch wendet sich daher an Lehrkräfte, Schulbuchautoren und Didaktiker.

Die Studie reiht sich in eine längere Tradition ein. Bereits 1960 gab der der Verband deutscher Studentenschaften aus eigener Initiative eine Untersuchung „zur Darstellung des Judentums in der Lehrerbildung und im Schulunterricht" heraus[4], 1963 publizierten Saul B. Robinsohn und Chaim Schatzker ihre Studie

---

2 Auf relevante Untersuchungen zur Darstellung des Holocaust in deutschen Schulbüchern wird an entsprechender Stelle Bezug genommen.

3 Simone Lässig: Wer definiert relevantes Wissen? Schulbücher und ihr gesellschaftlicher Kontext. In: Eckhardt Fuchs/Joachim Kahlert/Uwe Sandfuchs (Hg.): Schulbuch konkret. Kontexte Produktion Unterricht. Bad Heilbrunn 2010, S. 207.

4 Erziehungswesen und Judentum. Die Darstellung des Judentums in der Lehrerbildung und im Schulunterricht, Hg. vom Verband Deutscher Studentenschaften (VDS), zusammengestellt von Ekkehart Krippendorff in Zusammenarbeit mit Dieter Bielenstein. München 1960.

„jüdische Geschichte in deutschen Geschichtslehrbüchern“, die die Ergebnisse ihrer Untersuchung über bundesrepublikanische Schulgeschichtsbücher in den Volks- und Oberschulen enthält. Von 1981 bis 1985 bestand eine deutsch-israelische Schulbuchkommission. Ihr gehörten 18 Wissenschaftler, Historiker und Geographen aus beiden Ländern an. Nach der Analyse der Schulbücher in beiden Ländern formulierten sie auf der Grundlage der Ergebnisse („Befunde“) Empfehlungen, von denen sich künftig Verlage, Schulbuchautoren und Lehrer leiten lassen sollten. Die insgesamt 13 Empfehlungen haben teils epochenspezifischen, teils epochenübergreifenden Charakter. In seinem Rückblick auf die eigene jahrzehntelange Schulbuchanalyse und -kritik bilanzierte Chaim Schatzker 1994, dass sich qualitativ in den Schulbüchern nicht viel verändert hatte[5]. Die Empfehlungen von 1985 haben, wie wir meinen, auch bis heute nichts von ihrer Bedeutsamkeit verloren.[6]

Martina Langer-Plän legte 1995 eine Studie zur „Darstellung und Rezeption deutsch-jüdischer Geschichte als didaktisches Problem“ vor.[7] Die Ergebnisse der deutsch-israelischen Schulbuchkommission griff zu Beginn des 21. Jahrhunderts eine Kommission des Leo Baeck Instituts auf. Diese führte den Gedanken der unterrichtlichen Anknüpfung und Verankerung deutsch-jüdischer Geschichte in den Lehrplänen fort. Die 2003 erschienene Schrift „Deutsch-jüdische Geschichte im Unterricht. Orientierungshilfe für Lehrplan- und Schulbucharbeit sowie Lehrerbildung und Lehrerfortbildung“[8] listete entlang

5 Chaim Schatzker: Juden und Judentum in den Geschichtslehrbüchern der Bundesrepublik Deutschland. In: Thomas Lange (Hg.): Judentum und jüdische Geschichte im Schulunterricht nach 1945. Bestandsaufnahmen. Erfahrungen und Analysen aus Deutschland, Österreich, Frankreich und Israel. Aschkenas – Zeitschrift für Geschichte und Kultur der Juden, Beiheft 1, Wien u.a. 1994, S. 37-47.

6 Deutsch-israelische Schulbuchempfehlungen. Zur Darstellung der jüdischen Geschichte sowie der Geschichte und Geographie Israels in Schulbüchern der Bundesrepublik Deutschland – Zur Darstellung der deutschen Geschichte und der Geographie der Bundesrepublik Deutschland in israelischen Schulbüchern, Studien zur internationalen Schulbuchforschung. Schriftenreihe des Georg-Eckert-Instituts, Hg. von Ernst Hinrichs, Bd. 45, Braunschweig 1985.

7 Martina Langer-Plän: Darstellung und Rezeption deutsch-jüdischer Geschichte als didaktisches Problem. Frankfurt/M. 1995.

8 Deutsch-jüdische Geschichte im Unterricht. Orientierungshilfe für Lehrplan- und Schulbucharbeit sowie Lehrerbildung und Lehrerfortbildung, herausgegeben vom Leo Baeck Institut/Kommission für die Verbreitung deutsch-jüdischer Geschichte 2003. – 2011 erschien eine erweiterte und aktualisierte Fassung. Download über das Pädagogische Zentrum des Fritz Bauer Instituts und des Jüdischen Museums Frankfurt: www.pz-ffm.de.

der klassischen Schulbuchabschnitte und -epochen grundlegende Inhalte auf, die es ermöglichen sollen deutsch-jüdische Geschichte als Teil der allgemeinen deutschen aber auch europäischen Geschichte in den Unterricht zu integrieren. Die Orientierungshilfe erfuhr die ausdrückliche Empfehlung der Kultusministerkonferenz. Anfang 2011 konstituierte sich eine Neuauflage der deutsch-israelischen Schulbuchkommission, auf deren Untersuchungsergebnisse in einigen Fällen zurückgegriffen wird. Neben einer Bestandsaufnahme der derzeitigen Lehrwerke sollen bis 2015 perspektivische Empfehlungen für einen zeitgemäßen, an den gesellschaftlichen Erfordernissen orientierten Geschichtsunterricht erarbeitet werden.

Das vorliegende Buch ist die erste umfassende Analyse seit der Untersuchung von Wolfgang Marienfeld aus dem Jahr 2000 zur Darstellung der jüdischen Geschichte in deutschen Schulbüchern.[9] Es wäre nicht ohne die Hilfe etlicher Personen möglich gewesen, die die Arbeit begleitet und unterstützt haben. Namentlich bedanken wir uns bei Christine Wern, Gottfried Kößler und den anderen Mitarbeitern des Jüdischen Museums Frankfurt und des Fritz Bauer Instituts. Die Kooperation mit dem Georg-Eckert-Institut für Internationale Schulbuchforschung (GEI) in Braunschweig und die Unterstützung durch deren Leitung, Simone Lässig und Eckhardt Fuchs, war für die Umsetzung des Projekts sehr hilfreich. Dirk Sadowski und sein Team am GEI waren stets bereit, fehlende Schulbuchseiten zu liefern. Irmtraud Hölscher lektorierte mit Sorgfalt das Manuskript. Laura Herr und Sonja Bischoff unterstützten als wissenschaftliche Hilfskräfte die Recherchen.

9 Wolfgang Marienfeld: Die Geschichte des Judentums in deutschen Schulbüchern (Theorie und Praxis, Band 72), Hannover 2000. Eine Zusammenfassung der Ergebnisse publizierte Marienfeld zusammen mit einem Abriss der Schulbuchempfehlungen in der Vergangenheit im Jahr 2003. Wolfgang Marienfeld: Jüdische Geschichte im Schulbuch der Gegenwart. In: Geschichte in Wissenschaft und Unterricht, 3/2003, S. 167-173.

Sample und empirische Befunde

Für die Untersuchung wurden 74 im Hinblick auf Bundesländer, Verlage und Schulstufen repräsentative Schulbücher der Sekundarstufe I ausgewertet[10]; 38 Werke aus dem Gymnasialbereich, 36 aus dem Gesamt-, Haupt- und Realschulbereich.[11] Im Gymnasialbereich wurden folgende Werke untersucht:

Expedition Geschichte, Forum Geschichte, Geschichte plus, Horizonte, Mosaik, Das waren Zeiten, Zeit für Geschichte, Zeiten und Menschen, Geschichte und Geschehen.

Für den Gesamtschul-, Haupt- und Realschulbereich wurden folgende Werke analysiert:

Entdecken und Verstehen, Geschichte kennen und verstehen, Geschichte erleben, Geschichte konkret, Von ... Bis, Zeitreise, geschichte real.

Damit wurden Werke aus folgenden Verlagen: Diesterweg, Cornelsen, Volk und Wissen, Westermann, Oldenbourg, Buchner, Schroedel, Schöningh, Klett – und den Bundesländern Sachsen-Anhalt, Berlin-Brandenburg, Niedersachsen, Nordrhein-Westfalen, Bayern, Baden-Württemberg, Sachsen berücksichtigt.[12]

Für das Werk *Entdecken und Verstehen* wurden die Landesausgaben Berlin-Brandenburg und Niedersachsen, für *Zeitreise* die Landesausgaben Sachsen und Niedersachsen in das Sample aufgenommen, sodass Länderausgaben verglichen und grundsätzliche Unterschiede in der Konzeption festgestellt werden konnten. Verglichen wurde auch die Neuausgabe von *Entdecken und Verstehen* Niedersachsen aus dem Jahr 2009 mit der älteren Ausgabe aus dem Jahr 2004.

---

10 Zu den genauen bibliographischen Angaben und den im Weiteren benutzten Abkürzungen der Werke vgl. den Anhang im Buch.

11 Jahrgangsdoppelausgaben wurden als ein Werk gezählt. Bedingt durch den Wechsel von G9 zu G8 befinden sich sowohl G8- als auch G9-Werke im Sample.

12 Ein weiteres Kriterium war, dass die Werke durchgängig, d.h. in allen dafür konzipierten Jahrgangsstufen vorhanden waren. Alle Werke sind in den Beständen des Georg-Eckert-Instituts zu finden.

Zur empirischen Erschließung des Themengebietes wurde zunächst der Stichwortindex der Bücher erfasst. Folgende Stichworte waren für die Erhebung maßgeblich[13]: Israel, Israeliten, Palästina, Juden, Judentum, Judenverfolgung, Antisemitismus, Zionismus, Diaspora, Ghetto (Getto), Emanzipation, Nahost.

Im ersten Arbeitsdurchgang wurden auf dieser Basis die entsprechenden Seiten, Text- und Bildstellen erfasst und gescannt. Damit ergab sich ein Untersuchungskorpus von ca. 2000 Seiten, einschließlich Inhaltsverzeichnis und Index.

Anschließend wurden die Seiten nach Umfang und Zusammensetzung ausgewertet, wobei zwischen Autorentexten, Textquellen, Bildmaterial und Arbeitsaufträgen unterschieden wurde. Die Texte wurden nach „Sinneinheiten" ausgezählt, d. h. gezählt wurden alle Zeilen, die einen inhaltlichen Sinnbezug zum Stichwort besitzen. Beim Bildmaterial wurde der Anteil der Größe der Abbildungen zur jeweiligen Schulbuchseite ermittelt – eine Auszählung nach Zeilen ist nur bedingt aussagekräftig, da die Spaltenzahlen (von einspaltig bis dreispaltig) in den Schulbüchern variieren – und die Werte auf den Umfang einer Schulbuchseite standardisiert, um Vergleichbarkeit herzustellen. Bezugsgröße war eine Schulbuchseite des jeweiligen Werkes.[14]

---

13 Die Geschichte des Antisemitismus ist weder identisch mit der jüdischen Geschichte noch ein Teilgebiet davon. Dennoch erscheint die Berücksichtigung dieses Themas für die Analyse sinnvoll. Das Stichwort „Judenverfolgung" schloss auch die Begriffe „Holocaust" und „Shoah" ein. Auch der Umfang, in dem der Nahostkonflikt thematisiert wurde, wurde erfasst, ist jedoch nicht Gegenstand der Untersuchung. Das Thema ist komplex genug, um eine eigene Untersuchung zu verdienen. Siehe dazu auch Wolfgang Geiger: Zwischen Scham und Vorurteil. Das Thema Israel im Schulunterricht – und nicht nur da. In: Begegnungen – Zeitschrift für Kirche und Judentum, Nr. 2/2009, S. 8-15.

14 Den Autoren ist bewusst, dass Schulbuchseite nicht gleich Schulbuchseite ist, da auch hier durch das unterschiedliche Layout (Seitengröße, Schriftgröße usw.) der Informationsumfang differiert. Wir haben weitere aufwändige empirische Überlegungen angestellt und exemplarisch durchspielt; letztlich haben wir sie aber verworfen, da keine grundlegend abweichenden oder neuartigen empirischen Erkenntnisse zu erwarten waren.

Anteile jüdischer Geschichte

Gymnasialwerke	Inhaltsseiten Gesamt	Inhaltsseiten jüdische Geschichte	Inhaltsindex[15]
Expedition Geschichte	692	13,3	1,92
Forum Geschichte	1184	27,2	2,30
Geschichte plus	585	13	2,22
Horizonte	923	17	1,84
Mosaik	827	22,2	2,68
Das waren Zeiten	976	37	3,79
Zeit für Geschichte	1216	29	2,38
Zeiten und Menschen	938	17	1,81
Geschichte und Geschehen	1139	22,1	1,94
Gesamt	8481	194,8	2,30

GHR-Werke	Inhaltsseiten Gesamt	Inhaltsseiten jüdische Geschichte	Inhaltsindex[15]
Geschichte kennen und verstehen	758	17	2,24
Geschichte erleben	955	26,5	2,77
Geschichte konkret	529	16	3,02
Von ... Bis	838	9	1,07
Zeitreise (Sachsen)	526	21,5	4,08
Zeitreise (Niedersachsen)	660	20,4	3,09
Reise in die Vergangenheit	786	20	2,54
Entdecken und Verstehen (Brandenburg)[16]	815	12,5 (18,5)	1,53 (2,23)
Entdecken und Verstehen (Niedersachsen)	837	24	2,87
Geschichte real	652	16,6	2,54
Gesamt	7356	183,5 (189,5)	2,49 (2,58)
Total (Alle Werke)	15837	378,3 (384,3)	2,39 (2,43)

15 Inhaltsindex = (Inhaltsseiten jüdische Geschichte/Inhaltsseiten Gesamt) x 100; entspricht dem prozentualen Anteilswert.

16 Werte in Klammern beziehen sich auf die Neuausgabe.

Bei den einzelnen Schulformen ist beim Anteil der jüdischen Geschichte kein großer Unterschied festzustellen; der Anteil im GHR-Bereich ist geringfügig größer. Nimmt man beide Bereiche zusammen, geht es auf durchschnittlich 2,4 von 100 Schulbuchseiten um jüdische Geschichte. Die Schwankungen zwischen den einzelnen Werken wirkten auf den ersten Blick nicht sonderlich bemerkenswert; vergleicht man aber die oberen und unteren Spitzenwerte, fällt auf, dass in *Das waren Zeiten* (3,79) doppelt so viel jüdische Geschichte präsentiert wird als in *Zeiten und Menschen* (1,81). Noch deutlicher sind die Unterschiede zwischen der Sachsen-Ausgabe von *Zeitreise* – 4,08 Seiten – und dem Werk *Von … Bis* – 1,07 Seiten. Damit ist der Anteil jüdischer Geschichte in der *Zeitreise*-Ausgabe fast viermal höher.

Auch innerhalb der Länderausgaben gibt es Schwankungen, wie die Tabelle zeigt. So liegt der Anteil jüdischer Geschichte in *Zeitreise Sachsen* bei knapp 4%, in der Niedersachsen-Ausgabe hingegen bei 3%. In der Neuausgabe von *Entdecken und Verstehen* (BerlinBrandenburg) wurde das NS-Kapitel um sechs Seiten erweitert.

Anteile jüdischer Geschichte/Kapitel NS-Geschichte

Gymnasialwerke	**Inhaltsseiten NS-Kapitel**	**Inhaltsseiten jüdische Geschichte**	**Inhaltsindex**
Expedition Geschichte 2	102	12	11,76
Forum Geschichte 9	66	8	12,12
Geschichte plus 9/10	62	12	19,35
Horizonte 3	76	13	17,11
Mosaik B 9	62	13	20,97
Das waren Zeiten 4	78	22	28,21
Zeit für Geschichte 4	61	18	29,51
Zeiten und Menschen 4	81	9	11,11
Geschichte u. Geschehen 5	75	15	20,00
Gesamt	663	122	18,40
GHR-Werke			
Geschichte kennen und verstehen 9	54	6	11,11
Geschichte erleben 4	76	14	18,42
Geschichte konkret 4	52	12	23,08
Von ... Bis 3	64	6	9,4
Zeitreise 3 (Sachsen)	54	9	16,67
Zeitreise 3 (Niedersachsen)	56	8	14,28
Reise in die Vergangenheit 4	78	9	11,5

GHR-Werke			
Entdecken und Verstehen 9/10 (Brandenburg)	60 (62)	11 (17)	18,33 (27,41)
Entdecken und Verstehen 3 (Niedersachsen)	90	22	24,44
Geschichte real 3	41	9	21,95
Gesamt	625 (627)	106 (112)	16,9 (17,86)
Total (Alle Werke)	1288	228 (234)	17,7 (18,17)

Zu den NS-Kapiteln wurden auch die Großkapitel gezählt, die sich über den Nationalsozialismus hinaus mit Totalitären System beschäftigen und den Zweiten Weltkrieg mit einbeziehen (z. B. „Totalitäre Herrschaft und Zweiter Weltkrieg“[17]). Die Werte belegen, dass jüdische Geschichte innerhalb dieser Epoche einen signifikanten Stellenwert einnimmt. Durchschnittlich 18 % der entsprechenden Kapitelseiten beschäftigen sich mit dem Schicksal der Juden in der Zeit des Nationalsozialismus, wobei die Anteile innerhalb der einzelnen Werke durchaus stark schwanken können. Auch hier ergibt der Vergleich von Werken unterschiedlicher Schulformen keinen wesentlichen Unterschied im Durchschnittswert.

Die Werte weisen aber auch darauf hin, dass die NS-Zeit vom Umfang her bei der Darstellung jüdischer Geschichte dominiert. Dies belegen auch die Auswertungsergebnisse, wenn man die jüdische Geschichte nach „NS-Zeit“ und „Nicht-NS-Zeit“ aufschlüsselt. Der Anteil der NS-Geschichte an der jüdischen Geschichte beträgt im Gesamtsample gut zwei Drittel.

Verteilung jüdischer Geschichte

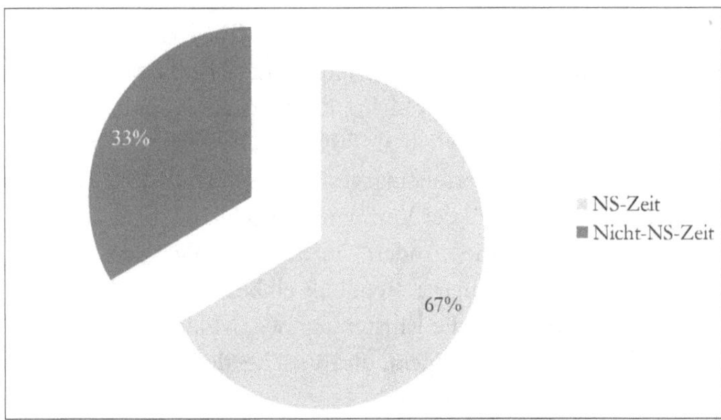

17 *Das waren Zeiten 4.*

Aufgeschlüsselt nach Schulformen ergibt sich eine noch stärkere Dominanz der NS-Geschichte im GHR-Bereich. Gut 72 % der jüdischen Geschichte beziehen sich auf diese Epoche, lediglich 28 % auf andere Zeitabschnitte, während es im Gymnasialbereich knapp 37 % sind, dementsprechend fallen dort 63 % der Schulbuchseiten mit jüdischer Geschichte in den Bereich der NS-Zeit.

Die zweitwichtigste Epoche in der Darstellung der jüdischen Geschichte in den Schulbüchern ist mit fast 11 % der Gesamtseitenzahl das Mittelalter.[18] Schlüsselt man die hier behandelten Themen und Perspektiven etwas auf, so ergibt sich das folgende Bild:

Darstellung jüdischer Geschichte (Mittelalter)

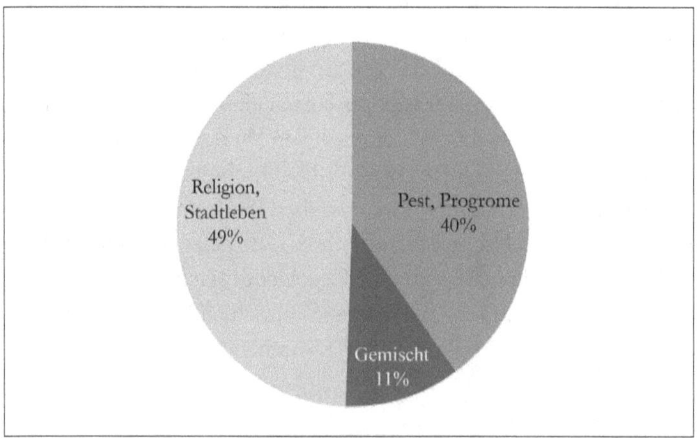

Rechnen wir die Verfolgungsgeschichte im Mittelalter (Pogrome im Zusammenhang mit den Kreuzzügen und der Pest) und die der NS-Zeit zusammen, zeigt sich, wie stark die Verfolgungsgeschichte die Darstellung jüdischer Geschichte in den Schulbüchern prägt. Mehr als 70 % der Darstellungen beziehen sich auf die Ausgrenzungs- und Verfolgungsgeschichte der NS-Zeit und des Mittelalters. Insgesamt ist der Anteil der Verfolgungsgeschichte sogar noch höher anzusetzen, da in die Kategorie „Andere" in der nachfolgenden Graphik auch das Kaiserreich und die Weimarer Republik einbezogen wurden. Beim Kaiserreich ist in den Schulbüchern die Entstehung des „Modernen Antisemitismus" ein wesentlicher inhaltlicher Aspekt, und auch bei der Weimarer Repu-

18 Da nicht alle Lehrpläne die Behandlung des Mittelalters vorsehen, gibt es auch Werke, die auf die Darstellung verzichten z.B. *Expedition Geschichte.*

blik werden Antisemitismus und Ausgrenzungserfahrungen an etlichen Stellen angesprochen (siehe dazu die Ergebnisse der qualitativen Analyse).

Verfolgungsgeschichte

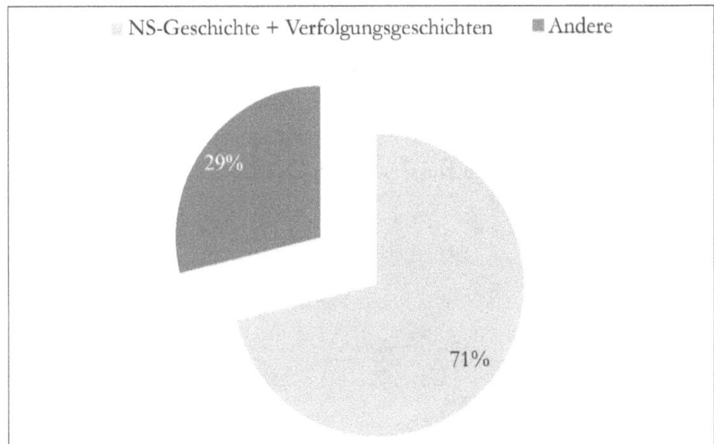

Die Aufschlüsselung nach den Epochen, in denen die jüdische Geschichte vorkommt, ergibt das folgende Bild. Aus pragmatischen Gründen umfasst die Kategorie „(Frühe) Neuzeit" die Zeit vom Ausgang des Mittelalters bis zur Gründung des Kaiserreichs. Hier zeigt der geringe Wert (2,8), wie untergeordnet der Stellenwert beispielsweise der des Zeitalters der Emanzipation und Aufklärung ist.

Verteilung nach Epochen

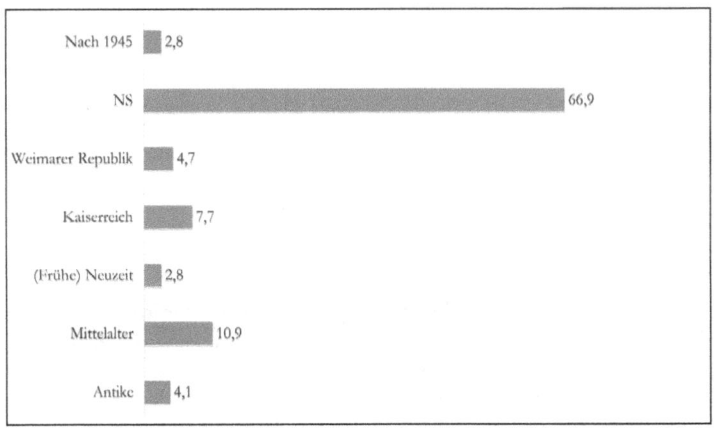

Die Häufigkeit bestimmter Themen sagt noch nichts über die Qualität der Behandlung des Themas aus, aber die quantitative Berücksichtigung der jüdischen Geschichte in einer Epoche ist die Voraussetzung für eine adäquate Behandlung. Die Werte für die Epochen in unserem Sample beanspruchen keinen Absolutheitsanspruch; ein anderes Sample könnte eine leicht abweichende Verteilung ergeben. Die vorliegenden Ergebnisse sind jedoch insofern repräsentativ, als sich an dem „Ranking" innerhalb der Epochen nichts ändern würde: Stiefmütterliche Berücksichtigung der Zeit nach 1945 und der Neuzeit, geringe Aufmerksamkeit für die Antike und die Weimarer Republik, stärkere Berücksichtigung des Mittelalters und des Kaiserreiches, Dominanz der NS-Zeit.[19]

---

19 Die Verteilung der Epochen steht der Darstellung jüdischer Geschichte in dem vierbändigen Werk des Leo Baecks Instituts diametral entgegen. Vgl. Leo Baeck Institut: Deutsch-jüdische Geschichte in der Neuzeit. Band 1: 1600-1780 mit einem umfangreichen Kapitel zum Mittelalter; Band 2: 1780-1871; Band 3: 1871-1918; Band 4: 1918-1945. München 1996/97.

Vorwort zur 2. Auflage

Seit der Veröffentlichung unserer umfangreichen Studie im Jahr 2014 sind nunmehr zehn Jahre vergangen. Einiges hat sich im bildungspolitischen Kontext verändert. Publikationen, Empfehlungen, Untersuchungen sind hinzugekommen.

Die Deutsch-israelischen Schulbuchempfehlungen von 2015 setzten den Schwerpunkt der Untersuchung auf die Darstellung Israels und des Holocaust in den deutschen Schulgeschichtsbüchern. Sie enthalten jedoch auch Empfehlungen hinsichtlich der Darstellung der deutschen Nationalbewegung und der Weimarer Republik. Letztere Epoche sei „chronologisch-strukturell eigenständig und nicht zwingend im Kontext des Aufstiegs des Nationalsozialismus zur Macht zu behandeln“[20]. Im gleichen Jahr veröffentlichte Philipp Lenhard zusammen mit Gregor Pelger und Mirjam Zadoff einen Beitrag, der in der Bilanz jahrzehntelanger Schulbuchkritik und mit Bezug auf unser Buch die Bedeutung von Unterrichtsmaterialien für das Vorhaben eines gelungenen Perspektivwechsels auf die jüdische Geschichte betont.[21] Darüber hinaus fanden die Ergebnisse unserer Untersuchung eine relativ breite Resonanz in der Fachwelt sowie bei Yad Vashem[22] und sie waren auch Bezugspunkt in der Gemeinsamen Erklärung des Zentralrats der Juden in Deutschland und der Kultusministerkonferenz zur Vermittlung jüdischer Geschichte, Religion und Kultur in der Schule vom 8.12.2016 und in der darauf folgenden gemeinsamen Erklärung des Zentralrats, der Antisemitismusbeauftragten von Bund und Ländern sowie der KMK zum Umgang mit Antisemitismus in der Schule vom 10.6.2021. In der Präambel der Erklärung von 2016 wurde darauf hingewiesen: „Jüdisches Leben […] wird, beispielsweise in Schulbüchern und anderen Bildungsmedien, vielfach nur auf einzelne Elemente oder auf einige wenige Epochen der Geschichte verkürzt, zum Teil verzerrt und undifferenziert dargestellt.“[23] Die Empfehlung von 2021

---

20 Deutsch-Israelische Schulbuchkommission (Hg.): Deutsch-israelische Schulbuchempfehlungen. Göttingen 2. Aufl. 2017, S. 58.

21 Philipp Lenhard (zus. m. Gregor Pelger und Mirjam Zadoff): Von der Sondergeschichte zur integrierten Geschichte: Jüdische Geschichte im Schulunterricht. In: Münchner Beiträge zur jüdischen Geschichte und Kultur 1 (2015), S. 11-26.

22 https://www.yadvashem.org/de/education/newsletter/17/questions-about-jewish-history.html (letzter Zugriff: 15.9.2023).

23 https://www.kmk.org/fileadmin/Dateien/pdf/PresseUndAktuelles/2016/2016-12-08_KMK-Zentralrat_Gemeinsame-Erklaerung.pdf, S. 2 (15.9.2023).

erhob die dringliche Mahnung, dass in den Bildungsmedien „Antisemitismus fächerübergreifend thematisiert", aber „zugleich auch nicht unterschwellig transportiert und verstärkt wird".[24] Und wir selbst hatten mehrfach Gelegenheit, auf die Problematik einer defizitären und an vielen Stellen falschen Darstellung deutsch-jüdischer Geschichte hinzuweisen.[25]

2021 feierte man bundesweit 1700 Jahre jüdisches Leben in Deutschland. Der Verein 321–2021: 1700 Jahre jüdisches Leben in Deutschland e. V. koordinierte und gestaltete dies mit Mitteln des Bundesministeriums des Inneren, für Bau und Heimat. Wir können hier nicht näher auf die zahlreichen Projekte eingehen, die Förderung erhalten haben, darunter pädagogische Publikationen von Vereinen, Institutionen und Museen. Exemplarisch seien hier nur die Unterrichtseinheiten zur virtuellen Ausstellung „Gemeinsame Geschichte(n) – deutsch-jüdische Lebenswege" genannt, die die Jahre von 1880 bis 1933 besonders in den Blick nahmen.[26]

Im November 2022 wurde im Kabinett der Bundesregierung die Nationale Strategie gegen Antisemitismus und für jüdisches Leben (NASAS) beschlossen. Sie hat das Ziel, „Jüdinnen und Juden in Deutschland zu stärken und ihre Lebensrealitäten sichtbarer zu machen". Definiert werden fünf Handlungsfelder, darunter das Handlungsfeld 5 „Jüdische Gegenwart und Geschichte". Dort heißt es: „Insbesondere im Bildungsbereich, vor allem in der Schule als zentra-

---

24 https://www.kmk.org/fileadmin/Dateien/veroeffentlichungen_beschluesse/2021/2021_06_10-Gemeinsame_Empfehlung-Antisemitismus.pdf, S. 11 (15.9.2023). Vgl. hierzu auch Wolfgang Geiger: Zur KMK-Empfehlung über den Umgang mit Antisemitismus in der Schule. Fragen eines lesenden Lehrers – und einige Antworten. In: geschichte für heute 2/2023, S. 71-80.

25 Siehe z.B. Wolfgang Geiger: „Geldjuden" – Die Grundlagen eines universellen Vorurteils vom Mittelalter bis heute. In: KIgA, Widerspruchstoleranz – Ein Methodenhandbuch zu antisemitismuskritischer Bildungsarbeit, Nr. 3, 2019, S. 16-24 (auch online verfügbar); ders.: Antisemitismus auch im Schulbuch? Zum historischen und pädagogischen Kontext eines gravierenden Vorwurfs. In: Medaon – Magazin für jüdisches Leben in Forschung und Bildung, Jg. 13 (2019), Nr. 25 (Online-Publikation); Martin Liepach: Die Marginalisierung jüdischer Geschichte in den Schulgeschichtsbüchern – Das Beispiel Centralverein. In: Medaon. Magazin für jüdisches Leben in Forschung und Bildung, Jg. 13 (2019) Nr. 25 (Online-Publikation); ders.: Zur Darstellung des Holocaust in den aktuellen Schulgeschichtsbüchern. In: Geschichte in Wissenschaft und Unterricht, 70 (2019), H. 9/10, S. 543-553; ders. (zus. m. Alfons Kenkmann): NS-Gewalttäter und ihre Verbrechen in aktuellen Schulgeschichtsbüchern. In: Thomas Köhler, Jürgen Matthäus, Thomas Pegelow Kaplan, Peter Römer (Hg.): Polizei und Holocaust. Eine Generation nach Christopher Brownings *Ordinary Men*. Paderborn 2023, S. 207-228.

26 https://www.lehrer-online.de/fokusthemen/dossier/do/gemeinsame-geschichten-deutsch-juedische-lebenswege/ (15.9.2023).

lem Ort des kognitiven und sozialen Lernens, sollten die jüdische Gegenwart und vor allem die jüngere jüdische Geschichte stärker als bisher thematisiert werden. Das bedeutet, dass neben dem Nationalsozialismus und der Schoa, die in allen Ländern verpflichtender Unterrichtsgegenstand sind, die Entwicklung der jüdischen Gemeinschaft nach 1945 intensiver als bisher in den Blick genommen werden sollte."[27]

2023 erfolgte die Veröffentlichung der umfangreichen Untersuchung zur Darstellung der jüdischen Geschichte, Kultur und Religion in Schulbüchern des Landes Nordrhein-Westfalen. Das Projekt wurde gefördert durch das Ministerium für Schule und Bildung in Nordrhein-Westfalen.[28]

Welche Rolle spielen Schulbücher und damit Schulgeschichtsbücher im Kontext der inhaltlichen Auseinandersetzung? Es ist davon auszugehen, dass Schulbücher, auch in digitaler Form, nach wie vor das „Leitmedium für den Unterricht" bleiben und „relevantes Wissen definieren", wie es 2010 die damalige Direktorin des Georg Eckert Instituts formulierte.[29] Zuletzt ergab eine Untersuchung aus Österreich aus dem Jahr 2019, dass über ein Drittel der befragten Lehrpersonen (34,7 %) das Schulbuch in jeder Stunde einsetzt. Addiert man noch den Prozentsatz jener Lehrpersonen, die dies in jeder zweiten Stunde tun (50,7 %), so kann gezeigt werden, dass 85,4 % das Geschichtsschulbuch häufig zum Einsatz bringen.[30] Es ist zu vermuten, dass es für Deutschland nicht anders ist. Hinzu kommt die statistisch nicht messbare Größe, wie wichtig Schulbücher für die Schülerinnen und Schüler selbst zur Vorbereitung auf Klausuren sind, unabhängig vom Grad ihrer Nutzung im Unterricht.

---

27 Beauftragter der Bundesregierung für jüdisches Leben in Deutschland und den Kampf gegen Antisemitismus (Hg.): Nationale Strategie gegen Antisemitismus S. 45, https://www.antisemitismusbeauftragter.de/SharedDocs/downloads/Webs/BAS/DE/nasas.pdf?__blob=publicationFile&v=5 (15.9.2023).

28 Leibniz-Institut für Bildungsmedien (Georg-Eckert-Institut): Darstellungen der jüdischen Geschichte, Kultur und Religion in Schulbüchern des Landes Nordrhein-Westfalen. Abschlussbericht. Braunschweig (GEI), Jan. 2023, https://www.schulministerium.nrw/system/files/media/document/file/darstellung_juedische_geschichte_kultur_religion_schulbuecher_nrw_abschlussbericht_gei_januar_2023.pdf (15.9.2023).

29 Simone Lässig: Wer definiert relevantes Wissen? Schulbücher und ihr gesellschaftlicher Kontext. In: Eckhardt Fuchs, Joachim Kahlert, Uwe Sandfuchs (Hg.), Schulbuch konkret. Kontexte – Produktion – Unterricht. Bad Heilbrunn 2010, (S. 199-215), S. 201.

30 Christoph Kühberger: Empirische Forschung zur Verwendung des Geschichtsschulbuches. In: Christoph Kühberger, Roland Bernhard, Christoph Bramann (Hg.), Das Geschichtsschulbuch: Lehren – Lernen – Forschen. Salzburger Beiträge zur Lehrer/innen/bildung, Münster 2019, S. 20.

Für die Aktualisierung dieses Buches stand vor allem die Frage im Raum, ob es in den vergangenen zehn Jahren Veränderungen in den Schulgeschichtsbüchern der Sekundarstufe I gegeben hat. Daher wurden für die Analyse in erster Linie Werke ausgewählt, die Gegenstand unserer ersten Untersuchung waren und deren Nachfolgeausgaben nach 2016 erschienen sind. Dabei konnten wir feststellen, dass zu etlichen Schulbuchreihen (noch) keine Nachfolgeausgaben veröffentlicht wurden. Im Einzelnen untersuchten wir die Werke aus den folgenden Reihen:

ZfG	Zeit für Geschichte	Schroedel	Ba-Wü 2016-2019
DwZ	Das waren Zeiten	Buchner	Bayern 2018-2021
GEnt	Geschichte entdecken	Buchner	Bayern 2018-2022
Zr	Zeitreise	Klett	Niedersachsen, Bremen 2018-2021
EuV	Entdecken und verstehen	Cornelsen	Berlin, Brandenburg 2017-2019

Bei *Geschichte entdecken* handelt es sich um eine komplett neu konzipierte Reihe des Buchner Verlags, sie ersetzt *Geschichte erleben*. Ein Vergleich mit der Vorgängerreihe schien daher sinnvoll.

Neben diesen Werken wurden punktuell einige weitere Schulbücher aus anderen Bundesländern herangezogen. Dies ist in den entsprechenden Fußnoten vermerkt. Insgesamt wurden 21 Schulbücher untersucht. Die neuen Analysen finden Sie im Abschnitt B. dieses Buches, Qualitative Befunde 2014–2023.

Im Wesentlichen ergeben die neuen Befunde ein gemischtes Bild, allerdings unter dem Strich keine grundsätzlichen Änderungen gegenüber unserer Analyse von 2014. Dennoch ist der vergleichende Blick im Einzelnen von Bedeutung.

A. Qualitative Befunde

1. Antike

Die jüdische Geschichte in der Antike stellt in mehrfacher Hinsicht eine Voraussetzung für das Verständnis der weiteren jüdischen und europäischen Geschichte und, betrachtet man den Nahostkonflikt, sogar der Weltgeschichte dar.

Zum ersten entsteht aus dem Judentum das Christentum, sodass der jüdische Monotheismus die zivilisatorische Entwicklung nicht nur in religiöser, sondern im weitesten Sinne auch in kultureller und gesellschaftlicher Hinsicht prägt. Hinzu kommt dann als dritte monotheistische Religion der Islam mit starkem Bezug zur alttestamentarischen Tradition. Die biblische Geschichte des Alten wie des Neuen Testaments spielt zudem eine historische Rolle insofern, als die Region am Jordan, das Heilige Land, zum geographischen Bezugspunkt dieser weltgeschichtlichen Entwicklung wurde.

Auf der anderen Seite entsteht durch die Abspaltung vom Judentum ein universeller Anspruch des Christentums, den das Judentum so nicht hat, wenngleich Übertritte bis zur Offizialisierung des Christentums im Römischen Reich möglich waren. Darüber hinaus gab es noch im Mittelalter außerhalb des Einflussbereiches des Christentums sogar kollektive Konversionen zum Judentum wie im Falle der Führungsschicht der Chasaren in der südlichen Ukraine.

Zum zweiten wurde der Konflikt, der aus der Abspaltung des Christentums vom Judentum oder, aus damaliger christlicher Sicht, aus der Blindheit der Juden gegenüber dem Messias Jesus Christus entstand, zur Grundlage für das Verhältnis zwischen dem Judentum als Minderheit und der christlichen Mehrheitsgesellschaft bis zur Emanzipation im 19. Jahrhundert. Dabei legte die Kirche von Anfang an zwar Wert auf Abgrenzung zum Judentum, trat ihm aber lange Zeit nicht so abweisend gegenüber, wie es das Hochmittelalter mit seinen antijüdischen Darstellungen an und in Kirchen nahelegt. Die Päpste tolerierten weder Gewalt noch Zwangstaufen. Es galt die Maxime des Augustinus, wonach das Judentum als Zeugnis für die Wahrheit Christi ein Existenzrecht habe, nämlich durch das Alte Testament und seine Prophezeiungen, die durch die Ankunft Christi erfüllt und im Neuen Testament kodifiziert worden seien.

Zum dritten liefert die politische Geschichte der Juden eine weitere und weit über die religiös-gesellschaftliche Fragestellung hinaus gehende Leitlinie jüdisch-europäischer Geschichte durch den Bezug der Juden zu ihrer historischen Heimat: von der Einwanderung, wie sie die Bibel erzählt, über die Gründung des ersten Königreichs unter David, die Folgegeschichte und die Diaspora bis zur

Neugründung des Staates Israel in der jüngsten Zeit. Ein besonders wichtiger Bezugspunkt für die politische Geschichte ist bis heute die hundertjährige Unabhängigkeit eines jüdischen Staates vom Aufstand der Makkabäer (Neueinweihung des Tempels 164 v. Chr.) bis zur römischen Unterwerfung (63 v. Chr.). Mehrere Aufstände gegen die römische Herrschaft, v.a. der sog. Jüdische Krieg 66-70 und der Bar-Kochba-Aufstand 132-135 n. Chr., wurden niedergeschlagen, viele Aufständische und Unbeteiligte kamen ums Leben, wurden versklavt, flohen oder wurden vertrieben. Am Ende des Jüdischen Kriegs wurde der Tempel zerstört (70 n. Chr.) sowie nach dem Bar-Kochba-Aufstand Jerusalem in Aelia Capitolina umbenannt (135 n. Chr.); Juden war es fortan verboten, in der Stadt zu leben. Die Region Judaea erhielt den neuen Namen Palaestina. Die damit beginnende Diaspora (griech. = Verstreuung) heißt im Hebräischen *galut* (=Exil) und hat damit im jüdischen Selbstverständnis eine andere Bedeutung, als sie im Begriff Diaspora anklingt.

Die jüdische Geschichte kann im heutigen Schulunterricht gewiss nicht nur aus innerjüdischer Perspektive, aber auch nicht unabhängig davon erzählt werden. Die jüdische Tradition hat eine direkte Beziehung zu Ereignissen, die für uns historisch kaum noch fassbar sind, wenn es auch zunehmend archäologische Belege gibt: „Die Juden sind das einzige heute noch lebende Volk, das sich an so weit zurückliegende Ereignisse erinnert […]".[31] Und es ist nicht einfach die jüdische Geschichte zu erzählen, „weil Menschen in fast allen Teilen der Erde nicht nur irgendetwas über die Juden gehört, sondern auch irgendeine Meinung zu ihnen haben."[32]

Welche dieser Faktoren der jüdisch-europäischen Geschichte werden in den Schulbüchern behandelt und wie?

Das Land der Bibel

Die Frühgeschichte nach dem Alten Testament wird nur noch in wenigen Schulbüchern thematisiert, in unserem Sample in vier Gymnasial- und zwei Realschulbüchern. Was das Gymnasium angeht, hängt das auch damit zusammen, dass durch die Kürzung des Stoffes im Zuge der G8-Reform die Frühen Hochkulturen, die vorher Ägypten und Mesopotamien beinhalteten und daher auch Platz für das alte Israel ließen, nun auf Ägypten reduziert sind. Zudem

---

31 Elie Kedourie: Einführung. In: Ders. (Hg.): Die Jüdische Welt. Offenbarung, Prophetie und Geschichte, München 2002, S. 7.

32 Michael Brenner: Kleine jüdische Geschichte, München 2008, S. 10.

beginnen zwei der für das Sample ausgewählten Werke chronologisch ohnehin erst später.[33]

Die Darstellungen nehmen mit Abbildungen und Textquellen (Auszüge aus der Bibel) jeweils eine Doppelseite ein, in *GuG 1 NRW* sogar vier Seiten. Eine in ihrer Kürze gelungene Darstellung der biblischen Geschichte seit Abraham, der durch Isaak Stammvater der Israeliten sowie durch Ismael auch Stammvater der Araber war (ein wichtiger Hinweis an dieser Stelle), der Bedeutung des Monotheismus und der Entwicklung bis zur Unterwerfung durch die Babylonier liefert *Mosaik*, macht aber dann leider einen gravierenden Fehler: „Ihrem Glauben blieben die Juden treu, auch als nach der Rückkehr in ihr Land kein eigenes Königreich mehr entstand. 63 v. Chr. kam das Gebiet am Jordan zum römischen Machtbereich."[34] Sowohl die von den Juden als Befreiung empfundene Herrschaft der Perser (Neubau des Tempels 515 v. Chr.) und v.a. der aus dem Aufstand gegen das hellenistische Syrien hervorgegangene Makkabäerstaat bleiben unerwähnt. Somit erscheint die jüdische Geschichte seit der assyrischen und babylonischen Zeit als eine Geschichte fortgesetzter Fremdherrschaft[35] oder Wanderschaft.[36] Mit einer Ausnahme schließen die anderen Bücher dieses Kapitel mit der Zerstörung des Babylonischen Reiches durch die Perser und der Rückkehr der Juden ab, allerdings ohne die erwähnten weiteren Konsequenzen aufzuzeigen. Immerhin machen fast alle Bücher[37] deutlich, dass nur ein Teil und nicht das ganze Volk der Hebräer oder Juden nach Babylon verschleppt wurde.

Der Monotheismus und die Beziehung der Juden zu Gott ist ein heikles und sicher nicht einfach darzustellendes Thema, da es trotz der erwähnten archäologischen Belege grundsätzlich schwierig ist, die biblische Erzählung zu historisieren. So heißt es: „Ihrem Gott gaben sie den Namen *Jahwe*"oder „Ihr Gott heißt *Jahwe*"[38], wobei immerhin zweimal eine adäquate Übersetzung dieses Namens gegeben wird: „Ich bin der, der immer bei euch ist".[39] Dennoch wird aus der distanzierten Darstellung nicht klar, dass es sich bei dem jüdischen auch um den christlichen (und den muslimischen) Gott handelt. Vage heißt es an einer Stelle: „Der jüdische Glaube beeinflusste das Christentum und den

33 *ExpG G1* und *GPlus 7-8*.

34 *Mos B6*, S. 56.

35 Ebenso in *Gkuv*: „Es entwickelte sich jedoch kein Königreich mehr." *Gkuv 6*, S. 47.

36 *GuG 1, NRW* (2003), S. 75.

37 *Gkuv 6* endet damit, dass die „Israeliten nach Babylon [...] verschleppt wurden." S. 47.

38 *DwZ 1*, S. 50, *Gkuv* 6, S. 47, ähnlich in *ZfG 1*, S. 64, *Gerl 1*, S. 59.

39 *Gkuv 6*, S. 47, *Mos B6*, S. 56.

Islam."[40] Dagegen stellt „Gottes auserwähltes Volk?" in *ZfG 1*[41] durch das Fragezeichen eine Distanz her, in der, wenn auch gewiss unbewusst, ein Element des antijüdischen Ressentiments anklingt. Besonders grotesk ist die Formulierung in *Gkuv 6*: „Die Israeliten glauben bis heute, dass sie das auserwählte Volk seien."[42]

Mit zwei Ausnahmen[43] ist in allen Büchern die geographisch-politische Terminologie problematisch. So heißt es in einem Lehrwerk zwar richtig, dass sich der Begriff Palästina auf die Philister zurückführen lässt, aber dann wird vom „gelobten Land Kanaan (Palästina)"[44] gesprochen, was fälschlich suggeriert, dass dieser Begriff schon damals ein Synonym gewesen sei. In zwei anderen Büchern taucht „Palästina" ohne jede Begründung als einzige Bezeichnung auf.[45] In *Gkuv 6* findet gar eine „zweifache Landnahme hebräischer Stämme in Palästina statt", da bereits der Zug des Abraham als Völkerwanderung des hebräischen Volkes missverstanden wird.[46] Abgesehen von diesem inhaltlichen Lapsus können solche sprachlichen Verfehlungen auch bei Sechstklässlern angesichts der politischen Aktualität heute nicht folgenlos sein. In einem anderen Lehrwerk heißt es: „Im Jahr 63 v. Chr. besetzten die Römer Palästina, das Land der Juden."[47] Die anachronistische Verwendung des Begriffes Palästina wird auch dadurch nicht legitimer, dass er sich vereinzelt sogar in der wissenschaftlichen Literatur findet.[48]

Vier der sechs Lehrwerke stellen auch einen Bezug zum heutigen Israel her. In *Gerl 1* geschieht dies durch ein Foto von zwei Betenden an der Klagemauer, die als „der einzige Überrest des dritten Tempels" bezeichnet wird, denn „nicht nur König Salomos Tempel wurde zerstört, sondern auch zwei weitere jüdische Gotteshäuser, die an diesem Platz in Jerusalem standen."[49] Den Schülern dürfte es wohl egal sein, ob es sich um die Reste des zweiten oder dritten Tempels

40 *DwZ 1*, S. 50, wortgleich in *Gerl 1*, S. 59.

41 *ZfG 1*, S. 64.

42 *Gkuv 6*, S. 47.

43 *Mos B6*, S. 56, *GuG 1 NRW (2003)*, S, 75.

44 *DwZ 1*, S. 50. Identisch in *Gerl 1*, S. 58.

45 *ZfG 1*, S. 64 und *Gkuv 6*, S. 46 f., hier sogar noch auf einer politischen Karte.

46 Vgl. *Gkuv 6*, S. 46.

47 *Gr 2*, S. 20. Es handelt sich hier um einen Vorspann zur Geschichte der Juden im Mittelalter.

48 Z.B. in Zvi Yavetz: Die Juden und die Großmächte der Alten Welt. In: Kedourie (Hg.): Die Jüdische Welt (wie Anm. 31), S. 89-107.

49 *Gerl 1*, S. 60.

handelt. Vermutlich hat der Autor den Herodestempel schon für einen Neubau und damit einen dritten Tempel gehalten. In jedem Fall ist die Klagemauer kein Überrest dieses Tempels, sondern seiner äußeren Umfassungsmauer. Ein großes Überblicksfoto vom Platz vor der Klagemauer in *ZfG 1* ist überschrieben: „Die Westmauer von Salomons Tempel heute". Hier handelt es sich also angeblich um die Überreste des ersten Tempels. Eine daneben platzierte zeichnerische Rekonstruktion des salomonischen Tempels soll offenbar die Tempelwand mit der Westmauer in Konkordanz setzen. Der Aktualitätsbezug wird durch einen Arbeitsauftrag hergestellt: „Als sich der moderne Staat Israel 1948 n. Chr. neu gründete, berief er sich auf seine in der Bibel überlieferte Geschichte. Erkläre dies."[50]

Dass die Schüler damit gnadenlos überfordert sind, braucht nicht weiter ausgeführt zu werden. Natürlich könnte eine simple Antwort etwa lauten: „Weil es damals schon ein Israel gab." Doch welcher Lehrer wäre in der Lage, eine einfache Brücke zwischen der Neugründung Israels und den fast dreitausend Jahren bis dahin zu schlagen? Durch die Zwischenüberschrift zur Gründung des Reiches David – „In Palästina entsteht ein jüdisches Reich" – liefert das Werk einen anachronistischen Bezugspunkt.

In *DwZ 1* heißt es ähnlich: „In dem 1948 gegründeten Staat Israel berufen sich heute viele Bürger auf das Alte Testament (M2, Zeilen 13 bis 16). Was weißt du darüber?"[51] Der Verweis auf die Quelle bezieht sich auf „2. Mose, 23, 25-24.8" (sic), „Verheißung des gelobten Landes", und zwar genauer auf folgende Passage: „Und euer Gebiet soll reichen vom Roten Meer bis zum Mittelmeer und von der Wüste bis zum Euphrat."[52] Abgesehen von der gewaltsamen Eroberung, die den Israeliten in der ganzen Quelle verheißen wird, stellt der Bezug der genannten Passage zum heutigen Israel zudem noch einen expansionistischen Anspruch dar.

GuG 1 NRW stellt den Aktualitätsbezug zum heutigen Israel immerhin unter Verwendung eines Auszuges aus der Unabhängigkeitserklärung 1948 her. Ob die Schülerinnen und Schüler das in der Aufgabenstellung thematisierte Problem dadurch besser beurteilen können, bleibt jedoch fraglich. Darin heißt es: „Stellt die Argumente für die Gründung eines neuen Staates Israel aus der Unabhängigkeitserklärung zusammen (Q5). Diskutiert die Kapitelüberschrift: ‚Das Volk Israel auf

---

50 *ZfG 1*, S. 65.

51 *DwZ 1*, S. 51.

52 Nach der Einheitsübersetzung Exodus 23, 31: „Ich setze deine Landesgrenzen fest vom Schilfmeer bis zum Philistermeer, von der Wüste bis zum Strom."

Wanderschaft'."[53] Die Überschrift dieses Abschnitts fasst tatsächlich dessen These zusammen, die an einer Stelle im Autorentext erläutert wird: „Die Landnahme durch Abraham, der Exodus unter Mose und das babylonische Exil – alle drei Ereignisse zeigen das jüdische Volk auf der Suche nach seiner Heimat, auf der Wanderschaft. Später eroberten die Römer das ehemalige Kanaan, das sie Palästina nannten. 70 n. Chr. plünderten und zerstörten römische Soldaten den Tempel und die jüdischen Heiligtümer in Jerusalem."[54] Unter Auslassung der Geschichte zwischen dem Perserreich und dem Jüdischen Krieg, mithin fast sechs Jahrhunderte Geschichte, in denen die Juden nicht „auf Wanderschaft" waren, wird „die Wanderschaft" und die „Suche nach ihrer Heimat" als ein Dauerthema der Israeliten und Juden über ihre ganze Geschichte hinweg konstruiert, unterstrichen durch den Hinweis aus die Diaspora (der Begriff taucht allerdings nicht auf) nach der Niederschlagung der Aufstände durch die Römer 70 (Tempelzerstörung, auch mit Abbildung des Titusbogenfrieses) und 134 n. Chr. (Zerstörung Jerusalems, Vertreibung der Bevölkerung). Warum es damals noch oder wieder einen Tempel in Jerusalem gab (abgebildet im Buch ist eine Zeichnung des Salomontempels) und somit eine jüdische Besiedlung in der Römerzeit, erfährt der Leser nicht.

Ganz anders dagegen wird dies in einem historischen Rückblick auf „das christliche Europa" zu Beginn von *GuG 3 NRW* dargestellt.[55] Dort heißt es im Zusammenhang des Widerstandes von Juden und Christen gegen den römischen Kaiserkult: „So erhoben sich die Juden gegen die Herrschaft des Kaisers Hadrian, als dieser am Platz des 70 n. Chr. zerstörten Tempels in Jerusalem einen Jupitertempel errichten lassen wollte." Die Diaspora wird hier anschließend auch in einem selten positiven Licht gezeichnet: „Viele der unterlegenen Juden flohen aus ihrer Heimat. Sie ließen sich an vielen Orten des Römischen Reichs nieder und bildeten Gemeinden. So wurden sie als religiös eigenständiges Volk zu einem Teil der europäischen Geschichte."

Griechische und Römische Antike

Juden in der griechischen Antike werden in einigen Büchern nur für Alexandria erwähnt; einen Hinweis auf den Makkabäerstaat gibt es nicht. Auch für

---

53 *GuG NRW 1 (2003)*, S. 76.

54 Ebd. S. 75.

55 *GuG NRW 3 (2004)*, S. 18 f. Diese Rückschau ist der Besonderheit des Lehrplans in NRW geschuldet, der Geschichte mit Sozialkunde integriert und daher die für Geschichte zur Verfügung stehenden Stunden reduziert hat.

die römische Antike bleiben die Bezüge zu Judäa spärlich und beschränken sich auf die bereits erwähnte Eroberung durch die Römer. Der Aufstand mit der Zerstörung des Tempels wird, wenn überhaupt, nur kurz erwähnt, in vier Werken immerhin begleitet von der Abbildung des Frieses am Titusbogen; *RiV 1* räumt dem Thema auch einen eigenen Abschnitt ein: „Widerstand gegen Rom".[56] Nur zweimal wird inhaltlich auf die Konsequenz der Diaspora hingewiesen (ohne den Begriff zu nennen): „Viele Juden wurden gezwungen auszuwandern und sich in anderen Gebieten anzusiedeln." – „Nach schweren Aufständen 70 n. Chr. und 135 n. Chr. zerstörten die Römer Jerusalem endgültig und vertrieben den Großteil der Bevölkerung."[57] Durch die Nennung lediglich des letzten Jahres der jeweils vierjährigen Aufstände wird den Schülern die Möglichkeit genommen, allein an der Dauer die Dimension der Aufstände erkennen zu können.

Der nächste, meist nur kursorische Bezug zum Judentum taucht im Zusammenhang mit der Geschichte Jesu und des frühen Christentums auf. Der bereits kritisierte Begriff „Palästina" setzt sich in den entsprechenden Werken auch hier fort: „In Palästina wurde Jesus etwa 6 Jahre vor der Zeitenwende geboren und im jüdischen Glauben erzogen."[58]In den beiden Länderausgaben von *EuV* wird die römische Provinz dagegen korrekt als Judäa bezeichnet und Jesus hier wie in zwei weiteren Lehrwerken als Jude apostrophiert: „Ein Jude mit dem Namen Jesus wurde zur Regierungszeit des Augustus in Bethlehem geboren [...]."[59] Ansonsten gibt es kaum eine Verbindung zwischen Judentum und Christentum außer einer bemerkenswerten Verknüpfung in *VB 1*: „Die ersten Christen gehörten wahrscheinlich noch zur jüdischen Gemeinde. Es kam dann zum Streit zwischen Juden und Judenchristen um die Frage, ob auch Nichtjuden Christen werden können. Juden und Christen trennten sich."[60] *Gerl 1* lässt das interessante Abbild einer betenden Frau aus einem Fresko des 3. Jahrhunderts in den Katakomben Roms didaktisch ungenutzt: „Im Altertum richteten alle Gläubigen ihre Hände beim Gebet himmelwärts"[61] heißt es in der Legende, doch die

---

56 *RiV 1*, S. 128, allerdings wird hier fälschlich Nero als regierender Kaiser genannt. Die anderen sind: *ZfG 1*, S. 168, *Mos B6*, S. 57.

57 *ZfG 1*, S. 168, *Mos B6*, S. 56. In *GuG1 NRW* (siehe oben) bleibt dies ohne kontextuelle Einbettung in die jüdisch-römischen Geschichte.

58 *DwZ 1*, S. 140, wortgleich in *Gerl 1*, S. 160, vgl. auch in *RiV 1*, S. 148.

59 *VB 1*, S. 110. Vgl. *EuV (Nds.) 1*, S. 124, *EuV (BB) 5-6*, S. 166, *GuG2 SN*, S. 66, identisch in *GuG 2 NRW (2004)*, S, 12.

60 *VB 1*, S. 110.

61 *Gerl 1*, S. 160.

abgebildete Frau trägt ganz offensichtlich einen Gebetsschal, der im Judentum eigentlich nur den Männern vorbehalten ist, aber mit Praktiken des frühen, dem Judentum noch nahestehenden Christentums denkbar wäre. Hier hätte sich ein Ansatz für ein interkulturelles jüdisch-christliches Thema geboten.

Das heikle Thema des Verhältnisses Jesu zu den Juden nach dem Neuen Testament wird von den Büchern umgangen oder einigermaßen distanziert-neutral dargestellt: „Um das Jahr 30 wurde er in Jerusalem von einigen Mitgliedern der jüdischen Gemeinde wegen Gotteslästerung angeklagt. Die römische Besatzungsmacht verurteilte ihn zum Tode und ließ ihn hinrichten, weil sie fürchtete, seine Botschaft führe zu Aufruhr und Unruhe in der Provinz.“[62] Eine ausführlichere Darstellung gibt es in den Ausgaben von *EuV*, wo der Inhalt des gegen Jesus erhoben Vorwurfes von jüdischer Seite und der Grund für die Hinrichtung durch die Römer erklärt wird: „Die jüdischen Priester beschuldigten ihn, dass er Gott beleidige, weil er sich als dessen Sohn bezeichnete. Sie erhoben Anklage bei Pontius Pilatus, dem römischen Statthalter der Provinz, weil Jesus als König der Juden hingestellt wurde. Darin lag aus römischer Sicht ein Angriff auf die Herrschaft des römischen Kaisers.“[63] Äußerst einseitig und mit einer fragwürdigen Wortwahl stellt dagegen *GuG 2* die Verurteilung Jesu dar: „Als die Zeit seiner Anhänger [...] beständig wuchs, beschlossen die jüdischen Priester, ihn zu beseitigen. Sie warfen Jesu vor, falsche Vorstellungen von Gott zu verbreiten und forderten vom römischen Statthalter Pontius Pilatus, Jesus zum Tode zu verurteilen. Sonst würden sie dem Kaiser melden, dass er einen Aufrührer nicht bestraft habe. So ließ Pilatus Jesus kreuzigen.“[64] Dass es für die Römer um einen Aufruhr gegen ihre Herrschaft ging und die Kreuzigung eine spezifisch römische Bestrafung für solche Kapitalverbrechen war, bleibt hier unerwähnt. Mag dies die biblische Erzählung einigermaßen objektiv wiedergeben, so wäre hier dennoch der Hinweis auf die subjektive Darstellung in der Bibel selbst sinnvoll gewesen. Dem Geschichtsunterricht kommt hier auch in Abgrenzung vom bzw. Ergänzung zum Religionsunterricht ein didaktischer Auftrag zu, der für die späteren Epochen, v.a. das Mittelalter, die Vorwürfe des „Gottesmordes“ erklären und dekonstruieren muss,

---

62 *DwZ 1*, S. 140. Wortgleich in *Gerl 1*, S. 160, ähnlich in *FG 5-6*, S. 190. – In *ZfG* gibt es eine Darstellung der Ausbreitung des Christentums ohne jedes Detail zu dessen Entstehung, vgl. *ZfG 1*, S. 168.

63 *EuV 1 (Nds.)*, S. 124, mit einer Abwandlung im Text in *EuV 5-6 (BB)*, S. 166: „Widerstrebend gab Pilatus der Forderung nach einer Bestrafung Jesu nach.“

64 *GuG 2*, S. 66.

trotz oder gerade wegen der Schwierigkeit der altersgerechten Behandlung dieses Themas.

Insgesamt reichen die wenigen Passagen zur jüdischen Geschichte in Frühzeit und Antike nicht aus, einem Verständnis der weiteren Geschichte gerecht zu werden. Die Folgen der niedergeschlagenen antirömischen Aufstände und somit die Diaspora – ohne Nennung des Begriffes – tauchen nur in zwei Lehrwerken auf. In einigen Mittelalterkapiteln wird dies, wie anschließend gezeigt wird, zwar nachgeholt, insgesamt bleibt dies jedoch weit hinter dem zurück, was, auch unter Berücksichtigung der Rahmenbedingungen solcher Lehrbücher, als ausreichend oder gar befriedigend gelten könnte.

2. Mittelalter

Für die deutsch- bzw. europäisch-jüdische Geschichte ist das Mittelalter eine in jeder Hinsicht prägende Epoche und bleibt, ganz anders als für die allgemeine Geschichte, zentraler Bezugspunkt für die folgende Zeit und die jüdische Geschichte bis heute, auch wenn bei der Berücksichtigung des Mittelalters in Gesamtdarstellungen der jüdischen Geschichte eher das Gegenteil ins Auge fällt. Das Mittelalter (im christlichen Sinne, d.h. bis Ende des 15. Jahrhunderts) wird dort oft nur kurz behandelt und kursorisch zusammengefasst[65], was nicht nur an der schwierigen Quellenlage liegen kann, da diese für die gesamte mittelalterliche Geschichte gilt und es andererseits auch zahlreiche Detailstudien zum jüdischen Mittelalter gibt. Die Vernachlässigung des Mittelalters in Überblicksdarstellungen, so der Eindruck, scheint sich vielmehr der Auffassung zu verdanken, zum Mittelalter sei bereits alles gesagt und bekannt.

Aus jüdischer Sicht dauert das Mittelalter eigentlich bis zur Emanzipation, also ungefähr bis zur Epoche der Französischen Revolution; man folgt somit der Periodisierung Frühgeschichte-Antike/Diaspora/Emanzipation und Moderne. Es gibt jedoch auch gute Gründe, die allgemeine Teilung zwischen Mittelalter und Früher Neuzeit auch für die jüdische Geschichte zu übernehmen, da die Vertreibungen des 14. und 15. Jahrhunderts bzw. die Einrichtung von Ghettos in den Städten, in denen Juden noch lebten oder sich wieder ansiedeln durften, ebenfalls eine Zäsur darstellt. Denn das Ghetto war keineswegs die mittelalterliche Realität, wie es in der allgemeinen Vorstellung existiert, sondern ein Phänomen an der Wende vom Mittelalter zur Frühen Neuzeit (die Judengasse 1462 in Frankfurt/M., das namensgebende Ghetto 1516 in Venedig). Das gleiche gilt für die Stigmatisierung durch den Gelben Fleck oder Ring, die sich ebenfalls erst mit der Ghettoisierung allgemein durchsetzte. Anders als diese

65 So gab das Leo Baeck Institut eine umfassende *Deutsch-jüdische Geschichte in der Neuzeit* heraus, in der das Mittelalter inkl. 16. Jahrhundert durch einen „Prolog" noch integriert wurde. Vgl. Mordechai Breuer: Prolog: Das jüdische Mittelalter. In: Mordechai Breuer/ Michael Graetz (Hg.): Deutsch-jüdische Geschichte der Neuzeit, Bd. 1: 1600-1780, München 1996, ²2000, S. 19-82. Vgl. auch: Neunhundert Jahre Geschichte der Juden in Hessen, Hg. von der Kommission für die Geschichte der Juden in Hessen, Wiesbaden 1983, in der die ersten Jahrhunderte, nämlich die mittelalterlichen, in einem einleitenden Überblick untergebracht sind: Peter Herde: Gestaltung und Krisis. Juden und Nichtjuden in Deutschland vom Mittelalter bis zur Neuzeit. S. 1-40.

beiden fälschlich ins Mittelalter vordatierten Phänomene hat das Thema des Geldwesens seine Wurzeln tatsächlich im Mittelalter. Es geht um das Klischee des jüdischen Geldverleihers, an das sich das bis heute virulente Vorurteil einer besonderen Affinität der Juden zum Geld knüpft – angeblich im Mittelalter entstanden, weil die Kirche den Christen das Zinsnehmen verboten habe. Welche Vorstellungen davon in den Lehrbüchern wiederzufinden sind oder widerlegt werden und welche Alternativen möglich wären, wird im Folgenden vor dem Hintergrund der historischen Realität untersucht.

Wann und in welchem Zusammenhang werden Juden erstmals thematisiert?

Abgesehen von kursorischen Erwähnungen im Zusammenhang mit den Kreuzzügen sowie einer in diesem Kontext ausführlicheren Thematisierung in einigen wenigen Büchern wird den Juden in den meisten Lehrwerken ein eigener Abschnitt „Juden im Mittelalter“ gewidmet, meist in Verbindung mit der mittelalterlichen Stadt, „Juden im städtischen Alltag“ usw. Vereinzelt findet sich ein breiterer kulturgeschichtlicher Ansatz[66] oder die Thematisierung von der Religion her bzw. mit Rückgriff auf die Antike.[67] In einem Lehrwerk beschränkt sich die Ersterwähnung von Juden in der mittelalterlichen Stadt auf eine Eintragung in einer Pyramide des sozialen Status.[68]

In etwa der Hälfte der Bücher wird die jüdische Realität in der christlichen Umwelt bereits im Titel, in einem zusammenfassenden Vorspann, durch unmittelbar ins Auge springende Zwischenüberschriften am Rand (Marginalien) oder zu Beginn des Autorentextes als Verfolgungsgeschichte angesprochen oder die Juden werden als gesellschaftliche „Randgruppe“ charakterisiert.[69] Einige Bücher fassen im Titel gleich eine Entwicklung zusammen und nehmen für den Leser somit das Ende vorweg: „Juden im Mittelalter: willkommen, geduldet,

---

66 In *Hor 2* wird das Judentum im Rahmen des Kapitels *Leben im Mittelalter* eingeführt, und zwar mit einem Rückblick auf die biblischen Ursprünge, einem Blick auf Jerusalem und seine Bedeutung für die drei Religionen sowie einer Darstellung der Diaspora.

67 Dies findet sich v.a. in Realschulbüchern, wo das Judentum im vorherigen Band zur Antike selten auftaucht.

68 *Gr 1*, S. 197. Ein Kapitel „Juden im mittelalterlichen Europa“ folgt in Band 2.

69 So im Abschnitt „Randgruppen in der Stadt“ in *RiV 2*, S. 46; „Juden: eine Gruppe für sich“ im Anschluss an die vorher behandelten „Randgruppen“, eine „ausgegrenzte Minderheit“ in *ZuM 2*, S. 115 f., ebenso in: *VB 1*, S, 192.

verfolgt.“[70] Ein positives Stichwort zur Charakterisierung der Minderheitensituation liefert immerhin *FG* mit „Juden – mehr als eine Minderheit.“[71]

Diaspora und Beziehung zur christlichen Umwelt

Eine Erklärung der Diaspora, d.h. ihrer Entstehung, bieten hier nur wenige Lehrwerke, und das zumeist so rudimentär, dass sie aus sich heraus kaum verständlich ist. Dazu kommen gelegentlich faktisch falsche Informationen. Durch die Übersetzung „Verbannung“ oder, etymologisch näher am griechischen Wort, als „Vertreibung und Zerstreuung über die ganze Welt“ charakterisiert[72], wird hier allerdings gleich eine kollektive Bestrafung und somit von vornherein das Verfolgungsparadigma evoziert. Die nicht unbedeutende Nuancierung der hebräischen Bezeichnung *galut* = Exil, die die Verbindung zur historischen Heimat aufrechterhält, findet sich mit einer Ausnahme[73] nirgendwo. Die Reduktion des Themas führt in einem Fall zu der Formulierung „Vertreibung der Juden aus Palästina (70 n. Chr.).“ Anschließend heißt es anachronistisch für das Mittelalter: „Überall waren die Juden eine Minderheit, ein Volk ohne eigenen Staat“[74].

In den meisten Werken tauchen daher jüdische (Fern-)Händler quasi aus dem Dunkel der Geschichte auf. Sie wurden „von christlichen Herrschern gerufen“, waren „Experten im Handel“ und wurden zu „Wirtschaftsfaktoren.“[75] Etwa die Hälfte der Lehrwerke spricht zutreffend von einem anfänglich „friedlichen Zusammenleben“ zwischen Christen und Juden[76], einmal heißt es sogar: „Die Juden waren wie alle anderen Bewohner der Stadt Deutsche und besaßen ursprünglich auch die gleichen Bürgerrechte und -pflichten.“[77] So übertrieben die Gleichstellung hier auch dargestellt werden mag (auch der Begriff „Deutscher“ ist in dieser Zeit ein Anachronismus), so ist die damit verbundene Intention, deutlich eine Zeit vor den Verfolgungen zu beschreiben, doch positiv zu

---

70 *GuG 2*, vgl. auch die Überschrift des zweiten Abschnitts in *GK 1*, S. 142f., nach einem ersten Abschnitt („Das Leben in der Gemeinde“), der die innerjüdische Welt darstellt.

71 *FG 2*, S. 148.

72 Vgl. *DwZ 2*, S. 56, und *Hor 2*, S. 17; in beiden Werken gibt es immerhin eine vergleichsweise anschauliche Thematisierung durch eine Karte.

73 Vgl. „Erst mit der Gründung des Staates Israel endete für viele Juden das Leben in der Diaspora.“ *Gerl 2*, S. 96.

74 *Gr 1*, S. 20.

75 Vgl. *DwZ 2*, S. 56; *ZuM* 2, S. 117; *FG* 7, S. 148.

76 Vgl. *Gkuv 7*, S. 65.

77 *EuV* 5-6, S. 246.

bewerten.[78] Einzigartig ist auch der Hinweis auf die Rolle der Juden im Wissenschaftstransfer, v.a. in der Medizin und Astronomie, in *Gkuv 7*.[79] Doch die Phase des Zusammenlebens von Juden und Christen, Haus an Haus und manchmal sogar im selben Haus, dauerte weitaus länger, als die Darstellungen behaupten. Fast alle Bücher bemühen sich, möglichst schnell zur Ausgrenzung und Verfolgung zu kommen, und konkurrieren dabei um das Stichdatum für die Trennung von Christen und Juden: „Schon seit etwa 1000 n. Chr. gab es das Verbot eines direkten Zusammenlebens von Juden und Christen: In den Städten entstanden Judenviertel oder Judengassen“ heißt es in der frühesten Datierung.[80] Die meisten Bücher datieren das Verbot allerdings auf den Kreuzzugspogrom 1096 oder spätestens auf die Kennzeichnungspflicht beim IV. Lateranischen Konzil 1215 – dazu mehr weiter unten. Mehrere Bücher, v.a. Realschullehrwerke, gehen von Anfang an von der Trennung aus.

Die Gründe werden nicht immer klar identifiziert. In einigen Büchern ist von gegenseitiger Ablehnung die Rede: „Sie [= Christen und Juden] mieden aber in der Regel enge Kontakte. [...] Unterschiedlicher Glaube und andere Lebensweise erzeugten vor allem in Notzeiten Vorurteile – auf beiden Seiten.“[81] Die Frage, warum die Juden „immer wieder Opfer gewalttätiger Übergriffe wurden“, wo sie doch „großen Anteil am wirtschaftlichen und kulturellen Leben der Städte“ hatten, beantwortet ein anderes Buch so: „Die meisten Juden traten nicht zum Christentum über, sondern blieben ihrer Religion treu. Wegen ihrer andersartigen Tracht und religiösen Gebräuche wurden sie von der christlichen Bevölkerung schon seit dem frühen Mittelalter mit Misstrauen betrachtet.“[82] Gab es Annäherungen zwischen Christen und Juden, so „erregte“ dies „das Misstrauen der Kirche und strenggläubiger Rabbiner.“[83]

Diese Beschreibung reziproker kultureller Entfremdung folgt einer problematischen Ableitung gesellschaftlicher Realität aus religiösen Vorschriften oder Verboten (Kirche, Rabbiner) – ein Grundproblem, auf das wir noch mehrfach stoßen werden. Dabei wird einerseits unhistorisch verfahren, was die Haltung der Kirche angeht, die sich vom frühen zum späten Mittelalter grundlegend gewandelt hat – im frühen Mittelalter warb sie jüdische Händ-

---

78 Ähnlich auch in *VB 1*, S. 192, sowie in *EuV 1* (Nieds.), S. 206, und *EuV 5-6* (BB), S. 246.

79 *Gkuv 7*, S. 65.

80 *GuG 2*, S. 169.

81 *DwZ 2*, S. 56.

82 *GuG 2*, S. 169. Vgl. auch *ZfG 2*, S. 82, *EG G2*, S. 161; *Gerl 2*, S. 96.

83 *EG 2*, S. 161. In diesem Lehrwerk, das erst mit der Frühen Neuzeit beginnt, wird im Kapitel Nationalsozialismus ein Längsschnitt durch die jüdische Geschichte gezogen.

ler an und förderte die Entstehung jüdischer Gemeinden, wie das Speyerer Privileg von 1084 exemplarisch zeigt.[84] Zum anderen täuscht die äquidistante Beschreibung über das reale asymmetrische Verhältnis zwischen beiden religiösen oder sozialen Gruppen hinweg. Als Minderheit mussten sich die Juden nämlich viel stärker an ihre christliche Umwelt anpassen, etliche tradierte Gewohnheiten mussten aufgegeben und bestimmte religiöse Gebote geschickt umgangen werden. Die sog. Responsen berühmter Rabbiner wie Raschi behandeln fast ausschließlich Fragen des Zusammenlebens mit Christen, und die Rabbiner zeigten sich hier keineswegs so fundamentalistisch, wie es der Begriff „strenggläubige Rabbiner" suggeriert, auch wenn sie auf die Wahrung der jüdischen Identität achteten.[85]

Die Entfremdung und Abgrenzung bis hin zur Verfolgung wird in den Büchern häufiger durch den religiösen Vorwurf von Seiten der Christen begründet, wenn auch selten erklärt, sowie vor allem durch das soziale Motiv, auf das wir noch zu sprechen kommen. Es wundert übrigens nicht, dass die Verzerrungen um so größer werden, je kürzer die Geschichte dargestellt wird: Im historischen Rückblick auf die Wurzeln Europas in *GuG 3 NRW* heißt es in einer Bildlegende (Abbildung eines jüdischen Arztes): „Obwohl die Juden abgelehnt wurden, bedienten sich sowohl kirchliche Würdenträger als auch weltliche Herrscher ihrer Dienste."[86] Der einleitende Nebensatz ist bedeutungsschwer, suggeriert er doch eine durch das ganze Mittelalter gehende Judenfeindschaft, da zuvor im Text der Kreuzzugspogrom dargelegt wurde.

In etwa der Hälfte der Fälle wird, wie eingangs erwähnt, die soziale Trennung von vornherein suggeriert, wenn die Juden als „Randgruppe" bezeichnet werden. Mehrfach tauchen Juden dabei im Zusammenhang mit „unehrenhaften Berufen" und „städtischen Unterschichten" auf.[87] In den meisten Lehrbüchern wird die Trennung jedoch von vornherein durch die Betonung der Ghettoisierung zum Ausdruck gebracht.

---

84 Vgl. http://www.juedischegeschichte.de/html/mittelalter1.html (6.6.2011).

85 Vgl. auch die Untersuchung zu dieser Fragestellung hinsichtlich der vorangegangenen Lehrbuchgeneration in: Wolfgang Geiger: Zwischen Urteil und Vorurteil. Jüdische und deutsche Geschichte in der kollektiven Erinnerung. Frankfurt/M. 2012, S. 54 ff.

86 *GuG 3 NRW (2004)*, S. 20.

87 Vgl. *Hor 2*, S. 35; *ZuM 2*, 27; *Die RiV 2*, S. 46.

Das Ghetto vor dem Ghetto

Es ist ein auffallendes Phänomen, dass für die Lehrbuchautoren (und nicht nur sie) ein Zusammenleben von Christen und Juden offenbar nicht vorstellbar ist. So verlegen sie das Ghetto ins Mittelalter, obwohl es unbezweifelbar eine Erscheinung des Spätmittelalters bzw. der Frühen Neuzeit ist. Zwar hatte es im Zusammenhang mit den Bedrohungen im 14. Jahrhundert (Pestpogrom und andere Verfolgungen) an wenigen Orten bereits Abgrenzungen durch Mauern gegeben, die jedoch keinen Einschließungscharakter hatten, sondern offenbar dem Schutz der Juden dienten, z.B. in Köln[88] oder Regensburg.[89] Das Ghetto als konsequent ummauerter und abends sowie an christlichen Feiertagen abgeschlossener Wohnbezirk *gegen die Juden* entstand zuerst in Frankfurt/M. 1462, in weiteren Städten erst im 16. Jahrhundert: 1516 in Venedig (von dort stammt der Name „Ghetto"), um 1526 (Datierung unklar) in Worms, um 1500 in Prag (ebenfalls nicht klar datiert), im 17. Jahrhundert nach der Wiederansiedlung der Juden in Wien und dann vor allem in Italien, das damals noch in mehrfacher Hinsicht mit dem Reich verbunden war. In den Städten des Reiches lebten aufgrund der vorausgegangenen Pogrome und Vertreibungen seit Mitte des 14. Jahrhunderts ohnehin kaum noch Juden. Die Juden aus Deutschland waren vor der Verfolgung nicht nur nach Polen geflohen, sondern auch in den nahen ländlichen Raum abgewandert. Dadurch war das Landjudentum entstanden, das keinem Ghettozwang unterlag, da es in den Dörfern und Weilern immer nur wenige jüdische Familien gab.[90] Die exklusive Fokussierung der historischen Erinnerung auf das Ghetto ist somit im doppelten Sinne verfehlt: Sie übersieht, dass die meisten Juden der Frühen Neuzeit außerhalb des Ghettos lebten, und projiziert zudem das Ghetto fälschlich auf das Mittelalter zurück.

Das schlägt sich auch nahezu durchgängig in den Lehrbüchern nieder. Ganz offensichtlich ist den meisten Autoren der Unterschied zwischen der mittelalterlichen Judengasse und dem späteren Ghetto, das meistens auch als Judengasse bezeichnet wurde[91], nicht klar, auch wenn man aus den zum Teil

---

88 Die Abgrenzung war auch nicht durchgängig und es lebten auch Christen in dem Viertel, vgl. http://www.juedischegeschichte.de/html/mittelalter3.html (6.6.2011).

89 Vgl. Michael Toch: Die Juden im mittelalterlichen Reich. München 2003, S. 35. Der dortige Verweis auf Speyer ist allerdings missverständlich. Vgl. http://www.juedischegeschichte.de/html/mittelalter3.html (6.6.2011).

90 Vgl. u.a. Mordechai Breuer: Prolog: Das jüdische Mittelalter (wie Anm. 65), S. 58f.

91 In Frankfurt wurde die Judengasse 1460-62 als Ghetto am Stadtrand neu errichtet, in Worms um 1526 die existierende alte Judengasse verschlossen.

widersprüchlichen Beschreibungen auf ein gewisses Bewusstsein der Problematik schließen kann.

So wird nur in wenigen Büchern das Ghetto unter diesem Begriff oder mit der entsprechenden Definition klar ins Mittelalter vordatiert: „Die jüdischen Familien mussten in vielen Städten in eigenen Vierteln, den Gettos, wohnen. Dieses Viertel war durch Mauern abgetrennt und die Tore wurden abends geschlossen."[92] Hier wird sogar in einer Spaltenüberschrift von der „Stadt in der Stadt" gesprochen. Eine andere Darstellung verkehrt zudem die Funktion des Ghettos in ihr Gegenteil: „In den Städten des Deutschen Reiches entstanden seit dem 11. Jahrhundert ummauerte Stadtviertel, die ausschließlich für Juden bestimmt waren. Damit wurde eine deutliche Trennung der Juden von der christlichen Bürgerschaft vollzogen. Das ummauerte Judenviertel bedeutete aber auch einen Schutz der Juden und stärkte ihr Zusammengehörigkeitsgefühl."[93] Die angesprochene Schutzfunktion bezieht sich hier wohlgemerkt nicht auf die oben beschriebenen Sonderfälle, sondern auf das Ghetto sui generis. Im Zentrum der Buchseite steht ein Bild der Frankfurter Judengasse ohne Hinweis auf ihre Entstehungszeit – was durch den Kontext faktisch eine Vordatierung um mehrere Jahrhunderte bedeutet.

Die Darstellungen der meisten Lehrbücher sind widersprüchlich oder unklar. So heißt es zum Beispiel auf einer Rückblickseite zur Definition des Ghettos: „Bezeichnung für abgetrennte Stadtteile (Judenviertel, Judengassen), in denen die jüdische Bevölkerung zuerst freiwillig, ab dem Hochmittelalter bis Ende des 18. Jahrhunderts/Anfang des 19. Jahrhunderts gezwungenermaßen lebte. [...]"[94]

Fast alle Bücher, die das Ghetto nicht ohnehin schon ins Mittelalter verlegt haben, schaffen damit eine Art „Ghetto vor dem Ghetto", indem sie die ausgrenzenden Eigenschaften des Ghettos auf die früheren jüdischen Wohnviertel übertragen. Dies zeigt sich in Formulierungen wie: „Seit Beginn des 13. Jahrhunderts drängte die Kirche verstärkt darauf, Juden von Christen zu trennen, sodass in vielen Städten jüdische Wohnbezirke entstanden, die später als Getto bezeichnet wurden."[95] Und noch die lapidare Erwähnung der Juden in

---

92 *Zr 1* (Nieds.), S. 154, vgl. auch *GK 1*, S. 142. Die Passage zur jüdischen Geschichte im Mittelalter wurde in *Zr 1* geändert für die Ausgabe für Hessen, 2011, oder NRW Gesamtschulen, 2012. Dort heißt es dann: „Erst im 15. Jahrhundert entstanden abgegrenzte Wohnviertel [...]."

93 *ZuM 2*, S. 116.

94 *Gerl 2*, S. 181, vgl. auch *EuV 5-6* (BB), S. 246.

95 *Hor 2*, S. 35, ähnlich in *FG 7*, S. 148.

der mittelalterlichen Stadt auf einer Pyramide des sozialen Status suggeriert dasselbe: „Juden standen unter dem Schutz des Stadtherrn. Sie mussten in eigenen Wohnbereichen leben. Sie durften nicht Zunftmitglieder werden und hatten kein Bürgerrecht. Immer wieder kam es zu Verfolgungen."[96] In dieser überhaupt einzigen Erwähnung im 1. Band von *Gr* wird die Zuweisung zu einem Wohnbereich mit einer Reihe von Verboten und Beschränkungen konnotiert; die Schutzfunktion des Stadtherrn muss dabei zwangsläufig unverständlich bleiben. Im darauffolgenden Band wird präzisiert: „In vielen Städten waren die Juden gezwungen, in einem abgeschlossenen Wohnviertel, dem Getto, zu leben. Abends wurden die Tore des Gettos verschlossen und erst am nächsten Morgen wieder geöffnet."[97]

Die falsche Darstellung mittelalterlicher Ghettos hat sich auch im Internet vollkommen durchgesetzt. Zitiert sei hier nur das *Duden Schülerlexikon*: „Seit dem Hochmittelalter trat die Kirche aus Glaubensgründen für die strenge Isolierung der Juden in den Städten ein. Ihnen wurden bestimmte Wohnviertel, sogenannte Gettos, zugewiesen."[98]

Lediglich zwei Lehrbücher relativieren die Umsetzung des kirchlichen Trennungswunsches. So heißt es in einer – wenn auch nicht widerspruchsfreien – Darstellung: „1179 beschloss eine große Kirchenversammlung in Rom die räumliche Trennung von Christen und Juden. [...] Es entstanden die ersten Judengassen und -viertel. Doch die Anweisung blieb vielfach unberücksichtigt. Erst im 15. Jahrhundert entstanden dann Ghettos, abgesonderte Wohnviertel, in denen die jüdische Bevölkerung leben musste."[99] Und in einem anderen Werk heißt es pauschaler über den Abgrenzungswunsch der Kirche: „Setzte man diese Forderungen zunächst auch nur teilweise um, so wurde die Ausgrenzung der Juden aus der Gesellschaft im Spätmittelalter doch immer deutlicher."[100]

Gelber Fleck

Wie mit dem Ghetto, so verhält es sich auch mit dem „Gelben Fleck", der die Abgrenzung durch eine sichtbare Stigmatisierung zum Ausdruck brachte. Nur

---

96 *Gr 1*, S. 197

97 *Gr 2*, S. 21.

98 http://artikel.schuelerlexikon.de/Geschichte/Judenverfolgung_im_Mittelalter_Judenhut_und_gelber_Fleck.htm (6.6.2011).

99 *DwZ 2*, S. 57. – Gemeint ist das II. Laterankonzil, das jedoch gar keine „räumliche Trennung von Christen und Juden" beschloss.

100 *Mos B7*, S. 94.

scheint die Sachlage hier zunächst komplexer. Abgesehen von einigen lokalen Vorläufern, die wohl auf vorausgegangene Konflikte zurückgingen, wurde diese Kennzeichnungspflicht, wie das Frankfurter Beispiel zeigt, im Allgemeinen parallel zur Ghettoisierung durchgesetzt, in den habsburgischen Ländern kam es dagegen erst im 16. Jahrhundert dazu. Wiederholte Erlasse und Anordnungen beweisen ex negativo, dass sie nur zögerlich befolgt wurde. Dem gegenüber steht das in allen „Judenfragen" immer wieder direkt oder indirekt zitierte IV. Lateranische Konzil von 1215: „Seit dem päpstlichen Konzil von 1215 wurde das Tragen eines Judenhuts und eines gelben Flecks als äußeres Erkennungszeichen vorgeschrieben", weiß das *Duden-Schülerlexikon* zu berichten[101], und die Schulwebseite des Gymnasiums von Döbeln ergänzt dies: „Auf einem 1215 eingerufenem Laterankonzil [...] legte Papst Innozens III. eine neue, für Juden diskriminierende, Kleiderordnung fest. Sie galt als eine staatlich verordnete Maßnahme zur Unterscheidung der Juden von der christlichen Bevölkerung. Aber nicht nur die jüdischen Gemeinden sondern auch Prostituierte und Aussätzige hatten sich, wenn vorerst auch unterschiedlich streng gehandhabt, an diese Verordnung zu halten. Männlichen Juden war es vorgeschrieben den sogenannten Judenhut zu tragen, einen meist gelber Hut mit hoher, kugelförmig endender Spitze." (Schreibung des Originals).[102]

Solche Ansichten finden leider noch Unterstützung durch renommierte (aber offenbar in dieser Sache unwissende) Wissenschaftler. So schreibt der französischer Historiker Robert Fossier in seinem Buch *Leben im Mittelalter*: „Auf dem Vierten Laterankonzil von 1215 verpflichtete Papst Innozenz III. die Juden, eine besondere Kopfbedeckung, den ‚Judenhut', und ein Erkennungszeichen an ihrem Gewand, den ‚Gelben Ring' zu tragen."[103]

Doch in den Beschlüssen des IV. Lateranischen Konzils ist weder von einem Gelben Fleck, noch von einem Judenhut die Rede. Vielmehr heißt es: „In manchen Provinzen unterscheiden sich Juden und Sarazenen von den Christen durch verschiedene Kleidung, aber in einigen Provinzen hat sich eine Vermischung derart eingebürgert, daß sie durch keinerlei Unterschied mehr auseinandergehalten werden. [...] Die Juden und Sarazenen beiderlei Geschlechts müssen sich in jeder christlichen Provinz und zu aller Zeit durch die Art ihrer

---

101 Siehe Anm. 98.

102 http://www.judentum-projekt.de/geschichte/mittelalter/ghetto/kleider.html (6.6.2011).

103 Robert Fossier: Das Leben im Mittelalter, München 2009, S. 37 [Ces gens du Moyen Age, Paris, 2007].

Kleidung in der Öffentlichkeit von den anderen Völkern unterscheiden [...].“[104] In der Optik des Konzils, das sich hauptsächlich mit Problemen der Ketzerei und Kreuzzugsplänen befasste, gab es, wie die parallele Erwähnung von Juden und Sarazenen zeigt, in Spanien, Süditalien und den noch existierenden Kreuzfahrerstaaten offenbar „multikulturelle“ Grenzgebiete der Ökumene. Anders als in Mitteleuropa unterschieden sich die Menschen verschiedener Religionen anscheinend nicht genug in ihrem Aussehen. Vermutlich waren (männliche) Juden auch hier durchaus von Christen zu unterscheiden; darauf legten jedenfalls die Rabbinen, anders als bei der bereits erwähnten Frage der sozialen Abgrenzung, durchaus Wert.[105] Für Michael Toch spricht das dafür, dass man sich in der Realität nicht so genau daran gehalten hatte, und er erkennt in den Illuminationen hebräischer Handschriften eine gewisse Anpassungstendenz an die gehobene christliche Gesellschaft. Dennoch sagt er: „Mit und ohne äußere Kennzeichnung war es im Alltag des engen städtischen Raumes für den örtlichen Juden kaum möglich, nicht als solcher erkannt zu werden“.[106]

Jedenfalls setzte sich die auf dem Konzil geforderte allgemeine Kennzeichnungspflicht in Form des stigmatisierenden Gelben Flecks oder Rings in Mitteleuropa, abgesehen von vereinzelten lokalen Kleiderordnungen, erst 250 bis 300 Jahre später durch. Der „Judenhut“ dagegen war in erster Linie ein ikonographisches Zeichen für (männliche) Juden in bildlichen Darstellungen des Mittelalters und keine geübte alltägliche Praxis, allenfalls eine Art Prangersymbol bei überführten Straftätern. Insgesamt gibt es dazu wenig empirisches Material. Es mag sein, dass das Hutsymbol auf die Tatsache zurückgeht, dass fromme männliche Juden (d.h. damals de facto alle) stets eine Kopfbedeckung trugen, auch im Alltag. Die Form des zylinderartigen Hutes auf den Abbildungen könnte sich aus dem Kapuzenhut entwickelt haben, der in der Illumination des Heidelberger Sachsenspiegels zu sehen ist.[107]

In zwei Dritteln der Bücher wird die Kleidervorschrift als Element der Trennungsabsicht betont. Davon sehen mit zwei Ausnahmen alle den Kon-

---

104 Dekrete der Ökumenischen Konzilien, herausgeg. von Instituto per le scienze religiose, besorgt von Giuseppe Alberigo u.a. in Zusammenarbeit mit Hubert Jedin, Bologna, dt. Ausg., Paderborn u.a.O. 2000, S. 265. Viertes Laterankonzil – 1215, Nr. 68.

105 Dies galt schon für Haar- und Barttracht der Männer, vgl. Takkanot der rheinischen Gemeinden Speyer, Worms und Mainz, um 1220. In: Julius H. Schoeps/Hiltrud Wallenborn (Hg.): Juden in Europa. Ihre Geschichte in Quellen, Bd. 1: Von den Anfängen bis zum späten Mittelalter. Darmstadt 2001, S. 154.

106 Vgl. Toch (wie Anm. 89), Anm. 21, S. 37, insgesamt dazu S. 36-37.

107 Vgl. http://www.juedischegeschichte.de/html/mittelalter4.html (6.6.2011).

zilsbeschluss von 1215, auf den sie sich direkt oder indirekt beziehen, als Vorschrift, die unmittelbar in die Tat umgesetzt wurde, oder bezogen sie allgemein auf das Mittelalter: „Die Juden mussten durch Abzeichen auf der Kleidung oder das Tragen von besonderen Hüten zeigen, dass sie keine Christen waren."[108] Die zwei Ausnahmen verorten die Kennzeichnungspflicht im 15. Jahrhundert, einmal auf 1431 in Frankfurt datiert, was zwar falsch ist, aber immerhin der Wahrheit nahe kommt, ein andermal auf 1404 in Köln.[109] Im erstgenannten Fall wird dies durch eine der beiden bekannten Abbildungen des Juden und der Jüdin aus Worms aus der Mitte des 16. Jahrhunderts illustriert, die andernorts den Gelben Ring für das Mittelalter allgemein belegen sollen.[110] Ein anderes Lehrbuch nennt als Kleidervorschrift seit dem 12. Jahrhundert „den Kaftan, einen weiten Mantel, sowie einen spitzen Hut."[111] Demgegenüber äußert ein anderes Zweifel am Judenhut als alltäglicher Tracht: mit Bezug auf das Bild Heinrichs VII., der 1312 in Rom eine Delegation der Juden empfängt, heißt es: „Diese sind an den spitzen Hüten zu erkennen, die sie zu manchen Zeiten tragen mussten." Der Autorentext dagegen stellt zur Ausgrenzung ab dem 12. Jahrhundert fest: „Als Erkennungszeichen mussten sie einen gelben Stofffleck tragen."[112]

Die Stigmatisierung durch die Kleidung verbindet sich mit den zuvor genannten Elementen (Fremdheit, Ghetto) zu einer umfassenden Vorstellung von Ausgrenzung und Diskriminierung der Juden in „normalen" Zeiten des Mittelalters (die Pogrome und ihre Begründungen sind ein eigenes Thema). Anders als beim Ghetto gibt es hierbei immerhin den Verweis auf den Konzilsbeschluss von 1215. Diesem Missverständnis liegt ein tieferes Problem beim Verständnis des Mittelalters zugrunde: zum einen werden moderne Vorstellungen über die Einheit von Rechtsprechung und gesellschaftlicher Realität auf das Mittelalter übertragen, zum anderen wird der Kirche weit mehr Macht zugesprochen, als sie wirklich hatte, wie im folgenden auch beim Thema Geldverleih und Zins wieder deutlich wird. Dazu kommt die Problematik der Interpretation von Bildquellen, die als quasi realistische Abbildungen der Wirklichkeit betrachtet werden, ohne ihre ideologische Absicht, um hier einen modernen Begriff

---

108 *Gr 2*, S. 21.

109 Quelle: „Aus der Frankfurter Ratsverordnung, 1431", *ZfG 2*, S. 83; Bezug zur Kölner Kleiderordnung von 1404 in *RiV 2*, S. 46.

110 z.B. in *ZuM 2*, S. 115.

111 *EuV 5-6* (BB), S. 245 f.

112 *GK 1*, S. 142.

zu verwenden, zu hinterfragen. Und schließlich ist die Bildauswahl selbst ein Problem, da sie sich ausschließlich auf Darstellungen von Juden aus christlicher Sicht beschränkt. Dabei gibt es z. B. in der Sammlung von Thérèse und Mendel Metzger ein reichhaltiges Angebot von Abbildungen aus hebräischen Handschriften, wobei allerdings eingeräumt werden muss, dass sich auch dort gelegentlich Darstellungen mit dem „Judenhut" befinden.[113] Damit bleibt die Frage nach der gesellschaftlichen Realität dieser Kopfbedeckung gewiss ein Problem der Forschung; die in den Lehrbüchern genannten Vorschriften gab es hingegen nicht.

Geldverleih und Wucher

Weitaus gravierender als die bisher genannten Abgrenzungsstereotypen ist das Klischee vom jüdischen Geldverleiher im Mittelalter, weil das Vorurteil von der besonderen Affinität der Juden zum Geld bis heute wirksam ist. Zwar beschränken sich auch die anderen Topoi nicht nur auf das Mittelalter, sondern reihen sich in eine bestimmte Gesamtvorstellung von der deutsch-jüdischen Geschichte ein, aber dieser Topos ist von umfassenderer Bedeutung.[114]

Die allgemein bekannte Erklärung des jüdischen Quasi-Monopols auf den Geldverleih im Mittelalter fasst ein Schulbuch so zusammen: „Der folgenreichste Schritt war die Verdrängung der Juden aus fast allen Handwerken. Es blieb ihnen u. a. nur der verhasste Beruf des Geldverleihers. Nach biblischem Gebot war das Verleihen von Geld gegen Zinsen an einen Glaubensbruder verboten, was die Kirche für alle Christen damit unter Strafe stellte. Daher warf man den Juden vor, schändlichen Wucher zu treiben und dichtete ihnen alle möglichen Untaten an, z. B. die Schändung von Hostien und den Mord an Christenkindern."[115] Mit der genannten Konsequenz wird hier das materielle Motiv (der Vorwurf des Wuchers) gleichzeitig als Hintergrund für vordergründig andere Vorwürfe und die dadurch legitimierten Verfolgungen und Pogrome benannt.

---

113 Vgl. Thérèse und Mendel Metzger: Jüdisches Leben im Mittelalter nach illuminierten hebräischen Handschriften vom 13. bis 16. Jahrhundert. Fribourg/Würzburg 1983.

114 Vgl. die Analyse in Wolfgang Geiger: Christen, Juden und das Geld. Über die Permanenz eines Vorurteils und seine Wurzeln. In: Einsicht 04. Bulletin des Fritz Bauer Instituts, Herbst 2010, S. 30-37. Das Heft ist als Pdf-Datei verfügbar auf www.fritz-bauer-institut.de/einsicht.html > Einsicht 04

115 *Mos* 7, S. 94.

Die Darstellung des kirchlichen Zinsverbots findet sich mit einer Ausnahme *in allen* Büchern.[116] Dasselbe gilt, wenn auch mit kleineren Unterschieden, für die Folgen, also den Geldverleih als Nische für die Juden, die durch die Bildung der Zünfte aus zahlreichen Berufen, v.a. den handwerklichen, ausgeschlossen waren. Letzteres trifft zwar zu, galt aber eben nicht für alle Berufe. Zudem waren die Juden auch zuvor schon selten als Handwerker in der christlichen Umwelt aktiv gewesen, sondern im weitesten Sinne als Händler – ob Fernhändler, Makler, Geldwechsler[117] oder Krämer. Das änderte sich im Grunde bis in die Neuzeit nicht, trotz gewisser Veränderungen im Fernhandel, aus dem sie zunehmend von den Christen verdrängt wurden. Daneben gab es noch besondere Berufe wie den des Arztes.[118]

Somit stellt sich zunächst die Frage, inwiefern die berufliche Realität unabhängig vom Geldverleih in den Büchern zur Sprache kommt. In einigen tut sie es, allerdings auf die „goldene Zeit" der Juden im Frühmittelalter reduziert, vor Beginn der Ausgrenzung, der meistens mit dem Kreuzzugspogrom 1096 angesetzt wird. Für die spätere Zeit wird in einem Buch differenziert: „Manche wurden Geldverleiher oder Geldwechsler, andere handelten mit gebrauchten Kleidern und Gegenständen."Letzteres lässt sich allerdings auch als Derivat der Pfandleihe, also des Geldverleihs, verstehen. Entscheidend ist jedoch, dass neben der Religion auch hier der Geldverleih als Ursache des Hasses in den Vordergrund gerückt wird: „Wegen ihres Glaubens und wegen ihrer Geschäfte sind sie oft angefeindet und verfolgt worden [...]."[119] Ein anderes Buch lässt die berufliche Breite offen: „Sie waren als Handwerker, Ärzte, Kaufleute oder Fernhändler tätig", fokussiert dann aber auch auf das Monopol beim Geldverleih: „Sie arbeiteten auch als Geldverleiher oder -wechsler, denn Christen war es verboten Zinsen zu nehmen."[120] Und andernorts wird hervorgehoben: „Die Juden waren im Mittelalter die am meisten geschätzten Ärzte." Nur eine Minderheit sei durch

---

116 In einem Buch werden die Juden ohnehin nur im Rahmen der Kreuzzüge thematisiert, dort gibt es den Hinweis auf den „Besitz der Juden" als wahren Grund für den Pogrom von 1096: „Aber in Wirklichkeit waren sie auf den Besitz der Juden aus." *Zr 1* (Sachsen), S. 38. Dies suggeriert, dass die Juden besonders reich waren.

117 Der Geldwechsel wird von Anfang an als Tätigkeit genannt und vom Stadtherrn privilegiert, so in der Speyerer Quelle von 1084, siehe Anm. 71.

118 Die Zusammenstellung der Berufe der jüdischen Gemeinde in Frankfurt nach Errichtung des Ghettos ermöglicht einen guten Einblick in die Bandbreite der möglichen Berufe, auch im Rückblick auf die Zeit vor 1462, vgl. www.judengasse.de

119 *RiV 2*, S. 46.

120 *ZfG 2*, S. 82.

den Geldverleih zu Reichtum gekommen, der ihnen wegen des Zinsverbots für Christen „übertragen" worden war, einschließlich des Rechts, hohe Zinsen zu nehmen, um die „Schutzgelder" an die Fürsten zu bezahlen. „Die Mehrheit der Juden lebte aber als Kleinhändler in bescheidenen Verhältnissen."[121]

Das Gymnasial- und das Realschulbuch von Buchner relativieren das kirchliche Zinsverbot und damit das jüdische Quasi-Monopol auf den Geldverleih durch den Hinweis: „Nachdem die Kirche durch die Kreuzzüge selbst zum Kreditnehmer geworden war, lockerte sie das kirchliche Verbot, Geld gegen Zinsen zu verleihen. Christen stiegen in das Kreditgeschäft ein."[122] Worauf hier angespielt wird, ist völlig unklar[123], aber immerhin kommt der Geldverleih durch Christen überhaupt zur Sprache. Gleichwohl wird die Wucherthematik als Grund für Hass und Verfolgung nicht aufgegeben: „Bald blieben den jüdischen Kreditgebern nur noch solche Kreditnehmer, denen kein anderer mehr Geld lieh. Da sie sich das Risiko, ihr Geld zu verlieren, mit hohen Zinsen bezahlen ließen, wurden sie alsbald als Wucherer beschimpft."[124]

In einem anderen Buch wird die Erlaubnis zum Geldverleih für Christen unerklärlicherweise auf das Jahr 1435 datiert: „1435: Nachdem Christen wieder Geld verleihen dürfen, verlieren die Juden diese ihnen verbliebene Einnahmequelle und werden aus vielen Städten vertrieben."[125] Die anachronistisch an dieses Datum geknüpfte Vertreibung verzerrt die historische Realität der längst zuvor erfolgten Vertreibungswelle im Zuge der Pestpogrome.

Mit diesen wenigen Nuancen, die in sich ebenfalls kritikwürdig sind, folgen nahezu alle Bücher in mehr oder weniger ausführlichen stereotypen Erklärungen: kirchliches Zinsverbot mit der Folge der Übertragung des Geldverleihs an die Juden, was dann zum Motiv für Judenhass wird (in einem Fall reichte dazu bereits ihr „Besitz" als solcher). Eines der Bücher führt zur Erklärung eine historische Quelle an, augenscheinlich ein starkes Beweismittel, nämlich den Auszug aus einem Text von Peter Abaelard: „[...] Äcker und Weingärten können die Juden nicht haben, weil niemand da ist, der ihren Besitz garantiert. Also bleibt ihnen als Erwerb nur das Zinsgeschäft, und dieses macht sie wie-

121 *Gr 2*, S. 20 f.

122 *DwZ 2*, S. 57, identisch in *Gerl 2*, S. 97.

123 Misslungene Anspielung auf die Geldgeschäfte der Tempelritter? Als Kredit*nehmer* bei den Kreuzzügen verurteilte die Kirche die dafür erhobenen Zinsen noch mehr als sonst.

124 *DwZ 2*, S. 57, identisch in *Gerl 2*, S. 97.

125 So in den einleitenden Stichworten in *GuG 2*, S. 168, Wiederholung im Haupttext auf S. 169: „Vertreibung".

der bei den Christen verhasst."[126] Hier wird der moderne Begründungszusammenhang erstaunlich präzise vorweggenommen, wobei Zinsverbot und Wucher (ursprünglich Zinsen schlechthin, dann überzogene Zinsen) in den heutigen Darstellungen historisch nicht hinterfragt, sondern mit den Umständen erklärt werden: „Wucher" aufgrund des mit dem Geldverleih verbundenen Risikos oder wegen der dem Kaiser zu zahlenden Sonderabgabe.

Tatsächlich handelt es sich bei dem ganzen Konstrukt von Zinsverbot und Geldverleih um einen historischen *Mythos* – Mythos als „falsche Klarheit" nach der Definition Horkheimers und Adornos.[127] Zunächst ist festzustellen, dass entgegen aller Darstellungen in Schul- und anderen Büchern das IV. Lateranische Konzil 1215, das immer wieder als Hauptreferenz angeben wird, überhaupt kein Zins*verbot* ausgesprochen hat: „Je mehr sich die christliche Religion vom Zinsgeschäft *zurückhält*, umso unverschämter gebärdet sich hierin der Unglaube der Juden, so daß sie in kurzer Zeit das Vermögen der Christen aufzehren. Wir möchten deshalb in dieser Hinsicht für die Christen Vorsorge treffen, damit sie von den Juden *nicht übermäßig belastet* werden. [...]" (Hervorheb. hinzugefügt).[128] Ganz offensichtlich hatte die Kirche zu diesem Zeitpunkt das Zins*verbot* bereits aufgegeben; die Christen sollten sich bei den Zinsen nur *beschränken*. Genauso wurde von den Juden kein Zinsverbot gefordert, sondern bei aller sprachlichen Schärfe nur eine Mäßigung.

Betrachtet man die Entwicklung dieser Thematik in den Beschlüssen der drei Konzile, die sich damit befassten, so ist festzustellen: Die Kirche verurteilte 1139 (Lateran II) die „Raffgier der Geldverleiher" und schloss sie von den kirchlichen Sakramenten aus, dies wurde 1179 (Lateran III) bestätigt und durch das explizite Verbot eines christlichen Begräbnisses ergänzt. Zugleich liefern die Beschlüsse aber auch Nachweise darüber, wie die Praxis aussah. So heißt es einleitend im Beschluss von 1179: „Fast überall ist der Mißstand des Zinswesens so eingerissen, daß viele Leute ihre anderen Geschäfte aufgeben und das Zinsgeschäft ausüben, als sei es erlaubt."[129] Die Lage hatte sich seit 1139 also offenbar noch verschärft! Die Verbote belegen somit eben nicht die gesellschaftliche Realität, wie die Verweise darauf fälschlich nahelegen, sondern beweisen das Gegenteil.

---

126 *Gkuv* 7, S. 64.

127 Max Horkheimer/Theodor W. Adorno: Dialektik der Aufklärung. Frankfurt/M. 1969, S. 4.

128 Dekrete der Ökumenischen Konzilien (wie Anm. 104), S. 265, Nr. 67. – Siehe auch den ganzen Text in einer älteren, aber deswegen keineswegs schlechteren Übersetzung auf http://www.juedischegeschichte.de/html/mittelalter1.html (6.6.2011).

129 Dekrete ... (wie Anm. 104), S. 223, Nr. 25.

Deswegen verzichtete man im dritten Anlauf 1215 (Lateran IV) auch auf ein absolutes Verbot. Im Übrigen konnte die Kirche keine weltlichen Strafen verhängen, sondern eben nur mit dem Ausschluss von den Sakramenten drohen, also mit der Strafe Gottes nach dem Tod. Die umfangreiche theologische Diskussion zu diesem Thema hat Jacques Le Goff in seinem Buch *Wucherzins und Höllenqualen* zusammengefasst; die gesellschaftliche Realität stellt Johannes Fried in einer Einleitung zur Neuauflage dar: „Die Christenheit folgte den kanonischen Geboten nicht. [...] Wucher war schlimmste Sünde, doch kein Verbrechen. [...] Das Mittelalter verbot den ‚Wucher' nach Kirchenrecht, duldete ihn aber, nämlich die Zinsnahme, in der Regel nach weltlichem Recht oder aufgrund von Ausnahmeregelungen kirchlicher und weltlicher Obrigkeiten."[130]

Weder waren alle Juden Geldverleiher noch alle Geldverleiher Juden, vielmehr standen Christen und Juden in diesem Geschäft von Anfang an in Konkurrenz zueinander. Darüber schreiben Historiker seit mehr als hundertfünfzig Jahren.[131] Nicht umsonst ist unser Finanzvokabular mit italienischen Begriffen gespickt. Im *Lexikon des Mittelalters*[132] kann man z. B. lesen, dass sich „Lombarden" (italienische Kaufleute aus Norditalien) und „Gawerschen" (lat. Cauvercini, benannt nach der französischen Stadt Cahors) auf das Kreditwesen spezialisiert hatten und ganz Europa durchzogen – alles Christen, wohlgemerkt.[133]

Das Wucherthema dient in den Lehrbüchern deutlich zur Erklärung des Hasses auf die Juden, der in der Konsequenz zu Gewalttaten und Pogromen führte. Ein Buch bleibt bei der Theorie religiöser und kultureller Fremdheit, stellt aber das Thema Geld genauso dar wie alle anderen.[134] In unterschiedlicher

---

130 Johannes Fried: Zins als Wucher. Einleitung zu Jacques Le Goff: Wucherzins und Höllenqualen. Ökonomie und Religion im Mittelalter. 2., völlig neu bearbeitete Auflage, Stuttgart 2008, S. 143, 139, 135. Die Einleitung steht im Buch als Nachwort.

131 Eine bibliographische Auswahl gibt es auf www.juedischegeschichte.de/html/geldverleiher.html

132 Siehe Robert-Henri Bautier/Robert Auty/Norbert Angermann (Hg.): Lexikon des Mittelalters (LexMA). München 1980-1998, darin „Lombarden", „Zins", „Wucher" u. a.

133 Weitere Informationen und historische Quellen gibt es auf www.juedischegeschichte.de/html/mittelalter2.html sowie www.historia-universalis.de/historia_universalis/Mittelalter02.html

134 *ZfG 2*, S. 82, vgl. S. 13. – Auch *Gerl 2*, S. 97, stellt keine direkte Verbindung zwischen Wucher und Pogromen her, sondern erklärt diese mit Gräuelmärchen etc., allerdings kann die Verbindung durch den Leser dennoch leicht gezogen werden, ähnlich in *Zr 1* (Nieds.), S. 154. Dagegen wird in der Ausgabe für Sachsen das Hassmotiv mit dem „Besitz der Juden" in Verbindung gebracht, S. 38., vgl. Anm. 116.

Weise werden die verschiedenen Motive – Religion, Sündenbocksyndrom, Bezichtigung der Brunnenvergiftung – hierarchisch dem sozialen oder wirtschaftlichen Motiv untergeordnet, das sich aus der „Verschuldung breiter Bevölkerungskreise" bei den Juden ergeben habe, wie auch der *Brockhaus* zu berichten weiß: Diese „verschärfte die bereits bestehenden Aversionen, die sich dann von Zeit zu Zeit in furchtbaren Judenverfolgungen (Pogromen) und -vertreibungen niederschlugen; dabei dürfte sicher sein, dass innerhalb der Motive, die zu diesen Untaten führten, die *materiellen Beweggründe der Schuldner eine ganz zentrale Rolle* gespielt haben."[135] (Hervorheb. hinzugefügt).

In den Lehrbüchern wird der Zusammenhang oft einfacher formuliert, manchmal auch auf das Neid-Thema reduziert: „Misstrauen und Neid" führten zu „Plünderungen, Folter und Mord" und machten die Juden auch später immer wieder zu Sündenböcken.[136] Das Neidmotiv vor dem Hintergrund des Wucherthemas suggeriert aber auch den Vorwurf unrechtmäßigen Reichtums. Meistens sind die Anspielungen deutlicher: „Es waren [...] nicht nur religiöse Gründe, die zur Zerstörung vieler jüdischer Gemeinden führten, sondern auch wirtschaftliche oder politische."[137] Und: „Die blanke Habgier war das eigentliche Motiv", marxistisch gesprochen die materielle Basis für den ideologischen Überbau. Durch den Pogrom konnten christliche Schuldner „ihre Schulden bei jüdischen Gläubigern loswerden."[138] „Der Anfang ihres Unglückes war das unendlich viele Geld, das Ritter, Bürger und Bauern ihnen schuldeten."[139]

Als exemplarische Quelle für dieses Thema wird in sechs Büchern aus unserem Sample die Begründung des Straßburger Pestpogroms in der Chronik des Jakob Twinger von Königshofen aufgenommen. Der Chronist konnte sich jedoch Jahrzehnte später nur auf einen einzigen Zeitzeugen berufen, Friedrich Closener, 1349, zur Tatzeit Kaplan im Straßburger Münster und damit nicht unbedingt ein unparteiischer Zeuge, da sich der Bischof von Straßburg in dem Konflikt gegen die Juden gestellt hatte: „Wer von ihnen [= den Juden] geliehen hatte, musste höhere Zinsen zahlen. [...] Darum wurden sie verhasst bei vielen. [...] Was man den Juden schuldig war, das war alles erledigt, und es wurden alle Schuldbriefe, die diese hatten, zurückgegeben."[140] In einem anderen Buch

---

135 Brockhaus 2004: „Juden: Stellung im Mittelalter", zit. nach PC-Bibliothek 3.0.

136 *GuG 2*, S. 169.

137 *FG 7*, S. 149

138 *Mos B7*, S. 94.

139 *RiV 2*, S. 47.

140 *GuG2*, S. 171, Nachweis: Julius Höxter: Quellenbuch zur jüdischen Geschichte und Literatur, Bd. III, Frankfurt/M. 1931, S. 29 f., vgl. auch *VB 1*, S. 183, *EuV 1* (Nieds.), S. 206, endet die Quelle: „Das Bargeld der Juden nahm der Rat und verteilte es unter das Handwerk. Das war auch das ‚Gift', das die Juden tötete."[141] Dazu gibt es den Arbeitsauftrag: „Sucht aus der Quelle den wahren und den vorgeschobenen Grund für die Verfolgung der Juden heraus."

Ebenso wie die oben zitierte Quelle von Abaelard hat auch diese natürlich die Aura des Authentischen, doch wird in der Ehrfurcht des Geschichtslehrers vor den Quellen oft vergessen, wie subjektiv sie sein können und wie zweifelhaft gerade solche aus dem Mittelalter und vor allem zu diesem Thema sind. *Testis unus, testis nullus* heißt es im römischen Recht, und damit steht die paradigmatisch gewordene Erklärung des Pogroms in Straßburg durch einen einzigen Zeugen umgekehrt proportional zu ihrem wissenschaftlichen Wert. Es geht wohlgemerkt nicht um den Ablauf des Geschehens, sondern um die am Schluss gegebene letztendliche Begründung: das soziale bzw. materielle Motiv des Geldes. Tatsächlich ergibt eine genaue Untersuchung der Vorgeschichte der von Italien heraufziehenden Pest und der damit verbundenen Gerüchte, v.a. der umfangreichen Korrespondenz Straßburgs mit den anderen rheinischen Städten, dass bis zum Massenmord an den Straßburger Juden am Valentinstag (14. Februar) 1349 niemand vom Wuchermotiv gesprochen hatte, dafür aber umso mehr über die Brunnenvergiftungsthese diskutiert worden war.[142]

Aus der Privilegierung des sozialen und materiellen Motivs des Wuchers ergibt sich noch eine grundsätzliche Problematik, die mit dem Marxschen Basis-Überbau-Schema angesprochen wurde: die Geringschätzung kultureller Faktoren als Motive menschlichen Handelns und die andauernde Suche nach den „wahren", das heißt materiellen Ursachen.

Damit soll nicht umgekehrt die ebenfalls angesprochene Entfremdungsthese privilegiert werden, denn gegen sie gilt der Einwand, dass Christen und Juden nachweislich länger und enger zusammenlebten, als es die These von der kulturellen Fremdheit glauben machen will. Nur wenige Jahre nach dem Pestpogrom in Frankfurt wurde Juden wieder erlaubt, sich an der alten Stelle südlich des Kaiserdoms (eigentlich Bartholomäuskirche) anzusiedeln, während

Zr 1 (Nieds.), S. 154, *GK 1*, S. 143 mit dem Hinweis auf Twinger von Königsberg, ebenso *Gr 2*, S. 22.

141 *EuV 1* (Nieds.), S. 206. Beide wörtlich nicht identischen Texte werden als „Chronik der Stadt Straßburg" bzw. als „Aus einer Straßburger Chronik" ausgewiesen.

142 Vgl. die analytische Darstellung aufgrund der vorliegenden Quellen und Untersuchungen, v.a. von Alfred Glaser: Geschichte der Juden in Straßburg. Bd. 1. Straßburg 1924, in: Wolfgang Geiger: Zwischen Urteil und Vorurteil (wie Anm. 85). Hier: S. 91-104: Der Straßburger Pogrom von 1349 im historischen Kontext.

Mitte des 15. Jahrhunderts Christen auf einmal Einwände dagegen erhoben, die dem Schema der kulturellen Fremdheit entsprechen (die gegenseitige Nähe bei den jeweiligen Gottesdiensten sei störend u. Ä.). Verständlicher wäre es gewesen, die Juden gleich in der neuen Judengasse, dem Ghetto am Stadtrand, anzusiedeln.

Für die Pestpogrome gilt, dass die mit der These der Brunnenvergiftung verbundenen Wahnvorstellungen ernst genommen werden müssen, da man sich die Seuche damals überhaupt nicht erklären konnte und folglich allerlei endzeitliche mystische Vorstellungen Konjunktur hatten. Während also beim Straßburger Pogrom durch Berufung auf den Zeitzeugen die These präferiert wird, die Juden seien vor allem deshalb umgebracht worden, weil die Christen bei ihnen verschuldet waren, kann man aufgrund der Aktenlage mit Fug und Recht sagen: Hätte es die Pest nicht gegeben, hätte es damals auch kein Judenpogrom gegeben.

Bei diesen Erklärungsmustern zeigt sich also vielfach, wie moderne Erklärungstheorien, die oft selbst diskutabel sind (z.B. das Sündenbock-Theorem, siehe Kapitel B.3), auf das Mittelalter zurückprojiziert werden. Zum einen geschieht dies aufgrund weitgehender Unkenntnis der mittelalterlichen Realitäten und der damit verbundenen Prägung durch verfestigte Klischees (z.B. zum Geldverleih), zum anderen aber auch durch das alles dominierende Verfolgungsparadigma, das eine Kontinuität der Verfolgung durch eine grundsätzliche Feindschaft gegenüber den Juden konstruiert.

3. (Frühe) Neuzeit

Über die Geschichte der Juden vom Ende des Mittelalters bis zur Französischen Revolution erfährt man in den meisten Büchern nichts; in sechs von zehn Realschulbüchern aus unserem Sample gibt es für die Zeit bis zur Reichsgründung überhaupt keinen Eintrag. In den anderen tritt das Thema Juden meistens punktuell erst mit der Französischen Revolution und den Preußischen Reformen auf; danach erst wieder 1871. Nur vereinzelt gibt es Hinweise auf die preußische Toleranzpolitik.[143]

Insgesamt erscheint die Emanzipation wie eine von der christlichen Gesellschaft gewährte, nicht wie eine auch selbst errungene Freiheit: „Außerdem erhielt die jüdische Bevölkerung alle bürgerlichen und politischen Rechte."[144] Dass sich Juden und Christen zuvor während der Aufklärung für die Gleichstellung engagiert hatten und dies entscheidende Impulse für die gesetzlichen Maßnahmen lieferte, bleibt faktisch unerwähnt. Was Deutschland betrifft, denke man nur an die Bedeutung Moses Mendelssohns und Gotthold Ephraim Lessings sowie des preußischen Beamten Christian Wilhelm Dohm, der sich für „die bürgerliche Verbesserung der Juden"[145] einsetzte.

Eine Verknüpfung der mittelalterlichen mit der frühneuzeitlichen Geschichte unter dem Verfolgungsparadigma („Christen grenzen Juden aus") stellt *Gerl 2* auf einer Rückblickseite („Wiederholen – Vertiefen – Verknüpfen") her durch eine klischeehafte Darstellung zum Mittelalter[146] und Materialien zur Situation im 17. Jahrhundert: einen Plan der Frankfurter Judengasse (Kupferstich von Merian 1624) und Hinweise zur Bevölkerungsentwicklung 1463-1610 (von 110 auf 2270 Einwohner), ein Bild zum sog. Fettmilchaufstand 1614 (Kupferstich Merians von 1628) und einen Auszug aus der Frankfurter „Judenstättigkeit" von 1617 als Textquelle. Zum Aufstand heißt es

---

143 Vgl. z.B. in *EG 1*, S. 95 und *Zr* 2 (Sachsen), S. 71.

144 *DwZ 3*, S. 15, zur Französischen Revolution 1791.

145 Siehe Christian Wilhelm Dohm: Über die bürgerliche Verbesserung der Juden, Berlin und Stettin 1781. Die entsprechenden Schriften von Mendelssohn 1782-83 liegen zusammengefasst vor in: Moses Mendelssohn: Jerusalem oder über religiöse Macht und Judentum. Nach den Erstausgaben neu ediert von David Martyn, Bielefeld 2001.

146 „In wirtschaftlichen schlechten Zeiten vertrieben oft verschuldete Kleinkaufleute, Handwerker und Bauern ihre jüdischen Kreditgeber, um so ihre Verpflichtungen loszuwerden." *Gerl 2*, S. 181.

in der Bildlegende: „Im Jahr 1614 hatten unter Führung des Zunftmeisters Vinzenz Fettmilch Handwerker und Stadtgesindel die Judengasse gestürmt, um die Juden zu vertreiben, bei denen sie verschuldet waren. Es war ungewöhnlich, dass der Kaiser die Anführer festnehmen und hinrichten ließ."[147] Die kurze Legende enthält eine Reihe von falschen Informationen: Fettmilch war kein Zunftmeister und lediglich die Anführer waren bei Juden verschuldet, also nicht, wie man dem Text entnehmen könnte, alle Aufständischen.[148] „Ungewöhnlich" war die Verurteilung der Anführer – und übrigens auch vieler Mittäter, wenn auch nur zu Geldstrafen – allerdings nur, wenn man als Vergleich die spätmittelalterlichen Pogrome heranzieht, denn in der Frühen Neuzeit gab es nichts Vergleichbares. Der Verweis auf diese „Ausnahme" suggeriert aber, so etwas sei häufiger vorgekommen und sogar geduldet worden. Ähnlich wie in den Darstellungen zum Mittelalter werden die Juden in *Gerl 3* unter der Rubrik „Unehrliche Leut'" subsummiert. Nach einer Aufzählung von Bettlern, Gauklern, Totengräbern, Dirnen usw. heißt es: „Eine Außenseiterstellung nahmen außerdem die unehelich geborenen Kinder, Juden und Zigeuner ein. Kaum ein Bürger oder Bauer ließ sich öffentlich mit ‚unehrlichen Leuten' sehen."[149] Da muss es freilich verwundern, dass sich der Kaiser für sie einsetzte.

Gplus bietet eine relativ ausführliche Darstellung der Geschichte der Juden in Berlin auf einer ganzen Seite. Hier wird eine Verbindung zwischen Toleranzpolitik und dem relativ ausführlich als Quelle zitierten Emanzipationsedikt hergestellt. Das Werk präsentiert als eines von zweien im Sample Moses Mendelssohn namentlich als „Vermittler zwischen jüdischer Tradition und deutscher Kultur", abgedruckt ist auch das Gemälde von Moritz Oppenheim, das Johann Caspar Lavater, den bedeutsamen Vertreter des aufgeklärten Christentums, und Gotthold Ephraim Lessing zu Besuch bei Mendelssohn zeigt.[150] Diese Verbindung wird auch in dem einzigen anderen Werk, das auf Mendelssohn eingeht, hergestellt. In *RiV 4* gibt es im Zusammenhang

---

147 Ebd., S. 182.

148 Kracauer legt dar, „[...] dass gerade die Häupter der revolutionären Bewegung, die in der Geschichte der Fettmilchsche Aufstand heißt, bei ihnen stark verschuldet waren [...]. Die Behauptung jedoch, dass damals breite Schichten der Bevölkerung durch die bei ihnen aufgenommenen Darlehen in schwerer Geldnot gewesen waren, ist durchaus irrig [...]." Isidor Kracauer: Geschichte der Juden in Frankfurt/M., Erster Band, Frankfurt/M. 1925, S. 360.

149 *Gerl 3*, S. 64.

150 *Gplus 7-8*, S. 206.

mit dem Thema Nationalsozialismus einen Längsschnitt durch die jüdische Geschichte, in der Mendelssohn in einer biographischen Skizze als „einer der bedeutendsten Philosophen der Aufklärung“ und als „Vordenker des modernen Judentums“ präsentiert wird.[151]

Unter der Überschrift „Einwanderungsland Brandenburg“ ist in *EuV Berlin/Brandenburg* der jüdischen Einwanderung und der Veränderung ihrer Stellung im Lauf der Zeit mehr als eine halbe Seite gewidmet.[152] Dies ist allerdings dem regionalen Schwerpunkt der Berlin-Brandenburgischen Ausgabe geschuldet; in der niedersächsischen Ausgabe fehlt dieser Teil.

Einen knappen Hinweis zur Niederlassung von Juden in Preußen gibt es in *Gerl 3*, sowie auch einen Hinweis auf das (letztlich nur kurze Zeit gültige) Toleranzedikt Josephs II. von Habsburg[153]. Unklar ist dagegen der kurze Hinweis in *ZfG 2*: „Katholiken, Reformierte und Lutheraner hatten in Preußen nun formal die gleichen Rechte, Juden allerdings blieben rechtlich benachteiligt.“[154] Hier fehlt der Vergleich mit dem Status der Juden in anderen Teilen des Reiches, um die relative Verbesserung durch die preußische Toleranz zu verdeutlichen. Indirekt erfolgt dies an späterer Stelle im Buch durch die Darstellung des Falles Joseph Süß Oppenheimer unter der sicher nicht glücklichen Überschrift „Karrieren im Absolutismus“, wo zunächst die Mätresse des württembergischen Herzogs Eberhard Ludwig, Wilhelmine von Grävenitz, porträtiert und dann die Geschichte von Joseph Süß unter dessen Nachfolger Carl Alexander angeschlossen wird.[155]

Über die „Karriere“ des jüdischen Hoffaktors erfährt man allerdings recht wenig, da sein Wirken am Hofe Carl Alexanders gleich unter das Zeichen des antijüdischen Ressentiments der Bevölkerung gestellt wird. Dass die nach dem Tod des Herzogs gegen Süß erhobenen Vorwürfe haltlos waren und er als Sündenbock diente, wird in der Darstellung deutlich, wenn auch mit einem kleinen Irrtum zu seinen Gunsten: So heißt es, er sei gegen die vom Herzog erhobenen neuen Steuern gewesen, und das stimmt so nicht. Hier hätte man den negativ besetzten Begriff „Steuererhöhung“ durch „Steuergleichheit“ ersetzen und trotz der gebotenen Kürze erklären können, worum es eigentlich ging (z.B. die Besteuerung bislang Privilegierter) und was Süß am Hofe tat,

---

151 *RiV 4*, S. 182f.
152 *EuV 7-8*, *BB*, S. 78f.
153 Vgl. *Gerl 3*, S. 26f.
154 *ZfG 2*, S. 193.
155 *ZfG 2*, S. 200.

denn seine Charakterisierung als „Finanzberater", „Juwelier, Bankier" und „Leiter der Stuttgarter Münzprägestätte" bleibt zu allgemein.[156] Dafür nimmt eine nach seinem Tode und gegen ihn erschienene Bilderserie relativ großen Raum auf der Seite ein, die seine „Karriere" bis zur Hinrichtung anhand von Vorurteilen darstellt. So erscheint er gleich auf dem zweiten Bild inmitten einer Reihe von Geldsäcken. In der Bildlegende heißt es jedoch nur lapidar: „Über das Schicksal Joseph Süß Oppenheimers sprach man überall im Land. Eine Serie bunter Kupferstiche von 1738 zeigt Szenen aus seinem Leben." Dies suggeriert eine Objektivität des Dargestellten, die durch die spärlichen Informationen im Autorentext nicht dekonstruiert werden kann.

Für die napoleonische Zeit beschränken sich Hinweise auf die Situation der Juden, wenn überhaupt, meist auf kurze Mitteilungen. Immerhin finden sich ab und zu differenzierte Darstellungen des Preußischen Emanzipationsedikts, das Juden höhere Ämter und die Offizierslaufbahn weiterhin verwehrte[157] „sie konnten beispielsweise nicht Lehrer, Richter oder Polizisten werden"[158] – was hinsichtlich des Lehrberufes allerdings nicht zutreffend ist[159], während andere Werke in ihrem kursorischen Abriss der preußischen Reformen zum Teil falsche Informationen enthalten: „Juden wurden rechtlich allen anderen Bürgern gleichgestellt."[160]

Die Auseinandersetzung um die Stellung der Juden im Vormärz wird in keinem Buch erwähnt, weder die schrittweisen Verbesserungen in einzelnen Staaten des Deutschen Bundes bis 1848, noch die Gegentendenzen, die gleich zu Beginn gewalttätig in Hep-Hep-Krawallen zum Ausdruck kam. In *Gerl 3* wird das Judentum allenfalls nebenbei durch Heinrich Heine gestreift, der hier jedoch v.a. als politischer Dichter porträtiert wird.[161]

---

156 Vgl. Darstellung, didaktisch verwendbares Material und weitere Literaturhinweise auf http://www.juedischegeschichte.de/html/joseph_suess.html (6.6.2011).

157 z.B. in *DwZ 3*, S. 35, *EG 1*, S. 137.

158 *ZfG 3*, S. 63.

159 § 8 erlaubte die Ausübung „akademischer Lehr- und Schul- und Gemeindeämter", vorbehalten blieben Staatsämter.

160 *FG 8*, S. 49, fast textgleich in *GuG 3*, S. 187; *Hor B8*, S. 32; *Gerl 3*, S. 116; *Zr* 2 (Sachsen), S. 101, *Gerl 2*, S. 139. Die pauschale Vorstellung ist auch in geographischer Hinsicht ungenau. Der Geltungsbereich des Edikts aus dem Jahr 1812 wurde nicht auf alle Provinzen des erheblich erweiterten preußischen Staates in den Grenzen des Jahres 1815 ausgeweitet, sondern galt nur für die zum Zeitpunkt des Erlasses zugehörigen Provinzen. Vgl. Deutsch-jüdische Geschichte, Band 2, (vgl. Anm. 65), S. 37 f.

161 *Gerl 3*, S. 20.

Ebenso randständig bleibt die Rolle der Juden im Zusammenhang mit der 48er-Revolution und der Paulskirchenversammlung. Die Gleichstellung der Juden in der Grundrechtserklärung der Paulskirche wird nur in einem Gymnasial- und in einem Realschullehrbuch explizit thematisiert; in letzterem durch einen Hinweis im Autorentext[162], in ersterem durch einen Auszug aus den Grundrechten als Quelle mit einem entsprechenden Arbeitsauftrag: „Inwiefern war § 146 für die jüdische Bevölkerung wichtig?"[163] Ansonsten ist von den Grundrechten nur im allgemeinen Sinne die Rede. Gabriel Riesser, der zeitweise Vizepräsident der Nationalversammlung war, und der Kampf um die Gleichstellung der Juden auch in den Debatten der Paulskirche werden nirgendwo thematisiert.[164]

Im Rahmen zweier Frauenbiographien aus dem 19. Jahrhundert wird die Emanzipationsgeschichte in *Gr 2*[165] auf gelungene Weise in mehrfachen Aspekten miteinander verknüpft – die Stellung der Frau und die Arbeiterbewegung am Beispiel der Sozialistin Mathilde Franziska Anneke (1817-1884, 1849 in die USA emigriert) und die Situation der Juden am Beispiel der Schriftstellerin Fanny Lewald (1811-1889) – wobei die jüdische Situation leider nur in geringerem Maße zur Sprache kommt, da Fanny Lewald bereits mit 17 Jahren zum Christentum konvertierte, um einen Christen heiraten zu können. Immerhin macht dieser Fall deutlich, welche Motive es für Konversionen geben konnte.

Insgesamt findet die Geschichte der Juden in Deutschland zwischen Renaissance und Reichsgründung, also über fast vier Jahrhunderte, in den meisten Büchern im Zusammenhang mit der Französischen Revolution und den Preußischen Reformen nur kurz Erwähnung. Die Entwicklung der jüdischen Geschichte zwischen Mittelalter und Kaiserreich und der Weg in die Emanzipation bleibt eine Leerstelle.

---

162 *Gerl 3*, S. 154.

163 *DwZ* 3, S. 67. § 146: „Durch das religiöse Bekenntnis wird der Genuss der bürgerlichen und staatsbürgerlichen Rechte weder bedingt noch beschränkt [...]".

164 Vgl. dazu die Website zu Gabriel Riesser mit Bild- und Textquellen zur Emanzipation und zur Paulskirchendebatte: www.gabrielriesser.de

165 *Gr 2*, S. 160f.

4. Kaiserreich

In der Wissenschaft wird die Bedeutung des Kaiserreichs für das deutsche Judentum unterschiedlich bewertet. War es das Zeitalter des ökonomischen Erfolgs, des Aufstiegs, der Integration – schlechthin also eine Erfolgsgeschichte? Oder nahm hier der rassische Antisemitismus seinen Ausgangspunkt, ausgehend von der Popularisierung des Begriffs durch den Journalisten Wilhelm Marr, und führt von hier eine Linie zur mörderischen Vernichtungspolitik der Nationalsozialisten? Der Historiker Reinhard Rürup betonte 2010 erneut seine bereits früher mehrfach formulierte Bewertung: „Mit der hier angesprochenen Selbstemanzipation begann in Deutschland eine ganz und gar ungewöhnliche soziale Erfolgsgeschichte der Juden als Minderheit, die auf einem ausgeprägten Arbeits- und Leistungsethos und der Entfaltung bedeutender wirtschaftlicher, wissenschaftlicher und künstlerischer Begabung beruhte. Für viele jüdische Familien waren das Kaiserreich und die Weimarer Republik eine Zeit großer wirtschaftlicher Erfolge und eines bemerkenswerten sozialen Aufstiegs."[166]

Die Perspektiven sind sehr unterschiedlich: einerseits der Blick auf die Geschichte, insbesondere die Sozialgeschichte, der deutschen Juden, andererseits auf die Geschichte des Antisemitismus, der in der zweiten Hälfte des 19. Jahrhunderts nicht nur in Deutschland eine neue Dimension bekam, die ihn vom früheren Antijudaismus unterscheidet.[167] Gewiss wird man die Geschichte der Juden im Kaiserreich nicht ohne Bezugnahme auf den Antisemitismus erzählen können, doch die Überlagerung der jüdischen Geschichte durch den Antisemitismus wird dem Stellenwert einer eigenständigen jüdischen Geschichte nicht gerecht, weil diese so zu einer kontinuierlichen Verfolgungsgeschichte verzerrt wird. Doch wird diese notwendige Trennung der Perspektiven überhaupt in den Schulbüchern wahrgenommen? Mitnichten.

Das wohl markanteste Beispiel für die Verkennung der Perspektiven liefern zwei Werke aus dem gleichen Verlag: Im Realschulbuch *Gerl 4* decken sich Autorentext und Quellenzusammenstellung weitgehend mit dem Gymnasialbuch

---

166 Vgl. dazu Reinhard Rürup: Der Liberalismus und die Emanzipation der Juden. In: Angelika Schaser/Stefanie Schüler-Springorum (Hg.): Liberalismus und Emanzipation. In- und Exklusionsprozesse im Kaiserreich und in der Weimarer Republik. Stuttgart 2010, S. 25-38, hier S. 35.

167 Siehe dazu Steven Beller: Antisemitismus. Stuttgart 2009.

DwZ 3. Wohl aber unterscheiden sich die Kapitelüberschriften grundlegend: „Antisemitismus“ (Gerl) „Jüdisches Leben“ (DwZ).[168]

Die Bandbreite der thematischen Behandlung jüdischer Geschichte im Kaiserreich variiert sehr stark: von ausführlichen eigenständigen Kapiteln bis zum völligen Fehlen von Hinweisen auf die Existenz einer jüdischen Geschichte. Bereits die Kapitelüberschriften setzen thematische Signale: neben explizit neutralen Überschriften („Juden im Kaiserreich“, Jüdisches Leben“) stellen einige Werke das Thema in den Diskurs um das Kaiserreich als Hort der Reaktion und Repression. So finden sich Überschriften wie „Vom Umgang des Kaiserreichs mit Minderheiten und Andersdenkenden“, „Minderheiten – am Rande der Gesellschaft“ oder „Lässt sich Integration erzwingen? Reichsfeinde und Minderheiten“.[169] Die Fragestellung in der letztgenannten Kapitelüberschrift scheint wohl eher rhetorischer Natur zu sein. Interessant bleibt eher die Überlegung, wer hier den Zwang ausübt, das heißt, wie die Schulbuchredaktion die Überschrift versteht. Die Vorstellung, das Reich habe seine Feinde und Minderheiten zwangsweise integrieren wollen, scheint verwegen; bei der umgekehrten Vorstellung wäre das Ergebnis der Integration bereits negativ konnotiert, da es durch „Reichsfeinde“ und Minderheiten erzwungen wurde. Möglicherweise verbirgt sich hinter der Überschrift der – missglückte – Versuch, den in

---

168 Die Zwischenüberschriften sind in beiden Werken identisch („Die deutschen Juden“, „Vom Vorurteil zur Ideologie“, „Bürger zweiter Klasse“, „Europaweite Judenfeindschaft“). Auch beim Autorentext gibt es in weiten Fällen eine wörtliche Übereinstimmung. Älteren Datums scheint das Realschulbuch zu sein. Geht man davon aus, so lassen sich inhaltliche und redaktionelle Veränderungen gegenüber dem Gymnasialbuch gut vergleichen. Der Abschnitt „Vom Vorurteil zur Ideologie“ wurde für das Gymnasialbuch fast wörtlich übernommen. Einigen Passagen ist das Bemühen zu entnehmen, den Text lesbarer und verständlicher für die Schüler zu machen. Der im Realschulbuch auftauchende Begriff „Ideologie“ wurde für das Gymnasialbuch durch „Weltanschauung“ ersetzt. Weiterhin: „Die religiös begründeten Vorurteile gegenüber den Juden erhielten durch die Übernahme biologischer Vorstellung *eine neue Dimension* [Realschulbuch; im Gymnasialbuch ersetzt durch *„Auftrieb“*] (Hervorh. hinzugefügt). Historisch-kritisch wäre bei dieser Lesart anzumerken, dass die biologischen Vorstellungen des Antisemitismus keine Variante des bisherigen religiös begründeten Antisemitismus darstellen, es sei denn, man sieht den rassischen Antisemitismus als religiöses Phänomen. *Gerl 4*, S. 58-59 ; *DwZ 3*, S. 124-125.

169 Ausführlicher dazu vgl. Martin Liepach/Dirk Sadowski (Hg.): Jüdische Geschichte im Schulbuch. Eckert. Die Expertise. Georg-Eckert-Institut für internationale Schulbuchforschung, Band 3, Göttingen 2014. Die Analyse von Kapitelüberschriften blieb bisher in der Schulbuchforschung gänzlich unbeachtet. Auch Schönemann und Thünemann übergehen in ihrem Werk diese Fragestellung. Bernd Schönemann, Holger Thünemann: Schulbucharbeit. Das Geschichtslehrbuch in der Unterrichtspraxis. Schwalbach/Ts. 2010.

der Wissenschaft verwendeten Begriff der „negativen Integration" zu nutzen. Darunter versteht man die Strategie des kaiserlichen Deutschlands, als Ersatz für eine fehlende Staatsidee durch den gemeinsamen Kampf gegen innere und äußere Staatsfeinde eine gemeinsame Identität zu schaffen.[170]

Äußerst fragwürdig ist die im antisemitischen Sprachgebrauch gehaltene Kapitelüberschrift „Innerer Reichsfeind: Judentum"[171], die sich durch die fehlenden Anführungszeichen als gedankenlose Reproduktion antisemitischer Formulierungen entlarvt. Die assoziative Verbindung zwischen der Überschrift und dem großformatigen Bild Theodor Herzls unten auf der Seite, das über eine halbe Spalte reicht, verstärkt die Gleichsetzung von „Reichsfeinden" und Juden noch. Die Begriffsgeschichte des Terminus „Reichsfeind" ist lang und terminologisch aufgeladen: Sie reicht von J.G. Krünitz (1773-1858), der in seiner Oeconomischen Encyclopädie einen Reichsfeind als „Feind des Reichs, besonders des Deutschen, nach seiner sonstigen Verfassung" definierte[172], bis in die Zeit des Dritten Reiches, in der er von den Nationalsozialisten benutzt wurde.[173] In dem vorliegenden Schulbuch wird die Überschrift an keiner Stelle thematisiert oder kritisch kommentiert, geschweige denn dekonstruiert.

Lediglich ein Werk signalisiert in der Kapitelüberschrift eine ausgesprochen positive Konnotation. Im Werk *Gk 3* heißt es: „Juden und Christen werden gleichgestellt." Auf zwei Seiten sollen Schüler der Leitfrage nachgehen „Wurden aus den Juden in Deutschland jüdische Deutsche?" Es ist das einzige Werk, das komplett auf antisemitische Quellen verzichtet und konsequent die jüdische Perspektive in den Mittelpunkt stellt. Im gesamten Sample dagegen hat die statistische Auszählung der Text- und Bildquellen ergeben, dass im Gesamtsample für die Epoche des Kaiserreiches 24 von 42 Quellen antisemitischer Provenienz sind.

Fortsetzung der Ausgrenzungsgeschichte

Die Vermischung der Perspektiven hat zur Folge, dass in den Schulbüchern die Fortsetzung der Ausgrenzungsgeschichte dominiert. In dem Bestreben, die neue

---

170 Martin Greiffenhagen (Hg.): Handwörterbuch zur politischen Kultur der Bundesrepublik Deutschland. Wiesbaden 2002, S. 476.

171 *ZuM 3*, S. 156. Das Kapitel ist Teil des Hauptkapitels *Reichsfeinde und Störfaktoren.*

172 http://www.kruenitz1.uni-trier.de/xxx/r/kr02146.htm (6.6.2011).

173 Man findet ihn beispielsweise in den (Original-)Unterlagen aus der Nazi-Zeit in den Archiven des Internationalen Suchdienst ITS (International Tracing Service). http://www.its-arolsen.org/de/hilfe-und-faq/abkuerzungen/index.html#ginR (8.7.2013).

Form der Judenfeindschaft einerseits zu beschreiben und sie andererseits zu erklären, wird auf die These von der Kontinuität des Antisemitismus zurückgegriffen.[174] So erfahren Schüler: „Dass Juden wegen ihres Glaubens abgelehnt und verfolgt wurden, hatte eine lange bis ins Mittelalter zurückreichende Tradition."[175] Auch in den Zwischenüberschriften werden mögliche Arbeitsergebnisse durch die Formulierung der Perspektive bereits festgelegt: „Die Juden werden ausgegrenzt", „Bürger ‚zweiter Klasse'" oder „Jüdische Deutsche werden diskriminiert".[176] Der lange Schatten des Mittelalters und die damit verbundene Vorstellung einer finsteren Zeit wirkt somit bis ins Kaiserreich hinein. In einer Definition zum Emanzipationsgesetz von 1812, die im Kapitel „Juden im Kaiserreich" zu finden ist, heißt es: „Die mittelalterlichen Beschränkungen für die Juden wurden aufgehoben. Sie erhielten das Bürgerrecht und das Recht, sich überall niederzulassen. Dennoch blieben Juden bis 1871 faktisch von allen öffentlichen Ämtern ausgeschlossen."[177] Hier ist kein einziger Satz historisch korrekt. Bei dem nicht näher spezifizierten Emanzipationsgesetz handelt es sich um das Emanzipationsedikt in Preußen. Die damit verbundene territoriale Einschränkung des Geltungsbereichs, in diesem Fall Preußen mit Gebietsstand von 1812, wird an keiner Stelle erwähnt und folglich auch nicht ersichtlich. Das Edikt hob eine Reihe von Beschränkungen auf, von denen jedoch keine aus dem Mittelalter stammte. Es erklärte Juden zu Staatsbürgern, denen fortan eine Mitwirkung in der kommunalen Selbstverwaltung, beispielsweise als Stadtverordneter, möglich war. Nach § 8 durften sie Lehr-, Schul- und Gemeindeämter übernehmen. Den Zugang zu Staatsämtern sollte ein besonderes Gesetz regeln, das jedoch nie erlassen wurde; der Ausschluss vom Staatsdienst blieb damit die Regel.[178]

Auch die auf der gleichen Seite zu findenden Ausführungen zum Begriff „Antisemitismus" ist fehlerhaft und gerät geradezu ins Phantomhafte: „Der erst 1879 von dem Publizisten Paul Maar erfundene Begriff ist insofern irreführend, da er sich ausschließlich gegen Juden und nicht gegen Araber oder andere Angehörige der semitischen Sprachgruppe richtete."[179] Der Publizist *Paul Maar* ist

---

174 Zum Stand der Forschung vgl. Christoph Nonn: Antisemitismus. Darmstadt 2008.

175 *GuG 4*, S. 117.

176 *ZuM 3*, S. 156, *DwZ* 3, S. 124, *Zr 2 (Nieds.)*, S. 138.

177 *EuV 2 (Nds. 2005)*, S. 238. In der Neuausgabe heißt es noch immer „Seit dem Mittelalter wurden die Juden als religiöse Minderheit verfolgt." *EuV 3 (Nieds., 2009)*, S. 180.

178 Näheres dazu bei Friedrich Battenberg: Das europäische Zeitalter der Juden, Zur Entwicklung einer Minderheit in der nichtjüdischen Umwelt Europas. Band II: Von 1650 bis 1945, Darmstadt 1990, S. 106 f.

179 *EuV 3, (Nieds.)*, S. 238.

wohl ein Produkt freier Phantasie des Autors[180] oder sollte mit dem Hinweis auf die Urheberschaft auf den Begriff des Antisemitismus der Publizist *Wilhelm Marr* gemeint sein, so ist auch bekannt, dass er nicht der „Erfinder" des Begriffs „Antisemitismus", sondern bestenfalls erster war, der dem Begriff nachhaltige politische Bedeutung verliehen hat.[181]

Neben einem anachronistischen Mittelalterbild (siehe oben) findet sich in den Autorentexten auch eine anachronistische Vorstellung vom jüdischen Leben im Kaiserreich. So heißt es im Abschnitt „Jüdische Bürger im Reich": „Juden erhielten nun auch zunehmend Zugang zu akademischen Stellen und ergriffen freie Berufe. Viele waren als Bankiers und Kaufleute tätig. Im Kaiserreich wurden sie beim Staatsdienst und bei der Armee allerdings weiterhin diskriminiert. Auf dem Land waren viele Juden – wie zuvor – Krämer, Hausierer oder Viehhändler, die oft in bescheidenen Verhältnissen lebten. Die Assimilation bedeutete manchmal auch den Übertritt zum Christentum. Die meisten bewahrten sich jedoch ihre religiösen Traditionen, besuchten die Synagoge, wo in hebräischer Sprache gebetet wurde, und feierten jüdische Feste."[182]

Neben der etwas unspezifischen Aussage „Viele waren als Bankiers und Kaufleute tätig", zeichnet der Autorentext das Bild eines konstitutiv über die Jahrhunderte gleich gebliebenen Judentums, obwohl gerade das 19. Jahrhundert die innere Entwicklung des Judentums in Deutschland nachhaltig prägte. Durch die Diskussion und die Herausforderungen der Emanzipation erfolgte eine Veränderung des religiösen Lebens. Die Antworten darauf fielen sehr unterschiedlich aus. Orthodoxe, neo-orthodoxe und liberale Gemeinden entstanden und pflegten unterschiedliche religiöse Praktiken; spätestens in der zweiten Hälfte des 19. Jahrhunderts stellten die liberalen Gemeinden die größte Gruppe.[183]

Ein anderes Werk bietet als Quelle aus jüdischer Perspektive für die Epoche des Kaiserreichs eine Aufzeichnung des Schriftstellers Ernst Toller aus dem Jahr 1933 an. Dem Quellenauszug ist auch die folgende Notiz Tollers zu entnehmen: „Gehöre ich nicht zu jenem Volk, das seit Jahrtausenden verfolgt, gejagt, gemartert, gemordet wird?"[184] Hier wird die Verfolgungsgeschichte unübersehbar in den Vordergrund gestellt. Dabei suggeriert das Zitat nicht

---

180 Gemeint ist damit wohl kaum der gleichnamige bekannten Kinderbuchautor und Erfinder der Sams-Figur.

181 Vgl. dazu www.pz-ffm.de > Stichworte des Monats > Die Entstehung des Begriffes „Antisemitismus" im 19. Jahrhundert (2.7.2013).

182 *ZfG 4*, S. 190.

183 Vgl. dazu Steven Lowenstein: Religion und Identität. Paderborn 2012, S. 45 ff.

184 *Zr 2, (Nieds.)*, S. 139.

nur eine Jahrhunderte, sondern sogar Jahrtausende währende Kontinuität der Verfolgung. Der genaue Entstehungszeitpunkt des Textauszugs (Anfang, Mitte oder Ende 1933) ist nicht angegeben. Mit Sicherheit entstand der Text unter dem Eindruck des Erfolgs und der Gewaltexzesse der Nationalsozialisten. Die Quelle ist daher wenig geeignet, Aufschluss über jüdisches Leben und Selbstverständnis im Kaiserreich zu geben, und widerspricht dem Prinzip der Eigenständigkeit historischer Epochen, didaktisch gesprochen: dem Alteritätsprinzip. Gleichwohl könnte die Quelle Anlass geben, die vermeintliche Permanenz der Verfolgungsgeschichte, wie sie der Tollersche Rückblick suggeriert, einer kritischen Überprüfung zu unterziehen. Das war jedoch bei der Konzeption dieser Seite nicht intendiert. Die einzige Aufgabenstellung zu dieser Quelle – „Untersuche, wie sich Ernst Toller als Jude in Deutschland fühlte" – ist noch anachronistischer als der Text selbst. Auch der weitere Kontext der Doppelseiten weist auf ein anderes Vermittlungsziel hin, wie die Kapitelüberschrift „Minderheiten – am Rande der Gesellschaft" und die Zwischenüberschrift „Jüdische Deutsche werden diskriminiert" zeigen. Eine weitere Quelle stammt von dem nichtjüdischen späteren linksliberalen Reichstagsabgeordneten Hellmut von Gerlach, der „politische Jugenderfahrung als Mitglied der Antisemiten" sammelte. In seinem Bericht zeigt er sich im Nachhinein über das Niveau der Antisemiten „erschüttert".[185]

Auch *ZuM 3* verstärkt den Eindruck der Sonderstellung der Juden: „Zahlreiche erfolgreiche Kaufleute und Unternehmer waren Juden – aber in die Gesellschaft waren sie nicht integriert, wie viele Beispiele belegen."[186] Als Beispiel wird der jüdische Bankier Gerson Bleichröder angeführt. Der Abschnitt des Autorentextes mit dem Titel „Die Juden werden ausgegrenzt" endet mit dem berüchtigten Diktum Treitschkes „Die Juden sind unser Unglück."

Eine positive Ausnahme bildet das Realschulbuch *GK 3*. Bereits die Kapitelüberschrift „Juden und Christen werden gleichgestellt" setzt einen Kontrapunkt zum Verfolgungsparadigma.[187] Mit der Frage: „Wurden aus den Juden

---

185 *Zr 2, (Nieds.)*, S. 139.

186 *ZuM 3*, S. 156.

187 *GK 3*, S. 44-45. Konterkariert wird der positive Eindruck leider durch das Längsschnittkapitel „Ein Beispiel: jüdische Migration in der Geschichte" im gleichen Werk. Dort wird jüdische Migration fast durchweg als Verfolgungsgeschichte präsentiert. Ein Zeitstrahl in oberem Bildteil beginnt im 6. Jahrhundert vor Christus mit der Babylonischen Gefangenschaft und endet in der Gegenwart. Zu den fünf Bebilderungen jüdischer Migration oberhalb des Zeitstrahls gehören das berühmte Relief des Titusbogens in Rom, das die „Plünderung Jerusalems durch römische Soldaten" darstellt, genauso wie ein undatiertes

in Deutschland jüdische Deutsche?", wird eingangs eine sinnvolle Leitfrage formuliert. Für die Untersuchung werden den Schülern verschiedene Materialien zur Verfügung gestellt: eine Fotografie der Familie Warburg in Hamburg, ohne Datierung, ein Stahlstich der 1866 eingeweihten Berliner Synagoge in der Oranienburger Straße, ein graphisch aufbereiteter Auszug aus der Statistik der Volkszählung von 1907 sowie zwei Textquellen aus jüdischer Perspektive, zum einen ein Auszug aus einer Schrift von Raphael Löwenfeld aus dem Jahr 1893 und zum anderen eine Kindheitserinnerung der 1894 in Dresden geborenen Julie Kaden aus dem Jahr 1943.[188] Mit zwei Bildquellen, einer Statistik und zwei Textquellen bietet das Buch nicht nur deutlich mehr Material als die anderen Schulbücher, sondern variiert durch unterschiedliche Quellengattungen auch die Zugangsmöglichkeiten. Mithilfe der Quellen sollen die Schüler das Selbstverständnis der Juden erarbeiten. Zu den beiden Bildquellen gibt es jeweils zwei Sätze, die wichtige Sachinformationen enthalten. Weitere Interpretationsbezüge zu den Bildern lassen sich aus dem Autorentext herleiten, der zudem durch die drei Zwischenüberschriften „Juden werden Staatsbürger", „Kulturelle Assimilation" und „Jüdische Frauen" sinnvoll strukturiert ist.

Minderheiten im (Ausgrenzungs-)Vergleich

In der historischen Wahrnehmung des Kaiserreiches dominiert in den Schulbüchern die Vorstellung vom Kaiserreich als Ort einer intoleranten Klassengesellschaft. Unter der Hauptüberschrift von *Zr 2* heißt es: „Das Kaiserreich war ein autoritärer Staat, der sich auf die Monarchie, den Adel, das Militär und die Beamtenschaft stützte. Wer diesen Staat in Frage stellte oder wer politisch anders dachte, galt als Gefahr für die bestehende Ordnung."[189] Gewiss belegen Sozialistengesetze oder Kulturkampf diese Einschätzung, doch schaut man auf die Geschichte der Juden in Deutschland, so brachte die Gründung des Kaiserreichs letztendlich den Abschluss des rechtlichen Emanzipationsprozesses durch die Gleichstellung in der Verfassung. Zahlreiche Beispiele belegen die Identifikation der jüdischen Bürger mit dem neuen Staat. Der aufkommende Antisemitismus war keine politische Stoßrichtung des Kaiserreichs gegen ei-

---

SS-Foto, das die „Ankunft im Vernichtungslager Auschwitz-Birkenau" (sic!) darstellt. Ebd., S. 286-287.

188 Zur Aufgabenstellung zu dieser Quelle siehe auch den Abschnitt „Autobiografien als ‚Verkehrsschilder'".

189 *Zr 2, (Nieds.),* S. 138.

ne Minderheit, sondern fußte auf heterogenen gesellschaftlichen und sozialen Ursachen, die nicht mit dem Kaiserreich gleichzusetzen sind. Insofern müsste auch die Kapitelüberschrift – mit Blick auf die Juden – in *GuG 4* nicht „Vom Umgang des Kaiserreiches“[190], sondern „Vom Umgang *im* Kaiserreich mit Minderheiten und Andersdenkenden“ heißen. Im Autorentext behandelt das Werk abschnittsweise Sozialdemokraten, Katholiken, Juden und Polen. Es gibt einen Textblock zur Sozialgesetzgebung und zum Antijudaismus und Antisemitismus. Auf eine vergleichende Aufgabenstellung mit Blick auf die genannten Gruppen verzichtet das Buch. Die Gleichsetzung in der Überschrift suggeriert jedoch, Juden seien von Bismarck ebenso bekämpft worden wie die Sozialdemokraten oder zeitweise der politische Katholizismus, und macht den Antisemitismus damit sozusagen offiziell.

FG 8 dagegen fordert diesen Vergleich explizit: „Vergleiche die Verfolgung von Katholiken, Sozialdemokraten und Juden im Kaiserreich.“[191] Dem Arbeitsauftrag sind Kapitel über den Kulturkampf und die Sozialistengesetze („Der Kampf der Sozialdemokratie“) vorgeschaltet, platziert wurde er im Kapitel „Antisemitismus“, das einige Hinweise auf Forderungen nach Ausgrenzung und Ausschluss liefert, etwa durch den Vorsitzenden des Alldeutschen Verbandes, Heinrich Claß. Zu den in der Aufgabenstellung angesprochenen Verfolgungen wird man, außer im diffusen Hinweis auf eine „kurzzeitige Pogromstimmung“[192], nicht fündig. Es ist aber zu vermuten, dass der vergleichende Arbeitsauftrag auch auf eine Gleichsetzung hinausläuft, denn in der vorherigen Ausgabe für G9 hieß diese Aufgabe noch: „Vergleiche die Verfolgung der Katholiken, Sozialdemokraten und Juden. Nenne Gemeinsamkeiten und Unterschiede.“[193]

Zr 2 regt an, „die Situation der polnischen und jüdischen Minderheit im Kaiserreich“ zu beschreiben; dabei sollen sich die Schülerinnen und Schüler auf den Verfassertext beziehen. Mit Blick auf die Zwischenüberschriften steht für die jüdische Minderheit das Arbeitsergebnis bereits fest, können doch die Schüler dort nachlesen: „Jüdische Deutsche werden diskriminiert.“ In dem Autorentext zur polnischen Minderheit mit der neutral gehaltenen Überschrift „Polen im Deutschen Reich“ wird knapp auf die polnischen Teilungen verwiesen und erklärt, wie zwei Millionen Polen zu Bürgern des Deutschen Reiches werden konnten. Diese „wollten ihre polnische Kultur und Sprache nicht

---

190 *GuG 4*, S. 116.
191 *FG 8*, S. 161.
192 *FG 8*, S. 160.
193 *FG 3. Ausg. Hessen*, 2003, S. 157.

aufgeben. Verwaltungsbeamte, Polizisten und Lehrer wurden angewiesen, eine eigenständige polnische Kultur zu unterdrücken. Gesetze zwangen die Polen, in der Schule, bei Behörden oder vor Gericht Deutsch zu sprechen.“[194] Somit werden die Schüler relativ schnell auf Parallelen stoßen, zumal die Hauptüberschrift des Kapitels, „Minderheiten – am Rand der Gesellschaft“, das Arbeitsergebnis vorgibt. Fragt man nach Reaktionen beider Minderheiten auf die Ausgrenzungen, so erfährt man aus dem Verfassertext, dass 1906/07 50000 polnische Schüler in „Schulstreiks“ dagegen protestierten, dass polnische Geistliche, die kein Deutsch sprachen oder sprechen wollten, den Religionsunterricht nicht mehr erteilen durften. Einen analogen Hinweis auf jüdische Reaktionen und Proteste auf den Antisemitismus sucht man dem kurzen Autorentext vergeblich; vielmehr wird der Begriff „Antisemitismus“ eingeführt und dessen Verbreitung und Organisation skizziert. In diesem Zusammenhang ist dann auch von der feindseligen Haltung gegenüber den „jüdischen Mitbürgern“ die Rede. Der Begriff des „Mitbürgers“ ist in der vergangenen Jahren zu Recht in die Kritik geraten. Die in der Debatte um die „Gastarbeiter“ verwendete Bezeichnung „Mitbürger“ suggeriert die Vorstellung eines Bürgers minderen Status.[195] Die Assoziation zu Juden als „Gastarbeiter“ im Kaiserreich liegt nicht allzu fern. Das zeigt auch die pädagogische Erfahrung aus der Schulpraxis, wo die Schüler Juden in der Weimarer Republik oft noch als „nicht richtige Deutsche“ gesehen werden.[196] Der Vorsitzende des Zentralrats der Juden in Deutschland, Paul Spiegel, erklärte 2009: „Es gehört meines Erachtens zu einer anzustrebenden Normalität in Deutschland, dass wir keine ‚Jüdischen Mitbürger‘ sind und auch nicht als solche sprachlich ausgegrenzt sein wollen. Ein jüdischer Deutscher ist ein Bürger der Bundesrepublik Deutschland – und mit denselben Rechten und Pflichten wie ein christlicher Deutscher.“[197] Dieses Diktum gilt auch für die historische Epoche des Kaiserreiches, warum also einfach nicht die Bezeichnung „Bürger“ verwenden?

---

194 *Zr 2 (Nieds.)*, S. 138.

195 Vgl. die charakteristischen Wortverbindungen *„ausländische* Mitbürger, *jüdische* Mitbürger, *muslimische Mitbürger“* im Wiktionary (https://de.wiktionary.org/wiki/Mitb%C3%BCrger) und ähnlich im Duden (http://www.duden.de/rechtschreibung/Mitbuerger) (10.8.2013).

196 Vgl. Wolfgang Geiger: Zwischen politischem Anspruch, medialer Überrepräsentanz und didaktischer Reduktion. jüdische Geschichte und Holocaust im Unterricht. In: Andreas Hedwig/Reinhard Neebe/Annegret Wenz-Haubfleisch (Hg.): Die Verfolgung der Juden während der NS-Zeit. Stand und Perspektiven der Dokumentation, der Vermittlung und der Erinnerung, Schriften des Hessischen Staatsarchivs Marburg Bd. 24, Marburg 2011, S. 84.

197 http://www.zentralratdjuden.de/de/article/230.html?sstr=Mitbürger (4.7.2013).

Bei dieser sprachlichen Kritik handelt es sich nicht um eine oberflächliche Form von „political correctness". In Sprache manifestieren sich Bilder und Ausgrenzungsformen, auch wenn diese gar nicht intendiert sein mögen. Wie problematisch sich dies gestalten kann, zeigt ein anderes Beispiel. Auch hier wird in einer kurzen Autorentextpassage der Vergleich der Situation von Minderheiten vollzogen. Dort heißt es: „Als Feinde galten jetzt die Sozialdemokraten. Feinde waren auch alle ‚Nicht-Deutschen', die im Reich lebten, wie Polen und Juden."[198] Auch wenn der Begriff des „Nicht-Deutschen" in Anführungszeichen gesetzt wurde, werden derartige Feinheiten allzu schnell übersehen oder im Unterricht „überlesen", zumal beim Vorlesen die Anführungszeichen wegfallen. Ganz schnell werden damit Juden zu Nicht-Deutschen, in dem genannten Vergleich mit den „Polen" umso mehr, als der Begriff „Polen" eine nationale Zugehörigkeit bezeichnet und von daher schon die Anführungszeichen bei „Nicht-Deutschen" de facto auflöst. Damit wird einer Ausgrenzung im Bewusstsein Vorschub geleistet. Es erfordert zumindest eine entsprechende Erklärungsleistung der Lehrkraft, an dieser Stelle deutlich zu machen, dass hier eine völkische Perspektive formuliert wurde.

Ein paar Informationen mehr widmet *Gkuv 9* den Minderheiten im Kaiserreich: „Im Deutschen Reich lebten auch eine Reihe von Minderheiten wie Dänen und Polen, die weder politisch mitwirken durften noch gesellschaftlich Anerkennung fanden. Juden hingegen waren im Deutschen Reich ab 1871 völlig gleichberechtigt und genossen z. B. als Unternehmer, Bankiers, Anwälte und Ärzte sowie in der Wissenschaft und Kultur großes Ansehen."[199] Der positiven Darstellung über die deutschen Juden folgen noch zwei Sätze zum Antisemitismus. Was die politischen Mitwirkungsrechte der polnischen Minderheit betrifft, so ignoriert der Autorentext die Tatsache, dass es im Reichstag polnische Abgeordnete gab. 1907 erzielte die Polnische Fraktion den größten Wahlerfolg und zog mit 20 Abgeordneten in den Reichstag ein, und auch im Preußischen Abgeordnetenhaus waren, je nach Legislaturperiode, zwischen 13 und 19 polnische Abgeordnete vertreten. Im Regierungsbezirk Posen erhielt die Polenpartei in einigen Wahlkreisen um die 60 % der Wählerstimmen.[200]

---

198 *EuV 7-8*, (BB), S. 195.

199 *GkuV 9*, S. 31.

200 Ausführlich dazu Albert S. Kotowski: Zwischen Staatsräson und Vaterlandsliebe. Die Polnische Fraktion im Deutschen Reichstag 1871-1918. Düsseldorf 2007, S. 41-77. Hier auch zum Wahlrecht: „Das aktive Wahlrecht besaß, mit einigen Einschränkungen, jeder männliche Deutsche ab 25 Jahren, der seinen Wohnsitz in einem der Bundesstaaten hatte, mit Ausnahme der Militärangehörigen, denen nur passives Wahlrecht anerkannt wurde" (S. 44).

Antisemitismus verstehen?

Wenngleich die Ausgrenzungsgeschichte in den Schulbüchern dominiert, haben lediglich zwei Werke explizit die Kapitelüberschrift „Antisemitismus“ gewählt. *FG 8* räumt dem Thema zwei Schulbuchseiten ein. Das Buch zeigt auf einem Foto von 1912 den Kaufmann Max Stern in Niederstetten (Württemberg) mit Familie und Gästen. Laut Aufgabenstellung sollen die Schüler überlegen, welche Konsequenzen der Antisemitismus für die Familie Stern hatte. Doch was kann man als Arbeitsergebnis erwarten, es sei denn, dass Schüler auf die negativen Konsequenzen des Antisemitismus verweisen? Damit folgt man jedoch dem klassischen Bild von Juden als Opfer von Angriffen. Der prominente Antisemitismusforscher Peter Pulzer meinte: „Einer Studie des Antisemitismus muss, wie kurz sie auch sei, eine Untersuchung der Menschen voraufgehen, gegen die er sich richtete.“[201] Gerade hier hätte die Fotografie die Möglichkeit geboten, dem von Pulzer formulierten didaktischen Grundsatz Rechnung zu tragen. Im Rahmen einer Bildanalyse hätte man auf jüdisches Leben und Themen wie Sozialstruktur und Familienverhältnisse eingehen können.

Die formulierte Prämisse wird durch die vorhandene Textquelle eingelöst. Dabei handelt es sich um einen Auszug aus einem Brief Walther Rathenaus aus dem Jahr 1916. Diesen schreibt er, so der Hinweis im Vorspann zur Quelle, „an einen antisemitisch eingestellten Freund“.[202] Rathenau betont darin sein Deutschtum: „Meine Vorfahren und ich haben sich von deutschen Boden und deutschen Geiste genährt und unserem, dem deutschen Volk erstattet, was in unseren Kräften stand.“ Mit Rathenau wurde eine der prominentesten jüdischen Persönlichkeiten der deutsch-jüdischen Geschichte gewählt, zugleich aber auch eine der schillerndsten. Er selbst verstand sich als Angehöriger „einer kleinen Gruppe aristokratischer Juden, die von den Persönlichkeitsmerkmalen der Glaubensgenossen frei waren“.[203] Sollte bei der Quellenauswahl der Gedanke Pate gestanden haben, die Betonung des Deutschtums in jüdischen Kreisen zu zeigen, dann mag dies auf Rathenau sicherlich zutreffen. Dennoch legt der kurze Hinweis auf seine Biografie im Schulbuch eine möglicherweise

201 Peter Pulzer: Die Entstehung des politischen Antisemitismus in Deutschland und Österreich 1867 bis 1914. Göttingen 2004, S. 69.

202 Der Brief richtete sich an Wilhelm Schwaner. Vgl. Gregor Hufenreuter/Christoph Knüppel (Hg.): Wilhelm Schwaner. Walther Rathenau. Eine Freundschaft im Widerspruch. Der Briefwechsel 1913-1922, Berlin 2008. Der ganze Brief, aus dem der Schulbuchauszug stammt, ist auf S. 141-144 zu finden.

203 Deutsch-jüdische Geschichte in der Neuzeit, Band 3, S. 285.

falsche Spur. Der Mord an Rathenau im Jahr 1922 durch Rechtsradikale liest sich wie ein deterministisches Scheitern der Bemühungen um gesellschaftliche Akzeptanz und Integration. Sollte aber die Quelle dazu dienen, die Positionierung und Abwehrreaktion des Großteils des deutschen Judentums zu verallgemeinern, wäre die Wahl des Gründungsaufrufs des Centralvereins deutscher Staatsbürger aus dem Jahr 1893 geeigneter gewesen.

Auch *Gerl 4* widmet dem Thema Antisemitismus ein zweiseitiges Kapitel. Eine Seite enthält einen umfangreichen Autorentext zum Antisemitismus im Kaiserreich sowie ein Foto der Neuen Synagoge in München, aufgenommen 1890, die zweite Seite mehrere Quellen (3 Textquellen, 1 Bildquelle: eine antisemitische Bildpostkarte) und Arbeitsaufträge. Die drei Textquellen (Israelitische Wochenschrift 1887, Erinnerungen von Sammy Gronemann, Antwort von Heinrich Graetz auf Treitschke) vertreten die jüdische Sicht. Der Auszug aus der Israelitischen Wochenschrift hat nicht den Antisemitismus zum Gegenstand, sondern thematisiert die Errungenschaften der Emanzipation und die kulturelle und emotionale Verbundenheit der Juden mit Deutschland. Die Erinnerungen Gronemanns beinhalten eine Bewertung des Antisemitismus aus zionistischer Perspektive, ohne dass dies explizit kenntlich wird.[204] Auf Informationen über den Autor der Quelle verzichtet das Buch vollständig. Dabei wäre es ein Leichtes gewesen, der Quellensammlung, aus der die Textpassage stammt, Informationen über den Autor zu entnehmen. Dort ist beispielsweise der nicht unwichtige Hinweis zu lesen, dass Gronemann sich 1898, also recht früh, der zionistischen Bewegung anschloss; ab 1906 war er im Vorstand der Zionistischen Vereinigung. In dem dritten Textauszug bezieht sich der jüdische Historiker Heinrich Graetz kritisch auf das berüchtigte Diktum Treitschkes: „Die Juden sind unser Unglück." Damit rückt das Werk immerhin eine jüdische Reaktion auf den Antisemitismus ins Blickfeld.

Einige Bücher behandeln oder verweisen in diesem Zusammenhang die Entstehung des Zionismus. *DwZ 3* widmet unter der Zwischenüberschrift „Europaweite Judenfeindschaft" der Entstehung des Zionismus einen kleinen Abschnitt.[205] Unter dem Titel „Der Zionismus" heißt es in *Hor 3* „Als Reaktion auf den Antisemitismus entstand die zionistische Bewegung unter Führung von Theodor Herzl."[206] Daneben zeigt die Seite ein Foto von Theodor Herzl; im Autorentext wird auch auf die Gründung des Centralvereins deutscher Staatsbürger

204 Die Quelle findet sich auch in *DwZ 3*, S. 125. Dort wird der Autor nur als Sammy G. vorgestellt.
205 *DwZ 3*, S. 124. Identisch mit Gerl 4, S. 58.
206 *Hor 3*, S. 39.

jüdischen Glaubens 1893 hingewiesen. Dies unter der Zwischenüberschrift „Der Zionismus" anzusprechen, ist historisch nicht korrekt, denn der Centralverein und der Zionismus vertraten entgegengesetzte Ansichten. Immerhin ist *Hor 3* das einzige Werk, das überhaupt auf den wichtigen Centralverein verweist.

In der Weimarer Republik nahm der Centralverein für sich in Anspruch, die Interessen von 300000 deutschen Juden zu vertreten.[207] Nach Ansicht des Historikers Walter Grab waren sogar 85 % der jüdischen Bevölkerung Anhänger des Centralvereins.[208] Bei den spärlichen Quellen und Hinweisen zu jüdischen Reaktionen auf den Antisemitismus bleibt die Perspektive des Centralvereins im Verhältnis zur zionistischen unterrepräsentiert.

Konzeptionell erschließt sich die Funktion eines Auszugs aus Theodor Herzls programmatischer Schrift „Der Judenstaat" aus dem Jahr 1896 gemeinsam mit dem „Basler Programm" des 1. Zionistenkongresses im darauffolgenden Jahr nur bedingt. Beide Quellen gehören zu der Arbeitsseite „Materialien zur Situation der Juden im Kaiserreich". Als weitere Quellen werden zwei antisemitische Quellen sowie eine Textpassage Rathenaus angeboten. Die „Situation der Juden im Kaiserreich" fokussiert damit ausschließlich auf den Antisemitismus. Immerhin ist Rathenaus Bekenntnis zum Deutschtum („Mein Vater und ich haben keinen Gedanken gehabt, der nicht für Deutschland und deutsch war") hier als Gegenposition zum Zionismus gedacht; die Aufgabenstellung hebt auf „unterschiedliche jüdische Reaktionen auf den Antisemitismus" ab.[209]

Auch *ZuM 3* zeigt ein Porträtfoto von Theodor Herzl. Unter der Zwischenüberschrift „Wie reagierten die deutschen Juden" wird die Idee des Zionismus kurz vorgestellt. Zu Beginn weist der kurze Autorentext korrekt darauf hin, dass die „meisten Juden" keinerlei Gegensatz zwischen ihrer Religion und der deutschen Nation sahen. In überspitzter Form lautet der Schlusssatz: „Die meisten Juden wünschten sich nichts sehnlicher als die Anerkennung, ein ‚guter Deutscher' zu sein."[210] Denkt man das Scheitern dieses Wunsches mit, den der ganze Kontext dieser Schulbuchseite suggeriert („Innerer Reichsfeind: Judentum"), so kommt diese Formulierung dem zionistische Narrativ sehr nahe. Der Arbeitsauftrag auf der folgenden Seite fordert die Schüler im Zusammenhang

---

207 Donald L. Niewyk: Jews in Weimar Germany. Louisiana State University Press 1980, S. 86, Anm. 20.

208 Walter Grab: Die jüdische Antwort auf den Zusammenbruch der deutschen Demokratie 1933. Beiträge zum Widerstand 1933-1945. Gedenkstätte Deutscher Widerstand. Berlin 1988, S. 12.

209 *EG 2*, S. 169.

210 *ZuM 3*, S. 156.

mit einer Quelle, die als Beleg für das Verhalten assimilierten Judentums gilt (zur Problematik der Quelle siehe das nächste Kapitel), dazu auf, die zionistische Perspektive einzunehmen: „Versetze dich in die Rolle eines Anhängers zionistischer Gedanken; kommentiere das Verhalten aus dieser Sicht."[211] Dieser Perspektivwechsel wird die meisten Schüler wohl überfordern, ist jedoch pädagogisch vertretbar. Bedenklich dagegen ist die weitere Aufgabenstellung auf der Seite: „Wie hätte ein Antisemit dieses Verhalten kommentiert?"[212], fordert das doch zu einer antisemitischen Perspektive bzw. Position auf!

Dieser Arbeitsauftrag stellt in dieser radikal-naiven Form zwar einen Einzelfall dar, steht aber in seinem Versuch, Antisemiten und antisemitisches Gedankengut empathisch zu *verstehen* und dabei Gefahr zu laufen, *Verständnis* zu erzeugen, keineswegs allein.

GuG 4 enthält im Quellenteil ein Auszug aus der Satzung des Deutschen Antisemitenvereins von 1886. In der dazugehörigen Aufgabenstellung heißt es: „Prüfe die einzelnen Vorwürfe in Q 7. Welche Wahrnehmungen oder Gefühle könnten dem zu Grunde liegen? Wie kann man zu der Meinung gelangen, dass ein Prozent der Bevölkerung die ‚Existenz des deutschen Volkes' in Frage stellt?"[213] Analog auch die Aufgabenstellung, die im Zusammenhang mit einer antisemitischen Postkarte gestellt wird, die vom „Einzigen Judenfreien Hotel in Frankfurt" stammt: „Überlege mögliche Gründe, weshalb der Inhaber des Hotels mit dieser Karte warb." Und selbst die dritte Aufgabenstellung bleibt bestenfalls auf einer deskriptiven Ebene und damit bei der Reproduktion antisemitischer Klischees stehen, wenn den Schülern im Zusammenhang mit der oben erwähnten und einer weiteren antisemitischen Postkarte aufgetragen wird: „Nenne hervorgehobene körperliche Merkmale und erläutere die Gegenstände, mit denen die Juden versehen sind. Fasse zusammen, welche Vorurteile gegenüber Juden hier dargestellt werden."[214] Das Werk verzichtet komplett darauf, eine jüdische Quelle aufzunehmen. Während in der Rubrik „Fragen und Anregungen" im Zusammenhang mit den Sozialistengesetzen der Frage nachgegangen werden soll: „Wie haben Sozialdemokraten die staatlichen Maßnahmen gegen sie empfunden?", gibt es keinerlei Hinweis auf die Reaktionen der jüdischen Bevölkerung, nicht einmal in Form einer Aufgabenstellung, geschweige denn darauf, dass auch nicht-jüdische Deutsche sich öffentlich gegen Antisemitismus

---

211 *ZuM 3*, S. 157.
212 *ZuM 3*, S. 157.
213 *GuG 4*, S. 119.
214 *GuG 4*, S. 119.

wandten. *ZfG 3* stellt immerhin einer Quelle des antisemitischen Hofpredigers Adolf Stoecker die „Mahnung zur Toleranz“ von Mommsen, Virchow und den anderen Unterzeichnern der Erklärung zum Berliner Antisemitismusstreit (der im Buch allerdings nicht erklärt wird) gegenüber.[215]

In einem anderen Werk sollen die Schüler erläutern, „mit welchen Argumenten Stoecker seine Einstellungen rechtfertigt.“[216] Der Begriff der „Rechtfertigung“ verlangt eine weitaus stärkere empathische Identifizierung als die bei den Aufgaben übliche Reproduktion. Doch damit nicht genug: Einer komplett kruden Logik folgt der Arbeitsauftrag *in EG 2* zu einer Quelle von Theodor Fontane, in der er schreibt: „Ich bin von Kindesbeinen an ein Judenfreund gewesen und habe persönlich von Juden nur Gutes erfahren, und dennoch hab ich so sehr das Gefühl ihrer Schuld, ihres grenzenlosen Übermuts, dass ich ihnen eine ernste Niederlage nicht bloß gönne, sondern wünsche. Und das steht fest, wenn sie sie jetzt nicht erleiden und sich auch nicht ändern, so bricht in Zeiten, die wir [...] freilich nicht mehr erleben werden, eine schwere Heimsuchung über sie herein.“ Dazu werden die Schüler unter anderem gefragt: „Inwiefern hat sich Fontanes Prognose bestätigt?“[217] Mit anderen Worten: Die Vernichtung der Juden als Folge ihres „grenzenlosen Übermuts“, die Eschatologie des Antisemitismus und Fontane als Prophet des Holocaust?!

Die Erklärung zur Genese des neuen Antisemitismus im 19. Jahrhundert beschränkt sich durchweg auf einige kurz gefasste Formeln zu den neuen Rassentheorien; dies auch fast nur in den Gymnasialschulbüchern: „Die Evolutionslehre des Briten Darwin wurde in schlichtester Weise auf die Menschen übertragen, wie im Tierreich gebe es auch unter den Menschen den Kampf ums Überleben zwischen den ‚höheren‘, leistungsfähigeren und den ‚niederen‘, schädlichen Rassen.“[218] „[...] Es gebe verschiedene, höher- und minderwertige Rassen. Die arische oder nordische Rasse sei wertvoller als die jüdische.“[219] In diesen Beispielen werden zwar die qualifizierenden Adjektive „höher“ und „nieder“ in Anführungszeichen gesetzt, nicht aber der Rassenbegriff als solcher und die Begriffe „arische“ oder „jüdische Rasse“. Andere Bücher sind da etwas sensibler[220], doch verfangen sich die meisten Darstellungen in der von ihnen selbst

---

215 *ZfG 3*, S. 191.
216 *EuV 2 (Nieds.)*, S. 239.
217 *EG 2*, S. 168.
218 *ZuM 3*, S. 156.
219 *GuG 4*, S. 117.
220 z.B. *DwZ 3*, S. 124.

als pseudowissenschaftlich charakterisierten Begrifflichkeit.[221] Nicht nur diese Unklarheit, auch die Kürze der Erklärungsansätze verhindert das notwendige Verständnis der Bedeutung der Rassentheorien für die weitere gesellschaftliche und politische Entwicklung des Antisemitismus.[222]

Autobiografien als „Verkehrsschilder"

In dem positiv erwähnten Werk *GK 3* sollen die Schüler auch überlegen, „welche Probleme Julie Kaden damals nicht wahrgenommen hat"[223], als sie 1943 ihre Erinnerungen schrieb. Damit wird eine quellenkritische Herangehensweise an die Form der Memoirenliteratur gefördert. Bei der Quellenauswahl in Schulbüchern verfährt man jedoch häufig, wie es Hans-Jürgen Pandel einmal formulierte, nach „dem Vorbild der Verkehrsschilder"[224]: man sucht nach Quellen, die eine zuvor formulierte Deutung bestätigen und Alternativen kaum zulassen. Ein weiteres Kriterium bei der Auswahl der Erinnerungen ist ihre scheinbare historische Faktizität. Die überlieferte Erinnerung dient als pars pro toto für die politische, soziale oder wirtschaftliche Situation der Juden im Kaiserreich.

Generell stieg der Stellenwert biographischer Quellen in den frühen 80er Jahren im Zuge der wachsenden Bedeutung der Sozialgeschichte. In den letzten Jahrzehnten gab es in der deutsch-jüdischen Geschichte zudem einen sprunghaften Anstieg von biografischen (Familien-) Nachlässen; der Großteil der Erinnerungen in den Beständen des Leo Baeck Instituts wurde von amerikanischen Juden nach 1945 verfasst.[225] Miriam Gebhardt befürwortet in ihrer Untersuchung eine methodisch-wissenschaftliche Annäherung, die die narrativen

---

221 *FG 8*, S. 160.

222 Vgl. zur vorherigen Generation der Schulbücher Wolfgang Geiger: Hilflose Aufklärung? Probleme des Anti-Antisemitismus in Schulbüchern und Unterricht. Erfahrungen eines Lehrers, 2. Teil: Der Antisemitismus des 19. und 20. Jahrhunderts. In: Ders.: Zwischen Urteil und Vorurteil, S. 63-76. Erstveröffentl. in: Kommune Nr. 6, 2004.

223 *GK 3*, S. 45.

224 Hans-Jürgen Pandel: Geschichtsunterricht nach Pisa. Kompetenzen, Bildungsstandards und Kerncurricula. Schwalbach/Ts. 2005, S. 31.

225 Vgl. dazu Miriam Gebhardt über die Bestände des Leo Baeck Institutes in: Miriam Gebhardt: The Lost World of German Jewry. Collecting, Preserving and Reading Memories, in; Christhard Hoffmann (Hg.): Preserving the Legacy of German Jewry. A History of the Leo Baeck Institute, 1955-2005. Tübingen 2005, S. 263-279. Das dreibändige Werk „Jüdisches Leben in Deutschland" umfasst 126 Memoiren aus dem Zeitraum von 1780 bis 1945, zumeist von unbekannten Verfassern. Monika Richarz (Hg.): Jüdisches Leben in Deutschland. 3 Bände, Stuttgart 1976-1982.

Strukturen und Strategien angemessen berücksichtigt. „Denn Autobiographien – ob publiziert oder nicht – sind Produkt eines kommunikativen Prozesses: Der Akt der Erzählung bezieht notwendigerweise einen Adressaten mit ein. Die allgemeinen Erwartungen, die an Lebensgeschichten gestellt werden, sind Kohärenz und Konsistenz. Ersteres betrifft die Temporalstruktur, die nicht objektive Zeit abbildet, sondern die Ereignisse in eine logische Beziehung setzen soll, sodass am Ende die Gegenwart als Ergebnis der Vergangenheit eines in der Zeit konstant gebliebenen Subjekts akzeptiert werden kann. Das Gebot der sachlichen Konsistenz beruht auf einer Art unausgesprochenen Übereinkunft zwischen Autor und Leser, dass nämlich der Autor höchstpersönlich für die Glaubwürdigkeit seiner Erzählung einsteht. Neben diesen beiden Wahrheitskriterien sind beim autobiographischen Erinnerungsprozeß noch einige andere Faktoren beteiligt.“[226] Bei diesen handelt es sich für sie neben Kohärenz und Konsistenz, Gegenwärtigkeit um Absichtlichkeit, Elaboration, Selbstschematisierung, Bedeutsamkeit und Vergessen-Verdrängen. Darin sieht sie den Kontext der Re-Interpretation und Deutung der eigenen Familiengeschichte in den Autobiographien.

In ZuM 3 erzählt Josef Tal, Sohn eines Rabbiners, unter der Überschrift „Erinnerungen an einen Kindergeburtstag“ von seinem vierten Geburtstag. Von seinen Eltern bekam er damals eine zweiteilige Offiziersuniform geschenkt, die er auch zur Schlafenszeit nicht ausziehen wollte. Die Quelle soll als Beleg für typisches Verhalten für assimiliertes Judentum gelten. Dazu lautet der Arbeitsauftrag: „Zeige, dass sowohl das Verhalten der Eltern als auch das des Jungen typisch ist für das assimilierte Judentum.“[227] Dass es sich bei der Memoirenliteratur um eine spezifische Quellengattung handelt, scheint den Schulbuchautoren nicht in den Sinn gekommen zu sein. Die meisten Menschen dürften sich, wenn überhaupt, bestenfalls rudimentär an ihren vierten Geburtstag erinnern. Die detaillierten Beschreibungen des Autors („ein silber- und goldumrandeter Pickelhelm“, „herrliche goldene Knöpfe, rechts und links zwei funkelnde Orden“, „mein mörderisches Geschrei“) geben eher Aufschluss über dessen historischen Erzählbewusstsein nach den geschilderten Geschehnisse als über das Ereignis selbst. So gesehen ist die Arbeitsaufgabe gänzlich ungeeignet, da sie die Besonderheit der Quelle nicht thematisiert. Mehr noch: Das beschriebene Verhalten wird sogar als „typisch“ angesehen und die Aufgabenstellung ist ih-

---

226 Miriam Gebhardt: Das Familiengedächtnis. Erinnerung im deutsch-jüdischen Bürgertum 1890 bis 1932. Stuttgart 1999, S. 23.

227 *ZuM 3*, S. 157.

rerseits typisch für die pädagogisch sinnlose *Bestätigungsaufgabe*, die das Ergebnis bereits vorgibt („Zeige, dass [...] typisch ist [...]") und nur die Bestätigung durch die dafür ausgesuchte Quelle einfordert. Abgesehen von diesem pädagogischen Unsinn ist aber auch der Inhalt quellenkritisch zu hinterfragen: War es etwa typisch für das assimilierte Judentum, dass jüdische Eltern ihren Söhnen Offiziersuniformen schenkten? Dass ein vierjähriger Junge sein Geburtstagsgeschenk nicht ausziehen mag, kann man wohl kaum ernsthaft als Beleg für die Assimilation heranziehen. Dagegen ist zu fragen, wie die konkrete Erinnerung an den Lieferwagen des Warenhauses „Wertheim" vor dem Arbeitszimmer des Vaters Eingang in eine Erzählung Eingang fand, die vorgibt die Perspektive eines Vierjährigen einzufangen. Josef Tals Lebenserinnerungen erschienen 1985; er widmete sie seinen „Enkeln und Urenkeln, die den Faden der Erinnerung weiterspinnen mögen."[228] Damit steht er in der Tradition der genealogischen Erinnerung. Gerade im deutsch-jüdischen Bürgertum beruhen solche Erinnerungen auf bestimmten Mythen und folgen einer Metaerzählung, in die die Familiengeschichte eingebettet wird. Erinnerung wird damit zur Deutungshilfe für die Gegenwart. Der Problematik des Entstehungszeitpunkt und der Entstehungsbedingungen von Erinnerungsschriften widmen sich die Schulbücher jedoch selten.

---

228 Josef Tal: Der Sohn des Rabbiners. Ein Weg von Berlin nach Jerusalem. Berlin 1985.

5. Weimarer Republik

Widersprüchliche Tendenzen kennzeichnen die Weimarer Republik für die Juden. Einerseits erlebte das jüdische Gemeinde-, Religions-, und Kulturleben in Deutschland eine außerordentliche Blüte. Leo Baeck verglich die Teilhabe von Juden an der deutschen Kultur mit den Höhepunkten der jüdischen „Kultur-Assimilation" in hellenistischer Zeit und im „Goldenen Zeitalter" Spaniens.[229] Andererseits sahen sich die Juden in der Weimarer Republik einer neuen Welle des Antisemitismus gegenüber, der neue radikale Qualität besaß, an deren Ende der Ausschluss aus der NS-Konstruktion einer „deutschen Volksgemeinschaft" stand. Doch was schlägt sich davon in den Schulbüchern nieder?

Juden in der Weimarer Kultur

EG 2 widmet der Kultur der Weimarer Republik eine Doppelseite. Unter der Überschrift „Kulturspiegel" finden sich sechs Abbildungen aus den Bereichen Architektur, Unterhaltung und Kunst. Der Autorentext verweist auf die Theater- und Musikszene: „Diese Szene verbindet sich noch heute mit Namen wie Erwin Piscator, Max Reinhardt, Bert Brecht, Paul Hindemith oder Kurt Weill. Viele der berühmten Künstler, Schriftsteller und Wissenschaftler waren Juden, was die rechtsextremen Gegner der Republik noch zusätzlich gegen diese ‚Avantgarde' aufbrachte."[230] Diese recht unspezifische Beschreibung wird im Weiteren nicht ausgeführt. Es stellt sich die Frage, ob durch die inhaltliche Verknüpfung des Umstands, dass „viele berühmte Künstler" Juden waren, der nachfolgende Relativsatz zwangsläufig als Kritik des Rechtsextremismus verstanden werden kann. Denn die implizite Erklärung des Antisemitismus der Weimarer Republik in dieser Darstellung ist problematisch: Der Konnex von „vielen Juden" im Kulturbereich, der die Gegner der Republik „aufbrachte", transportiert das Bild der Weimarer Republik als „Judenrepublik". Dies entspricht der zentralen Botschaft der Antisemiten und rechten Republikgegner. Das Verb „aufbringen" verweist auf einen emotionalen Reflex – „aufgebracht" ist man nur nach einer Provokation. Statt die kulturellen Leistungen der deutschen Juden zu würdigen, werden sie sogleich von negativen Konsequenzen überschattet

---

229 Michael A. Meyer (Hg.): Deutsch-jüdische Geschichte in der Neuzeit. Band 4, 1918-1945, München 1997, S. 190.

230 *EG 2*, S. 134.

und die jüdische Geschichte wird somit auch hier dem Paradigma des Antisemitismus unterstellt. Eine tiefergehende Würdigung des kulturellen Beitrages deutscher Juden wäre durch entsprechende Arbeitsaufträge möglich gewesen, doch findet sich dort nur der Hinweis: „In Bibliotheken, Fernsehaufzeichnungen oder im Internet findet ihr Informationen. Ihr könnt das Werk oder auch das persönliche Schicksal der von euch gewählten Künstler in den Vordergrund stellen. Die Zusammenarbeit mit dem Kunst- bzw. Deutschunterricht bietet sich an."[231] Dieser Arbeitsauftrag richtet sich nicht auf den Beitrag der Juden im deutschsprachigen Kulturbereich – es bleibt dem Zufall überlassen, ob in der Auswahl eine jüdische Biografie zu finden ist oder nicht.

Einen eigenen Abschnitt widmet *DwZ 3* im Kapitel „Goldene Zwanziger'?" dem jüdischen Beitrag zur Kultur. Alfred Döblin, Else Lasker-Schüler, Kurt Tucholsky, Max Liebermann, Fritz Lang, Max Reinhardt, Arnold Schönberg und Albert Einstein werden beispielhaft als Protagonisten verschiedener Bereiche von Kunst und Wissenschaft genannt und zugeordnet. Bei Kurt Tucholsky findet sich zudem die Abbildung der von John Heartfield gestalteten Titelseite seines Werkes „Deutschland, Deutschland über alles"; die Bildlegende enthält zudem weitere kurze biografische Angaben zu Tucholsky. Sehr pauschal urteilt der Autorentext im Folgenden: „Trotz dieser Leistungen blieben die Juden – nicht nur die Künstler und Wissenschaftler – Außenseiter, unabhängig davon, ob sie sich zu ihrem Judentum bekannten oder nicht."[232] Diese Aussage unterstreicht auf eklatante Weise das Bild vom Juden als permanentem Außenseiter. Auch hier wird der antisemitische Blick, der doch kritisiert werden soll, letztlich übernommen. Der Satz danach: „Dem zunehmenden Antisemitismus standen alle jüdischen Deutschen meist hilflos gegenüber, da sie kaum Rückhalt und Schutz in der Bevölkerung fanden", verweist auf die grundsätzliche Schwäche bei der Abwehr des Antisemitismus, warum er sich aber im Abschnitt „Der jüdische Beitrag zur Kultur" findet, ist nicht ganz nachvollziehbar.[233]

---

231 *EG 2*, S. 135.

232 *DwZ 3*, S. 180.

233 Weitgehende Ähnlichkeit zu *DwZ 3* weist das aus dem gleichen Verlag stammende Realschulbuch *Gerl 4* auf, allerdings wird die jüdische Geschichte hier wesentlicher knapper behandelt. Auch thematisiert das Buch den kulturellen Beitrag von Juden („Eine wesentliche Rolle spielte im kulturellen Leben der Weimarer Republik das deutsche Judentum.") im Kapitel „Goldene Zwanziger'?" Unter der Zwischenüberschrift „Neue Lebensstile" wird stellvertretend auf einige Protagonisten aus den Bereichen Literatur, Malerei, Musik, Film und Wissenschaft verwiesen: Else Lasker-Schüler, Kurt Tucholsky, Max Liebermann, Otto Kokoschka, Arnold Schönberg, Fritz Lang, Albert Einstein und Fritz Haber. *Gerl 4*, S. 127.

Zwei Werke bieten Längsschnittkapitel zur jüdischen Geschichte, die gleichfalls auf die Weimarer Kultur verweisen. *RiV 4* enthält ein achtseitiges Kapitel, das mit „Geschichte der Juden in Deutschland" überschrieben ist. Auf der zweiten Seite des Unterkapitels „Juden in der Weimarer Republik" wird die berühmte Gesangsgruppe Comedian Harmonists als Beispiel für die Beziehung von Juden und Nichtjuden vorgestellt, da die Gruppeaus drei Juden und drei Nichtjuden bestand. Die Seite enthält neben dem Autorentext ein Foto der Gruppe, datiert auf das Ende der Zwanziger Jahre, und eine knappe Erinnerung zweier Mitglieder an ein Konzert vom 26. Januar 1930. Der Arbeitsauftrag dazu lautet: „Fasse das Wirken der Comedian Harmonists zusammen. Nutze weitere Recherchen." Die im Autorentext zu findende Schilderung: „1935 trennten sich die Comedian Harmonists und die jüdischen Sänger wanderten aus. Später gründeten sowohl die in Deutschland gebliebenen als auch die ausgewanderten Mitglieder neue Gesangsgruppen nach dem Vorbild der Comedian Harmonists."[234] ist in der Sache etwas euphemistisch geraten: Die Gruppe stand vor der Alternative, Deutschland zu verlassen und damit weiterhin als Comedian Harmonists aufzutreten oder sich zu trennen. Die ersten Auflösungserscheinungen und Konflikte zeigten sich bereits zum Jahresende 1934/35.[235]

In *GPlus 9/10* gibt es andeutungsweise Bezüge zur Weimarer Republik. Auf zwei Seiten (!) wird die Geschichte der „Juden in Deutschland – Von der Antike bis zur Neuzeit" umrissen.[236] Unter der Überschrift „Emanzipation" wird darauf hingewiesen, dass die „kleine jüdische Gemeinde [...] erheblich zum Aufschwung von Wirtschaft, Wissenschaft und Kultur" beigetragen habe. Als konkrete Beispiele werden die Firmen AEG und Rosenthal (Wirtschaft), der Einsatz jüdischer Verleger für freiheitliche und demokratische Ideen (politische Kultur) und der Hinweis auf Albert Einstein als Nobelpreisträger genannt: „Viele deutsche Nobelpreisträger vor 1933 wie Albert Einstein waren Juden."[237]

---

234 *RiV 4*, S. 187.

235 Vgl. Eberhard Fechner: Die Comedian Harmonists. Sechs Lebensläufe. Weinheim 1988, S. 264-275.

236 *GPlus 9/10*, S. 101-102. Das Kapitel ist Bestandteil des Hauptkapitels „Verfolgung und Ermordung – der Holocaust".

237 *GPlus 9/10*, S. 102.

Politische Morde als Bedrohung – das Beispiel Walther Rathenau

Die Geschichte der Weimarer Republik gilt als Lehrstück und Anschauungsunterricht für die politische Bildung. Lange Jahre hieß es: „Bonn ist nicht Weimar“, wenn es um die Stabilität der „Bonner Republik“ ging. Die Geschichte der Weimarer Republik gilt bis heute als Warnung: sie kündet vom Scheitern der Demokratie, dem Zusammenbruch von Moral und Gesellschaft und dem Aufstieg des Nationalsozialismus. Dabei spielt auch die Bedrohung der Republik durch die politischen Morde von Links und Rechts eine Rolle. Die jeweiligen Kapitelüberschriften signalisieren dies entweder durch rhetorische Fragen („Demokratie ohne Demokraten?“[238]) oder Feststellungen („Demokratie ohne Demokraten – Linke und Rechte im Aufwind“[239]). Dass die Weimarer Republik natürlich keine „Demokratie ohne Demokraten“ war, zeigen die beiden wichtigen Demokaten, die gleich auf der nächsten Seite vorgestellt werden: Walther Rathenau und Joseph Wirth. Eine Quelle enthält das berüchtigte antisemitische Hetzlied, in dem es heißt: „Knallt ab Walther Rathenau, die gottverfluchte Judensau“. Im Autorentext erfahren die Schüler, der Außenminister sei ermordet worden, „weil er sich in Verhandlungen mit den Siegermächten für einen milderen Frieden eingesetzt hatte. Schon dieses Verhandeln galt den Rechten als Verrat.“ Im Zusammenhang mit dem Mord an Rathenau wird auch der berühmte Ausspruch aus der Rede Wirths zitiert („Da steht der Feind [...] und darüber ist kein Zweifel: Dieser Feind steht rechts.“) Der Arbeitsauftrag zu der Quelle lautet lapidar. „Erläutere, was diesen Personen vorgeworfen wurde.“ Dieser rein reproduktive Arbeitsauftrag läuft auf eine Wiederholung der antisemitischen Anschuldigungen hinaus. Dabei liegt der Wert der Quelle ganz woanders: in der Aufforderung zum Mord im Text des antisemitischen Hetzliedes – ein Aspekt, der sich für einen Arbeitsauftrag gut geeignet hätte.

GuG 5 schließt den Hinweis auf die Ermordung Rathenaus mit dem folgenden Urteil ab: „Er galt als ‚Erfüllungspolitiker‘, der bereit gewesen war den Versailler Vertrag zu akzeptieren. In den Augen der Republikgegner verkörperte er daher das politische System von Weimar – eine Einschätzung, die in der Bevölkerung durchaus geteilt wurde.“[240] Sicherlich steckt hinter dem Autorentext der gutgemeinte Versuch, in knapper Form die Themen „Politische Morde“, „Versailler Vertrag und die Kritik daran“ und die mangelnde Unterstützung

---

238 *GPlus 9/10*, S. 30.
239 *EG 2*, S. 114.
240 *GuG 5*, S. 75.

der jungen Demokratie zu verbinden. Hier zeigt sich jedoch die Problematik einer Empathie mit den Mördern bzw. den Republikgegnern von Rechts. Dieser in seinen Konsequenzen sicher nicht intendierte Perspektivwechsel geht so weit, dass er mit dem diffusen Hinweis auf den Bevölkerungswillen („eine Einschätzung, die in der Bevölkerung geteilt wurde") eine fast schon legitimierende Begründung für den Mord liefert. Hier wird suggeriert, die Mehrheit der Bevölkerung teile die Kritik am „politischen System" der Weimarer Republik und vielleicht sogar die Motive des zuvor beschriebenen Mordes an Rathenau. Als misslungen muss schon die Formulierung gewertet werden, Rathenau verkörpere das politischen Systems, ist doch der Ausdruck des – politischen – „Systems" damals negativ konnotiert. Auch für die NS-Propaganda war die Weimarer Republik immer das „Weimarer System".

FG 9 stellt Walther Rathenau in einem kleinen Kasten mit Foto sowie drei Informationszeilen im Abschnitt „Gefahren für die Demokratie" kurz vor. Man erfährt, dass er von „antisemitisch eingestellten ehemaligen Offizieren" erschossen wurde.[241] Der „Personenkasten" dazu dient als Vorlage für die Aufgabe, weitere Kurzbiografien zu erstellen. Das ist als Arbeitsmethode sicherlich sinnvoll, aber wenn sich der Umfang wie bei der Kurzbiografie Walther Rathenaus auf drei Sätze beschränkt, darf der Ertrag bezweifelt werden.

Für die Beschäftigung mit weiteren Kurzbiografien werden anhand eines zusätzlichen Textauszugs Vorschläge gemacht. Es handelt sich um einen Text des Publizisten und Historikers Harry Pross aus dem Jahr 1963 (!), in dem er „einige Namen hervorragender Juden in Erinnerung" bringt, „deren Leistung tatsächlich andere im deutschen Sprachraum in den Schatten stellten".[242] In seiner Auflistung wird u. a. Hugo von Hofmannsthal als Jude bezeichnet (er verstand sich als katholischen Aristokraten). Eine besondere Fehlleistung ist die Bezeichnung „jüdischer Erfinder" für Philipp Reis. Es fragt sich, was das Attribut „jüdisch" – ob korrekt oder nicht – hier bedeuten soll. Die Autoren scheinen hier alles Mögliche unter das Klischee vom „jüdischen Erfindergeist" zu subsumieren, selbst die Erfindung des Telefons durch Philip Reis, der in Wirklichkeit aus einer hugenottischen Familie stammt.

Dass die gute Absicht nicht vor Fehlleistungen schützt, wird auch in der überarbeiteten Ausgabe *FG 9/10* von 2010 deutlich. Im Längsschnitt „Jüdisch-christliches Zusammenleben seit der Frühen Neuzeit" heißt es: „Kriegsende und Gründung der Weimarer Republik verschärften den Antisemitis-

---

241 *FG 9*, S. 58.
242 *FG 9*, S. 59.

mus: Die Organisation antisemitischer Verbände wurde vorangetrieben und herausragende jüdische Politiker fielen Mordanschlägen zum Opfer, so Rosa Luxemburg, Gustav Landauer, Kurt Eisner, Matthias Erzberger und Walther Rathenau."[243] Die Vorstellung vom jüdischen Opfer ist so wirkmächtig, dass auch Attentatsopfer der politischen Rechten in der Weimarer Republik zu jüdischen Politikern gemacht werden, die wie der katholische Zentrumspolitiker Matthias Erzberger wahrlich nicht dazu zählen.

Eine weitere Quelle in *FG 9* würdigt Rathenau mit einem Auszug der Rede, die Reichskanzler Wirth nach dem Mord an Rathenau vor dem Reichstag gehalten hat. Allerdings wird aus Wirths Ausruf „Dieser Feind steht rechts!" in der Quelle in der Überschrift ein markantes „Der Feind steht rechts!"[244]

RiV 4 überschreibt den Autorentext mit „Juden in führenden Kreisen"; die Spalte schließt ab mit einem Foto, das anlässlich des Staatsbegräbnisses nach der Ermordung Walter Rathenaus aufgenommen wurde. Im Text findet sich die wenig geglückte Formulierung: „1922 ermordeten Angehörige einer rechtsextremen Organisation den ersten jüdischen Außenminister, Walter Rathenau."[245] Die Verwendung des Adjektivs „jüdisch" folgt hier der Sprache der Antisemiten – es gibt nun mal nur einen deutschen Außenminister.

Treffend überschrieben ist dagegen der kurze Quellenauszug in *GPlus 9/10* mit „Walther Rathenau, deutscher Außenminister, 1922". Da die Äußerungen Rathenaus als Beleg für die antirepublikanische Stimmung in der Bevölkerung dienen sollen, lautet der Arbeitsauftrag: „Welche Stimmung der Bevölkerung bringt Rathenau in Q1 zum Ausdruck? Überlege die Ursachen dafür". Der erste Teil der Aufgabe läuft auf eine reproduktive Schülerleistung hinaus. Schwieriger hingegen ist die geforderte Ursachenforschung im zweiten Teil. Die Materialien und der Autorentext liefern Hinweise auf deskriptiver Ebene: die Tabelle „Politische und wirtschaftliche Positionen der Weimarer Parteien" mit Hinweis auf den Antisemitismus der NSDAP, eine Karikatur von Th. Heine, eine Äußerung von General von Seeckt, die Tabelle „Zahl der politischen Morde 1918-1922 und Form der gerichtlichen Verfolgung". Namentlich werden die Anschlagsopfer Rosa Luxemburg, Karl Liebknecht, Matthias Erzberger und Walther Rathenau angeführt. In der Spalte mit der Überschrift „Personenlexikon" sind zudem Fotos von Rathenau und Erzberger zu sehen. Hier erfahren die Schüler folgendes: „Walther Rathenau 1867-1922. Von 1915 bis 1920

243 *FG 9/10*, S. 208.
244 *FG 9*, S. 59.
245 *RiV 4*, S. 186.

Präsident der AEG, 1921 Wiederaufbauminister, 1922 Außenminister; von den Nationalisten als ‚Erfüllungspolitiker' und ‚Judensau' beschimpft; 1922 von Nationalisten ermordet."[246] Die in diesem Zusammenhang in Anführungszeichen gesetzte erste Schmähung dürfte nur bedingt, die zweite vermeintlich allzu verständlich sein.

Präziser formuliert *Gerl 4* im Kapitel „Die umkämpfte Republik". Unter der Rubrik „Gegner" erfahren die Schüler im Autorentext: „Die rechtsradikalen Kreise kennzeichnete darüber hinaus Fremdenhass und eine offenen Feindschaft gegenüber allen Juden. Zu den ‚Kampfmitteln' der Links- und Rechtsradikalen gehörten hasserfüllte Angriffe und Verleumdungen führender Politiker, Streiks und Straßenkämpfe, aber auch politische Morde. 1921 fiel Matthias Erzberger (Zentrum), der Unterzeichner des Waffenstillstandes von 1918, einem rechtsradikalen Mordanschlag zum Opfer. Ein Jahr später ermordeten dieselben Kreise den Reichsaußenminister Rathenau (DDP), der jüdischer Herkunft war."[247]

Der gleiche Passus findet sich in dem Gymnasialwerk *DwZ 3*.[248] Zusätzlich bietet dieses Werk eine „Vertiefungsseite" zu Walther Rathenau weiter hinten im Buch. Die Seite befindet sich etwas versteckt im Kapitel „Jahrgangsstufenbezogene Vertiefung" und ist Teil des Unterkapitels „Bayern: Vom Königreich zum Freistaat".[249] Als Materialien sind abgedruckt: ein Plakat der Münchener Neuesten Nachrichten, ein Auszug aus der Rede des kommunistischen Abgeordneten Otto Graf im Bayerischen Landtag, bei der dieser kurz auf die Ermordung Kurt Eisners eingeht, und Ausführungen des Historikers Volker Ullrich zu den Hintergründen des Mordes an Rathenau.[250] Die gut aufbereitete Seite enthält Internetlinks und Tipps zur weiterführenden Lektüre. Die drei Arbeitsaufträge sind nicht zu eng gefasst; sie eröffnen den Zugang zu weiteren thematischen Aspekten und zeigen damit, dass Arbeitsaufträge nicht notwendigerweise redundant sein müssen. Auf den jüdischen Hintergrund Rathenaus werden die Schüler stoßen, wenn sie sich, wie im ersten Arbeitsauftrag vorgeschlagen mit seiner Biografie beschäftigen. Im zweiten Arbeitsauftrag sollen die Schüler die Aussage Wirths vor dem Reichstag, „Dieser Feind steht rechts!" erläutern, im dritten werden sie aufgefordert, sich mit den Möglichkeiten des Rechtsstaats

---

246 *GPlus 9/10*, S. 31.
247 *Gerl 4*, S. 121.
248 *DwZ 3*, S. 180.
249 *DwZ 3*, S. 200.
250 Im abgedruckten Auszug von Ullrich wird der antisemitische Hintergrund des Mordes nicht thematisiert. Ebd.

bei Attentaten zu beschäftigen. Der in diesem Zusammenhang vorgeschlagene Vergleich der Reaktionen der jeweiligen Regierungen auf die Attentate auf von Kotzebue, Wilhelm I. und Rathenau wirkt zunächst etwas überraschend, kann aber den Blick auf die Handlungsmöglichkeiten im rechtsstaatlichen Sinne schärfen.

Die Republik als Errungenschaft

Die erste deutsche Demokratie war für die Juden in Deutschland eine emanzipatorische Errungenschaft. Zwar legte bereits die Verfassung des Kaiserreichs die formale rechtliche Gleichberechtigung fest, doch die Weimarer Verfassung ging darüber hinaus. Es lohnt sich also durchaus, diesen Aspekt hervorzuheben, wie es das Werk *DwZ 3* in dem kleinen Unterkapitel „Gleichberechtigung der Juden" tut. In dem kurzem Abschnitt wird auf die Bedeutung der Weimarer Verfassung verwiesen und auf die Verfassung von 1871 Bezug genommen. Auch erhält der Leser die nicht unwichtige Information, dass jüdische Gemeinden fortan den Status von „Kirchen" bekamen.[251]

In knapper Form thematisiert *FG 9* die Frage der rechtlichen Stellung in der Weimarer Republik. Dabei heißt es in einer Zusammenstellung der Kernaussagen aus Parteiprogrammen beim Programm der NSDAP: „Juden sollen keine Staatsbürgerschaft erhalten."[252] Ohne weitere Informationen und Materialien könnte die Aussage implizieren, Juden seien in der Weimarer Republik noch keine Staatsbürger gewesen. Bei Schülern könnte die Vorstellung entstehen, Juden hätten den Status „geduldeter Ausländer" besessen. Auch wenn an anderer Stelle nachzulesen ist: „Die neue Verfassung von [1919] hatte die demokratische Gleichheit verwirklicht, deren Idee die Antisemiten schon in den 1850er Jahren bekämpft hatten"[253], ist zu bezweifeln, dass in der Unterrichtspraxis ein Bezug zwischen diesen 8 Seiten auseinander liegenden Textstellen hergestellt wird. Auch die historische Einordnung des Antisemitismus in die 1850er Jahre entspricht nicht dem Stand der Wissenschaft. Diese veraltete Sicht ist dem Alter des Sekundärtextauszugs geschuldet, der hier als Quellenmaterial präsentiert wird – er stammt aus dem Jahr 1963.

---

251 *DwZ 3*, S. 177.

252 *FG 9*, S. 51.

253 *FG, 9*, S. 59. Zu dem überalterten und auch fehlerhaften Textauszug von Harry Pross siehe auch die Kritik im vorherigen Abschnitt.

Im Unterkapitel „Die Verfassung der Weimarer Republik" von *EG 2* vermerkt der Autorentext: „Auch jüdischen Deutschen standen fortan alle Berufe offen, auch die Beamtenlaufbahn, der diplomatische Dienst usw."[254] Dies verleitet zu der irrigen Annahme, der Abschluss der Emanzipation sei erst mit der Weimarer Republik gelungen. Bereits im Kaiserreich gab es laut der Berufszählung von 1895 jüdische Beamte, darunter auch im höheren und mittleren Dienst, wenngleich das Beamtentum in der jüdischen Erwerbsstruktur eine geringe Rolle spielte.[255] Auch jüdische Diplomaten hat es schon im Kaiserreich gegeben, wenngleich in sehr geringer Anzahl.[256]

Die Auflistung der Stationen der „Ausgrenzung und Verfolgung jüdischer Deutscher"[257] im NS-Kapitel von *GK 3* lässt Schüler möglicherweise zu der Schlussfolgerung kommen, die Epoche der jüdischen Emanzipation habe sich auf die Weimarer Republik beschränkt – Weimar sei quasi eine Ausnahme gewesen –, obwohl das Buch dieser Darstellung selbst widerspricht: Ein vorbildlich gestaltetes zweiseitiges Kapitel zur Kaiserzeit firmiert unter der Unterschrift „Juden und Christen werden gleichgestellt."[258] Die sich daraus ergebende inhaltliche Inkongruenz ist bedauerlich.

Juden in der Wirtschaft, Juden in der Wirtschaftskrise

Die wirtschaftliche Entwicklung der Weimarer Republik ist mit zwei zentralen Ereignissen verbunden: der Hyperinflation von 1923 und der Weltwirtschaftskrise am Ende der Weimarer Republik. Beide Ereignisse werden häufig mit der Entfremdung weiter Bevölkerungsteile von der Demokratie und dem Aufstieg des Nationalsozialismus in Verbindung gebracht.

EG 2 vermerkt im Abschnitt „Demokratie ohne Demokraten – Rechte und Linke im Aufwind", dass „viele, vor allem im Bürgertum", die Demokratie mit den Nachkriegswirren, der wirtschaftlichen Not und dem „Parteiengezänk" verbunden hätten.[259] Die Formulierung ist nur dann zwingend, wenn sie sich auf

---

254 *EG 2*, S. 112. Die fast identische Passage findet sich auch in *GK 3*, S. 128.

255 Jakob Lestschinsky: Das wirtschaftliche Schicksal des deutschen Judentums. Aufstieg – Wandlung – Krise – Ausblick. Berlin 1932, S. 106 ff.

256 Massimo Ferrari Zumbini kommt auf drei jüdische Diplomaten im Kaiserreich. Vgl. ders.: Die Wurzeln des Bösen: Gründerjahre des Antisemitismus: Von der Bismarckzeit zu Hitler. Frankfurt/M. 2003, S. 585.

257 *GK 3*, S. 128.

258 *GK 3*, S. 44 f.

259 *EG 2*, S. 115.

die Wahrnehmungsebene, vor allem im Bürgertum, statt auf die ökonomische Sachlage bezieht.[260] Das „Krisenjahr 1923“, das vor allem zu Verlusten im Mittelstand geführt hat, wird erst im anschließenden Abschnitt eingeführt.

Eine Verbindung zwischen Wirtschaftskrisen und aufkommendem Antisemitismus stellt *GPlus 9/10* her. Im dem kurzen Autorentext unter der Überschrift „Neue Judenfeindschaft“ heißt es: „Als 1873 und in den 1920er Jahren Wirtschaftskrisen ausbrachen, wurden die alten Neidhammel wieder wirksam: Die jüdischen ‚Kapitalisten‘ wurden als Sündenböcke hingestellt.“[261] Es bleibt jedoch zu befürchten, dass der in diesem Satz in Anführungszeichen gesetzte Begriff des jüdischen „Kapitalisten“ kaum als antisemitisches Feindbild thematisiert und dekonstruiert werden kann. Da es keinen Arbeitsauftrag dazu gibt, ist hier eine Erläuterung durch Lehrerseite mehr als erforderlich. Möglicherweise werden Schüler das Bild des jüdischen „Kapitalisten“ auf dieser Seite sogar bestätigt sehen, konnten sie doch zuvor lesen: „Große deutsche Firmen wie die AEG oder Rosenthal verdankten ihren schnellen Aufstieg jüdischen Unternehmern.“ Auf derselben Seite befindet sich zudem ein Textauszug, der mit „Albert Ballin – Hamburger Patriot und Unternehmer“ überschrieben ist. Wenn es um die Wirtschaftstätigkeit von Juden geht, stehen vor allem oder fast ausschließlich das Engagement und der Erfolg prominenter Juden im Fokus – was unweigerlich ein Zerrbild jüdischer Wirtschaftstätigkeit zur Folge hat.

Das Problem, dass eine Darstellung als pars pro toto verstanden werden kann, ergibt sich auch im Unterkapitel „Das Warenhaus“ in *FG 9*. Eine kurze Chronologie zur Geschichte des Warenhauses beginnt 1835 und endet 1933 mit dem Boykottaufruf der Nationalsozialisten gegen jüdische Besitzer. Als weitere Materialien gibt es einen Textauszug aus der Sekundärliteratur aus dem Jahr 1985 und eine Aufstellung über Marktanteile am deutschen Einzelhandel aus dem Jahr 1992. Angesichts des heutigen Internethandels wirken letztere Zahlen anachronistisch (das Schulbuch stammt aus dem Jahr 2007). Der Textauszug referiert bekannte antisemitische Stereotypen und verbale Angriffe der NSDAP gegen die Warenhäuser, „weil sie angeblich als Einrichtung ‚volksfremder Hetzer‘ und Angehöriger des ‚internationalen Judentums‘ den ‚deutschen Kaufmann‘ vernichten.“[262] Da auch hier weitere Materialien fehlen, ist

260 Ökonomische Daten, vor allem für die Beschäftigungsrate, weisen auf eine ganz andere Entwicklung in den frühen Jahren der Weimarer Republik hin. Vgl. Fritz Blaich: Der Schwarze Freitag. Inflation und Wirtschaftskrise. München 1985.

261 *GPlus 9/10*, S. 102.

262 *FG 9*, S. 66.

zu befürchten, dass auch keine Dekonstruktion der problematischen Begriffe erfolgt, sondern das Vorurteil nolens volens transportiert wird. Der Schluss der Chronologie, die Emigration der Söhne von Hermann Tietz (Hertie), wirkt in der Zusammenstellung der Materialien eher wie ein Beleg für das „jüdische Warenhaus". Kein Wort findet sich dagegen über die überwiegende Tätigkeit im Klein- und Einzelhandel, deren Erwähnung zum Verständnis und zur Bewertung jüdischer Wirtschaftstätigkeit notwendig ist.

Gerl 4 thematisiert im Abschnitt zur Endphase der Weimarer Republik kurz die Verbindung von Antisemitismus und Antiparlamentarismus. Für die NSDAP sei die parlamentarische Demokratie „ein Instrument unfähiger Handlanger fremder, deutschfeindlicher Mächte wie der ‚Alliierten, Juden und Bolschewisten'" gewesen.[263] Auf der folgenden Seite wird dann als Arbeitsmaterial das antisemitische Zerrbild aus dem Westdeutschen Beobachter von 1929 wiedergegeben: „Eine traurige Bilanz fürwahr: 10 Jahre Judenrepublik. 10 Jahre Volksbetrug. 10 Jahre erbitterter Kampf gegen diese Halunken und Verbrecher, die im Jahr 1918 der deutschen Front den Dolch in den Rücken stießen und uns an die internationale Judenhochfinanz verkauften und verrieten um des schnöden Mammons willen."[264] Der mit der Quelle verbundene Arbeitsauftrag fordert auf, die Folgen der Radikalisierung zu bestimmen. Damit verzichtet er auf die dekonstruierende Bearbeitung der in der Quelle genannten antisemitischen Bilder („Judenrepublik", „internationale Judenhochfinanz").

Die drei Beispiele zeigen, dass bei der Thematisierung von Juden im Kontext der Wirtschaft der Weimarer Republik durchweg antisemitische Zerrbilder reproduziert werden. Aufgabenstellungen zur kritischen Auseinandersetzung damit sind fast gar nicht zu finden. Lediglich *RiV 4* formuliert die Aufgabenstellung: „Beschreibe die gesellschaftliche Stellung der Juden in der Weimarer Republik." Berücksichtigt man jedoch das Material und den Autorentext des Buches, so reduziert sich die Aussage auf die Formel „Juden bilden die ‚führenden Kreise'" Damit wird auch hier das antisemitische Zerrbild der Weimarer Republik, dem man eigentlich begegnen wollte, schlicht reproduziert.

Im Autorentext steht folgender Hinweis auf Handel und Banken: „Wie bereits im 19. Jahrhundert waren Juden im Handel und Bankwesen stark vertreten." Diffuse Nennungen wie „stark vertreten" führen ohne genaue Angaben schnell zu der Schlussfolgerung, dass Juden auf diesem Gebiet dominierten. Zudem negiert die Formulierung alle Veränderungen zwischen dem (gesamten!)

---

263 *Gerl 4*, S. 136.
264 *Gerl 4*, S. 137.

19. Jahrhundert und der Weimarer Republik. So wird der Mythos vom „reichen Juden“ befördert. Weiter liest man: „Sie investierten in neue oder besonders risikoreiche Geschäftsfelder, wie zum Beispiel die Filmindustrie.“[265] Problematisch ist die Charakterisierung jüdischen Geschäftsgebaren als „besonders risikoreich“. Vom „risikoreichen“ Geschäftsmann zum „spekulativen“ Investment ist der Weg nicht weit und am Ende steht, wenn auch hier unausgesprochen, der „jüdische Spekulant“. Absurd ist das Beispiel der Filmindustrie, diese gilt im damaligen Deutschland als ökonomisch zu vernachlässigender Zweig.[266] Unterlief hier dem Autor die gedankliche Assoziation mit dem Mythos vom „jüdischen“ Hollywood?

Zu den fragwürdigen Formulierungen über jüdische Wirtschaftstätigkeit gehört auch der folgende Satz, der eine Erklärung für den Antisemitismus liefern soll: „Im Kampf um die eigene wirtschaftliche Existenz wurden jüdische Geschäftsleute, Ärzte und Anwälte zu verhassten Konkurrenten.“[267] Die Konstruktion des „Eigenen“, hat auch das „Andere“ oder das „Fremde“ zur Folge. Folgt man der sprachlichen Logik dieses Satzes und der damit verbundenen Konstruktion desjenigen, der hinter der „eigenen wirtschaftlichen Existenz“ steht, so landet man schnell bei der Dichotomie „Deutsche und Juden“. Grundlage für diese Trennung ist der Hinweis zwei Zeilen zuvor, dass rechtsgerichtete Organisationen „die Juden für die deutsche Kapitulation“ verantwortlich gemacht hätten.

Abwehr des Antisemitismus – ein Thema?

Der Antisemitismus war für die rechtsradikalen Mörder Rathenaus ein wichtiges, wenn nicht gar das zentrale Motiv. Entsprechend wirft die Beschäftigung mit Rathenau auch die Frage nach der Rolle des Antisemitismus in der Weimarer Republik auf. Allerdings thematisieren nicht alle Schulbücher den Mord an Rathenau. Daher soll im Folgenden untersucht werden, ob und in welchem Maße die Bücher den Antisemitismus inhaltlich thematisieren. Weiter wird gefragt, ob die jüdische Perspektive, sprich jüdische Reaktionen auf

---

265 *RiV 4*, S. 186.

266 Zur Beteiligung der Juden in der Filmindustrie siehe auch Klaus Hödl: Kultur und Gedächtnis. Paderborn 2012, S. 107-112. Hödl urteilt: „Die Teilhabe von Juden an der Populärkultur weist auch auf ihre ausgeprägte Partizipation am allgemeinen gesellschaftlichen Leben und ihre starke Verflechtung mit Nichtjuden hin.“ Ebd., S. 112.

267 *RiV 4*, S. 186.

den Antisemitismus, in den Darstellungen und Quellen eine Rolle spielt, und ob und wie Abwehrmaßnahmen über das jüdische Spektrum hinaus thematisiert werden.

Festgestellt werden kann, dass die Werke, die den Aufstieg der NSDAP in das Kapitel „Weimarer Republik" integrieren, auf den Antisemitismus der Partei knapp eingehen, wobei es sich mitunter um die einzige Textstelle mit indirektem Bezug zur jüdischen Geschichte handelt. Das Werk *ZfG 4* ist dafür ein Beispiel. Es enthält in seinem ausgedehnten Teil (54 Seiten) zur Weimarer Republik lediglich eine Textstelle, in der von Juden die Rede ist. Im Kapitel „Niedergang und Ende der Weimarer Republik", das sich auch mit den Anfängen der NSDAP beschäftigt, wird kurz auf den Judenhass Hitlers verwiesen: „Ihr Vorsitzender Adolf Hitler hetzte hemmungslos gegen das ‚Weimarer System', gegen den Versailler Vertrag, gegen die ‚Erfüllungspolitik' der demokratischen Regierungen und die Juden, die er für das Unglück Deutschlands verantwortlich machte."[268] Juden kommen erst wieder im ebenfalls umfangreichen Kapitel „Ausgrenzung, Entrechtung, Verfolgung und Vernichtung" zur Sprache.

Auch in *VB 3* erfährt man über Juden oder jüdisches Leben in der Weimarer Republik so gut wie nichts. Einzig im Kontext des Hitlerputsches werden ein „aggressiver Antisemitismus und eine radikale völkische Weltanschauung" als prägende Elemente der NSDAP erwähnt. „Man wollte die Massen mobilisieren und die Deutschen zu einer Volksgemeinschaft machen, in der für Juden kein Platz war."[269] Der ideologische Begriff der Volksgemeinschaft wird hier ohne Anführungszeichen verwendet, eine Problematisierung erfolgt auch im Weiteren nicht. So bleibt zu befürchten, dass Juden als eine per se nicht zum deutschen Volk gehörende Gruppe wahrgenommen werden, zumal das Werk auch darauf verzichtet, jüdische Geschichte im Kaiserreich zu behandeln.

Hor 3 widmet dem Aufstieg der NSDAP zwei Seiten. Dort wird Hitlers Buch „Mein Kampf" vorgestellt und der Begriff „Antisemitismus" im Zusammenhang mit Hitlers ideologischen Vorstellungen kurz eingeführt: „Diese waren durch einen extremen Antisemitismus – also Judenhass – und die Forderung nach Eroberung von ‚Lebensraum' im Osten gekennzeichnet."[270] Und weiter: „Da führende Vertreter der Räterepublik Juden und Bolschewisten waren, hatte die NSDAP ein Feindbild, das der junge [sic!] Adolf Hitler auf seinen

268 *ZfG 4*, S. 74.
269 *VB 3*, S. 134.
270 *Hor 3*, S. 122.

Versammlungen beschwor."[271] Damit hat es aber mit Bezügen zur jüdischen Geschichte in der Epoche der Weimarer Republik auch schon ein Ende. Was dürfte hängenbleiben? Die Wahrnehmung der Juden reduziert sich auf die im zuvor zitierten Satz kurz angedeutete Rolle während der Zeit der Räterepublik. Auf der semantischen Ebene wird die Verbindung „Juden und Bolschewisten" nicht weiter aufgelöst.

FG 9 thematisiert anhand von zwei Textauszügen aus der Sekundärliteratur den Antisemitismus in der Weimarer Republik. Der eine beziffert die Gesamtzahl der Synagogenschändungen zwischen 1923 und der ersten Hälfte des Jahres 1932 nach den Erhebungen des Centralvereins. Eine genauere Aufstellung für einzelne Jahre ist nicht angegeben, obwohl gerade dies für eine informative Aussage über die Entwicklung des Antisemitismus in der Weimarer Republik sinnvoll gewesen wäre. Eine genauere Periodisierung der Entwicklung wird von Schülern auch im Arbeitsauftrag nicht verlangt. Vielmehr sollen sie anhand der Materialien erarbeiten, wie sich der Antisemitismus in der Weimarer Republik zeigte.[272] Positiv hervorzuheben ist ein Arbeitsauftrag auf der vorherigen Seite, der sich auf ein Flugblatt des Reichsbundes jüdischer Frontsoldaten bezieht, in dem an die 12000 jüdischen Soldaten erinnert wird, die für Deutschland im Ersten Weltkrieg gefallen waren.[273] Die Aufforderung, das Plakat zu analysieren und eine Kernaussage zu formulieren, führt zur Thematisierung der jüdischen Abwehr gegen den Antisemitismus.

DwZ 3 beschreibt im Kapitel „Die umkämpfte Republik" die antisemitische Hetze und das Feindbild in diesem Zusammenhang: „Sie [antisemitische Organisationen und Zeitung, Anm. d. Verf.] machten Juden für den verlorenen Krieg, die Revolution und die Nachkriegsnot verantwortlich. Dabei waren rund 12000 Juden im Weltkrieg gefallen. Die Mehrheit der jüdischen Bevölkerung stand dem Ende der Monarchie genauso skeptisch gegenüber wie die meisten anderen Bürger."[274] Mit diesen beiden Sätzen liefert der Autorentext einen Beitrag zur Einordnung der antisemitischen Vorwürfe und gibt dem Leser Argumente dagegen an die Hand.

GuG 5 widmet den gesellschaftlichen Konfliktlagen ein Kapitel. Unter der Überschrift „Die gesellschaftlichen Konflikte spitzen sich zu" liefert die Seitenmarginalie die Schlagworte „Antisemitismus und Gewalt", gefolgt von „Auf-

---

271 *Hor 3*, S. 122.
272 *FG 9*, S. 59.
273 *FG 9*, S. 58.
274 *DwZ 3*, S. 180.

stieg der NSDAP“. Der Autorentext sieht den Grund für die Radikalisierung in der wirtschaftlichen Not und den politischen Schwierigkeiten der Republik. Als Arbeitsauftrag wird am Ende der Doppelseite formuliert: „Erkläre, wie sich der zunehmende Antisemitismus in der Weimarer Republik äußerte (VT, Q1 und D1)?“ Bei Q1 handelt es sich um ein Foto, das die zerstörte Schaufensterscheibe eines jüdischen Bekleidungsgeschäfts zeigt, datiert um das Jahr 1932, bei D1 um einen Textauszug aus der Sekundärliteratur, der über nationalsozialistische Straßengewalt im Jahr 1927 in Köln berichtet. Während der Autorentext besagt: „Antisemitismus hatte es in der Weimarer Republik immer wieder gegeben.“[275], präjudiziert die Aufgabenstellung einen „zunehmenden Antisemitismus“. Bei der Bearbeitung dürften die Schüler sicherlich auf eine weitere Passage im Autorentext zurückgreifen: „Ende der 1920er Jahre registrierte der jüdische Zentralverein eine neue Welle von Synagogen- und Friedhofsschändungen. Aber nicht nur die Übergriffe auf jüdische Einrichtungen nahmen zu, auch die Gewalt gegen jüdische Bürger.“ Bereits einige Seiten zuvor wurde auf die Ermordung des Außenministers Rathenau hingewiesen. Phänomenologisch betrachtet, ergibt sich aus den zur Verfügung stehenden Materialien die folgende Ereigniskette: 1922 (politischer) Mord; 1927 Beschimpfungen, Rempeleien und Messerstiche, 1932 zerstörte Schaufensterscheiben. Letzten Endes bleibt aber die Bearbeitung der Aufgabe und die damit verbundene Frage, „wie“ der Antisemitismus sich äußerte, durch die Materialien auf der rein deskriptiven Ebene der Erscheinungsformen antisemitischer Gewalt. Auf der Erklärungsebene signalisieren die Kapitelüberschrift „Gesellschaftliche Konflikte spitzen sich zu“ und die im Zusammenhang mit Walter Rathenau zitierte Passage, in der er das „System von Weimar“[276] verkörperte, simple und bei aller Notwendigkeit zur didaktischen Reduktion zu einfache Erklärungsmuster.

An dieser Stelle wären wichtigere Fragen zu stellen, beispielsweise danach, warum Antisemitismus ein Problem für die Demokratie ist, oder, um die jüdische Perspektive einzubeziehen, wie die Betroffenen reagierten. Letzteres ist zwar in dem Kapitel andeutungsweise enthalten, etwa wenn der Historiker Dirk Walter (Textauszug D1) darauf hinweist, dass jüdische Bürger die Nazis bei der Kölner Auseinandersetzung am Tag der jüdischen Gemeindewahlen 1927 laut als „Feiglinge“ und „Lumpen“ beschimpften. Weiter heißt es im Autorentext, dass der Centralverein Ende der zwanziger Jahre eine Zunahme des Antisemi-

---

275 *GuG 5*, S. 75.
276 *GuG 5*, S. 75.

tismus registrierte. An dieser Stelle hätte allerdings besser die korrekte Bezeichnung „Centralverein deutscher Staatsbürger jüdischen Glaubens" gestanden; schließlich dürfte der Bekanntheitsgrad eines „jüdischen Zentralvereins" auch unter der Lehrerschaft gering sein.

Den Perspektivwechsel zur Bewertung des Antisemitismus aus jüdischer Perspektive strebt zumindest *RiV 4* durch eine Quelle an. Ein Plakat (M 2) des Centralvereins (CV) aus dem Jahr 1924 zeigt ein Händepaar, das ein Hakenkreuz zerreißt. Der dazugehörige Text fordert dazu auf, nur verfassungstreue Parteien zu wählen. Auf welche der beiden Wahlen des Jahres 1924 sich das Plakat bezieht, bleibt offen. Dem CV-Plakat ist ein Plakat zur Wahl der Nationalversammlung gegenüber gestellt (M 1), das dazu auffordert: „Wählt keine Juden". Urheber des Plakats ist der „Bund der 48er, Ortsgruppe Berlin". Der zugehörige Arbeitsauftrag lautet: „Interpretiere die Wahlplakate M1 und M2."[277] Schon der Arbeitsauftrag in diesem Realschulbuch dürfte einige Schwierigkeiten hervorrufen, haben doch selbst Oberstufenschüler aus einem Geschichtsleistungskurs mit dem Operator „Interpretieren" durchaus Probleme, wie der folgende „Hilferuf" zeigt: „hallo, habe den Operator Interpretieren nicht ganz verstanden. Was genau muss ich da machen? Die Quelle vorher noch analysieren? Was muss ich bei einer Analyse genau machen? Kann mir jemand helfen?"[278]

Letztlich dürfte die Schülerleistung auf die Reproduktion der sehr eindeutigen Aussagen der beiden Plakate hinauslaufen. Um den Propagandacharakter der Plakate zu erschließen, wäre es sicherlich sinnvoll gewesen, auch die Urheber der beiden Plakate vorzustellen, den für die deutsch-jüdische Geschichte bedeutsamen *Centralverein deutscher Staatsbürger jüdischen Glaubens* und den „Bund der 48er". Letzterer ist selbst in der Spezialliteratur zum Antisemitismus gänzlich unbekannt, sodass Lehrkräfte bei Nachfragen der Schüler vermutlich passen müssen.

Dass durch das Plakat des Centralvereins die jüdische Perspektive einbezogen wurde, ist positiv zu werten. Nötig wäre allerdings eine weitere Öffnung hin zu der Frage, ob der Antisemitismus bzw. seine Abwehr allein ein Problem der Juden oder nicht doch der gesamten Gesellschaft ist. Im vorliegenden Fall bleibt der Antisemitismus auf ein Problem der jüdischen Gemeinschaft beschränkt. Noch problematischer wird es, wenn man die zweite Zwischenüberschrift des Autorentextes auf der gleichen Seite heranzieht: „Juden in führenden Kreisen."

---

277 *RiV 4*, S. 187.
278 http://www.abiunity.de/thread.php?postid=71558 (11.11.2011).

Diese schlagwortartige Verkürzung nähert sich sprachlich klassischen antisemitischen Stereotypen und liefert eine immanente Begründung für den Antisemitismus, da im Folgenden die Tätigkeit von Juden in Handel, Banken und Politik betont wird.

Im ersten Abschnitt des Autorentextes erfährt man unter der Zwischenüberschrift „Krisen fördern Vorurteile" in einer etwas merkwürdigen Logik, warum mehr Juden in den Städten lebten: „Der Antisemitismus zeigte sich unterschiedlich. In der Kleinstadt oder auf dem Lande spürten ihn Juden deutlicher als in der anonymen Großstadt. Deshalb lebten 1925 die meisten jüdischen Bürger in den großen Städten."[279] Diese Passage, die die Unkenntnis des Phänomens der Urbanisierung des 19. Jahrhunderts verrät, kann sich auf keine historischen Grundlagen berufen und wirft eher ein Licht auf die Vorstellungswelt des Schulbuchautors. Sie liefert ein weiteres eklatantes Beispiel dafür, dass jüdische Geschichte unter dem Paradigma des Antisemitismus gesehen wird.

---

279 *RiV 4*, S. 186.

6. Nationalsozialismus

Antisemitismus, NS-Ideologie und Schuldfrage

Auftakt und Vorgriff auf den Holocaust

Die Lehrbücher beginnen das Thema Nationalsozialismus, je nach Aufteilung zwischen den Kapiteln Weimarer Republik und Nationalsozialismus (1933-45), mit dem politischen Aufstieg Hitlers und/oder der Darstellung der NS-Ideologie, letzteres parallel im Autorentext und in den Quellen, die fast ausschließlich aus Hitlers *Mein Kampf* stammen.

Dabei wird in den meisten Büchern[280] bereits auf die späteren Verbrechen und den Holocaust vorgegriffen, entweder schon in der Kapitelüberschrift – klar ausformuliert: „Zwölf Jahre Nationalsozialismus – Diktatur, Krieg und Völkermord“[281], oder dunkel angedeutet: „Jeder hätte es wissen können“[282] – oder auf der Einstiegsseite im Zusammenhang mit den Leitfragen: „Die Nationalsozialisten [...] und ihr Führer haben den Zweiten Weltkrieg begonnen, Juden und andere Minderheiten verfolgt und ermordet, große Teile Europas zerstört, Millionen Menschen mussten sterben.“[283] Wenn nicht schon in den Überschriften oder Präsentationstexten zu den Kapiteln, dann geschieht dies zu Beginn des Autorentextes im Kapitel selbst: „Die Nazis erklärten die Verfolgung und später auch die Vernichtung der Juden zum ‚Selbsterhaltungskampf‘ der deutschen Nation und der westlichen Zivilisation.“[284] Abgesehen davon, dass hier die Einbeziehung der „westlichen Zivilisation“ in die vermeintliche Logik der NS-Ideologie geradezu das Gegenteil dessen behauptet, was tatsächlich der Fall war – die NS-Ideologie sprach sich explizit gegen diese „westliche

---

280 6 von 9 Gymnasial- und 7 von 9 Realschulbüchern (darunter zwei Länderausgaben eines Lehrwerks).

281 *ZfG 4*, S. 82 f., ähnlich mit einer Vorschau über die wichtigsten Ereignisse bis zum Holocaust auf der Einstiegsseite in *Zr 3 Nied.*, S. 40 f., analog in *Zr 3 (Sachs.)*, S. 84 f.

282 *RiV 4*, S. 104, ähnlich in *Gk 3*, S. 104 f. durch ein Foto der Deportation Würzburger Juden. Der Holocaust wird auch auf der Einstiegsseite von *Hor 3* durch ein Foto von Leichen – Opfern in Auschwitz 1945 – angesprochen, S. 136.

283 *GuG 5*, S. 82. Auf den Einstiegsseiten findet sich auch ein Foto der Kinder von Auschwitz hinter dem Stacheldraht, S. 83.

284 *DwZ 4*, S. 25, ähnlich in *Gerl 4*, S. 147 und in *EG G2*, S. 156: Es „wurden Diskriminierung und Gewalt gegenüber anderen ‚Rassen‘ bis hin zu deren Ermordung gerechtfertigt.“

Zivilisation aus“ und betrachtete sie als von den Juden beherrscht –, wird hier suggeriert, die Vernichtung der Juden sei ebenso öffentlich propagiert und gerechtfertigt worden („erklärten“) wie der Antisemitismus als solcher.

In einem anderen Buch heißt es: „Diese Rassenlehre führte in Verbindung mit der Forderung, die Deutschen benötigten mehr ‚Lebensraum‘, zur erbarmungslosen Vertreibung und Vernichtung von Millionen Menschen, besonders in Osteuropa.“[285] Hier wird zwar keine öffentliche Ankündigung oder Rechtfertigung angedeutet, implizit aber die Vorstellung, die Vernichtung sei von vornherein intendiert oder sogar geplant gewesen. Andernorts findet man dies einleitend in einer eher rhetorisch zu verstehenden Frage: „Wie wichtig war die Ideologie, also das Gedankengebäude, an das die Nationalsozialisten glaubten, für ihr politisches Handeln? Lässt sich die Ermordung der europäischen Juden oder der Krieg gegen die Sowjetunion allein aus Hitlers politischen Vorstellungen erklären oder gab es dafür noch andere Gründe?“[286] Die Frage, die zwei Aspekte anspricht, auf die es historisch zwei unterschiedliche Antworten gibt, wird als solche später im Buch nicht formell beantwortet, deutet aber in sich schon eine Antwort an, die wiederum neue Fragen aufwirft.

Jedenfalls wird auch hier behauptet, der Gedanke des Völkermords sei in der Ideologie von Hitlers *Mein Kampf* klar erkennbar gewesen. In einem anderen Lehrwerk wird der Holocaust zwar nicht explizit als vorherbestimmt oder vorhersehbar, aber unter der Überschrift „Der Antisemitismus“ immerhin indirekt als inhärenter Faktor der Ideologie angesprochen: „Dies führte am Ende zur völligen Rechtlosigkeit und zum Mord an den Deutschen jüdischen Glaubens und im Verlauf des Zweiten Weltkriegs zum Mord an den europäischen Juden.“[287]

Eine Vorschau auf das Ende findet sich am Anfang des Themas in sechs von neun Gymnasiallehrwerken und fast allen Realschullehrwerken. Es scheint also die Absicht der didaktischen Konzeption zu sein, die historische Entwicklung bewusst von ihrem Ende her zu betrachten. Doch auch aus der Unterrichtserfahrung kann konstatiert werden, dass Schüler bereits von der Vorstellung geprägt sind, Hitler habe den Völkermord von vornherein beabsichtigt, so wie sie auch die Entwicklung der Gewaltherrschaft zunächst nicht in ihrer stufenweisen Progression verstehen und „KZ“ meistens grundsätzlich mit Vernichtungslager gleichsetzen.[288]

---

285 *GPlus 9/10*, S. 63.
286 *Hor 3*, S. 122.
287 *VB 3*, S. 159.
288 Ergebnis langjähriger Erfahrungen der beiden Autoren im Unterricht (inkl. der Oberstufe).

Dieser in den Lehrbüchern anfangs vollzogene Vorgriff auf das Ende und die damit mehr oder weniger deutliche Vorstellung, dieses Ende sei am Anfang bereits konzeptionell präsent, wird weiter hinten in den Büchern an entsprechender Stelle durchaus sachlich richtig korrigiert, etwa wie in dem Text *Der Entscheidungsprozess* von Christopher Browning[289], doch das kann die Prägung durch die Einstiegsseiten und die ohnehin schon vorgeprägte Vorstellung der Schüler vermutlich nur noch dann beeinflussen, wenn der Lehrer massiv darauf insistiert.

„Überzeugende Lösungen?" Machtübernahme und Schuldfrage

Eng damit verbunden ist die Schuldfrage, die in fast allen Lehrwerken ebenfalls gleich zu Beginn thematisiert wird, nämlich mit der Frage, wie und warum Hitler und seine Partei an die Macht kamen. Dabei wird oft ein kontinuierlicher und scheinbar unaufhaltsamer Aufstieg der NSDAP vom Beginn der Weimarer Republik bis zum ihrem Ende bilanziert.

Diesen Eindruck erzeugen z.B. Zwischenüberschriften mit Signalwirkung: „Immer mehr machen mit“ und „Immer mehr wählen Hitler.“[290] Statistiken über die Mitgliederentwicklung und ein entsprechendes Foto (Hitler bei einer SA-Versammlung im „Braunen Haus“ in München) unterstreichen das. Zwar wird zum Wahlerfolg an einer Stelle im Text durchaus richtig präzisiert, dass die NSDAP erst durch die Weltwirtschaftskrise Erfolg hatte, doch wird das durch die suggestive Kraft der Überschriften und der Aufzählung der steigenden Mitgliederzahlen konterkariert und kann den Eindruck der Unvermeidlichkeit in der Wahrnehmung des Lesers nicht auflösen. Vereinfachende Überschriften und Seitenmarginalien spielen eine große Rolle dabei, Geschichte auf ein im Rückblick scheinbar logisches, determiniertes Geschehen zu reduzieren.

Die im Autorentext auf den ersten beiden Seiten von *DwZ 4* in Verbindung mit dem politischen Aufstieg dargestellte Ideologie (Das Führerprinzip, Die menschenverachtende Rassenlehre, „Kampf um Lebensraum“, Die „Volksgemeinschaft“) wird nicht nur eindeutig verurteilt, hier wird auch ihre Wirkung auf die Bevölkerung angesprochen. So heißt es zum Thema „Volksgemeinschaft“: „Dabei hoben sie die ‚soziale Einheit der deutschen Menschen ohne Ansehung des Standes und der Herkunft‘ hervor. Über Klassen und Stände, Berufe und Konfessionen hinweg sollten sich alle ‚Volksgenossen‘ zur ‚Volksgemeinschaft‘

289 *DwZ 4*, S. 67.
290 *DwZ 4*, S. 24.

bekennen. Diese Idee war für viele Menschen in einer Zeit ständiger sozialer und politischer Konflikte attraktiv", Hitler „überzeugte viele Menschen mit seinen einfachen Vorschlägen zur Lösung komplizierter Probleme."[291]

Andernorts wird unter der Überschrift „Weichenstellung für die Diktatur in Deutschland" und neben der Seitenmarginalie „Hoffnungen und Zustimmung" erklärt: „Nicht alle vertrauten den neuen Machthabern, manche befürchteten das Ende der Demokratie, sie warnten vor Terror und Kriegsgefahr. Doch die Mehrheit schenkte der Wahlpropaganda der Nationalsozialisten Glauben."[292] Letzteres ist faktisch falsch, da die NSDAP nie die Mehrheit der Wähler gewann – auch bei der letzten Reichstagswahl nicht, weil man die Stimmen für den Koalitionspartner DNVP nicht einfach dazurechnen darf.

Auf die Frage: „Doch wodurch war der Nationalsozialismus angeblich in der Lage, alle Probleme besser zu bewältigen als andere? Auf welche Grundlagen stützte sich seine Politik?" wird dann in demselben Buch kurioserweise geantwortet: „Eine geschlossene Weltanschauung besaß er nicht [...]", worauf der Kern der NS-Ideologie (Rassentheorie, Antisemitismus, Sozialdarwinismus, Lebensraumtheorie) dargestellt wird, der keinerlei Bezug zu den vorher aufgeworfenen Problemen der Endphase der Weimarer Republik enthält.

Auf die Frage, warum sich so viele für den Nationalsozialismus begeisterten, antwortet ein anderes Buch: „Die Nationalsozialistische Partei faszinierte damals jedoch viele Menschen, da sie *für die schwierigsten Probleme* jener Zeit, wie Wirtschaftskrise und damit verbundene Arbeitslosigkeit sowie für die Zerstrittenheit der Parteien und häufig wechselnde Regierungen überzeugende Lösungen bot."[293] (Hervorheb. im Text.)

Was waren das für „überzeugenden Lösungen"? Hier wird am besten deutlich, wie beim Versuch, die Wirkung der Propaganda empathisch nachzuvollziehen, der Propaganda selbst eine „Lösungskompetenz" zugeschrieben wird, die sie gar nicht hatte, und entsprechend durch die unklare Kategorie „viele" suggeriert wird, die Mehrheit der Deutschen sei auch bei den freien Wahlen Hitler gefolgt. Dagegen hätte man präzisieren können, dass die NSDAP, wie oben angemerkt, bei der Reichstagswahl 1933 die angestrebte absolute Mehrheit verfehlte und in den Ländern im selben Jahr auch nur in Hessen, Lippe und Mecklenburg-Strelitz eine Mehrheit sowie in Mecklenburg-Schwerin, Schaumburg-Lippe und Oldenburg die Hälfte der Mandate errang. In Preußen

291 Ebd., S. 25 und S. 24.
292 *GuG 5*, S. 87.
293 *GkuV 9*, S. 117.

konnte die NSDAP wie im Reich bei der Wahl vom 5. März 1933 nur zusammen mit der DNVP eine Mehrheit erreichen.[294]

Die Gegenüberstellung der NS-Ideologie aus *Mein Kampf* mit den wirtschaftlichen, sozialen und politischen Problemen 1932/33 sowie die Erklärung der Wahlerfolge bloß mit der Wirkung der Ideologie und ohne konkreten Bezug zu diesen Problemen ist ein deutlicher Grundzug der meisten Lehrbücher. Als konkreter politischer Zeitbezug tauchen allenfalls die „Fesseln des Versailler Schandvertrags" (Anführungszeichen im Original) auf, aus denen Hitler Deutschland befreien wollte, allerdings ohne dass klar würde, welche Fesseln 1933 überhaupt noch bestanden. Hinsichtlich der Massenarbeitslosigkeit wird auf die Verführungskraft der „Volksgemeinschaft" verwiesen. Der Ideologie wird eine „Attraktivität für große Teile der Bevölkerung" zugesprochen, so eine Zwischenüberschrift[295] mit der typisch unklaren Quantifizierung, genauso wie hier: „In der Krise am Ende der Weimarer Republik faszinierten diese Ideen große Teile der deutschen Gesellschaft."[296] „Waren also alle Deutschen begeisterte Nationalsozialisten?" fragt rhetorisch ein anderes Buch und antwortet: „Eine große Anzahl war anfangs wohl vom Nationalsozialismus überzeugt."[297] Mit „anfangs" ist hier allerdings die Zeit nach der Machtübernahme gemeint, die nicht klar von der Phase davor getrennt wird, sodass der Eindruck entsteht, das sei nicht *Resultat*, sondern *Grund* für die „Machtergreifung" gewesen.

Die gewiss schwierige Erklärung des Erfolges Hitlers und seiner Partei wird somit stark überproportional mit der Ideologie in ihrer inhaltlichen Fundierung erklärt (Rassismus, Antisemitismus, Lebensraum ... – *Mein Kampf*), so als sei sie das wahlentscheidende Kriterium gewesen. Auch wenn die Idee der „Volksgemeinschaft" die konkrete Erfahrung der Zerrissenheit der Gesellschaft angesprochen haben mag, galt das sicher nicht für „Sozialdarwinismus", „Lebensraum" usw. Auch stand nicht die antisemitische Propaganda in der Endphase der Weimarer Republik, sondern der Antikommunismus, vor allem seit dem Reichstagsbrand, und der Kampf gegen das „System" im Vordergrund der politischen Auseinandersetzung. Der Erfolg der NSDAP wird eindimensional ihr selbst zugeschrieben und kaum oder gar nicht der Schwäche der demokratischen Parteien, die keine Antwort auf die Wirtschaftskrise hatten,

---

294 http://www.bundestag.de/kulturundgeschichte/geschichte/infoblatt/reichstagswahlergebnisse.pdf (6.6.2011).

295 *Hor 3*, S. 151.

296 *Mos B9*, S. 22.

297 *Zr 3 Nieds.*, S. 49, entspr. Ausg. Sachs., S. 93.

den Konsens der Demokraten zugunsten egoistischer Interessen hintanstellten und letztlich, begünstigt durch die Probleme der Weimarer Verfassung, beim Ermächtigungsgesetz (mit Ausnahme der SPD) ihre demokratische Überzeugung aufgaben. Während in allgemeinen Urteilen die Weimarer Republik oft als „Demokratie ohne Demokraten" pauschal diskreditiert wird[298], bleibt das konkrete Versagen der Demokraten in der Krise seltsam unterbelichtet; die politische Auseinandersetzung mit dem Nationalsozialismus beschränkt sich auf Hitler-Karikaturen.

Angesichts der Vorstellung vom unaufhaltsamen Aufstieg Hitlers, der Überbetonung der Ideologie und ihres Einflusses auf die Wahlerfolge und der von Beginn an hergestellten Verbindung zwischen dem ideologischen Antisemitismus und dem realisierten Holocaust erscheinen die Machtübernahme wie der Völkermord als Verhängnis. Auf Widerstand gegen die NSDAP bis zum Ermächtigungsgesetz wird kaum eingegangen; dass die Mehrheit die NSDAP nicht wählte, geht in der Rhetorik der „Verführung" unter.

Tatsächlich handelt es sich hier um eine moderne Variante der Verführungsthese, die die Deutschen bei Umfragen und in Publikationen schon nach Kriegsende 1945 als Erklärung vorbrachten.[299] Damals freilich war die Verführungsthese nur die Umkehrung des „Führerprinzips". Aus dem „Führer, wir folgen dir" wurde die Entschuldigung der Selbstentmündigung, auch im ursprünglichen Sinne des Wortes (die Schuld von sich weisen). Diese Verführungsthese unterscheidet strukturell auch nicht eindeutig zwischen den Phasen vor und nach der Errichtung der Diktatur, sodass sich die „Verführung" aus der Zeit nach 1933[300] argumentativ mit der Verführungsthese in Bezug auf die Endphase der Weimarer Republik überlappt. Exemplarisch für diese Unklarheit mag folgendes Beispiel stehen: Unter der Zwischenüberschrift „Was begünstigte den Erfolg?" wird erklärt: „Mit den Maßnahmen gegen die Kommunisten verschafften sich die Nationalsozialisten besonders in bürgerlichen Kreisen Sympathien. Viele Deutsche trauten ihnen zu, dass sie als Ordnungsmacht auftreten könnten. So kam es, dass der Prozess der ‚Gleichschaltung' von vielen Betroffenen sogar freiwillig und bereitwillig vollzogen wurde, z. B. von

---

298 Dazu mehr im Abschnitt *Die Fallstricke der Chrono-Logik.*

299 Vgl. u. a. [David Lerner]: Notizen von einer Reise durch das besetzte Deutschland (Anfang April 1945). In: Ulrich Borsdorf/Lutz Niethammer (Hg.): Zwischen Befreiung und Besatzung. Analysen des US-Geheimdienstes über Positionen und Strukturen deutscher Politik 1945, Wuppertal 1976, Weinheim 1995, S. 27-40, sowie Hans Windisch: Führer und Verführte. Eine Analyse deutschen Schicksals, Seebruck am Chiemsee 1946.

300 Vgl. „Unterdrückung – aber auch Verführung!" *ZuM* 4, S. 76.

vielen Berufsverbänden und Vereinen [...]."[301] Hier vermischen sich in der Verführungsthese verschiedene Phasen der Etablierung der NS-Diktatur: Steht der Anfang noch im Kontext des Reichstagsbrandes, thematisiert der letzte Teil die spätere Phase nach dem Ermächtigungsgesetz.

Solche Darstelllungen folgen also unausgesprochen einer Art Kollektivschuldthese, was die Verinnerlichung der NS-Ideologie und die Machtübernahme Hitlers angeht, eine These, die heute von der jungen Generation in der Tat schon weitgehend übernommen worden zu sein scheint.[302] Kollektivschuld heißt jedoch in letzter Konsequenz auch Kollektiventschuldigung, denn die Verantwortung des Einzelnen verschwindet hinter der Schuld des Kollektivs (nicht unbedingt aller, aber der Mehrheit der Deutschen).

Die Ideologie aus sich selbst heraus beurteilen?

Die Dokumentation der NS-Ideologie erfolgt fast ausschließlich durch NS-Quellen und hier wiederum meistens aus *Mein Kampf*, oft in einer hundertprozentigen Doppelung des entsprechenden Autorentexts. Lediglich in zwei Lehrwerken wird durch die Karikatur „Das Verhängnis" von Paul A. Weber (1932) die Vision des Untergangs beschworen.[303] Die dort und auch in anderen Büchern gezeigte Karikatur aus dem *Simplicissimus* von 1930 mit dem Titel „Ergebnislose Haussuchung", aber ohne den Untertitel des Originals[304], hat als Lächerlichmachung Hitlers angesichts von dessen realem Erfolg wenig pädagogischen Sinn; man könnte ihr sogar entnehmen, dass Hitler unterschätzt wurde – ganz im Gegensatz zu dem, was der weggelassene Untertitel („Merkwürdig, mit wie geringen Mitteln sich viel Unheil anrichten lässt.") ausdrückt.

Die sonst so nachdrücklich geforderte Multiperspektivität, etwa durch damalige Kritik aus der Presse, fehlt hier vollständig. Dieses Manko wird auch nicht durch ergänzende Sekundärquellen heutiger Historiker kompensiert, die nur eine andere Variante des Autorentextes darstellen. Die Abwesenheit von

---

301 *ZfG 4*, S. 87.

302 Vgl. die Analyse langjähriger Unterrichtserfahrung in: Wolfgang Geiger: Zwischen Schuld und Scham, Urteil und Vorurteil. Kollektive Erinnerung (nicht nur) in der pädagogischen Realität. In: Sachor (Gedenke): Der Zukunft ein Gedächtnis. Themenheft 2013, Deutscher Koordinierungsrat der Gesellschaften für Christlich-Jüdische Zusammenarbeit, Bad Nauheim, 2013, S. 39-45, aufgenommen auch in: Geiger: Zwischen Urteil und Vorurteil (wie Anm. 85), S. 11-32.

303 *GuG 5*, S. 87 und *ZuM 4*, S. 62.

304 *GuG 5*, S. 89. Die Polizei öffnet den Schädel Hitlers, findet aber nichts. Im Original gibt es den Untertitel. Th. Heine. In: Simplicissimus, Jg. 35, H.2, 1930, S. 23.

zeitgenössischer Kritik unterstreicht in Verbindung mit dem oben Gesagten einmal mehr den scheinbar unaufhaltsamen Siegeszug dieser Ideologie und ihrer politischen Träger. Dies wird massiv durch das entsprechende Bildmaterial unterstrichen: ausschließlich NS-Propaganda, darunter viele antisemitische Bilder (Karikaturen, Plakate). Entsprechend fordern auch die Arbeitsaufträge meistens nur den Nachvollzug der NS-Ideologie: „1. Arbeite aus den Quellen die nationalsozialistische Weltanschauung heraus; beziehe auch die Bilder [Quellenhinweis] ein. 2. Versuche zu erklären, welche Vorstellungen der Menschen Hitler jeweils aufgriff, d. h. was seine Ideologie so attraktiv machte [Bezug auf den Verfassertext]. 3. Beurteile, welche Eigenschaften den idealen nationalsozialistischen Bürger charakterisierten und welche weniger gefragt waren. 4. Beurteile Hitlers Einschätzung der „Psyche der breiten Masse" [Hinweis auf bekannte Stellen aus *Mein Kampf*]."[305]

Auch der Operator *Beurteilen* in Aufgabe 3 und 4 verlangt letztlich nicht mehr als eine Reproduktion auf einem etwas höheren Niveau als die pure Zusammenfassung – oder sollte der Schüler in seiner „Beurteilung" etwa der Aussage Hitlers widersprechen: „Die Aufnahmefähigkeit der großen Masse ist nur sehr beschränkt [...]"?[306] Die Aufgabenstellungen laufen auch stets Gefahr, die Inhalte der NS-Ideologie in ihrer Formulierung affirmativ zu übernehmen: „Liste auf, wer zur Volksgemeinschaft gehörte und wer nicht [Bezug auf Textquellen und einen Autorentext]." – „Nenne die Kriterien für die Einordnung als Jude."[307] Die Empathie zu Ideologie und Alltag des Nationalsozialismus kulminiert in einzelnen Fällen in mehr als fragwürdigen „handlungsorientierten" Arbeitsaufträgen z. B. die fiktive Teilnahme am Reichsparteitag[308] oder – in einem Rollenspiel – an einer KDF-Reise („Gleichschaltung durch Urlaubsplätze").[309]

Anspruchsvollere Anforderungen werden durch Zusätze in der Aufgabenstellung auf die reproduktive Ebene zurückgeworfen, z. B.: „Analysiere M4 [Auszug zum Antisemitismus aus *Mein Kampf*]. Zeige auf, wie Hitler versuchte, den Hass gegen die Juden zu schüren."[310] Oder das Ergebnis ist in der Aufgabe

---

305 *ZfG 4* , S. 96.

306 Ebd. Hitler bezog sich in diesen Passagen auf den französischen Völker- und Volkspsychologen Gustave Le Bon.

307 *Zr 3*, S. 51. *RiV 4*, S. 129.

308 „Versetze dich in die Lage eines Teilnehmers der in B2 [Bild vom Reichsparteitag] dargestellten Totenehrung und schreibe einen Tagebucheintrag für den gleichen Abend. Beurteile die Wirkung, die solche Veranstaltungen erzielen sollten." *GPlus 9*, S. 65.

309 *RiV 4*, S. 126 f.

310 *Mos B9*, S. 23.

quasi schon angelegt: „Überlege, warum rassistische Bücher mit Inhalten wie Q8 [*Die Sünde wider das Blut*, kommentiert von J. Streicher] zu Bestsellern werden konnten."[311] – „Erkläre, warum die NS-Ideologie Teilen der Bevölkerung attraktiv erschien."[312] Weitergehende Erklärungen als die, dass diese Themen eben populär waren oder wurden, sind den Schülern an dieser Stelle gar nicht möglich.

Um zu vermeiden, dass die Schüler die rassistischen und antisemitischen Thesen, die sie reproduzieren, auch verinnerlichen, werden dann Aufgaben gelegentlich so formuliert: „In seinem Buch ‚Mein Kampf' erläutert Hitler seine Ideologie. Fasse sie mithilfe von Q5-Q7 [Auszüge daraus] zusammen und nimm kritisch Stellung dazu."[313] Oder noch zielgerichteter und mit Vorwegnahme des Ergebnisses: „Analysiere Hitlers Weltanschauung (M2) [Auszüge aus *Mein Kampf*] zeige die Rücksichtslosigkeit in seinem Denken."[314] Eine andere Methode, Kritik zu initiieren, besteht darin, die Konsequenzen aus den ideologischen Thesen ausmalen zu lassen: „Welche Folgen lassen sich für die Juden in Deutschland aus den Ausführungen Hitlers ableiten?"[315]

Entsprechend wird die Ideologie auch in den Autorentexten nicht nur dargestellt, sondern selbstverständlich auch verurteilt („menschenverachtend" usw.). Die Verurteilung erfolgt jedoch immer moralisch und politisch pauschalisierend und entspricht selten einer fundierten *Kritik in der Sache* an den in der Ideologie enthaltenen Vorurteilen und Erklärungsmustern. So wird zwischen dem Darwinismus und seiner – falschen – Interpretation unterschieden: es handele sich um „falsche Schlüsse aus biologischen Theorien", „diese Lehre wurde verfälschend auf Menschen und Völker übertragen".[316] Oder: „Im 19. Jahrhundert wurde der christliche Judenhass mit einer neuen Theorie, der ‚Rassenlehre', verschmolzen. Darin wurden teilweise moderne, naturwissenschaftliche Erkenntnisse der Biologie in verfälschender Weise auf die Menschen übertragen und mit Vorurteilen vermischt."[317] Dabei bleibt die Evolutionstheorie als solche jedoch unklar oder wird sogar falsch wiedergeben, etwa wenn Darwins „survival of the fittest" so erklärt wird, dass im Tierreich

311 *GuG 5*, S. 93. Die Antwort auf die in der Aufgabe enthaltene Frage kann ja nur lauten, dass die Leute so etwas lesen wollten.

312 *Hor 3*, S. 153.

313 *Zr 3 (Nieds.)*., S. 51.

314 *FG 9*, S. 97.

315 *Hor 3*, S. 153.

316 *DwZ 4*, S. 25, analog in *Mos B9*, S. 22.

317 *EuV 3*, S. 86.

„nur die Stärkeren überleben“[318] – was bereits die sozialdarwinistische Interpretation ist. „Es gelte das Ausleseprinzip der Natur: Der Stärkere habe ein Recht auf die Macht […]“[319] heißt es in einem anderen Buch, doch wird nicht dieses falsch dargestellte „Ausleseprinzip der Natur“ kritisiert, sondern nur seine Übertragung auf die menschliche Gesellschaft. Im Prinzip der Auslese vermischen sich daher ständig das „Recht des Stärkeren“ (Sozialdarwinismus) mit der Anpassung an die Umwelt (Darwinismus) im „Kampf ums Dasein“. Schon die Formulierung „Hitler übertrug Schlussfolgerungen Darwins auf die menschliche Gesellschaft“ unter der Zwischenüberschrift „Das Recht des Stärkeren“ (ohne Anführungszeichen!)[320] entspricht der Selbstdefinition des Sozialdarwinismus.

Solche Ambivalenzen knüpfen an Erklärungen der Rassentheorien des 19. Jahrhunderts an, die zuvor im Zusammenhang mit dem Kolonialismus abgehandelt wurden und dort zu Schlussfolgerungen wie der folgenden führen: „Die sogenannte Rassentheorie […] wertete Völker nach biologischen Merkmalen und stufte die ‚semitische‘ Rasse niedriger ein als die ‚arische‘ Rasse.“[321] Verurteilt wird hier die „Wertung“, während die „biologischen Merkmale“ als gegeben akzeptiert werden. Immerhin wird im NS-Kapitel eines Buchs aus unserem Corpus durch den italienischen Genetiker Cavalli-Sforza, der aus heutiger Sicht den Rassenbegriff als unwissenschaftlich ablehnt und dies auch wissenschaftlich begründet, ein fachlicher Kontrapunkt gesetzt.[322]

Bei den Erklärungen des Antisemitismus wird in Verbindung mit der Sozialneidthese[323] und der oben analysierten Kollektivschuldthese gelegentlich auf das 19. Jahrhundert zurückgegriffen: „Die von den Nationalsozialisten verbreiteten Vorurteile gegenüber den Juden wurden von vielen Deutschen geteilt oder

---

318 *GuG 5*, S. 87.

319 *ZfG 4*, S. 92.

320 *RiV 4*, S. 105, dort geht es weiter: „Durch Beobachtungen der Tierwelt hatte Darwin erkannt, dass nur die Individuen den Kampf um das Dasein überleben können, die am besten an ihre Umwelt angepasst waren. Kerngedanke des Sozialdarwinismus war, dass das stärkere Volk das Recht und die Pflicht hat, sich gegen das schwächere durchzusetzen.“

321 *FG 3 Hessen* 2003, S. 156. Vgl. die Analyse zu hessischen Schulbüchern unter Einschluss der Oberstufe: ‚Hilflose Aufklärung‘? Probleme des Anti-Antisemitismus in Schulbüchern und Unterricht. Erfahrungen eines Lehrers, 2. Teil: Der Antisemitismus des 19. und 20. Jahrhunderts. Erstveröfftl. In: Kommune Nr. 6/2004, übernommen in: Geiger: Zwischen Urteil und Vorurteil (wie Anm. 85), S. 70 f.

322 *EG G2*, S. 186 f.

323 Siehe dazu auch das entsprechende Kapitel, S. 207-216.

hingenommen. Diese Vorurteile waren seit der Mitte des 19. Jahrhunderts in Deutschland immer wieder aufgekommen. Sie entstanden unter anderem aus Neid über den Erfolg von Juden in Handel und Bankgewerbe. Auch die herausragende Stellung jüdischer Gelehrter an den Universitäten erweckte Argwohn und Missgunst."[324] Anders als in der Berlin-Brandenburgischen Ausgabe von *EuV* folgt in der niedersächsischen Ausgabe an dieser Stelle noch die Ergänzung: „Dabei übersahen viele Menschen, dass die Mehrzahl der Juden ebenso in einfachen Verhältnissen lebte wie die übrigen Deutschen."[325] Leider wird dies durch eine vorher schon aufgeführte Berufsstatistik konterkariert.[326]

Manchmal werden die Gründe für den Antisemitismus auch in eine fragwürdige historische Kontinuität gestellt: „Seit dem Mittelalter gab es in Europa eine Abneigung gegen Menschen mit jüdischem Glauben. Doch erst die Kombination von Antisemitismus und der scheinbar wissenschaftlichen Rassentheorie führte dazu, dass die Juden in Deutschland und ab 1939 in Europa ausgegrenzt und vernichtet wurden."[327] Damit wird die Phase der Emanzipation und Assimilation vollkommen übergangen und die These einer zeitlosen „Abneigung gegen Juden" aufgestellt, die dem verurteilten Antisemitismus ein außerhalb seiner selbst liegendes Fundament gibt.

Anders als die oben zitierte Länderausgabe Berlin-Brandenburg von *EuV 3* greift die Länderausgabe Niedersachsen auf das Mittelalter zurück: „Seit dem Mittelalter waren die Juden als religiöse Minderheit in Deutschland verfolgt worden. [...] Auf Wellen der Judenverfolgung folgten Zeiten, in denen Christen und Juden relativ friedlich zusammenlebten."[328] Damit wird immerhin die Kontinuitätsthese relativiert.

Unter der Überschrift „Antisemitismus damals und heute" schlägt *EuV* (Niedersachsen) einen Bogen vom Mittelalter über das 19. Jahrhundert, den Antisemitismus um 1900 und der Weimarer Republik bis zum Antisemitismus heute, der sich in anonymen Friedhofsschändungen und Neonazi-Parolen bis hin zur Infragestellung des Staates Israel durch den iranischen Präsidenten 2005 manifestiert. Der Arbeitsauftrag fordert dazu auf, diese Liste zu ergänzen.[329] Mit diesem pädagogisch fragwürdigen Verfahren wird aus der NS-Propaganda

---

324 *EuV 9-10*, S. 83.
325 *EuV 3*, S. 90.
326 Siehe auch Abschnitt *Sozialneid-Theorem*, S. 207-216.
327 *RiV 4*, S. 128.
328 *EuV 3*, S. 86.
329 *EuV* 3, S. 89. Die Ausgabe von 2010 enthält nicht mehr die Aufgabe.

vom „Ewigen Juden“ die anti-antisemitische These vom „Ewigen Antisemitismus“ aufgestellt, mit der man riskiert, bei Jugendlichen jene Abwehrreaktion auf den Zwang zur Betroffenheit auszulösen, die in der pädagogischen Forschung in den letzten Jahren oft beschrieben wurde.[330]

Ausgrenzung und Verfolgung bis 1939/40

Bei den Bild- und Textquellen zu den verschiedenen Etappen der Entrechtung und Verfolgung (Aprilboykott, Beamtengesetz, Nürnberger Gesetze, Novemberpogrom, „Arisierungen“) handelt es sich überwiegend um NS-Propaganda; ansonsten werden die Maßnahmen nur im Autorentext erwähnt, wobei die Darstellung der Ereignisse von 1938 oft kursorisch bleibt. Der Aprilboykott und die Nürnberger Gesetze werden, wenn überhaupt, meist durch propagandistische Fotos von den Boykottaktionen bzw. von der durch SA-Männer erzwungenen öffentlichen Selbstbezichtigung der „Rassenschande“ dokumentiert. In einem Fall ist die Schautafel zu den Nürnberger Gesetzen neben einem Auszug aus dem Gesetzestext Gegenstand einer Art Methodenseite („Arbeit mit unterschiedlichen Quellen“), die dazu formulierten Aufgaben sind jedoch redundant und bestenfalls reproduktiv:

„2. Stelle zusammen, welche Auswirkungen die Regelungen der ‚Nürnberger Gesetze‘ für einen jüdischen Religionsangehörigen hatten. 3.a) Beschreibe die Schautafel für Standesbeamte von 1935 und erläutere, welche Konsequenzen sich daraus ergaben. b) Zeige die Zusammenhänge zwischen den „Nürnberger Gesetzen“ und der Schautafel auf.“[331] Die Formulierung in Aufgabe 2 („jüdischer Religionsangehöriger“) widerspricht eklatant der in den Quellen

---

330 Vgl. Wolfgang Meseth/Matthias Proske/Frank-Olaf Radtke (Hg.): Schule und Nationalsozialismus. Anspruch und Grenzen des Geschichtsunterrichts. Frankfurt/New York 2004. Eine Synthese daraus erschien online: Wolfgang Meseth/Matthias Proske: Riskantes Lernen: Moralische Erwartungen und der Geschichtsunterricht über den Nationalsozialismus und Holocaust. In: Lernen aus der Geschichte, Online-Magazin, 13.11.2011. http://lernen-aus-der-geschichte.de/Lernen-und-Lehren/content/9438. – Gudrun Brockhaus: „Bloß nicht moralisieren!“ – Emotionale Prozesse in der pädagogischen Auseinandersetzung mit dem Nationalsozialismus. In: Einsichten und Perspektiven. Bayerische Zeitschrift für Politik und Geschichte. Themenheft 1/08, S. 28-33. Dana Giesecke/Harald Welzer: Das Menschenmögliche. Zur Renovierung der deutschen Erinnerungskultur, Hamburg 2012. – In Verbindung mit langjährigen eigenen Erfahrungen zu diesem Thema siehe Geiger, wie Anm. 302.

331 *Hor 3*, S. 166 f.

dargelegten NS-Definition der Personen, die als Jude galten (siehe dazu S. 92 ff. in diesem Kapitel).

Während die Gymnasiallehrbücher immerhin auch Zeitzeugenberichte von Betroffenen über die Diskriminierungen aufgenommen haben, vor allem von damaligen Schülern, findet sich dies nur in zwei Realschullehrwerken[332], in einem weiteren gibt es immerhin einen Internetlink zum „Forum Kollektives Gedächtnis" des „Lebendigen Museum Online (LeMO)", das aber leider nur wenig dazu anbietet.[333]

Wie schon gesagt, ist es erstaunlich, wie selten das pädagogische Prinzip der Multiperspektivität ausgerechnet bei diesem Thema zur Anwendung kommt.[334] Auch in den Gymnasialbüchern ist die NS-Perspektive erdrückend, der Perspektivenwechsel erfolgt oft nur durch eine einzige Kontrastquelle, die dann kaum mehr als eine Alibifunktion haben kann. Noch erstaunlicher ist jedoch der Befund bei den Realschulbüchern. Nimmt man die oben beschriebene Darstellung der Ideologie hinzu, so werden sowohl Ideologie als auch reale Diskriminierung und Verfolgung fast ausschließlich durch *Mein Kampf* und NS-Propaganda sowie aus der „offiziellen" Perspektive (Gesetze, Propagandafotos) dokumentiert.

Lediglich zum Novemberpogrom 1938 gibt es in den meisten Büchern durch Bilder zerstörter Synagogen sowie Zeitzeugenberichte einen anderen Blick auf das Geschehen. Eine bemerkenswerte Quelle in diesem Zusammenhang ist die Kritik eines Kaufmanns, der es ablehnt, sich an „Arisierungsverfahren" zu beteiligen.[335] Sie hält sich nicht an die Täter-Opfer-Dichtomie der Quellen und stellt einen Aspekt möglichen Widerstandes dar.

Insgesamt aber folgt die didaktische Konzeption – sofern überhaupt eine bewusste Überlegung dahintersteht – dieses Teils der Geschichte des Nationalsozialismus der fragwürdigen Auffassung, dass einzig die Konfrontation mit den *Konsequenzen* des Nationalsozialismus – hier: die Zerstörungen und Morde der Pogromnacht, im größeren Rahmen dann der Holocaust – eine „immunisieren-

---

332 Vgl. *Gerl 4*, S. 161, 163 und in den beiden Länderausgaben *von EuV*, Ausg. B-B, S. 82, (Nieds.) S. 90. In *Gk 3*, S. 135, gibt es einen kurzen Bericht aus Buchenwald, der jedoch nicht in diese Kategorie fällt.

333 *RiV 4*, S. 129, www.dhm.de/lemo/forum/kollektives_gedaechtnis/ns_regime.html (20.10.13). Es gibt dort jedoch nur einen jüdischen Erinnerungsbericht über die Emigration und überhaupt keinen über die Diskriminierung vor der Pogromnacht.

334 Allgemein: Klaus Bergmann: Multiperspektivität. Geschichte selber denken. 2. Auflage, Schwalbach/Ts. 2008

335 *ZfG 4*, S. 108.

de Wirkung“ erzielen könne. Entsprechend wird auch, wie oben beschrieben, der Verweis auf den Holocaust gleich an den Beginn des NS-Kapitels gesetzt. Damit betont die Lehrbuchkonzeption in den meisten Fällen einen fatalistischen Blick auf die Geschichte, die scheinbar nicht anders verlaufen konnte.[336] Lediglich in einem Fall setzt eine Sekundärquelle – ein Text von Hagen Schulze – einen Kontrapunkt durch die Erklärung: „Eine konsequente, von langer Hand vorbereitete Planung der Judenverfolgung hat es allerdings nicht gegeben, sie hing von außen- und innenpolitischen Gegebenheiten ab […].“[337]

Das Übergewicht der Quellen aus NS-Perspektive führt dann zu einer Überfrachtung des Autorentexts mit Wertungen und Verurteilungen, beides unterstreicht die fatalistische Darstellung des Geschehens. Bei den Arbeitsaufträgen mischen sich, wie oben zum Thema Ideologie gezeigt, ebenfalls reproduktiv-nachvollziehende mit moralisierenden Appellen oder kaum lösbaren Anforderungen wie der folgenden zu einem „antisemitischen Hetzbild aus einem Kinderbuch von 1935“ (Abb. 3)[338] sowie einem Foto: „Jüdische Schüler werden vor versammelter Klasse gedemütigt. Auf der Tafel steht: ‚Der Jude ist unser größter Feind. Hütet euch vor den Juden.‘ Foto, um 1941“ (Abb. 2)[339]: „4 Diskutiert, welche Folgen die Erziehung von Kindern mit Materialien wie der Abbildung 3 haben musste.“ – „5 Sprecht über die Verantwortung der Lehrkräfte im Nationalsozialismus und beurteilt ihr Verhalten.“ – „6 Diskutiert, ob es Möglichkeiten gegeben hätte, hier Widerstand zu leisten.“[340]

Man beachte hier die Formulierung in (4): „[…] welche Folgen die Erziehung […] *haben musste*“, die alles andere als die antisemitische Indoktrination ausschließt, während demgegenüber in (5) die „Verantwortung der Lehrkräfte“ besprochen und „ihr Verhalten […] beurteilt“ werden soll, offenbar in Hinblick auf die Frage in (6), ob Widerstand möglich war. Da dies natürlich ohne weitere Kenntnis der schulischen Realität hypothetisch ist und nur spekulativ beant-

---

336 Siehe Kap. *Die Fallstricke der Chrono-Logik.*

337 *ZuM 4*, S. 92.

338 Es handelt sich um Elvira Bauer: „Trau keinem Fuchs auf grüner Heid und keinem Jud bei seinem Eid“, aus dem Stürmer-Verlag Nürnberg.

339 *EuV 3 (Nieds.)*, S. 93. – Es handelt sich jedoch offenbar um ein Foto aus Österreich nach dem „Anschluss“ 1938, Vgl. http://paril.crdp.ac-caen.fr/_PRODUCTIONS/memorial/enfants_shoah/co/humilier_humiliations.html mit einem Hinweis auf das Bild – Copyright von Yad Vashem – sowie http://lernen-aus-der-geschichte.de/Lernen-und-Lehren/content/4270. Tatsächlich wurden jüdische und nichtjüdische Schüler 1941 nicht mehr gemeinsam unterrichtet.

340 *EuV 3*, S. 93.

wortet werden kann, hält der daneben stehende Autorentext die Lösung parat: „Wie stark der Antisemitismus die Schulwirklichkeit aber tatsächlich bestimmte, hing auch von den einzelnen Lehrkräften und den Schülern selbst ab. Einige Lehrkräfte versuchten in ihrem Unterricht, Zeichen gegen den Antisemitismus zu setzen oder ihn doch wenigstens aus dem Klassenzimmer zu verbannen.“[341]

Sinnvoller wäre es hier und an vergleichbaren Stellen auch in anderen Lehrbüchern gewesen, hätte man nach einem historischen Beispiel für diesen alltäglichen Widerstand gesucht. Das gilt auch für etliches Bildmaterial, das allerdings meistens bearbeitet wurde und einen Bildausschnitt zeigt, wenn man nicht ohnehin Propagandafotos aus den NS-Bildbeständen übernommen hat, die ebenfalls bearbeitet wurden. Ein Beispiel für das Zurechtschneiden eines Bildes, das die Bildaussage verändert, ist das bekannte Foto vom Aprilboykott 1933 vor dem Kaufhaus Tietz in Berlin, das in seiner vollen Breite am rechten Rand eine Frau zeigt, die offenbar mit einem der vor dem Geschäft postierten SA-Männer diskutiert.[342] Das verändert den Blick auf den NS-Terror und seine Wirkung auf die Bevölkerung und regt zu Fragen an. Die Schulbücher hingegen nehmen das Bild als Beleg für die Wirkung und Demonstration der Propaganda ein und zeigen nicht die im Gespräch befindliche Frau.[343]

Ergänzt wird die hypothetische Vergegenwärtigung des Vergangenen in diesem Buch eine Seite zuvor mit einer Aktualitätsorientierung in Bezug auf eine Quelle, in der die Frau eines Rabbiners erzählt, wie es ihren Kindern 1937 in der Schule erging (die Herkunft der Quelle wird nicht weiter präzisiert). Dazu gibt es dann die beiden Aufträge: „1 Beschreibt, auf welche Weise sich der Judenhass der Nationalsozialisten in der Schule ausgewirkt hat. – 2 Diskutiert darüber, was man unternehmen kann, wenn heute Mitschüler in der Schule juden- oder ausländerfeindliche Meinungen vertreten.“[344]

Auch wenn man nach dem Prinzip „Lernen aus der Geschichte“ den Geschichtsunterricht aktualitätsbezogen gestalten soll, sind solche Parallelsetzungen doch fragwürdig, denn weder lässt sich die heutige Situation auf die damalige (siehe oben: Widerstand usw.) noch die damalige auf die heutige projizieren. Die Verbindung von „juden- und ausländerfeindlich“ läuft unbewusst auf die

---

341 Ebd.

342 Vgl. http://www.denktag-archiv.de/Warenhaussturm-und-Aprilboykot.2530.0.html (Archiv Preußischer Kulturbesitz) (6.6.2011).

343 Übernommen in *Hor 3*, S. 164 und *GuG 5*, S. 117. Auch im LeMo ist nur die zurechtgeschnittene Version zu sehen, Vgl. http://www.dhm.de/lemo/html/nazi/antisemitismus/ausgrenzung/ (6.6.2011).

344 *EuV 3*, S. 92.

Gleichsetzung Juden=Ausländer hinaus, die ohnehin schon im Unterbewusstsein verankert ist.[345] Auf der anderen Seite zeigt schon der seit Langem überholte Begriff „Ausländer", dass Schüler mit Migrationshintergrund und deutscher Staatsbürgerschaft hier ebenfalls zu quasi Fremden gemacht werden – wenn sie sich „gemeint" fühlen. Darüber hinaus äußert sich heute in der Schule, wenn überhaupt, nur eine Minderheit „ausländerfeindlich" oder „judenfeindlich", während damals die Situation genau umgekehrt war.

Erfreulich ist daher, wenn – wie in *Zr 3* – neben anderen an dieser Stelle zitierten Erklärungen aus den Kirchen auch eine Denkschrift der Bekennenden Kirche an Hitler von 1936[346] nicht nur einen Akt des Widerstands, sondern auch eine inhaltliche Ablehnung des völkischen und rassistischen Denkens in der Sache deutlich macht und dadurch dokumentiert, dass es für Christen einen Gewissenskonflikt gab. Während bei der Thematisierung des Novemberpogroms immerhin meistens der Perspektivenwechsel eingesetzt wird, folgt die Erklärung des Geschehens trotzdem fast überall der damals vorgeschobenen Begründung: Die „so genannte ‚Reichskristallnacht' [...] wurde als Antwort auf den Anschlag eines jüdischen Einzeltäters auf den deutschen Diplomaten vom Rath von den Nazis organisiert."[347] „Die SA organisierte eine ‚Nacht der Vergeltung'", heißt es andernorts, wobei zwar der Begriff in Anführungszeichen gesetzt, aber die darin zum Ausdruck kommende Chrono-Logik nicht bestreitet wird.[348] Formulierungen wie: „Dieses Attentat lieferte den Vorwand für ein Pogrom gegen das Judentum"[349] oder den „Anlass, im ganzen Reich einen Pogrom anzuordnen"[350], klären nicht wirklich darüber auf, was es mit dem Pariser Attentat auf sich hatte – Herschel Grynszpan, der damals bei einem Onkel in Paris lebte, verübte das Attentat auf den deutschen Botschaftsangehörigen vom Rath aus Verzweiflung darüber, aber auch als Fanal des Widerstandes dagegen, dass seine Familie in Hannover Ende Oktober 1938 wie andere staatenlose Juden polnischer Herkunft aus Deutschland über die Grenze nach Polen deportiert

---

345 Vgl. einen Bericht über diesbezügliche Erfahrungen in: Geiger, Zwischen Urteil und Vorurteil (wie Anm. 85), S. 34 und 65 f.

346 *Zr 3 (Nieds.)*, S. 67.

347 *EG 2*, S. 158, ebenso nach der Rechtfertigungslogik der Täter hinsichtlich der Kausalität in *DwZ 4*, S. 45, *FG 9*, S. 100, *Gerl 4*, S. 162.

348 *Mos B9*, S. 40.

349 *ZuM 4*, S. 93, ähnlich in *Hor 3*, S. 165 und *Zr 3* (Nieds.), S. 62, und (Sa.), S. 106.

350 *ZfG 4*, S. 105, ebenso in *EuV 9-10* (B-B), S. 84 und (Nieds.), S. 94.

worden war[351] – und weist auch nicht darauf hin, dass der Pogrom schon vorher geplant war. In drei Realschulbüchern wird der Novemberpogrom ohne jeden Kontext erwähnt.[352]

Wer nach den Nürnberger Gesetzen als Jude galt und damit den entsprechenden diskriminierenden Gesetzen unterlag, wird in den Lehrwerken nicht immer klar dargestellt. So heißt es in einem Buch unter der Zwischenüberschrift *Erste Aktionen gegen Juden*: „Mit der NSDAP war 1933 eine Partei an die Macht gekommen, die in den Juden ihren ‚rassenpolitischen Hauptfeind' sah. Das hatten Hitler und die Partei nie verheimlicht. Betroffen waren um 1933 davon etwa 525 000 Deutsche, die sich zum Judentum bekannten, etwa 0,76 Prozent der Bevölkerung."[353] Diese falsche Wiedergabe der NS-Definition – nicht das „Bekenntnis", sondern die „Rasse" war das Kriterium[354] – wird auch in der Passage zu den Nürnberger Gesetzen nicht korrigiert, die ebenso wie die anderen antisemitischen Maßnahmen (z.B. im Gesetz zur Wiederherstellung des Berufsbeamtentums usw.) inhaltlich durchaus richtig dargelegt werden. Damit bleibt gerade das Spezifikum des rassentheoretisch begründeten Antisemitismus im Unklaren.

Eine abgesehen von den Zahlen analoge Formulierung findet sich andernorts unter der Überschrift *Jüdische Bürgerinnen und Bürger werden systematisch ausgegrenzt*: „Wer die Äußerungen Hitlers und seiner Parteigenossen vor 1933 kannte, musste sich große Sorgen über den Umgang der Nationalsozialisten mit der jüdischen Bevölkerung nach der Machtübernahme machen. [...] Zu Beginn des Regierungsantritts Hitlers bekannte sich von den etwas über 66 Millionen Einwohnern eine halbe Million, das waren 0,78 Prozent der Gesamtbevölkerung, zum Judentum."[355] Diese an sich richtige Aussage wird jedoch auch hier im Zusammenhang mit einem Auszug aus den Nürnberger Gesetzen im

---

351 Zu den Hintergründen siehe auch Saul Friedländer: Das Dritte Reich und die Juden. Erster Band: Die Jahre der Verfolgung. München 1998, S. 288 ff. Raphael Gross: November 1938. Die Katastrophe vor der Katastrophe. München 2013, S. 11-31.

352 In *Gk 3*, S. 128 bringt die Einreihung der Pogromnacht in eine Reihe „staatlicher Gewaltmaßnahmen" immerhin indirekt eine richtige kausale Zuordnung. Bei den anderen handelt es sich um *VB 3*, S. 170 und *RiV 4*, S. 130.

353 *DwZ 4*, S. 44. – Faktisch identisch in *Gerl 4*, S. 160.

354 Es geht hier wohlgemerkt nicht um die Tatsache, dass die „Bekenntnisjuden", z.B. zum Judentum übergetretene Ehepartner, in die Kategorie Juden aufgenommen wurden, sondern darum, dass zum Christentum konvertierte oder Nachkommen konvertierter Juden als Juden entsprechend der Abstammungskriterien der Nürnberger Gesetze erfasst wurden.

355 *FG 9*, S. 98.

Quellenteil nicht im Hinblick auf die damit verbundene offizielle Definition korrigiert. Und auch in einem anderen Lehrwerk heißt es nach Auszügen aus den Nürnberger Gesetzen: „Nun waren die Bürger jüdischen Glaubens auch juristisch aus der ‚Volksgemeinschaft' ausgeschlossen."[356]

Mehrere Lehrwerke lassen ganz offen, wer damals als „Jude" galt. Nicht falsch, aber vage und letztlich irreführend ist die Aussage: „Wer Jude war, bestimmten die Nationalsozialisten".[357] Wenige Bücher präzisieren die Definition nach Abstammung von Eltern oder Großeltern[358], das Extrem stellt die Abbildung der „Schautafel für Standesbeamte" dar (Stammbäume mit der Definition der „Mischlinge"), die mehr als eine halbe Buchseite einnimmt.[359]

Wenige Lehrwerke behandeln die Definition nach den Nürnberger Rassegesetzten ausführlich genug, um die rassistische „Logik" nachvollziehbar zu machen, so z. B. *RiV 4*. Der entsprechende Arbeitsauftrag fordert aber nur dazu auf, diese Logik nachzuvollziehen: „Nenne die Kriterien für die Einordnung als Jude."[360] Dasselbe gilt für die Abfolge und Steigerung der antisemitischen Maßnahmen, die bis zum Kriegsbeginn (eigentlich sogar bis zum November 1941) auf die „Vertreibung der Juden aus Deutschland" zielte, wie in *Hor 3* (analog in *RiV 4*) gut dargelegt wird, sowie für die Probleme der Emigration, die „wegen der Erhebung einer ‚Reichsfluchtsteuer' mit nahezu totalem Vermögensverlust verbunden" war.[361]

Abschließend ist zu sagen, dass wir vereinzelt auch schlicht falsche Datierungen der Ereignisse gefunden haben.[362]

Holocaust

Alle Schulbücher widmen dem Völkermord an den Juden ein umfangreicheres Kapitel, wobei die Begriffe „Holocaust" und „Shoah" gängig sind. Exemplarisch

---

356 *EuV 9-10 (BB)*, S. 83.
357 *Mos B9*, S. 40.
358 So *GuG 5*, S. 117.
359 *Hor 3*, S. 166.
360 *RidV 4*, S. 129.
361 *Hor 3*, S. 165, vgl. *RidV 4*, S. 128 und *Gk 3*, S. 129.
362 So wird die Chronologie der antisemitischen Maßnahmen in *VB 3*, S. 170, drastisch verzerrt: „Ariernachweise" 1933, „Nürnberger Gesetze" 1934, „Gesetz zur Wiederherstellung des Berufsbeamtentums" 1935, anschließend Ausschluss von Künstlern aus der Reichkulturkammer.

seien die Kapitelüberschriften „Rassenpolitik als Massenmord – die Shoah“[363] und „Holocaust – der Massenmord an den Juden“[364] genannt. Eine klare Bevorzugung für eines der beiden Begriffe lässt sich nicht ablesen. Die Sachsen-Ausgabe von *Zr 3* hat gar beide Begriffe in der Kapitelüberschrift („Holocaust-Shoa“).[365] In einigen Fällen transportiert bereits die Überschrift die Dimension des Verbrechens: „Der ‚Holocaust‘ – die Ermordung der europäischen Juden“[366] oder: „Der Mord an den europäischen Juden“.[367] *GkuV 9* bezieht auch die Sinti und Roma ein („Völkermord an den europäischen Juden und an den Sinti und Roma“).[368] Eine Ausnahme ist die Überschrift „Menschen mit dem Gelben Stern“.[369] Hier zeigt die Auftaktdoppelseite das großformatige Bild einer Gruppe von Kindern mit Betreuerinnen, die hinter einem Stacheldrahtzaun stehen (zur Bildproblematik siehe auch das Kapitel „Ikonographie“ in Teil II), von denen allerdings niemand (!) einen Gelben Stern trägt. Die emblematische Bezeichnung „Menschen mit dem Gelben Stern“ soll wohl für den Ausgrenzungs- und Stigmatisierungsprozess stehen, ist aber in der konnotativen Verwendung eindimensional, sollte beabsichtigt sein, mit der Überschrift ein diffuses Vorwissen der Schüler zu aktivieren.

Möglicherweise ist die ungewöhnliche Kapitelüberschrift von Inge Deutschkrons Buch „Ich trug den gelben Stern“ inspiriert, auch wenn dieses Schulbuch es nicht erwähnt. Ein anderes Schulbuch dagegen räumt dem 1978 erschienenen autobiografischen Bericht Deutschkrons, in dem sie beschreibt, wie sie der Ermordung im Nationalsozialismus entging, großen Raum ein: In *GkuV 9* besteht die ganze Doppelseite im Wesentlichen aus einem Auszug diesem Buch.[370] Gerahmt wird der Erinnerungstext von zwei Autorentexten, die das Leben Deutschkrons bis bzw. nach 1945 skizzieren. In dem Bericht beschreibt Deutschkron die Deportation ihrer Tante und ihres Onkels, die sie unmittelbar miterlebte, und schildert, wie die Berliner es ihrer Meinung nach verstanden, „solchen Aktionen zu entgehen“ und bewusst der Wahrnehmung entzogen. Außerdem berichtet sie, dass die Deportationen von einem zentralen

---

363 *FG 3*, S. 134.
364 *ZuM 4*, S. 110.
365 *Zr 3* (Sachsen), S. 116.
366 *EG 2*, S. 204.
367 *ZfG 4*, S. 126.
368 *GkuV 9*, S. 142. Quellensammlung von Deborah Dwork: Kinder mit dem gelben Stern. Europa 1933-1945. München 1994.
369 *EuV 3*, S. 184.
370 *GkuV 9*, S. 146-147.

zu einem abgelegen Platz verlegt wurden, um „die Leute noch einmal ungestört zu filzen", zudem hätten „einige Berliner [...] nicht unbedingt zustimmende Bemerkungen gemacht." Sie berichtet auch von einem jungen Soldaten, der an der Ostfront stationiert war und der Frau, die Inge Deutschkron und ihrer Mutter das erste Versteck gewährte, erzählt habe, „was sie dort mit den Juden machen." Die Quelle berührt somit die zentrale Frage, ob die deutsche Bevölkerung von dem Völkermord wusste und wie sie sich dazu verhielt. Aber auch die Frage, ob Juden den „vagen Meldungen über Vergasung, Hinrichtung und Erschießungen" Glauben schenkten, wird in der Erzählung angesprochen. Auf eine Aufgabenstellung zu der Quelle verzichtet das Schulbuch.

Einige Werke greifen diese Fragestellung im Autorentext auf und formulieren sie in Zwischenüberschriften wie: „Mitwirkung und Mitschuld"[371] oder „Von allem nichts gewusst?"[372], eine zumeist rhetorische Frage, da in den meisten Fällen die Autorentexte bereits das Sachurteil fällen. So kann man bei *Zr 3* weiterlesen: „Die Vernichtung hatte industrielle Ausmaße, zahlreiche Menschen waren daran beteiligt: Planer, Ingenieure, Buchhalter, Lieferanten, Lokführer, Wachpersonal und viele mehr. Mancher, der ahnte, was den Juden bevorstand, schaute bewusst weg, um ein so übergroßes Verbrechen überhaupt ertragen zu können."[373] Ähnlich in *EuV 9-10*: „Ohne die Mitwirkung zahlreicher Menschen und vieler Behörden, etwa der Reichsbahn, hätte der Massenmord an den Juden nicht verwirklicht werden können. Die Angst, selbst Opfer der Mordmaschinerie zu werden, hinderte viele Menschen, aktiven Widerstand gegen den Massenmord zu leisten oder gegen ihn zu protestieren. [...] Gegen die massenweise Ermordung der Juden durch die SS regte sich in Deutschland kein Widerstand. Viele, die davon wussten oder etwas ahnten, schwiegen. Auch die beiden großen Kirchen protestierten nicht gegen die Verfolgungen und den Massenmord an den Juden."[374]

Nicht immer ist die Darstellung im Autorentext kohärent, wie das folgende Beispiel zeigt: „All diese Verbrechen versuchten die Nationalsozialisten vor der Öffentlichkeit streng geheim zu halten. Denn sie wussten, dass bei den

---

371 *EuV 9-10*, S. 87.

372 *Zr 3* (Nieds.), S. 72. *Zr 3* (Sachsen), S. 116.

373 *Zr 3* (Nieds.) S. 72. *Zr 3* (Sachsen), S. 116. Siehe auch dazu die Textpassage aus *Mos B9*, S. 56: „Von allem nichts gewusst? [...] Die gängige Reaktion lautete man habe dies [Verbrechen in Konzentrationslagern, Anm. M.L] weder gewusst noch gewollt. Doch nur wenige Jahre zuvor waren Rassenideologie, Innen- und Außenpolitik der Nazis noch auf breite Zustimmung gestoßen."

374 *EuV 9-10*, S. 81. Ausgabe 2009, S. 87.

meisten Deutschen der durchaus oft vorhandene Antisemitismus nicht so weit ging, derartige Verbrechen zu billigen. Daher hat die Mehrheit der deutschen Bevölkerung von der Judenvernichtung in diesem Ausmaß wohl nichts Genaueres gewusst oder sie schenkte vereinzelten Berichten keinen Glauben. [...] Angesichts der Deportationszüge aber schauten die meisten Deutschen weg und wollten mit den Vorgängen nichts zu tun haben."[375] Entweder ist etwas „streng geheim", dann wissen es nur sehr wenige Personen. Oder man schaut weg („die meisten Deutschen"), dann muss man zumindest zuvor etwas gesehen haben.

Insgesamt decken sich die Befunde mit denen der Regionaluntersuchung von Thomas Sandkühler aus dem Jahr 2012, wonach in den von ihm untersuchten Schulbüchern die Auffassung dominiert, die Deutschen hätten viel über das Verbrechen an den Juden gewusst, dieses Wissen aber verdrängt. Weiter heißt es: „Durch welche Kanäle sich in Deutschland Wissen über die Massenverbrechen verbreitete, wird selten zum Thema gemacht, da die Perspektive der Verfassertexte auf das Reichsgebiet konzentriert ist. So entsteht das Bild eines streng geheimen Verbrechens ‚im Osten'; ungeachtet der Tatsache, dass von Geheimhaltung am Schauplatz des Verbrechens kaum die Rede sein kann und gerade diese Öffentlichkeit der Menschenjagden erklärt, warum spätestens ab 1942 Gerüchte im Reich kursierten."[376]

Sandkühler findet in seinem Sample auch eine „Dominanz des geschichtskulturellen Leitbildes Auschwitz im Geschichtsbewusstsein der Autorinnen und Autoren"[377] und eine Tendenz zu einem „Holocaust-Narrativ", das die „gesamteuropäische Dimension der Judenvernichtung auf Auschwitz" verkürzt. Eine Überprüfung unseres Samples ergab, dass das Stichwort „Auschwitz" im Register keines Werks fehlte, während Treblinka nur in weniger als einem Drittel der Werke auftaucht. Noch seltener ist im Register der Verweis auf Majdanek bzw. den Majdanek-Prozess zu finden. Man kann also von einer Dominanz, aber nicht von einer Alleinstellung von Auschwitz als geschichtskulturellem Ort sprechen. Fast alle Werke bieten als Arbeitsmaterial Karten an, auf denen die wichtigsten Vernichtungsorte verzeichnet sind, wobei in den meisten Fällen die besetzten Gebiete einbezogen werden. Damit erweitert sich zumindest die

---

375 *GuG 4*, S. 137.

376 Thomas Sandkühler: Nach Stockholm: Holocaust-Geschichte und historische Erinnerung im neueren Schulgeschichtsbuch für die Sekundarstufen I und II. In: Zeitschrift für Geschichtsdidaktik, 2012, 11. Jg., S. 50-76, hier, S. 69. Sandkühlers Untersuchung basiert auf zwölf Werken aus der Sekundarstufe I und vier aus der gymnasialen Oberstufe. Alle Werke wurden in Berlin eingesetzt.

377 Ebd., S. 75 f.

geographische Wahrnehmungsperspektive.[378] Die Kritik Sandkühlers, dass die massenhafte Erschießung sowjetischer Juden überwiegend nicht als Beginn des Holocaust, sondern als experimentelles Stadium gesehen wird, findet hingegen durch Nachprüfung in unserem Sample eine Bestätigung.[379]

Die Untersuchung der Darstellung des Holocaust in Text- und Bildquellen hat gezeigt, dass einige Bücher, entgegen der Behauptung von Susanne Popp[380], weiterhin auf die schockierende Wirkung der Fotos von Leichenbergen setzen.[381] Eine explizite Fragestellung fehlt zumeist oder sie reduziert sich auf ein hilfloses „Welche Fragen stellen sich dir angesichts dieser Bilder?"[382] Auch stimmt der historische Kontext nicht immer. So stehen zwei schockierende Fotos aus Buchenwald (Leichen von KZ-Häftlingen auf einem LKW-Transporter, ein Überlebender vor einem Berg aus Knochen vor dem Krematorium) neben einem Briefwechsel zwischen der Lagerleitung Auschwitz und den IG-Farben. Diese Seite gehört zum Hauptkapitel „Vom Rassenwahn zum Völkermord"[383], sodass Buchenwald, eines der größten Konzentrationslager auf deutschem Boden, in der assoziativen Wahrnehmung zu einem Vernichtungslager für Juden wird, das mit Auschwitz in einer Reihe steht.

Einige Werke setzen auf Kunst, um sich dem schwer Vorstellbaren anzunähern. *GuG 5* zum Beispiel baut auf die authentische Kraft zweier anonymer Kunstwerke von Häftlingen: ein Aquarell aus dem Lager Auschwitz, das Juden unter Bewachung auf den Weg zu den Gaskammern zeigt und mit „Letzter Gang" überschrieben ist, und eine Zeichnung aus dem Konzentrationslager Sachsenhausen, auf der Zwangsarbeiter in Häftlingskleidung beim Gang in eine Fabrikhalle der Firma Siemens zu sehen sind.[384] Dieses Bild ist auch in *Zr 3* zu finden; das Buch nimmt als weiteres künstlerisches Motiv noch eine Tuschezeichnung des Künstlers Alfred Kantor mit dem Titel „Wandelnde Leichen"

---

378 Lediglich in drei Werken ließen sich keine Karten finden.

379 Sandkühler (wie Anm. 376), S. 67.

380 Susanne Popp: Nationalsozialismus und Holocaust im Schulbuch. Tendenzen der Darstellung in aktuellen Geschichtsschulbüchern. In: Gerhard Paul/Bernhard Schoßig (Hg.): Öffentliche Erinnerung und Medialisierung des Nationalsozialismus. Eine Bilanz der letzten dreißig Jahre. Göttingen 2010, S. 106.

381 Siehe dazu *EuV 9-10* (2009), S. 87, *EuV 3*, S. 97, *EuV 3* (Nieds. 2010), S. 35, *EG 2*, S. 209, Gr 3, S. 93.

382 *EG 2*, S. 209.

383 Vgl. *EG 2*, S. 201 u. 209.

384 *GuG 5*, S. 140. Im Falle von Sachsenhausen wäre die Zuordnung nur stimmig, wenn es sich um einen jüdischen Zeichner handeln würde.

auf.[385] *Hor 3* räumt dem Gemälde „Der letzte Schrei – Am Ende“ des Auschwitz-Häftlings Adolf Frankl einen kleinen Platz ein.[386] *GK 3* zeigt Zeichnungen von David Olere, einem Überlebenden des Todeskommandos in Auschwitz.[387] In *VB 3* gibt es sogar 12 Zeichnungen, die von Häftlingen aus Auschwitz stammen.[388] Die Titel der Zeichnungen lesen sich wie eine Art Bildergeschichte. Aus der Doppelseite geht jedoch nicht hervor, um wie viele unterschiedliche Zeichner es sich handelt – ein Verstoß gegen das didaktische Kriterium der Benennung des Schöpfers eines Werkes. Auch wenn es in der Aufgabenstellung heißt: „Bilder sagen mehr als Worte“, schöpft keins der Bücher das Potenzial der Bilder aus oder bietet die für den Unterricht notwendigen Informationen. Nur in zwei Fällen werden die Schöpfer der Kunstwerke benannt, aber ihre Lebensgeschichte bleibt unbekannt und kann zu den Kunstwerken nicht in Beziehung gesetzt werden. Auch die Arbeitsaufträge, sofern vorhanden, sehen die Kunstwerke als dokumentarische Bilder und ignorieren die künstlerische Dimension.[389] So heißt es in *VB 3*: „Was erfahren wir über das Schicksal der Menschen?“[390]

Unter den schriftlichen Zeugnissen findet man in mehreren Schulbüchern Auszüge aus der Lebensgeschichte der Auschwitzüberlebenden Max Mannheimer[391] und Ruth Klüger.[392] Außerdem haben Texte von Primo Levi[393] und Elie Wiesel[394] Eingang in die Schulbücher gefunden. Wiesels Rede anlässlich der Verleihung des Friedensnobelpreises aus dem Jahr 1987 ist in den Kontext „Umgang mit der Vergangenheit“ eingebunden. Über weitere Quellen versuchen Schulbücher einen regionalen Bezug („Ein Dortmunder über die Einliefe-

---

385 *Zr 3* (Sachsen), S. 117 u. 119.

386 *Hor B9*, S. 192.

387 *GK 3*, S. 132. Siehe dazu auch das Kapitel *Texte und Kontexte, Empathie und Hermeneutik*, S. 217-227.

388 *VB 3*, S. 174-175. Weiterhin sind noch 6 Fotografien abgebildet, darunter das bekannte Motiv aus dem Lager Buchenwald, das einen Häftling stehend und weitere Häftlinge auf den Lagerpritschen zeigt.

389 Vgl. Christian Angerer: Zur Didaktik ästhetischer Darstellungen des Holocaust. Eine theoretische Grundlegung. In: Zeitschrift für Geschichtsdidaktik, 2006, S. 152-177.

390 *VB 3*, S. 175.

391 *Mos B9*, S. 55. *Hor 3*, S. 195.

392 *GPlus 9-10*, S. 103, *Zr 3* (Sachsen), S. 117, *Zr 3* (Nieds.), S. 73, *FG 9*, S. 136. Ein weiterer Textauszug bezieht sich auf die Erinnerungen von Ruth Klüger während ihrer Zeit in Wien im Jahr 1941, *GPlus 9-10*, S. 103.

393 *GPlus 9-10*, S. 105. *RiV 4*, S. 133.

394 *ZfG 4*, S. 140.

rung in Auschwitz“[395]) oder einen altersnahen Zugang herzustellen, etwa durch den Bericht der noch nicht 15-jährigen Esther, die mit ihrer Familie über Lodz verschleppt wurde, über die Selektion in Auschwitz.[396]

Widerstand

Zum Kanon der inhaltlichen Behandlung der NS-Zeit gehört das Thema Widerstand. Das hängt mit dem Selbstverständnis und der Zielsetzung des Geschichtsunterrichts zusammen, auch alternative Handlungsoptionen unter den historischen Bedingungen des Dritten Reiches zu zeigen. Der Fokus liegt in der Regel auf dem „Deutschen Widerstand“. Damit soll gezeigt werden, dass „nicht alle Deutschen mit Hitler und dem NS-Regime gleichzusetzen sind“.[397] Das Lernergebnis wird in einigen Fällen bereits durch die Kapitelüberschriften signalisiert. So heißt es: „Nicht alle Deutschen machten mit“[398] oder „Nicht alle Deutschen waren Nazis“.[399]

Die konzeptionelle Abfolge der thematischen Großkapitel ist in den Büchern häufig sehr ähnlich: das Kapitel Widerstand schließt sich an das Kapitel über den Holocaust an. Dahinter steht die konzeptionelle Überlegung/Frage, warum angesichts dieses Massenverbrechens der Widerstand so gering war. Es gilt aber zu bedenken, dass der Holocaust für die meisten Widerständler (noch) keine Rolle gespielt hat oder ein zumeist nachrangiges Motiv war. Zudem waren die Handlungsspielräume für den Widerstand zu Beginn des Regimes andere als in den Kriegsjahren. Durch die Bündelung und Platzierung des Themas wird die Frage nach den Handlungsmöglichkeiten des Widerstandes häufig ahistorisch und nur aus moralerzieherischer Perspektive angegangen.

Gängig ist eine Typologie des Widerstandes nach Widerstandsgruppen („Die Rote Kapelle“, „Die Weiße Rose“, Einzelgänger, Arbeiterbewegung, 20. Juli); jüdischer Widerstand dagegen wird nur in einem einzigen Werk erwähnt: *Gk 3* zeigt ein Foto von Herbert Baum und erinnert in einer Tabelle, zusammen mit anderen Widerstandsgruppen, an die Aktionen seiner Gruppe

---

395 *GuG 5*, S. 139.

396 *DwZ 4*, S. 68. Die Quelle ist auch in *ZuM 4*, S. 115 zu finden. Weitere Angaben zur Person von Esther sind auf den Schulbuchseiten nicht zu finden. Bei der Zeitzeugin handelt es sich um Esther Geizhals-Zucker, mit der Deborah Dwork 1985 ein Interview führte. Vgl. Dwork, Kinder mit dem gelben Stern, S. 215 u. 338 (wie Anm. 368).

397 *DwZ 4*, S. 72.

398 *GuG 5*, S. 141.

399 *ZuM 4*, S. 116.

und sein Schicksal. Im Mai 1942 verübte die Gruppe einen Brandanschlag auf die antikommunistische Propagandaausstellung „Das Sowjetparadies“ in Berlin. Nach seiner Verhaftung wählte Baum den Freitod. In *Gk 3* ist hingegen von einer „antijüdischen Ausstellung“ die Rede; unter „Schicksal“ vermerkt die Seite: „Verhaftung der Gruppe 1942 – Hinrichtungen 1942/43“.[400]

Gk 3 ist zudem das einzige Werk, das eine Zwischenüberschrift „Jüdischer Widerstand“ aufweist. Dort heißt es: „Eine Form des jüdischen Widerstands bestand darin, sich den Deportationen in den Ghettos und Konzentrationslagern zu entziehen. Etwa 10 000 bis 12 000 deutsche Juden tauchten ab 1941 bei Freunden oder Bekannten unter. Die meisten bemühten sich um ein Versteck in Berlin, der ehemaligen Hochburg des deutsch-jüdischen Lebens. 1943 lebten hier allein 5 000 Männer, Frauen und Kinder im Untergrund. Das Kriegsende im Mai 1945 erlebten in Berlin noch 1402 Juden, die übrigen wurden verraten und starben im KZ. Jüdische Bürger beteiligten sich auch am Widerstand der Arbeiterbewegung.“[401]

Neben der etwas eigentümlichen Definition, die Flucht zu einer Form des Widerstandes erklärt, bleibt es der Lehrkraft überlassen, die Beteiligung jüdischer Bürger am Widerstand der Arbeiterbewegung inhaltlich zu füllen. Gelegentlich gibt es zumindest kurze Hinweise auf Fluchthilfe als Form des Widerstands: „Nur wenige hatten den Mut, Juden vor der SS zu verstecken oder ihnen bei der Flucht zu helfen.“[402] Dieses „Schwimmen gegen den Strom“ hätte sicherlich mehr Aufmerksamkeit verdient, lenkt es doch den Blick auf den alltäglichen Handlungsspielraum. Zu den Ausnahmen, die sich der Thematik ausführlicher annehmen, gehört *EuV 3,* das unter der Rubrik „Geschichte vor Ort: Mutige Göttingerinnen“ die Geschichte der Marianne Strauß aufbereitet, die sich der Verhaftung entziehen konnte und von einer Gruppe namens „Bund – Gemeinschaft für sozialistisches Leben“ versteckt wurde. Die Doppelseite enthält neben einem Autorentext über Marianne Strauß und den „Bund“ auch Hinweise auf die weiteren Helferinnen durch eine Quelle mit einem längeren Auszug aus einem Zeitzeugengespräch mit Meta Steinmann. In der Aufgabenstellung sollen die Schüler zu Yad Vashem als Einrichtung und dem Titel „Gerechte unter den Völkern“ recherchieren und eine Position zu den Kriterien der Verleihung des Titels formulieren.[403]

---

400 *GK 3,* S. 136
401 *GK 3,* S. 137.
402 *DwZ 4,* S. 71.
403 *EuV 3,* S. 102-103.

Zwar würdigen die Schulbücher die mutige Fluchthilfe und Judenrettung, stellen sie aber als vereinzelt und vor allen Dingen als nicht wirkungsvoll dar: „Einige haben in Einzelfällen unter Lebensgefahr Juden geholfen und sie z. B. vor der Gestapo versteckt. Wirkungsvollen Protest und Widerstand leistete aber niemand. Andererseits waren Tausende von Deutschen direkt beteiligt, waren willige Helfer: als Ingenieure oder Konstrukteure, als Buchhalter, Lieferanten oder Wachpersonal – am Schreibtisch, bei Transporten, in den Lagern. Sie alle beriefen sich später auf ‚Befehl und Gehorsam'."[404]

Die naheliegende Frage, wie Juden auf die nationalsozialistische Politik ab 1933 reagierten und ob diese sich dagegen wehrten, wird erst gar nicht gestellt. (Als Ausnahme mag man die jüdischen Geschäftsinhaber betrachten, die sich beim Aprilboykott aus Protest mit dem Eisernen Kreuz, sofern sie eines besaßen, vor ihre Geschäfte stellten.) Folglich herrscht zumeist die klassische Opferdarstellung vor, im Sinne eines passiven Verhaltens, noch verstärkt durch Überschriften wie „Warten auf die Deportation".[405]

So wird die Frage des jüdischen Widerstandes zumeist in das Kapitel über den Holocaust verlagert und bezieht sich dort auf die Reaktionen in den Ghettos und Vernichtungslagern. Ein Werk präsentiert den Aufruf zum Widerstand an die Wilnaer Juden. Die Quelle ist auf den 1. Januar 1942 datiert: „Lasst uns nicht wie Schafe zur Schlachtbank gehen! […] Brüder, es ist besser im Kampf zu sterben, aber frei zu sterben, als ein Leben von Henkers Gnaden zu fristen. Widerstand bis zum letzten Atemzug."[406] Folgen und Konsequenzen dieses Aufrufes bleiben aber offen: es gibt im Autorentext keine weiteren Hinweise auf Zusatzmaterialien.

Das Beispiel des Aufstandes in Wilna kommt im Sample einmal vor. Weit häufiger wird in den Büchern der Warschauer Ghetto-Aufstand von 1943 thematisiert. Der Umfang reicht von einem Satz („So schlugen deutsche Truppen im April 1943 den Aufstand der Juden im Warschauer Getto nieder, zerstörten das jüdische Wohnviertel und töteten über 56 000 Juden"[407]), über Wissens- und Informationskästen bis hin zu ein- und zweiseitigen Materialzusammenstellungen. In den Autorentexten finden sich unterschiedliche Narrative über den Aufstand, von „Höhepunkt war der todesmutige Aufstand Warschauer

---

404 *GuG 5*, S. 137.
405 *FG 9*, S. 134.
406 *Mos B9*, S. 55.
407 *GuG 5*, S. 137.

Juden“[408] bis zur Behauptung, Widerstand sei sowohl im Ghetto als auch im KZ „fast unmöglich“[409] gewesen. Ein Autor stellt dem Begriff der „deutschen Todesmaschinerie“ das Motiv von David und Goliath gegenüber: „Mit Steinen und Pistolen kämpften sie gegen Panzer, Flammenwerfer und MGs.“[410] Und weiter: „Niemand hatte Illusionen. Aber alle waren bereit, ein Zeichen zu setzen: Wenn es denn keine Rettung gab, dann wollten sie wenigsten nicht ohne Widerstand sterben.“[411] Aber wie viele Menschen starben und wie viele überlebten? Der Text suggeriert, dass niemand überlebte, waren doch „alle“ bereit, ein Zeichen zu setzen und „nicht ohne Widerstand“ sterben zu wollen. Zudem kämpften sie ja gegen die „deutsche Todesmaschinerie“.

Ein Werk vermerkt immerhin: „weniger als 2000 Bewohner überlebten Krieg und Verfolgung“[412] – eine keineswegs nebensächliche Information, nicht nur wegen der korrekten historischen Darlegung, sondern vor allem, weil die Zeugnisse der Überlebenden ein Bild vom Aufstand geben. Auf diese Schilderungen greifen zwei Schulbücher zurück.[413]

Zu den Bildquellen gehören auch die Fotos aus dem Bericht des SS-Gruppenführers und Generalmajors der Polizei, Jürgen Stroop, an den Reichsführer der SS, Heinrich Himmler. Das Bild des kleinen Jungen, der mit erhobenen Händen aus dem Versteck geführt wird, ist geradezu zu einer Ikone des Holocaust geworden. [414] Dieses und weitere der verwendeten Fotos sind Aufnahmen aus der Täterperspektive – ein Umstand, auf den nicht immer hingewiesen wird. Die Fotolegende in *EuV 9/10* vermerkt lediglich: „Überlebende der Aufstände im Warschauer Ghetto ergeben sich.“[415]

Auf die Rezeption des Aufstandes gehen zwei Werke ein, die zu unterschiedlichen Ergebnissen kommen. In *EG 2* heißt es: „Heute ist in Israel der erste Tag des Aufstandes, der 19. April, jährlicher Gedenktag an die Opfer des Holocaust“[416], in *FG* dagegen: „Der Aufstand hat in Polen eine hohe symbo-

---

408 *EG 2*, S. 208.
409 *DwZ 4*, S. 66.
410 *GPlus 9-10*, S. 105.
411 Ebd.
412 *EG 2*, S. 208.
413 Vgl. „Ein Widerstandskämpfer berichtet“, in: *DwZ 4*, S. 69; *Gerl 4*, S. 193.
414 Siehe dazu auch Christoph Hamann: Der Junge aus dem Warschauer Ghetto. Der Stroop-Bericht und die globalisierte Ikonografie des Holocaust, in: Gerhard Paul (Hg.): Bilder, die Geschichte schrieben. 1900 bis heute. Göttingen 2011, S. 106-115.
415 *EuV 9-10*, S. 101.
416 *EG 2*, S. 208.

lische Bedeutung" – was übrigens zu bezweifeln sein dürfte: offensichtlich hat der Autor den Warschauer Ghettoaufstand mit dem Warschauer Aufstand vom August/September 1944 verwechselt.

Ein Beispiel für die Verknüpfung unterschiedlicher Ereignisse und Zeitebenen liefert *EuV 9/10*. Als Doppelband bietet das Buch die Möglichkeit, an die Rezeption und die geschichtspolitische Bedeutung des Aufstandes anzuknüpfen. So enthält es auch einen Abschnitt zur Neuen Ostpolitik der Regierung Brandt/Scheel und zum berühmten Kniefall Willy Brandts.[417] An früherer Stelle gibt es zudem die Möglichkeit, über ein Foto mit dem Text: „Juden auf dem Weg durch Brandenburg (Havel) zum Abtransport ins Warschauer Ghetto" einen lokalen Bezug herzustellen.[418] Mit zwei Seiten unter der Überschrift „Verfolgung und Widerstand im Warschauer Ghetto" bietet das Werk überdurchschnittlich viel Material; in der Zusammenstellung der schriftlichen Quellen finden sich neben einem Auszug aus dem Stroop-Bericht zwei ausführliche Passagen aus den Lebenserinnerungen von Marcel Reich-Ranicki zur Situation im Ghetto. Daneben sind drei Fotos zu sehen: „Hungernde und frierende Kinder am Straßenrand", „Straßenbahn, gekennzeichnet mit dem Davidstern", und das bereits erwähnte berühmte Foto aus der Stroop-Sammlung. Bei den ersten beiden Bildern fehlen nähere Kennzeichnungen und Jahresangaben; sie wurden von Mitgliedern der Propagandakompanie der Wehrmacht gemacht.[419] Auch das dritte Foto ist nicht als Propagandafoto gekennzeichnet. Auf eine Bildanalyse wird verzichtet.

In Umfang und inhaltlichem Zugang fallen zwei Werke aus dem Buchner-Verlag auf. Die beiden ähnlich aufgebauten Werke widmen dem Aufstand im Warschauer Ghetto eine ganze Seite. Neben einem Foto enthalten sie die Anweisung des Reichsinnenministers Himmler und den Bericht eines Widerstandskämpfers. In *DwZ 4* ist zudem ein Flugblatt der „Jüdischen Kampforganisation" abgedruckt. Die Schüler sollen überlegen, warum der Aufstand im Warschauer Ghetto für die Juden bis heute eine besondere Bedeutung hat.[420] Das Buch bietet im Hauptkapitel „Völkermord" einen kleinen Autorentext mit der Überschrift „Widerstand" und verweist darin als einziges Werk zudem explizit auf jüdischen

---

417 *EuV 9-10*, S. 179.

418 *EuV 9-10*, S. 84.

419 Lt. Auskunft des Bundesarchivs stammen die Bilder von Albert Cusian und Ludwig Knobloch. Beide waren Mitglieder der Propagandakompanie und stammen vermutlich aus dem Jahr 1941. Siehe auch http://www.bild.bundesarchiv.de/cross-search/search/_1371475564/?search[page]=2 (17.6.2013) http://www.bild.bundesarchiv.de/cross-search/search/_1371475679/?search[page]=9 (17.6.2013).

420 *Gerl 4*, S. 193; *DwZ 4*, S. 69.

Widerstand: „Darüber hinaus beteiligten sich über 1,5 Millionen Juden in den alliierten Armeen oder als Partisanen an dem Kampf gegen den NS-Staat."[421] Einen Hinweis auf jüdischen Widerstand in Polen kann man bei genauerem Studium auch einem Bericht an Hitlers Hauptquartier aus dem Jahr 1942 entnehmen. Das Dokument findet sich im Methodenkapitel „Zur Arbeit mit Faksimiles". Das im NS-Sprachduktus („Terroristen-Schlupfwinkel in Krakau") gehaltene Dokument schildert die Erschießung von zwei Juden, die von einem polnischen Hausmeister „gegen ein hohes Entgelt" verraten wurden. Nach Klärung der formalen Angaben im Dokument sollen die Schüler die Quelle nach „bekannten Schritten" analysieren und besonders die Kernaussagen herausstellen.[422] Da die Methodenseite „Grundsätze bei der Bearbeitung einer schriftlichen Quelle" im ersten Band des Werks finden ist, bleibt es fraglich, ob die Schüler mit dieser unspezifischen Aufgabenstellung etwas anfangen können.[423]

Auch der Widerstand in der Berliner Rosenstraße lässt sich im weiteren Sinne als jüdische Geschichte lesen, auch wenn es sich um die Aktion nichtjüdischer Ehefrauen zur Rettung ihrer jüdischen Ehepartner handelt. Die öffentliche Erinnerung an dieses Ereignis begann schon recht früh.[424] *Gerl 4* greift das Thema im Kapitel „Deutscher Widerstand im Krieg" mit dem Textauszug „Frauenprotest in der Rosenstraße" von Gernot Jochheim und einem Quellenauszug aus einem Flugblatt der „Weißen Rose" auf.[425] Dazu kommt ein Foto des mehrteiligen Denkmals in der Berliner Rosenstraße. Die Bildlegende verweist auf die Einweihung 1995 und auf die Künstlerin Ingeborg Hunzinger. Der Aufgabenkatalog auf der gleichen Seite besteht aus vier kompetenzorientierten Aufgaben, die sich zu gleichen Teil auf den Protest in der Rosenstraße und die „Weiße Rose" beziehen, ohne allerdings auf die Abbildung Bezug zu nehmen.

Der Text von Jochheim, der als „Berliner Schriftsteller und Friedensforscher" vorgestellt wird, vermittelt eine eindeutige Position, weshalb es zur Freilassung der im Sammellager in der Berliner Rosenstraße Ende 1943 inhaftierten jüdischen Ehemänner gekommen sei: „Die Frauen hatten sie gerettet" (Zeile 41 f.). Entsprechend konkret und anschaulich sind die Schilderungen, die bis zu konkreten Rufen von „Demonstranten" reichen („Ihr Mörder, ihr Feiglinge",

---

421 *DwZ 4*, S. 66.
422 *EG 2*, S. 207.
423 *EG 1*, S. 237.
424 Wolf Gruner: Widerstand in der Rosenstraße. Die Fabrik-Aktion und die Verfolgung der „Mischehen" 1943. Frankfurt/M. 2005.
425 *Gerl 4*, S. 194-197.

„gebt uns unsere Männer wieder."). Der Mut der am Protest in der Rosenstraße beteiligten Frauen ist unbestritten, aber Jochheims scheinbar so offensichtliche Begründung ist in der Forschung keineswegs Konsens. Vergleicht man diesen Erklärungsansatz mit den Forschungsergebnissen von Wolf Gruner, ergibt sich eine erhebliche Diskrepanz, zum Beispiel bei der Rolle von Goebbels, aber auch bei der Zahl der Protestierenden und beim Ausmaß des Protestes. Auch wenn Gruner die umfassenden Ergebnisse seiner Arbeit erst im Jahr 2005 veröffentlichte, waren seine Thesen schon vorher in verschiedenen Aufsätzen erschienen.

Im diesem Zusammenhang stellt sich die Frage, inwieweit Aufgabenstellungen und Sekundärquelle didaktisch zur Einordung des Protests in der Rosenstraße geeignet sind. In der ersten Aufgabe sollen die Schüler die „Besonderheiten der Protestaktion" bestimmen, in der zweiten Schlussfolgerungen aus dem Ausgang der Aktion für die Deportation der Juden allgemein ziehen. Dies verleitet zu stark vereinfachten Übertragungen und Schlüssen nach dem Motto: Hätte die deutsche Bevölkerung massiv protestiert, hätte die Deportation der Juden verhindert werden können. Hier ergibt sich eine Tendenz zu unreflektierten Aussagen jenseits einer Anerkennung der historischen Gegebenheiten. Auch verführt die Aufgabenstellung zu der irrigen Vermutung, Widerstand sei nur bei positivem Ergebnis gegeben.[426]

Als das Schulbuch erschien, war gerade der Film „Rosenstraße" von Margarethe von Trotta in die Kinos gekommen, der diese Kontroversen ebenfalls nicht berücksichtigt. Hier hätte sich die Gelegenheit geboten, die geschichtskulturelle Dimension aufzugreifen, beispielsweise durch eine Thematisierung des Spannungsverhältnisses zwischen Wissenschaft und Kunst.

Auch ein anderes Werk geht von einem Kausalzusammenhang zwischen Protest und Rettung aus. Im Vorspann zum Quellenauszug eines Zeitzeugens heißt es: „1943 gelang es einer Gruppe von Ehefrauen, ihre jüdischen Männer zu retten, indem sie öffentlich dagegen demonstrierten. Ernst Groß, ein Betroffener erinnert sich."[427] Eine Abbildung zeigt einen Ausschnitt des Denkmals in der Rosenstraße; verwiesen wird auf den Film aus dem Jahr 2003. Eine Anmerkung besagt, eine „historische Fotografie der Demonstrantinnen"[428] existiere nicht. Die Aufgabenstellung auf der gleichen Seite, zu diskutieren, „welche

426 Zur Kritik an der Lesart eines erfolgreichen Widerstandes gegen die Deportationen siehe auch: Christof Dipper: Schwierigkeiten mit der Resistenz. In: Geschichte und Gesellschaft 22 (1996), S. 409-416.

427 *ZfG 4*, S. 136.

428 *ZfG 4*, S. 137.

Möglichkeiten von Widerstand es im nationalsozialistischen Staat gab“, führt die Schüler unmittelbar auf die zuvor geschilderte Protestaktion zurück.

Täter- und Opferperspektiven

Es ist eins der zentralen Anliegen in der Auseinandersetzung mit der NS-Zeit, insbesondere in der Gedenkstättenpädagogik, „den Opfern eine Stimme zu geben“. Das wirft die Frage nach der Rolle auf, die dieses Anliegen und die damit verbundenen Perspektiven in der Quellenauswahl und den Arbeitsaufträgen der Schulbücher spielen. Die klassischen Textquellen der NS-Provenienz sind amtliche Dokumente, die die Täterperspektive spiegeln, vor allem die Nürnberger Gesetze und das Wannsee-Protokoll. Die damit verbundenen Arbeitsaufträge richten sich aber zumeist auf unterschiedliche Kompetenzanforderungen. Rein reproduktiv ist beispielsweise der Arbeitsauftrag: „Listet auf, was den Juden aufgrund der ‚Nürnberger Gesetze‘ verboten war“[429], der keinerlei inhaltliche Durchdringung der antisemitischen Gesetzgebung von 1935 erfordert. Ähnlich die Arbeitsanweisung in einem anderen Werk: „Stelle zusammen, welche Auswirkungen die Regelungen der ‚Nürnberger Gesetze‘ für einen jüdischen Religionsangehörigen hatten.“[430] Hier bezieht die Aufgabenstellung zwar im gewissen Sinne die jüdische Perspektive mit ein, jedoch kann man davon ausgehen, dass die Schüler sich auch hier auf die Reproduktion des nationalsozialistischen Gesetzestextes beschränken werden. Zudem ist der Terminus „jüdischer Religionsangehöriger“ in der Aufgabenstellung irreführend.[431]

Etwas anspruchsvoller scheinen die Arbeitsaufträge im Zusammenhang mit dem Wannsee-Protokoll. So zielt die Frage, wie die „Endlösung der Judenfrage“ laut dem Wannsee-Protokoll vollzogen worden sollte, auf eine inhaltliche Erarbeitung des Dokuments. [432] In zwei anderen Schulbüchern soll neben der Textzusammenfassung auch auf die Sprache des Wannsee-Protokolls geachtet werden.[433] Es ist bedauerlich, dass bei der Neuauflage eines dieser Werke auf diesen Arbeitsauftrag verzichtet wurde.[434]

---

429 *EuV 9-10* (2004), S. 77, *EuV 9-10* (2009), S. 83.

430 *Hor 3*, S. 167.

431 Vgl. *Ausgrenzung und Verfolgung*, S. 102 f.

432 *GPlus 9-10*, S. 105.

433 *EuV 9/19* (2004), S. 105. *Zr 3* (Nieds.), S. 75.

434 *EuV 9-10* (2009), S. 85. Einige Werke verzichten komplett auf Arbeitsaufträge zum Wannseeprotokoll, vgl. *GK 3*, S. 134-135.

Hor 3 bietet in dem Kapitel „Ausgrenzung und Entrechtung der Juden" insgesamt 9 Arbeitsmaterialien an: 4 Fotos, die den Ausgrenzungs- und Entrechtungsprozess dokumentieren, eine Tabelle über die jüdische Auswanderung zwischen 1933 und 1939 und die Verdrängung aus dem Arbeitsleben, eine Schautafel für Standesbeamte zu den Nürnberger Gesetzen, einen Auszug aus den Nürnberger Gesetzen, ein Aufruf von Goebbels vom 10. November 1938 und einen Augenzeugenbericht zum Novemberpogrom in Hamburg 1938, der die Perspektive eines Zuschauers vermittelt. Damit gibt es in dem Materialangebot keine einzige Quelle, die die Ereignisse aus der Perspektive der Betroffenen schildert.[435] Einige Seiten zuvor präsentiert das gleiche Werk im Kapitel „Die Weltanschauung der Nationalsozialisten" fünf Materialien aus NS-Perspektive: ein antisemitisches Plakat zum Film „Der ewige Jude", den Umschlag einer „Urform" von „Mein Kampf", die noch unter dem Titel „4½ Jahre Kampf gegen Lüge, Dummheit und Feigheit" firmierte, einen Textauszug aus einer späteren Ausgabe des Buches, ein Schmucktelegramm der Reichspost mit NS-Symbolik anlässlich des Reichsparteitags in Nürnberg aus dem Jahr 1933 sowie ein Kalenderblatt aus einem NSDAP-Kalender von 1934.[436] Auch in *EG 2* mangelt es an jüdischen Quellen. Zwar gibt es bei den Materialien etliche Quellen aus der Kategorie „Dritter" – Berichte aus der Zuschauerperspektive und Kommentare von Historikern, eine jüdische Perspektive wird aber nur durch eine Methodenseite zu Anne Frank vermittelt.

Insgesamt dominieren mit wenigen Ausnahmen die Quellen nationalsozialistischer Provenienz. Neben den nachfolgend in der Analyse ausgewerteten Textquellen sind auch die Bildquellen zu berücksichtigen, die fast ausschließlich aus Propagandamaterial bestehen.[437] Dass es auch anders geht, zeigt *Mos B9*. In den Kapiteln: „Wer gehört nicht zur nationalsozialistischen ‚Volksgemeinschaft'" und „Die Ermordung der europäischen Juden" kommen überwiegend Betroffene zu Wort. Wichtige historische Informationen (Nürnberger Gesetze, Novemberpogrom, Wannsee-Konferenz, Babi-Yar, Warschauer Ghetto) sind in den Autorentext verlagert worden, während im Quellenteil ergänzend eine neue Perspektive eröffnet wird. Einschränkend muss gesagt werden, dass die Anzahl der Quellen im Vergleich zu anderen Werken insgesamt geringer ist.[438]

---

435 *Hor 3*, S. 164-167.

436 *Hor 3*, S. 150-153.

437 Hans-Jürgen Pandel: Bildinterpretation. Die Bildquelle im Geschichtsunterricht. Bildinterpretation I. Schwalbach/Ts. 2008, S. 159.

438 *Mos B9*, S. 40-41, 54-55.

Quellen (Dokumente und Textquellen)[439]

	Gesamt		NS-Provenienz		Juden und andere Betroffene		Dritte	
	Anzahl	%	Anzahl	%	Anzahl	%	Anzahl	%
GuG 5	22	100%	12	55%	5	23%	5	23%
GPlus 9/10 (Brandenburg)	16	100%	6	38%	5	31%	5	31%
Mos B 9 (Bayern)	6	100%	1	17%	4	67%	1	17%
Hor 3 (Nds)	12	100%	9	75%	1	8%	2	17%
RiV 4	11	100%	8	73%	2	18%	1	9%
EuV 9/10 (Brandenburg)	16	100%	11	69%	4	25%	1	6%
EuV 3 (Nds)	21	100%	14	67%	5	24%	2	10%
Zr 3 (Nds.)	20	100%	11	55%	3	15%	6	30%
DwZ 4 (2010)	24	100%	12	50%	10	42%	2	8%
FG 9/10 (Nds.) (2010)	21	100%	6	29%	6	29%	9	43%
EG 2	13	100%	11	84%	1	8%	1	8%
ZfG 8	10	100%	5	50%	3	30%	2	20%
ZuM 4	14	100%	6	43%	6	43%	2	14%
GkuV 9	4	100%	2	50%	1	25%	1	25%
Gerl 4	11	100%	5	45%	5	45%	1	9%
Gk 3	2	100%	2	100%	0	0%	0	0%
VB 3	8	100%	6	75%	0	0%	2	25%
Gr 3	5	100%	2	40%	0	0%	3	60%
GESAMT	236	100%	129	55%	61	26%	46	19%

Die Realschulwerke *Gk 3, VB 3 und Gr 3* verzichten gänzlich auf Textquellen aus jüdischer Perspektive. *Gk 3* und *VB 3* zeigen jedoch Zeichnungen von Lagerhäftlingen aus Auschwitz (siehe dazu Abschnitt *Holocaust*).

439 Einige Auszählungsergebnisse wurden im Rahmen der Untersuchung zu den Deutsch-Israelischen Schulbuchgesprächen ermittelt. Durch Ab- und Aufrundungen können Werte größer oder kleiner als 100% zustande kommen.

Neben Gesetzen (Nürnberger Gesetze) und amtlichen Dokumenten (Wannsee-Protokoll) sind Auszüge aus Hitlers Reden und seinem Werk „Mein Kampf" sehr häufig zu finden. Auch wenn man die Ideologie des Nationalsozialismus wohl kaum ohne die Person Hitlers und Auszüge aus „Mein Kampf" erschließen kann, stellt sich die Frage nach der sinnvollen Quantität. *ZfG 4* präsentiert unter seinen zahlreichen Materialien immerhin achtmal Hitler im O-Ton (Auszüge aus verschiedenen Reden und „Mein Kampf"). Der Sinn dieser didaktischen Entscheidung ist fraglich, vor allem, wenn man berücksichtigt, dass bereits der Autorentext durch entsprechende Unterabschnitte (Rassenlehre, Antisemitismus, Antibolschewismus, Antikapitalismus etc.) auf die Bausteine der NS-Ideologie verweist. Problematisch ist die starke Personalisierung durch die Fokussierung auf Hitler.

Einige Werke stellen Täter- und Opferperspektive systematisch gegenüber. In *EuV 3* beispielsweise finden sich auf einer Seite Interviews mit dem Lagerkommandanten von Treblinka (Franz Stangl) und dem Überlebenden Joe Siedlecki.[440] Beim Arbeitsauftrag geht es um die Untersuchung der Sprache und der Sichtweise der beiden Personen. Eine explizite Gegenüberstellung findet sich auch in *ZuM 4*. Dort wird im Kapitel „Holocaust – der Massenmord an den Juden" auf zwei Seiten „Die Perspektive der Täter" und auf den zwei folgenden Seiten „Die Perspektive der Opfer" mit entsprechendem Quellenmaterial präsentiert.[441] Zu den Materialien aus der Täterperspektive gehören Schilderungen von Rudolf Höß, dem Lagerkommandanten von Auschwitz, die Rede Heinrich Himmlers vor SS-Führern in Posen 1943 und Aussagen des Wachpersonals in Ausschwitz, die aus dem Frankfurter Auschwitzprozess stammen. Der zugehörige Arbeitsauftrag fordert die Schüler auf, das „Täterprofil eines typischen Vollstreckers" zu erstellen.[442] Doch wie sollte ein solches Täterprofil, noch dazu das eines „typischen Vollstreckers", auf der Grundlage des vorhandenen Materials aussehen?[443]

---

440 *EuV 3*, S. 36 f. Eine Gegenüberstellung, findet sich auch in *FG 9*, jedoch handelt es sich bei der kurzen Opferbiografie (Heinrich Jaspers, Sozialdemokrat) nicht um eine jüdische. *FG 9*, S. 93.

441 *ZuM 4*, S. 112-115.

442 *ZuM 4*, S. 113. Zur Kritik an der Aufgabenstellung siehe auch Sandkühler (wie Anm. 376), S. 66.

443 Zu dieser Frage siehe auch Anette Hettinger: „Die Mechanismen erkennen". Überlegungen zum historischen Lernen an Biografien von NS-Täterinnen und Täter. In: Zeitschrift für Geschichtsdidaktik, 2012, 11. Jg., S. 77-97.

Auffällig ist die Häufigkeit, mit der Rudolf Höß zitiert wird.[444] Dies hat zur Folge, dass als eigentliche Täter nur die Ideologen, d.h. vor allem SS und Partei auftreten, während die Techniker und Administratoren des Terrors, ob Richter, Ärzte oder Verwaltungsbeamte in den Hintergrund treten. Bereits Falk Pingel bemerkte, dass eine Figur wie Adolf Eichmann etwa, von dem reichlich Prozessaussagen vorliegen, die Hannah Arendt zu ihrem umstrittenen Begriff der „Banalität des Bösen" führten, kaum die Aufmerksamkeit der Schulbuchautoren findet.[445]

Unter den Quellen aus der Opferperspektive finden sich im *ZuM 4* ein Tagebucheintrag vom 6. Mai 1942 des damals 14-jährigen David Rabinowicz, der in einer polnischen Kleinstadt lebte und im gleichen Jahr in Treblinka ermordet wurde, Berichte des Vorsitzenden des Judenrates in Lodz, Chaim Rumkowski, (4. September 1942) und des jüdischen Arztes und Auschwitzhäftlings André Lettich (ohne Datierung). Etwas unpassend erscheint in diesem Teil eine Zusammenstellung von vier Auszügen aus Briefen der Firma Bayer, damals Teil der IG-Farben, an die Lagerleitung von Auschwitz. Die Ausschnitte berichten von tödlich verlaufenen Experimenten mit Schlafmitteln an Häftlingen und vom Streit um die Höhe der für jeden Häftling zu zahlenden Summe. In diesem Kapitel fehlt ein Arbeitsauftrag für den Unterricht. Auf der nächsten Seite schließt sich dann das Kapitel „Nicht alle Deutschen waren Nazis" an.[446] In einer überarbeiteten Ausgabe für ein anderes Bundesland wurde der Brief der Firma Bayer der Täterperspektive zugeordnet und die Rumkowski-Quelle, die einen Einblick in das nicht auflösbare moralische Dilemma der Judenräte gibt, herausgenommen.[447] Der Arbeitsauftrag fordert zur Analyse der Materialien auf. Ergänzend heißt es: „Versucht Euch in die Lage der KZ-Insassen zu versetzen." (Siehe dazu auch das Kapitel *Empathie als Chance oder Grenze des Verstehens*).

Näher an der Erfahrungswelt heutiger Schüler sind Quellen, die die Schul- oder Freizeiterfahrung von jüdischen Jugendlichen schildern, zumeist verbunden mit Ausgrenzungserfahrungen, etwa die Erinnerungen von Marta Appel

---

444 *ZuM 4*, S. 113, *EuV 9-10*, S. 80, *EuV 3*, S. 97, *GKuV 9*, S. 143, *Zr 3* (Nieds.), S. 73 f., *Zr 3* (Sachs.), S. 117, *FG 9*, S. 136.

445 Falk Pingel: Unterricht über den Holocaust. Eine kritische Bewertung der aktuellen Diskussion. In: Georg-Eckert-Institut (Hg.): Grenzgänger/Transcending Boundaries. Aufsätze von Falk Pingel. Göttingen 200, S. 176.

446 *ZuM 4*, S. 116.

447 *ZuM 3* (NRW, 2009), S. 151-156.

und Ruth Wertheimer an ihre Erfahrungen in der Schulzeit[448] oder der Bericht des damals 16-jährigen Gerhard Moss, der 1978 darüber sprach, wie hart es ihn als HSV-Fan traf, dass er ab 1936 keine Fußballspiele seines Lieblingsvereins mehr besuchen durfte. Auch hier wird von den Schülern empathisches Verhalten in der Aufgabenstellung verlangt: „Überlegt, wie euch an Stelle des 16jährigen Gerhard Moss zumute gewesen sei."[449] Diese Lebenserinnerungen sind zugleich auch Selbstzeugnisse aus der Zeit, bevor der Ausgrenzungsprozess einsetzte. Sie lassen sich als Identitätsformen jüdischer Existenz vor dem Nationalsozialismus lesen, werden aber selten für diese Lesart und Interpretation genutzt. Die Dominanz der Ausgrenzungsgeschichte lässt die Akteure dieser Quellenzeugnisse zumeist nur Sinne eines passiven und unterlegenen Opfers erscheinen (vgl. dazu den Abschnitt *Widerstand*).

Eine besondere Quellengattung, die die NS-Perspektive transportiert, bilden antisemitische Zeichnungen und Plakate. So finden sich in dem Sample das Plakat zum Film „Jud Süß" mit der Bildlegende: „Einziges Ziel des NS-Propagandafilms, der 1940 nach einer Novelle von Wilhelm Hauff gedreht wurde, war die Denunziation der Juden"[450], das Propagandaplakat zur Ausstellung „Der Ewige Jude"[451], ein antisemitisches Hetzbild aus dem Jahr 1935 (das Motiv der erzwungenen Auswanderung) und eine antisemitische Zeichnung aus einem „Schulbuch aus dem Jahr 1936", in Wirklichkeit aus demselben Kinderbuch des Stürmer-Verlages, die bildlich einen „Deutschen" und „einen Juden" gegenüberstellt.[452] Bedeutsam erscheint in diesem Zusammenhang, ob diese dezidiert antisemitischen Bilder in den Schulbüchern mittels Arbeitsaufträge dekonstruiert werden. Beim letzten Beispiel wird von den Schülern im Arbeitsauftrag immerhin eine Positionierung verlangt: „Sag deine Meinung zu einer solchen Gegenüberstellung." Im Zusammenhang mit dem antisemitischen Kinderbuch werden die Schüler aufgefordert, auf die Folgen für die Erziehung von Kindern einzugehen. Auf der deskriptiven Ebene bleibt hingegen der Arbeitsauftrag zum Ausstellungsplakat der „Der Ewige Jude". Hier geht das darum, das „Feindbild" zu beschreiben und zu erarbeiten, „welche Eigenschaften den Juden beigemessen" werden.[453] Damit geht man in die Falle der Reproduktion der Täterperspektive.

448 *FG 9*, S. 98.
449 *EuV 9-10* (2004), S. 76, *EuV 9-10* (2009), S. 82.
450 *Hor 3*, S. 190.
451 *EG 2*, S. 156.
452 *EG 2*, S. 157.
453 *EG 2*, S. 156. Siehe auch *FG 3*, S. 97.

Auch wird nicht jede antisemitische Bilddarstellung durch einen Arbeitsauftrag ergänzt. Ob die starke bildliche Wirkung der antisemitischen Perspektiven wirklich gebrochen wird, ist zu bezweifeln. Ein weiteres Problem entsteht, weil die antisemitischen Zeichnungen und Bilder zumeist in den Korpus der NS-Quellen eingebunden sind und die Kontrastierung mit einer jüdischen Quelle, die ein Gegenbild zeichnet, fehlt.

Arbeit mit Biografien

Als Konzept und Korrektur des personalisierenden Geschichtsunterrichts entstand in den 70er Jahren das Prinzip der Personifizierung in der Geschichtsdidaktik. Dabei wurden bewusst „große" historische Persönlichkeiten aus dem Fokus genommen und stattdessen „Repräsentanten" verschiedener Gruppen in den Vordergrund der Betrachtung gerückt. Für die Epoche des Nationalsozialismus lassen sich die verschiedenen „Momente des historischen Alltags" in den unterschiedlichen Phasen betrachten. Täter, Opfer und Zuschauer geraten in den Blick; Handlungsmöglichkeiten und Handlungsgrenzen der verschiedenen Akteure können besser vermittelt und besser verstanden werden. [454]

Wenn es im Folgenden um die Betrachtung der Arbeitsmöglichkeiten mit Biografien geht, sind Biografien und biografische Skizzen von Jüdinnen und Juden gemeint, die für den Unterricht genutzt werden (sollen). Dabei rückt die Person in den Mittelpunkt der Betrachtung, das heißt, ihre Lebensgeschichte über die konkrete Situation hinaus ist Gegenstand der Betrachtung und nicht bloß ihre Rolle als Produzent einer wichtigen Quelle zu einem bestimmten Zeitpunkt. Als Beispiele werden im Folgenden Helene Mayer, die Familie Spiro und Anne Frank näher betrachtet.

Die Geschichte der Fechterin *Helene Mayer* wird in mehreren Schulbüchern aufgegriffen. Neben ihren sportlichen Erfolgen ist sie vor allen Dingen durch ein Foto bekannt, das sie mit Hitlergruß bei den Olympischen Spielen 1936 in Berlin auf der Siegertreppe zeigt, nachdem sie im Florettfechten die Silbermedaille gewonnen hatte; das Bild ist beispielsweise im Werk *GuG*

---

454 Das Konzept der Personifizierung ist eng mit den Namen Klaus Bergmann verbunden. Gerhard Schneider: Personalisierung/Personifizierung. In: Michele Barricelli/Martin Lücke (Hg.): Handbuch – Praxis des Geschichtsunterrichts, Bd. 1. Schwalbach/Ts. 2012, S. 302-315. Auf die neuerlichen Impulse der historischen Biographie für die Geschichtswissenschaft verweist Simone Lässig: Die historische Biographie auf neuen Wegen? In: Geschichte in Wissenschaft und Unterricht. 10/2009, S. 540-553; insbesondere, S. 551 ff.

5 zu sehen. Die Bildlegende verweist darauf, sie sei „eine von zwei Sportlern jüdischer Herkunft, die als Alibi in die deutsche Mannschaft aufgenommen wurden, nachdem die USA wegen der antisemitischen Politik des NS-Regimes mit dem Boykott der Spiele gedroht hatten", gewesen.[455] Hier kann man sich fragen, warum der Verlag gerade Helene Mayer als Beispiel für eine deutsche Sportlerin mit jüdischem Hintergrund genommen hat statt den Eishockeyspieler Rudi Ball oder die Hochspringerin Gretel Bergmann. So bleibt die Vermutung, dass das Foto als kontroverses Unterrichtsmaterial gedacht ist, das im Klassenplenum eine angeregte Diskussion über die Olympiateilnahme Mayers anstoßen kann. In *GuG 5* wird das Bild jedoch nicht explizit durch einen Arbeitsauftrag thematisiert; es soll vielmehr zusammen mit anderen Materialien in den Kontext der Propaganda der nationalsozialistischen Außenpolitik gestellt werden. Entsprechend ist es in den Kontext des Kapitels „Den Krieg im Visier – die Außenpolitik bis 1937" eingeordnet.

ZuM 4 macht aus dem Bild den „Fall Helene Mayer". In dem dazugehörigen Autorentext heißt es: „470 deutsche Sportlerinnen und Sportler gehörten zum Olympia-Team. Nur die Fechterin Helene Mayer aus Offenbach war Jüdin. Helene Mayer war ein internationaler Sonderfall."[456] Weiter wird gesagt, sie sei 1933 Weltmeisterin geworden und habe seit 1932 aus „privaten Gründen" in Kalifornien gelebt; Hitler persönlich habe ihre Teilnahme an den olympischen Spielen angeordnet. Richtig jedoch ist, dass Mayer 1933 nicht an der Weltmeisterschaft, sondern an der amerikanischen Meisterschaft teilgenommen hat und dort Siegerin geworden ist. 1932 war sie mit einem Stipendium des Deutschen Akademischen Austauschdiensts an das Scripps College in Claremont/Kalifornien (USA) gegangen. Sie dürfte sich also eher aus beruflichen als aus „privaten" Gründen in den Vereinigten Staaten aufgehalten haben. Auch die vermeintliche Anordnung Hitlers der Teilnahme Mayers an den Spielen ist rein spekulativ – Hitler hatte nach der amerikanischen Boykottandrohung damit gedroht, „rein deutsche Spiele zu veranstalten"[457].

Auch der folgende Satz in der biografischen Skizze enthält mehrere Fehler: „Nach den Spielen kehrte sie nicht wieder nach Deutschland zurück und nahm 1938 die amerikanische Staatsbürgerschaft an"[458], denn Mayer besuchte

---

455 *GuG 5*, S. 124.
456 *ZuM 4*, S. 97.
457 Manfred Lämmer: Die jüdische Turn- und Sportbewegung in Deutschland 1898-1938. Sankt Augustin 1989, S. 53.
458 *ZuM 4*, S. 97.

Deutschland nochmals in den Jahren 1938 und 1948 und kehrte 1952 endgültig nach Deutschland zurück. Die amerikanische Staatsbürgerschaft nahm sie nicht 1938, sondern erst 1940 an.[459]

„Eine kritische Stimme" zu Helene Mayer aus der Feder von Victor Klemperer wird als weitere zeitgenössische Quelle auf der Schulbuchseite präsentiert: „[...] und die silberne Fechtmedaille für Deutschland hat die Jüdin Helene Mayer gewonnen (ich weiß nicht, wo die größere Schamlosigkeit liegt, in ihrem Auftreten als Deutsche des Dritten Reiches, oder darin, dass ihre Leistung für das Dritte Reich in Anspruch genommen wird) [...]"[460]

Das Problem an dieser Textquelle ist, dass man Helene Mayer nicht einfach als „Jüdin" bezeichnen kann, weil sie mit einem jüdisch-gläubigen Vater und einer evangelischen Mutter nach jüdischem Glauben keine Jüdin war. Auf dem Generalkonsulat hatte sie erklärt „frei-religiös zu sein und nie mit der Synagogengemeinde Fühlung gehabt zu haben".[461] Bei Klemperer könnte man im Zusammenhang mit dieser Textstelle den Erfolg des NS-Täuschungsmanövers feststellen, das dazu diente, Helene Mayer und Rudi Ball als „Alibi-Juden" darstellen, um einen möglichen amerikanischen Boykott zu vermeiden. Die Aufgabe, sich ein Urteil darüber zu bilden, ob sich die Olympischen Spiele 1936 in Berlin als Sportveranstaltung oder als ein politisches Unternehmen interpretieren ließen, geht nur indirekt auf den Fall von Helene Mayer ein.

ZfG 4 widmet Helene Mayer eine Seite, die unter der Überschrift: „Helene Mayer siegt für Deutschland"[462] sogar als eigenes Kapitel im Inhaltsverzeichnis aufgeführt wird. Die Seite besteht aus einem Autorentext, einer Fotografie von Helene Mayer und einem Arbeitsauftrag. Im Autorentext wird sie als „Halbjüdin" mit jüdischem Vater und christlicher Mutter bezeichnet. Wenngleich der Begriff in Anführungszeichen gesetzt wird, folgt er der NS-Sprachterminologie. Der Verfassertext leitet jedoch zuvor das Thema im ersten Absatz folgendermaßen ein: „Nach dem Willen der nationalsozialistischen Machthaber sollten die Olympischen Spiele 1936 die glanzvollsten sein, die die Welt je gesehen hatte. Das nationalsozialistische Deutschland präsentierte sich als ‚neues Deutschland'

---

459 Vgl. dazu Hans-Joachim Leyenberg: Glanzvolle Siege und bitteres Leid – die Stationen im Leben der Fecht-Olympiasiegerin Helene Mayer. Offenbachs „blonde He": Kronzeugin eines deutschen Schicksals. In: Peter Rhein/Fritz Weber/Michael Weber (Hg.): Ereignisse – Sport in der Region. Frankfurt/M. 1993, S. 51 f.

460 *ZuM 4*, S. 97.

461 Arnd Krüger: Die Olympischen Spiele 1936 und die Weltmeinung. Ihre außenpolitische Bedeutung unter besondere Berücksichtigung der USA. Berlin 1972, S. 129-130.

462 *ZfG 4*, S. 85.

und wollte den Besuchern aus aller Welt ein möglichst perfektes Bild vermitteln. Kein offener Antisemitismus sollte dieses Bild trüben. Was konnte da besser sein, als eine aussichtsreiche jüdische (!) Sportlerin im deutschen Olympiakader aufzubieten?"[463]

Auch weitere biografische Angaben erweisen sich bei genauerer Betrachtung als fehlerhaft oder fragwürdig, beispielsweise die Spekulation, man habe Druck auf ihre Familie ausgeübt, um ihre Zusage zu erzwingen. Auch ist von einer Verteidigung ihres Olympiatitels die Rede, dabei hatte Mayer ihre Goldmedaille 1928 gewonnen und bei den Olympischen Spielen 1932 in Los Angeles nur den fünften Platz belegt.[464]

Bedeutsam für den Arbeitsauftrag ist der folgende Satz im Autorentext: „Auf dem Siegertreppchen hob sie die Hand zum obligatorischen ‚deutschen Gruß' – wie es alle deutschen Athletinnen und Athleten taten, die Medaillen errungen hatten." Im Arbeitsauftrag werden die Schüler aufgefordert zu entscheiden, ob Helene Mayer die Teilnahme/den Gruß hätte ablehnen sollen. Die Formulierung könnte bei den Schülerinnen und Schüler den Eindruck hinterlassen, nur deutsche Athleten hätten bei den Olympischen Spielen den damaligen „deutschen Gruß" bzw. den „Hitlergruß" gezeigt, obwohl das z. B. auch die italienische und französische Nationalmannschaft beim Einmarsch taten.

Der Tübinger *Familie Spiro* widmet *ZfG 4* Baden-Württemberg eine Doppelseite. Die Portraits von Liselotte, Elfriede und Hans Spiro werden durch einen zweispaltigen ausführlichen Autorentext ergänzt, der auf der nächsten Seite fortgesetzt wird. Auf dieser Seite gibt es auch ein Foto jüdischer Bürger Stuttgarts im Sammellager Kiliansberg, von dem aus sie deportiert wurden. Überschrieben ist die Doppelseite in großen Buchstaben mit dem Wort „Biografie".[465]

Welche Überlegungen sich mit dem Begriff Biografie verbinden, wird nicht ausgeführt. So bleibt offen, ob damit ein methodischer oder inhaltlicher Zugang gemeint ist. Womöglich steht hinter der Seite auch die Überlegung einer empathischen Annäherung durch die Beschäftigung mit Biografien. Didaktisch gesehen liegt die Herausforderung darin, dass die Wahrnehmung einer zunächst fremden Lebensgeschichte mit der Kategorie des Eigenen erfolgt.[466]

---

463 *ZfG 4*, S. 85.

464 Auch die Bildlegende ist hinsichtlich des Aufnahmezeitpunkts 1930 nicht korrekt. Laut Bildquellenverzeichnis ist das Foto von „Ullstein Bild". Die Datierung auf der entsprechenden Internetseite verweist aber auf das Jahr 1932. Vgl. www.ullsteinbild.de (17.6.2013).

465 *ZfG 4*, S. 110-111.

466 Siehe dazu auch Kapitel *Texte und Kontexte, Empathie und Hermeneutik, S. 226ff.*

Der lesenswerte Autorentext entfaltet eine Familiengeschichte, die sich über drei Generationen hinzieht. Ludwig Spiro wurde 1865 geboren und hatte sich 1902 mit seinen beiden Kindern Hans und Elfriede evangelisch taufen lassen. Seine Frau Jertha blieb Jüdin. Als dritte Person in der Fotogalerie ist Liselotte, die Tochter von Hans zu sehen.

Der Autorentext bietet eine ganze Reihe interessanter Anknüpfungspunkte, die exemplarisch für den Unterricht stehen könnten: Ludwigs konservative Haltung und seine bildungsbürgerliche Karriere als Lehrer und Goethe-Forscher, die anschließende berufliche und gesellschaftliche Ausgrenzung im Nationalsozialismus, der auch sein Sohn Hans zum Opfer fiel; der Novemberpogrom, Hans' Verschleppung nach Dachau, Auswanderungsversuche und die damit verbundene Ausplünderung durch die Reichsfluchtsteuer. Hans Spiro wurde nach Gefängnisaufenthalten in Tübingen und Welzheim nach Auschwitz deportiert und dort ermordet. Auch Elfriede, die zunächst ins Ghetto Theresienstadt[467] verschleppt worden war, starb in Auschwitz. Lieselotte wurde mit einem Kindertransport 1938/39 in Sicherheit gebracht und blieb nach dem Krieg in England, heiratete dort und bekam zwei Kinder. Ihre Mutter lebte bis zu ihrem Tod 1969 in Tübingen.

Diese kurze Zusammenfassung zeigt, welches inhaltliche Potenzial in dieser Familiengeschichte steckt. Ob es jedoch genutzt wird, bleibt ganz allein der Lehrkraft überlassen. Die Arbeitsaufträge geben dazu weder Hinweise noch Anregungen. In einem eigenen Kasten heißt es: „1. Suche in deiner Stadt nach Gedenktafeln oder Stolpersteinen, die an die jüdischen Bürger in deiner Stadt (oder einer Stadt deiner Wahl) erinnern. 2. Informiere dich über die jüdische Gemeinde deiner Stadt."[468]

Die Arbeitsaufträge stehen in keinem Zusammenhang mit den Biografien. Kurios mag auch der zweite Arbeitsauftrag wirken, wenn man bedenkt, dass mit Blick auf die Familiengeschichte der Spiros außer Großmutter Jertha, die 1929 starb, alle anderen Familienmitglieder evangelisch waren. Inhaltlich schließt sich die Biografien-Doppelseite an das mehrseitige Kapitel „Ausgrenzung, Entrechtung, Verfolgung und Vernichtung" an.

---

467 Der Schulbuchtext nutzt den Terminus KZ, der jedoch für Theresienstadt aufgrund der spezifischen Geschichte des Ortes nicht eindeutig verwendbar ist. Siehe dazu Eberhard Jäckel/Peter Longerich/Julius H. Schoeps (Hg.): Enzyklopädie des Holocaust. Band 3. Berlin 1993, S. 1403 ff.

468 *ZfG 4*, S. 111.

Der im Text ebenfalls an einer Stelle erwähnte Bruder von Hans und Elfriede, Edwin Spiro, findet im Autorentext keine weitere Berücksichtigung. Recherchiert man im Internet, so lässt sich schnell auch seine interessante Lebensgeschichte finden.[469] Edwin Spiro wurde 1936 vom Stuttgarter Landgericht wegen „Rassenschande" zu sechs Monaten Gefängnis verurteilt. Nach der Pogromnacht kam er in das Konzentrationslager Welzheim. 1942 wurde er nach Auschwitz deportiert und dort 1943 ermordet. War für diese Biografie kein Platz mehr im Schulbuch?

Unter den Biografien nimmt die von *Anne Frank* zahlenmäßig den größten Platz ein, was sicherlich mit dem Bekanntheitsgrad ihrer Tagebücher zusammenhängt. Die kontextuelle Einbettung in die Kapitel ist jedoch unterschiedlich. Die Niedersachsen-Ausgabe von *Zr 3* beschränkt sich auf die Abbildung des Grabsteins für Margot und Anne Frank in Bergen-Belsen und vier Sätzen zur Biografie im Rahmen einer „Projekt"-Doppelseite unter der Überschrift „Orte der Erinnerung – Besuch einer Gedenkstätte".[470] Die erste Seite bietet unter anderem eine kurze Chronologie zur Geschichte des Lagers, die zweite Seite enthält allgemeine Hinweise für Exkursionen zu Gedenkstätten. Für diese redaktionelle Konzeption hat sicher der regionale Bezug zur Gedenkstätte Bergen-Belsen eine Rolle gespielt.

GuG 5 bringt einen Auszug aus dem Tagebuch vom 19. November 1942 mit einem kurzen Vorspann zur Biografie sowie das weithin bekannte Porträtfoto von Anne Frank.[471] Dazu verweist ein farblich hervorgehobener Kasten auf der Seite auf das Tagebuch als Literaturtipp: „Das Leben versteckter Juden. Wie es war, wer ihnen half, welche Ängste und welche Hoffnungen sie hatten, kannst du in dem Tagebuch nachlesen."[472] Der Hinweis schafft ein Übertragungsproblem, denn es erfolgt eine Generalisierung des Einzelschicksals Anne Franks. Schlussfolgerungen, welche „Ängste und welche Hoffnungen sie hatten", d.h. versteckte Juden, lassen sich aus dem Tagebuchauszug nicht ableiten. Ein expliziter Arbeitsauftrag zur Quelle ist nicht vorhanden; es gibt aber immerhin zu einigen anderen Quellen und Materialien Arbeitsanregungen.

---

469 www.stolpersteine-cannstatt.de/node/68 (17.6.2013). Die Texte wurden teilweise erst nach der Veröffentlichung des Schulbuches ins Netz gestellt. Hier auch ausführlich: Edwin Spiro: Rassenschande in Fellbach.

470 *Zr 3* (Nieds.), S. 92. In der Ausgabe für Sachsen ist diese Doppelseite hingegen nicht zu finden; auch taucht Anne Frank nicht im Stichwortverzeichnis auf.

471 Zur Datierung des Fotos wird keine Angabe im Buch gemacht. Auch *EuV 3* (Nieds.), S. 104 und *GPlus 9-10*, S. 77 zeigen das gleiche Bild.

472 *GuG 5*, S. 139.

Einige Werke greifen das Tagebuch auf Methodenseiten auf, zum Beispiel: „Gewusst wie! Tagebücher als Geschichtsquelle.“[473] Die Seiten „Arbeit mit historischen Tagebüchern“[474] oder „Arbeit mit Tagebüchern“[475] sind bis auf kleinere Abweichungen im Layout in beiden Büchern weitgehend identisch, obwohl es sich beim ersten um ein Gymnasial-, beim zweiten um ein Realschulbuchwerk handelt. Anscheinend hat man eine Ausdifferenzierung nach verschiedenen Schulformen nicht für nötig gehalten.

Inhaltlich unterstreichen beide Werke Anne Franks Tagebuch als „einmalige historische Quelle“, „die uns erahnen lässt, was viele Menschen in ähnlichen Situation erlitten“. Als weitere prominente Tagebuchschreiber werden Victor Klemperer und Thomas Mann kurz vorgestellt. Methodisch heißt es: „Um ihren Inhalt richtig bewerten zu können, muss man sich mit der Person des Schreibers, seiner Weltanschauung, den Lebensumständen und den Motiven für die Tagebuchaufzeichnungen beschäftigen.“ Zwei kurze Textauszüge aus dem Tagebuch vom 11. Juli und 19. November 1942 geben einen Einblick in die Gefühlswelt von Anne Frank.

Eine abweichende Einordnung nimmt *DwZ 4* auf der Doppelseite zum Tagebuch von Anne Frank im Großkapitel „Im Zeichen des Ost-West-Gegensatzes“ vor. Die Seiten sind als „Vertiefung“ gedacht und mit „Falsche Fälschungsvorwürfe: Das Tagebuch der Anne Frank“[476] überschrieben. Dem geht ein zweiseitiges Kapitel unter der Überschrift „Schuld und Verantwortung“ voraus, in dem u. a. eine amerikanische Journalistin ihre Eindrücke vom Umgang der Deutschen mit der Niederlage schildert. Auch Auszüge aus den Stellungnahmen der beiden großen Kirchen aus dem Jahr 1945 sind nachzulesen. Das Kapitel über Anne Frank beginnt mit einem ausführlichen Autorentext über ihre Lebensgeschichte sowie einer Abbildung des Buchumschlags der Erstausgabe. Die Bildlegende enthält Informationen über die Verbreitungs- und Rezeptionsgeschichte des Buches. Auf der zweiten Seite widerlegt der Sachbuchautor Friedemann Bedürftig die Fälschungsvorwürfe gegen das Werk. Eine Abbildung zeigt eine graphologische Untersuchung. Der Arbeitsauftrag verweist auf das Strafgesetzbuch, wonach die Leugnung der Verfolgung und Vernichtung der Juden im Dritten Reich als Fortsetzung der Diskriminierung gedeutet und unter Strafe gestellt wird. Die Schüler sollen die Notwendigkeit

---

473 *EG 2*, S. 210.
474 *GPlus 9-10*, S. 77.
475 *EuV 3* (Nieds.), S. 104.
476 *DwZ 4*, S. 107-108.

dieses Gesetzes erörtern und überlegen, welche weiteren Möglichkeiten es gibt, gegen Geschichtsfälschungen vorzugehen. Über die Aufgabenstellung und die zur Verfügung gestellten Materialien wird ein sinnvoller Gegenwartsbezug hergestellt. Die Platzierung im Buch transportiert zugleich die Botschaft, dass das Thema „Drittes Reich" nicht mit dem Jahr 1945 abgeschlossen ist.[477]

Bemerkenswert ist, dass die Geschichte Anne Franks fast nie als Beispiel für – wenn auch gescheiterte – Rettungsversuche und Fluchthilfe genutzt wird. Einzig ein Werk weist in seinem Literaturtipp („wer ihnen half") darauf hin. Der Versuch einer empathischen Annäherung an die Lebenswelt einer Dreizehnjährigen genießt Vorrang gegenüber dem Rettungsversuch, für den genau wie für das zweijährige Überleben im Versteck auch andere Personen notwendig waren. So sucht man Hinweise auf die Helfer der Familie Frank, also beispielsweise Miep Gies, Johannes Kleiman, Victor Kugler und Bep Voskuijl, vergeblich.

In einigen Werken werden auch fiktionale Biografien benutzt, Auszüge aus Kinder- und Jugendbüchern, die häufig im Deutschunterricht gelesen werden. So gibt es unter der Überschrift: „Zum Weiterlesen: Alltag im Ghetto" einen einseitigen Auszug aus dem Buch „Die Kinder aus Theresienstadt" von Kathy Kacer.[478] Auch „Damals war es Friedrich", ein 1961 erschienenes Jugendbuch von Hans P. Richter, das für die damalige Zeit sicherlich verdienstvoll die Judenverfolgung thematisierte, wird als Referatsthema vorgeschlagen.[479] Dieses Buch ist natürlich weder auf dem aktuellen Stand der Geschichtsforschung noch der Geschichtsdidaktik, sodass auch das Geschichtsbuch mit dem Arbeitsvorschlag deutlich hinter der Diskussion herhinkt.[480] Als weitere Vorschläge für Referate werden im gleichen Werk auch die literarischen Verarbeitungen realer Lebensgeschichten genannt; zum Beispiel das Buch „Der Pianist" von Wladyslaw Szpilman oder „Im Schatten der Mauer. Ein Roman um Janusz Korczak" von Christa Laird.[481]

---

477 Zur Editionsgeschichte der Tagebücher siehe auch: Hanno Loewy: Das gerettete Kind. Die „Universalisierung" der Anne Frank. http://www.cine-holocaust.de/mat/fbw001473dmat.html (10.7.2013).

478 *EuV 9-10* (2004), S. 82. In der Ausgabe von 2009 ist dieser Auszug nicht mehr vorhanden.

479 *Mos B9*, S. 41.

480 Zur Kritik an dem Buch siehe Ulrike Schrader: Immer wieder Friedrich? Anmerkungen zu dem Schulbuchklassiker von Hans Peter Richter. In: Jahrbuch für Antisemitismusforschung 14, Hg. von Wolfgang Benz, Berlin 2005, S. 323-344.

481 *Mos B9*, S. 57.

Konsequenzen, Erinnern und Gedenken

Die Frage nach Verantwortung und Schuld für die späteren NS-Verbrechen wird in den Lehrbüchern weit weniger thematisiert als die Frage nach dem politischen Erfolg Hitlers und der NS-Ideologie. Sie taucht höchstens im Zusammenhang mit dem Novemberpogrom wieder auf, wo es allerdings meistens lapidar heißt, die Bevölkerung habe die Geschehnisse hingenommen, oder auch: „Proteste gegen diesen Terror [...] blieben die Ausnahme“[482] – was ja immerhin besagt, dass es sie gegeben hat.

Auch die in einigen Büchern jeweils am Ende des Kapitels angeschlossenen Seiten zur Erinnerung und zum Gedenken an die Opfer des NS-Regimes und vor allem des Holocaust[483] thematisieren die Schuldfrage kaum, anders als in den 90er Jahren, in denen vorübergehend der Einfluss der Goldhagen-Debatte spürbar war.[484] So steht das Gedenken zum Beispiel auf einer Seite zum Berliner Holocaust-Denkmal unter dem Aspekt der Trauer und bleibt, wie im dokumentierten Auszug aus der Rede von Wolfgang Thierse zur Eröffnung des Denkmals, an der „Grenze unseres Verstehens“ als ein „Unfassbare[s]“, „unbegreifliche[s] Geschehen“.[485] Aber wie kann man von Schülern erwarten, mit Berücksichtigung dieser Quelle darüber zu diskutieren, „ob das Denkmal die in M2[486] genannten Ziele erfüllt“?

Unter dem Titel *Gegen das Vergessen! Vorschläge für ein Projekt* ruft ein anderes Buch zur Spurensuche vor Ort unter der Maxime auf: „Es gibt eine sehr nüchterne, einfache Schlussfolgerung für politisches Handeln, die man aus alledem ziehen kann. Sie heißt: Wehret den Anfängen! [...]“[487] Doch

---

482 *DwZ 4*, S. 45.

483 Andere stellen einen Aktualitätsbezug zum Neonazismus heute her, auf den wir hier nicht eingehen können.

484 Die Goldhagen-Debatte hat verschiedentlich ein Echo in den Lehrbüchern gefunden, z.B. in *Wir machen Geschichte 4* (Hessen), 1998, auf zwei Seiten, verbunden mit Tipps zur Internetrecherche, S. 144 f. Eine präzisere Analyse zur Wirkung der Goldhagen-Debatte wie überhaupt zur Entwicklung der Lehrbücher über einen größeren Zeitraum bedürfte natürlich einer umfassenderen Untersuchung.

485 *DwZ 4*, S. 70.

486 M2 gibt die Ziele aus dem ersten Ausschreibungstext wieder: „Der Wahrheit nicht auszuweichen, sie nicht dem Vergessen preiszugeben; die jüdischen Ermordeten Europas zu ehren; ihrer in Trauer und Scham zu gedenken; die Last deutscher Geschichte anzunehmen; ein Zeichen zu setzen für ein neues Kapitel menschlichen Zusammenlebens, in dem kein Unrecht an Minderheiten mehr möglich sein darf.“ Ebd.

487 *ZuM 4*, S. 124.

gerade dieses „Wehret den Anfängen!" steht in radikalem Gegensatz zu der mangelnden Thematisierung der tatsächlichen historischen Versuche bis 1933, den Anfängen zu wehren, und der stattdessen dominierenden impliziten „Kollektivschuld"-These.[488] Auf der nächsten Seite stellt das Buch Auszüge aus zwei Texten von Golo Mann von 1958 und Ian Kershaw von 2001[489] über den *Charakter des Nationalsozialismus* vor, die diskutiert werden sollen. Während Manns Text – so stark verkürzt, dass seine Analyse verzerrt wird – ganz auf die Person Hitlers als „Zauberer" und „Gaukler" fixiert ist, beschreibt Kershaw Hitler als „Produkt der deutschen Gesellschaft" und erklärt seine Popularität mit der breiten Empfänglichkeit der Bevölkerung für seine Ideologie und mit seinen Erfolgen nach der Errichtung der Diktatur. Doch auch hier wird nicht klar unterschieden, inwieweit die kollektive Zustimmung *Resultat* der NS-Indoktrination nach der Machtübernahme oder ihre *Voraussetzung* war, was auch daran liegt, dass im Buch eben die Passage des Originals[490] weggelassen wurde, in der Kershaw diese Unterscheidung trifft und darauf hinweist, dass die NSDAP 1932 nur ein Drittel der Wählerstimmen sammeln und erst nach der „Machtergreifung" auch Kreise der Bevölkerung gewinnen konnte, die sich zuvor verweigert hatten. An diesem Beispiel wird deutlich, wie die „didaktische Reduktion" von Quellentexten (hier von Sekundärquellen) die Aussage des Originals verändern kann.

Eine *Kultur der Erinnerung* mahnt auch ein anderes Lehrwerk an und bezieht sich dabei im Wesentlichen auf Projekte der Spurensuche, Denk- und Mahnmale. „Das Ziel ist, die mahnende Erinnerung an die bis in die letzten Kriegstage anhaltenden Verbrechen des NS-Regimes wachzuhalten und Zivilcourage und Engagement für eine demokratische und die Menschenrechte achtende Gesellschaft zu stärken."[491] Als Gegenpol wird das Gedicht einer Schülerin von 1995 abgedruckt, die unter dem Titel *Warum soll ich trauern?* die Erinnerungs- und Mahnkultur kritisiert: „Was geht mich das an?"[492] Neben Arbeitsaufträgen zu verschiedenen Spurensuche- und Denkmalsprojekten, darunter zum Berliner Denkmal, das man als „Bei-

488 Es geht hier nur um die Frage nach der politischen Unterstützung für Hitler 1933, nicht um die Kollektivschuldthese hinsichtlich der NS-Verbrechen.

489 Golo Mann: Deutsche Geschichte 1919-1945, unveränderte Neuaufl.1969, S. 195 [Erstausg. 1958]; Ian Kershaw: „Trauma der Deutschen". In: *Der Spiegel* 19/2001, S. 65 ff.

490 Vgl. http://www.spiegel.de/spiegel/print/d-19120349.html

491 *FG 9*, S. 146.

492 *FG 9*, S. 147.

spiel für eine ‚Kultur der Erinnerung'" „bewerten" soll[493], thematisiert dieses Gedicht immerhin Vorbehalte auf Seiten der Schüler, verbunden mit dem Arbeitsauftrag: „Zeige mithilfe von M5 [dem Gedicht] die Problematik auf, die Vergangenheit ‚bewältigen' zu wollen." Worauf sich dies bezieht – ob auf das Gedicht selbst oder auf das, was es kritisiert – bleibt wohl auch für die damit konfrontierte Lehrkraft unklar, aber immerhin wird hier ein solcher Aspekt eingeführt – zum ersten und einzigen Mal in den Lehrbüchern unseres Corpus.

In *Mos* wird die Frage nach der Verantwortung gestellt, wenn unter dem Titel *Erinnern für die Zukunft?* die Lebenslüge nach 1945 angesprochen wird, man habe von nichts gewusst: „[...] nach heutigen Forschungsergebnissen waren aber fast 500 000 Personen am Völkermord beteiligt."[494] Dennoch findet das Buch eine allzu schnelle mitfühlende Erklärung für das Verdrängen: „Das große materielle Elend der Deutschen nach dem Krieg verhinderte über lange Zeit eine tiefere Auseinandersetzung mit den Gründen für die Entstehung einer menschenverachtenden Diktatur." Zudem wird damit die Stimmung in der Nachkriegszeit, in der es ja bereits wegweisende Publikationen und Kontroversen gegeben hatte, allzu sehr homogenisiert. Anschließend werden die Etappen der Aufarbeitung skizziert: Die Prozesse der 60er Jahre, Bundestagsdebatten, die TV-Serie „Holocaust" und die Rede von Bundespräsident Weizsäcker zum 8. Mai 1985. Erinnerungskultur wird hier als bis heute schwieriger Prozess dargestellt und nicht bloß als schematische Konfrontation der Gegenwart mit der Vergangenheit. Zur Ergänzung wird auf der folgenden Seite eine Karte zur geographischen Verteilung der europäischen Holocaust-Opfer gezeigt – leider mit einigen falschen Zahlenangaben und ungeschickten Darstellungen, etwa wenn die Anzahl der Opfer der Shoah in einem Land in der Kartenlegende mit einem christlichen Kreuzsymbol verbunden wird.

Schuld und Verantwortung wird in den Lehrbüchern auch und manchmal auch überwiegend im Kapitel zur Nachkriegszeit thematisiert, in dem es um die Nürnberger Prozesse und evtl. die Folgeprozesse sowie die Entnazifizierung geht. Darauf kann hier nicht umfassend eingegangen werden, wir beschränken uns auf die Analyse der NS-Kapitel in den Büchern, die ja die Grundlage für die rückblickende Beurteilung liefern. Wie problematisch doch

---

493 Mithilfe eines Fotos der Stelen und einer Aufforderung zur Recherche der Vorgeschichte des Denkmals.

494 *Mos B9*, S. 56.

auch in den Nachkriegskapiteln die Behandlung der Schuldrage sein kann, mag ein Beispiel zeigen. Unter der Überschrift *Opfer und Befreier klagen an* heißt es in einem Buch:

„Opfer und Befreier stellten zunächst die Kollektivschuldthese auf, nach der das gesamte deutsche Volk die Schuld an den Verbrechen trage. Darauf reagierten viele Deutsche mit Verdrängung der Verantwortung oder Mitverantwortung für die Verbrechen. [...] Nur allmählich änderte sich die Einstellung der Deutschen zu ihrer Vergangenheit. Dabei half die Erkenntnis, dass es eine juristische Schuld eines ganzen Volkes nicht geben könne."[495]

Zunächst ist zu fragen, wer denn hier mit „Opfer" gemeint ist: da die Opfer im eigentlichen Sinne des Wortes tot waren, kann es sich nur um die Überlebenden gehandelt haben, was man auch so hätte formulieren müssen. Gleichzeitig werden aber „die Opfer" zusammen mit den Alliierten auf die juristische Ebene der Ankläger gehoben, so als seien Opferorganisationen auf Seiten der Anklage institutionell am Nürnberger Prozess beteiligt gewesen. Die Verdrängung wird monokausal mit der juristisch unhaltbaren Kollektivschuldthese[496] erklärt und damit fast schon gerechtfertigt. Andere Faktoren, etwa das persönliche schlechte Gewissen und die damals geführte Schulddebatte werden überhaupt nicht erwähnt.

Unbequeme Fragen statt bequemer Antworten stellt *Zr 3* auf den vier Seiten *Erinnern an die Vergangenheit*, die harmonisch an die vorrangehende Seite über den Widerstand und ein von der Stadt Ulm nicht genehmigtes Denkmal für einen Deserteur anknüpfen:

„Warum hatten die Deutschen solch ein Unrechtsregime in ihrem Land geduldet, ja sogar unterstützt? Warum hatten so viele die furchtbaren Menschenrechtsverletzungen, Terror und Völkermord tatenlos hingenommen? Nach dem Krieg scheuten die meisten Deutschen die Antwort auf solche Fragen. Sie wollten die NS-Diktatur möglichst schnell vergessen. Zu groß waren die Scham und das Entsetzen über die begangenen Verbrechen."[497]

In der Folge werden die Etappen der juristischen Auseinandersetzung mit den NS-Verbrechen dargestellt (Prozesse, Verjährungsdebatten im Bundestag) und durch das Holocaust-Denkmal in Berlin in einen aktuellen Bezug

---

495 *Gerl 4*, S. 214

496 Hier geht es ausschließlich um die Kollektivschuldthese hinsichtlich der *Verbrechen*, nicht um die Frage nach der *politischen Unterstützung* für Hitler 1933, die wir weiter oben untersucht haben.

497 *Zr 3* (Nieds.), S. 88 (Sachs.), S. 132.

zum heutigen Gedenken gesetzt, der über den Protest gegen das Mahnmal (Neonazis vor dem Brandenburger Tor 2000) an das Thema Rechtsradikalismus anknüpft. Die Arbeitsaufträge dazu sind der Sache und den Quellen (zahlreiche kleinere Textquellen[498]) nach angemessen und offen gehalten, ohne ein irreführendes Rollenspiel „pro und contra" zu initiieren.

498 Darunter ein Text einer 17-jährigen Schülerin über Neonazismus und Erinnerung, Auszug aus dem Buch: Was bleibt von der Vergangenheit. Die junge Generation im Dialog über den Holocaust. Hg. von der Stiftung für die Rechte zukünftiger Generationen, Berlin 1999.

7. Nach 1945

In diesem Kapitel werden die Befunde über jüdisches Leben in Deutschland nach dem Zweiten Weltkrieg analysiert. In die Untersuchung einbezogen wurden außerdem Darstellungen über die Beziehungen zwischen dem Staat Israel und der Bundesrepublik Deutschland.[499] Auf eine Analyse der Darstellung des Nahostkonflikts, der in mehr als die Hälfte der im Untersuchungssample befindlichen Schulbüchern Berücksichtigung fand, musste hier aufgrund des Umfangs und Komplexität verzichtet werden.[500]

Jüdische Geschichte nach 1945 wird in den Schulbüchern stiefmütterlich behandelt. Nur zwei Werke räumen diesem Thema ein eigenständiges Kapitel von jeweils 2 Seiten ein: *FG 10* unter der Überschrift „Jüdisches Leben in Deutschland seit 1945"; *DwZ 4* mit dem Titel „Aussöhnung mit Israel". Ansonsten sind die Hinweise eher spärlich und versprengt. Das Längsschnittkapitel „Geschichte der Juden in Deutschland" in *RiV 4* endet mit einem Kapitel über Juden in der Weimarer Republik.[501]

Die Tatsache, dass es heute jüdisches Leben in Deutschland gibt, ist keine Selbstverständlichkeit. Darauf verweist als einziges Werk *FG 10,* verknüpft mit einer der zentralen Fragen für die Überlebenden des Holocaust: „Leben im Land der Täter?" Der Autorentext skizziert kurz die Lage der Befreiten als „Displaced Persons" (DPs) und verweist auf die Schwierigkeiten bei der Auswanderung: „Auf eine Einwanderung in die USA oder in das britisch verwaltete Palästina mussten ausreisewillige Juden mehrere Jahre warten. Dies änderte sich mit der Gründung des Staates Israel."[502] Ergänzend folgt unter der Überschrift „1945: Bleiben oder Gehen?" ein Interview mit einem ehemaligen KZ-Häftling, der als Sohn jüdischer Eltern in Krakau geboren wurde und zum Zeitpunkt des Interviews in München lebte. Ein zweiter knapper Autorentext „Aufbruch und Wachstum der Gemeinden" verweist auf die Gründung des Zentralrats der Juden in Deutschland im Jahr 1950 und bezeichnet die vorwiegend aus Osteu-

---

499 Staatliche Beziehungen zwischen der DDR und Israel werden lediglich in zwei Werken knapp angesprochen: *VB 3*, S. 366, *DwZ 4*, S. 143.

500 Zeitgleich zu dieser Untersuchung beschäftigte sich die Deutsch-israelische Schulbuchkommission mit der Thematik.

501 *ZuM 4*, S. 180-187.

502 *FG 10*, S. 118.

ropa stammenden DPs als „Keimzellen für neue jüdische Gemeinden in ganz Deutschland". Damit ist auch die Entwicklung in beiden deutschen Staaten angedeutet. In der DDR hätten sich zumeist „deutsche Jüdinnen und Juden" niedergelassen, die am Aufbau eines sozialistischen Staates teilnehmen wollten. Jedoch ging die Zahl der jüdischen Gemeindemitglieder in der DDR bis 1990 kontinuierlich zurück." Weiterhin verweist der Text auf die Zuwanderung aus Osteuropa seit der deutschen Einheit[503] und dem „Umbruch in der ehemaligen Sowjetunion" und nennt einige Zahlen. In einer weiteren Quelle bekennt der Historiker und Politikwissenschaftler Michael Wolffsohn, der als Sohn jüdischer Emigranten 1947 in Tel Aviv geboren wurde und seit 1954 in der Bundesrepublik lebt: „Ich bin deutscher Jude oder jüdischer Deutscher [...] Beides gehört für mich unauflöslich zusammen", und thematisiert damit die Identitätsfrage. Als dritter Textbeitrag vermittelt ein Auszug aus einem Interview mit dem israelischen Botschafter Schimon Stein anlässlich der Eröffnung des Gemeindezentrums und der Neuen Synagoge in München 2006 die zionistische Position: „Wissen Sie, ich vertrete einen zionistischen Staat. Dieser Staat hat das Ziel, allen Juden eine Heimat anzubieten." Stein bekundet aber zugleich auch, dass er sich für die Menschen freut, die sich entschieden hätten, in Deutschland zu bleiben, „um ihre jüdische Identität besser zu leben".[504] Passend zum Interview zeigt ein Foto den Eingang der neuen Münchener Hauptsynagoge, ein zweites Bild zeigt den zeremoniellen Einzug bei der Synagogen-Weihe in Bayreuth im Jahr 1952. Beim ersten von drei Arbeitsaufträgen sollen auf der Grundlage der Doppelseite in Partnerarbeit Motive und Erfahrungen von Juden in Deutschland nach 1945 erarbeitet werden. *FG* zeigt, wie sich auf relativ knappem Raum vielfältige Fragen und Facetten jüdischer Existenz nach 1945 in Deutschland ansprechen lassen.

Weitaus weniger gelungen ist der Versuch von *GK 3* das Leben der DPs anzusprechen. Im Autorentext heißt es zunächst: „Selbst im kleinsten Dorf waren DPs anzutreffen. Etwa 10 Mio verschleppte Menschen mussten registriert und heimtransportiert werden. Weil jedoch viele ehemalige Häftlinge transportunfähig waren, blieben sie weiter in den Lagern oder die Besatzungstruppen beschlagnahmten komplette Siedlungen für sie. Innerhalb kürzester Zeit hatten die Menschen dort ihre Wohnungen zu räumen. So wurden z. B. in Heiden-

---

503 De facto übernahm die BRD einen Beschluss der frei gewählten DDR-Regierung. Zur Erklärung der Volkskammer der DDR vom 12.4.1990 siehe *Geschichte Lernen*, Heft 152, 26. Jg., jüdische Geschichte. S. 54.

504 *FG 10*, S. 119.

heim/Brenz ab Oktober 1945 KZ-Häftlinge, vor allem polnische Juden einquartiert, bis diese 1948 endlich in Palästina einreisen durften."[505] Die Kontextualisierung der polnischen Holocaustüberlebenden ist verkürzt und sparsam. Während *FG 10* die Zahl von 50 000 jüdischen Überlebenden aus den Lagern nennt, bleibt in dem obigen Textabschnitt die Zahl von 10 Millionen unklar. Innerhalb der DPs machten die jüdischen DPs den kleinsten Anteil aus. Bis Ende September 1945 reduzierte sich die Zahl der DPs insgesamt auf etwa 1,2 Millionen. Insofern ist die Aussage: „Selbst im kleinsten Dorf waren DPs anzutreffen" bestenfalls eine Momentaufnahme, die keineswegs eine dauerhafte Situation im Deutschland der ersten Nachkriegsjahre beschreibt.[506] Auch wird die Lehrkraft im Unterricht möglicherweise vor der Frage stehen, warum die Überlebenden „1948 endlich" in Palästina einreisen durften und warum sie nicht nach Polen zurückgingen. Eigentümlich ist auch die im Anschluss des Textes formulierte Arbeitsanweisung: „Versetzt euch in Familien, die den Befehl erhalten hatten, innerhalb von zwei Stunden ihr Haus zu verlassen. Was dachten wohl die Einquartierten? Entwerft Dialoge."[507] Dieser vermutlich von dem Gedanke der Multiperspektivität inspirierte Arbeitsauftrag kann nur zu einem problematischen Aufrechnen führen, weil die Opfer hier auf deutscher Seite wahrgenommen werden: Vertreibung auf alliierten Befehl zugunsten von Holocaustüberlebenden! Durch die Bemerkung: „innerhalb von zwei Stunden" bekommt die Anweisung noch eine besondere Dramatik, was die Emotionalität der zu erwartenden Dialoge verstärkt. Die historischen Fakten bleiben außen vor, denn das Buch liefert keine weiteren Informationen über die Umstände und die Anzahl der Einquartierten oder der requirierten Wohnungen.

Die diffuse Vorstellung von der Bevorzugung der Überlebenden transportiert auch ein anderes Werk. *VB 3* bietet auf einer Doppelseite in Form einer „Pinnwand" Informationen zum Themenkomplex „Wiedergutmachung, Verständigung und Versöhnung", die chronologisch sortiert und den entsprechenden Begriffen zugeordnet werden sollen. Unter der Überschrift: „1945-1949 Regionale Hilfen" ist dort zu lesen: „Überlebende Juden und andere KZ-Häftlinge erhielten Hilfen bei der Beschaffung von Hausrat, Wohnung und Arbeit

---

505 *GK 3*, S. 158.

506 Die Forschung schätzt mittlerweile die Anzahl DPs auf 8,7 Millionen. Darunter sind 6 Millionen Zwangsarbeiter, 2 Millionen Kriegsgefangene und etwa 700 000 ehemalige KZ-Häftlinge. Michael Brenner (Hg.): Geschichte der Juden in Deutschland. Von 1945 bis zur Gegenwart. Politik, Kultur und Gesellschaft. München 2012, S. 68.

507 *GK 3*, S. 158.

und wurden bei der Lebensmittelversorgung bevorzugt."[508] Neben der historisch nicht haltbaren Darstellung liegt das Problem hier auch darin, dass mit dem Begriff der „Bevorzugung" auch immer die „Benachteiligung" mitgedacht wird, die dann zu Lasten der deutschen Bevölkerung geht.[509]

Auf der „Pinnwand" befinden sich zudem Informationen zum Luxemburger Abkommen von 1952, das Israel Warenlieferungen im Wert von 3,5 Milliarden zusprach, und über die öffentlichen Proteste in Israel gegen die Annahme der Zahlungen. Der israelische Ministerpräsident David Ben Gurion habe aber die damalige Vereinbarung als „überlebenswichtig" angesehen. Nicht erwähnt wird das deutsche Interesse an diesem Abkommen, genauso wenig wie der Unterzeichner Konrad Adenauer. Eine weitere „Karteikarte" an der „Pinnwand" besagt: „1959 Versöhnung mit Israel".[510] Welches Ereignis sich damit verbinden soll, bleibt unklar.

Weitaus ausführlicher und differenzierter thematisiert *DwZ 4* die „Aussöhnung mit Israel".[511] Die Doppelseite besteht aus Autorentext und einer Seite mit Quellenmaterial und Arbeitsaufträgen. Dabei bezieht sich der Text nicht nur auf die Beziehungen zwischen der Bundesrepublik Deutschland und Israel, sondern thematisiert auch das jüdische Leben in Deutschland, wie die Zwischenüberschriften signalisieren: „Ende und Neubeginn"[512], „‚Wiedergutmachung'?" und „Juden in der DDR". Hier wird auch darauf verwiesen, dass die SED eine Wiedergutmachung gegenüber Israel und den Juden mit dem Hinweis ablehnte, die DDR sei nicht Rechtsnachfolgerin des NS-Staates. In

---

508 *VB 3*, S. 367.

509 In den DP-Lagern herrschten katastrophale Zustände. Erst der Ende 1945 verfasste Harrison-Report führte in der amerikanischen Besatzungszone zu einer materiellen Besserung der Lebensbedingungen. Siehe dazu ausführlich: Atina Grossmann/Tamar Lewinsky: 1945-1949 Zwischenstation, in: Michael Brenner (Hg.): Geschichte der Juden in Deutschland. Von 1945 bis zur Gegenwart. Politik, Kultur und Gesellschaft. München 2012, S. 67-152.

510 *VB 3*, S. 366. Auch *GPlus 9/10* widmet der Aussöhnung mit Israel im Rahmen der Geschichte der Bundesrepublik und der „Ära Adenauer" zwei Sätze und verweist dabei, ohne das Luxemburger Abkommen namentlich zu erwähnen, auf das Jahr 1952. *GPlus 9/10*, S. 171. Ebenfalls knappe Erwähnung in *ZfG 4*, S. 199.

511 *DwZ 4*, S. 143-144.

512 Falsch ist in diesem Abschnitt die Angabe von über 200 000 jüdischen Flüchtlingen aus Osteuropa, die nach ihrer Befreiung in westliche Lager gekommen seien. Die Anzahl jüdischer DPs wird, je nach Zeitpunkt, auf 50 000 bis 70 000 geschätzt. Im Herbst 1947 befanden sich 91 % aller jüdischen DPs in der US-Zone. Vgl. Grossman/Lewinsky (wie Anm. 509), S. 70 f.

einem der beiden Arbeitsaufträge geht es darum, Adenauers Motive für Wiedergutmachung und Versöhnung zu erarbeiten. Als Quellen werden durchweg Äußerungen von Adenauer selbst bereit gestellt (Interview vom 25. November 1949, Regierungserklärung vom 27. September 1951 und ein weiteres Interview aus dem Jahr 1966). Ergänzend dazu finden sich zwei Bildelemente: Fotos von der Grundsteinlegung zum Jüdischen Gemeindehaus in Berlin 1957 und vom Stapellauf des Fracht- und Passagierdampfers „Zion", der im Rahmen des Wiedergutmachungsabkommen an Israel geliefert wurde.

In einigen wenigen Werken kommt die Haltung der israelischen Regierung zur deutschen Einheit zur Sprache. So ist beispielsweise zu lesen: „Angesichts der sich anbahnenden Vereinigung erinnerten Politiker und Bürger im Ausland an die deutsche Vergangenheit, vor allem an die beiden Weltkriege, die von Deutschland ausgegangen waren, und die Ermordung der europäischen Juden. [...] Bedenken gab es auch in Israel und Polen. Die israelische Regierung erinnerte an die ‚jubelnden Massen in den 1930-Jahren und das, was sich daraus ergab'".[513] *Mos B 10* zitiert aus einem Artikel der israelischen Tageszeitung Maariv: „Die Vereinigung Deutschlands kann nicht verhindert werden, aber alle, denen ihr Leben lieb ist, sollten nicht nur besorgt, sondern auch auf der Hut sein. Mit der Vereinigung Deutschlands entsteht im Herzen Deutschlands das Vierte Reich."[514] Dazu gibt es auch eine Karikatur aus der Jerusalem Post, in der Bush sen. zu Gorbatschow über die beiden Eltern West- und Ostdeutschland mit Kinderwagen sagt: „Es ist das Kind, das mir Sorgen macht." Den Terminus des „Vierten Reiches" benutzte, wie auf derselben Seite nachzulesen, auch die Sunday Times, doch während aus Großbritannien und Frankreich jeweils eine positive und eine negative Reaktion abgedruckt ist, gibt es aus Israel nur zwei negative. Eine Sammlung von Zitaten damaliger Politiker enthält auch Äußerungen des israelischen Ministerpräsidenten Schamir und des Außenministers Arens. Während Schamir sich kritisch äußert, wird Arens mit den Worten zitiert: „Wir brauchen uns vor der Vereinigung nicht zu fürchten, wenn Deutschland sich seinen Verpflichtungen den Juden gegenüber voll bewusst ist." Die Ergebnisse einer Umfrage aus dem Frühjahr 1990 auf der gleichen Seite belegen, dass die Ablehnung der deutschen Einheit in Russland und Polen noch größer war als in Israel.[515]

---

513 *DwZ 5*, S. 60 f. Dieselbe Formulierung findet sich auch in *Gerl 5*, S. 138.
514 *Mos B 10*, S. 64.
515 Ebd., S. 65.

B. Qualitative Befunde 2014–2023

1. Mittelalter

Vorgeschichte: Diaspora

Die Darstellungen und die Quellenauswahl folgen nach wie vor weitgehend den etablierten Schemata früherer Lehrwerksgenerationen. Die Verbreitung der Juden im Römischen Reich oder die Ansiedlung im frühmittelalterlichen Reichsgebiet wird durch die Vertreibung aus ihrer historischen Heimat erklärt, in den Gymnasiallehrbüchern ausführlicher – auch im Antike-Teil[516] – als in den Lehrbüchern für den GHR-Bereich, z.B. als Legende zur Karte der Ausbreitung des Judentums im euromediterranen Raum.[517] In *ZfG* wird verdienstvollerweise die in der Diaspora fortbestehende Bindung an das Herkunftsland erwähnt: „Sie hofften auf eine Wiedervereinigung als Volk und Glaubensgemeinschaft in ihrer früheren Heimat."[518]

„Aus dem Miteinander …"/„… wird eine Verfolgung"

Für das Mittelalter gilt als gemeinsamer Standard weiterhin der klassische Zweischritt „Aus dem Miteinander …"/„… wird eine Verfolgung".[519] Die erste Phase besteht in der Ansiedlung in der mittelalterlichen Stadt als Händler mit Beziehungen in den Mittelmeerraum und, manchmal erwähnt, in den Orient sowie dem anfangs guten Zusammenleben mit der christlichen Mehrheit. Manchmal wird auch auf kaiserlichen Schutz gegen eine besondere Steuer verwiesen, was jedoch, ohne dass dies klar wird, bereits die nachfolgende Konfliktphase betrifft und mit den Privilegien noch von Friedrich I. 1157 oder Friedrich II. von 1236 für die Wormser Juden[520] kontrastiert.

Der Beginn des Konflikts und die Gründe für die Diskriminierung und schließlich Verfolgung der Juden werden unterschiedlich erklärt – als religiöser oder sozialer Konflikt, meist in einer Kombination aus beidem –, aber nicht unbedingt kohärent dargestellt. So heißt es an einer Stelle in *EuV*: „Aus den

516 vgl. *DwZ 1*, S. 132 f., S. 160 f.
517 *GEnt 2*, S. 50.
518 *ZfG 7*, S. 84.
519 *EuV 7/8*, S. 38.
520 Quellen in *Zr 5/6*, S. 161; *ZfG 7*, S. 85.

jüdischen Mitbürgern wurden erst im Laufe der Zeit unliebsame Konkurrenten, dann Feinde." Diese Formulierung eines sozialen Motivs lässt übrigens offen, von wem die Feindschaft ausging oder ob sie beidseitig war. Anschließend wird dort auf die Kreuzzüge verwiesen, wo es um das religiöse Motiv geht: „Diese jüdischen Gemeinden waren die ersten Opfer auf dem langen Weg der Heere ins Heilige Land." Warum das so war, erklärt dann eine unidentifizierte Quelle: „In jüdischen Berichten aus dieser Zeit heißt es", wo auf den Christusmordvorwurf Bezug genommen wird.[521] In *DwZ* wird das religiöse Motiv mit der „wachsenden Volksfrömmigkeit" erklärt sowie dann auch im Kontext der religiösen Fanatisierung seit dem ersten Kreuzzug – soweit zutreffend und durch die Formulierung den Entwicklungsprozess hervorhebend. *GEnt* erklärt recht kurz, aber ausreichend den Kern des religionsgeschichtlichen Hintergrunds: die Nichtanerkennung von Jesus als Messias, was die Abbildung einer Synagoga illustriert. Sachlich unzutreffend ist jedoch die Verortung des Kreuzzugspogroms erst für den „zweiten Kreuzzug ab 1147".[522] Dagegen bleibt in *FG* das Motiv für Verfolgung und sogar Pogrome unklar: Während die Kirche auf Abgrenzung aus war und die Zünfte Juden den Beitritt verwehrten, schließt sich dann unvermittelt an: „Pogrome (Massenmorde) und Vertreibungen der jüdischen Bevölkerung v.a. im 14. Jahrhundert veränderten das Verhältnis zwischen den Religionsgruppen radikal." Auf der gegenüberliegenden Seite stehen die Abbildungen von Ecclesia und Synagoga unerläutert (der dazugehörige Arbeitsauftrag fordert aber auch keine eigenständige Bildanalyse ein), doch verdienstvollerweise auch eine jüdische Quelle von einem Judenpogrom 1195 in Speyer (Ephraim ben Jakob). Dagegen wird im Abschnitt zu den Kreuzzügen der Pogrom nicht erwähnt, in einem Rekapitulationskapitel gibt es jedoch als Quelle den Bericht von Albert von Aachen über den Pogrom in Mainz (allerdings falsch auf 1101 statt auf 1096 datiert).[523]

Die 3 Gs: Gelber Fleck, Ghetto, Geld

Gelber Fleck

In *DwZ* gibt es den Auszug aus dem Beschluss des Konzils von 1215 als Quelle der Kleidungsordnung für Muslime und Juden zur Abgrenzung von den Christen in Gebieten unter christlicher Herrschaft. Der dazugehörige Arbeitsauf-

521 *EuV 7/8*, S. 38, 160 f.
522 *DwZ 2*, S. 49; *GEnt 2*, S. 51, 50.
523 *FG 2 (Hessen 2017)*, S. 82, 92.

trag thematisiert dies interessanterweise als Beweis für das Zusammenleben, allerdings nur durch eine suggestive Aufgabe: „Erkläre, warum der Konzilsbeschluss auch ein Beleg ist für das Zusammenleben zwischen Christen, Juden und Muslimen."[524] Hier hätte man durchaus eine offenere Fragestellung versuchen können, damit die Schülerinnen und Schüler von selbst darauf kommen (evtl. mit Unterstützung durch die Lehrkraft). Die Quelle legt jedoch auch eine solche Kennzeichnungspflicht für die Juden *im Reich* für 1215 nahe, zumal die Quelle im Buch direkt vor dem nächsten Autorentext „Das Zusammenleben endet" platziert ist. In Wirklichkeit wurde die Kennzeichnungspflicht im Reich erst viel später, Mitte des 15. Jahrhunderts, durchgesetzt – das Grundproblem des Themas „Gelber Fleck". Nicht genau, aber annähernd richtig datiert wurde dies in *GEnt*, ebenso wie das Ghetto, „seit dem 15. Jh.", gleichermaßen in *Zr*.[525] Dagegen sachlich und chronologisch falsch in anderen Büchern: „Seit dem 12. Jahrhundert zwang man die Juden in der Öffentlichkeit einen spitzen Hut und auf der Kleidung ein gelbes Abzeichen zu tragen sowie in Ghettos zu wohnen." – „Im 12. und 13. Jahrhundert änderte sich die Haltung der Kirche zu den Juden. Sie forderte eine klare Trennung von den Christen und ein Erkennungszeichen an der Kleidung."[526]

Der spitze Hut gehörte überhaupt nicht zur Kleidervorschrift, wie wir zum vorherigen Lehrbuchsample schon erklärt haben.[527]

Ghetto

Der gelbe Fleck oder Ring an der Kleidung wurde parallel zum Ghetto durchgesetzt, beide kennzeichnen die äußerliche und die soziale Abgrenzung der jüdischen Gemeinden in den wenigen Städten, in denen es am Ende des Mittelalters noch welche gab. Richtigerweise wird in *DwZ* erklärt, dass das Ghetto erst im 15. Jh. entstand, wie auch in den anderen Büchern (mit Ausnahme des erwähnten *EuV*), ein festzuhaltender Fortschritt gegenüber den alten Vorstellungen vom „mittelalterlichen Ghetto". *GEnt* betont sogar explizit: „In der Stadt wohnten die Juden in einem eigenen, *nicht abgeschlossenen* Wohnbereich unweit von der Kirche – meist in der Judengasse", oder *Zr*: „Im Mittelalter wohnten

---

524 *DwZ 2*, S. 49.

525 *GEnt 2*, S. 50; *Zr 5-6*, S. 160.

526 *EuV 7/8*, S. 38, vgl. auch S. 168 f.; *FG 2 (Hessen 2017)*, S. 82.

527 Vgl. auch AG Deutsch-Jüdische Geschichte im Verband der Geschichtslehrerinnen und -lehrer Deutschlands (VGD): Christen und Juden/Koexistenz und Konfrontation (2), https://www.juedischegeschichte.de/html/mittelalter4.html (letzter Zugriff: 6.12.2023).

die Juden noch in direkter Nachbarschaft zu den Christen, ohne Mauern dazwischen oder andere Abgrenzungen. Erst im 15. Jahrhundert entstanden abgegrenzte Wohnviertel für Juden."[528] Auch *GuG 2* präzisiert: „Lange Zeit wohnten Juden und Christen friedlich nebeneinander, ohne eine strikte Abgrenzung." Wegen des regionalen Bezugs wird die Errichtung der Frankfurter Judengasse als erstem Ghetto ausführlich erzählt, wie auch in *FG 2,* dort gibt es auch eine Karte mit der Einzeichnung sowohl des alten Judenviertels als auch des späteren Ghettos der Judengasse.[529]

Geld

Anders dagegen die in seiner Bedeutung weitaus wichtigere Fehlinformation rund um das Geldthema. „Meist blieb ihnen nur der Geldverleih"[530] kann als paradigmatische Formel für das Problem gelten, dass die Darstellungen zur christlich-jüdischen Geschichte des Mittelalters den christlichen Teil davon, nämlich den urkundlich reichlich belegten christlichen Geldverleih gegen Zins, nicht kennen und den Mythos vom kirchlichen Zinsverbot und daher exklusiven jüdischen Geldverleih perpetuieren, der dann auch das Motiv für die Pogrome liefert. Ebenso paradigmatisch in *GEnt*: „Da sie Zins verlangten, wuchs der Hass auf sie." (ebd.). Das ist für dieses Lehrwerk insofern bemerkenswert, als die erste Länderausgabe, nämlich für Hessen, dies 2012 noch historisch richtig mit dem Hinweis auf bekannte christliche Geldverleiher darstellte und erklärte: „Es ist somit ein altes Vorurteil, dass der Geldverleih nur ‚in jüdischer Hand' gewesen sei."[531] Wie man Vorurteile zwar kritisieren kann, ohne sie aber aufzulösen, zeigt ein anderes Buch, das das Vorurteil vom exklusiv jüdischen Geldverleih genauso darstellt wie im eingangs zitierten Beispiel von *GEnt* und dann ergänzt: „Wie absurd auch manche Vorwürfe gegen Juden waren, viele der meist ungebildeten Menschen glaubten sie."[532] So wird die „Absurdität" überhaupt nicht klar.

Zuschreibungen der Schuld an Naturkatastrophen und der Pest an die Juden als Sündenböcke, die im Text nachfolgend angesprochen werden, stehen im Lichte des vorherigen grundlegenden Hasses durch das Geldmotiv. So wird z.B. die Brunnenvergiftung durch das wahre „wirtschaftliche Motiv" relativiert: „Dabei waren die Morde und Vertreibungen oft wirtschaftlich motiviert. Jüdischer

528 *DwZ 2*, S. 49; *GEnt 2*, S. 50; Hervorh. durch uns; *Zr 5-6*, S. 160.
529 *GuG 2 (Hessen 2022)*, S. 36 f.; *FG 2 (Hessen 2017)*, S. 67.
530 *GEnt 2*, S. 50.
531 *GEnt 2 (Hessen 2012)*, S. 86.
532 *EuV 7/8*, S. 168.

Besitz konnte so neu verteilt und Schulden aus der Welt geschafft werden.“[533] Auch wenn der „jüdische Geldverleih“ hier nicht expressis verbis auftaucht, so wird der Bezug doch über die Verschuldung der Christen hergestellt – das „eigentliche“ Motiv, wie es sonst oft heißt, oder hier neutraler das „wirtschaftliche Motiv“. Aus der Summe der Elemente „wirtschaftliches Motiv“, „Schulden“, „Verteilung jüdischen Besitzes“ kommt so doch wieder die Charakteristik der durch den Geldverleih „reichen Juden“ zum Ausdruck.

Eine präzisierende Darstellung der Ausgrenzung der Juden verweist auf die Gründung der Zünfte und den damit verbundenen Ausschluss der Juden aus den entsprechenden Berufen. Da die nicht zünftischen Berufe aus dem Bereich des Handels, hier jetzt v.a. des Kleinhandels, nicht benannt werden, bleibt den Juden der für Christen angeblich verbotene Geldverleih nachvollziehbar als einzige Möglichkeit. Dies wird in *ZfG* durch die Gegenüberstellung mit dem Speyerer Privileg – noch in vorzünftischer Zeit – unterstrichen. *Zr* erwähnt immerhin noch den „Kramhandel“ parallel zum „Geldverleih“ und relativiert das Zinsverbot: „Die Kirche betrachtete den Zinsgewinn als unmoralisch (weshalb christliche Kaufleute, die Geld verliehen, ihren Zinsgewinn verheimlichten).“ Es ist die bislang erste Passage, in der dies in solcher Deutlichkeit gesagt wird. Dennoch wird es anschließend wieder relativiert, wenn es nach der Erwähnung des religiösen Motivs heißt: „Außerdem warfen die Christen ihnen vor, überhöhte Zinsen zu verlangen. Dies schlug manchmal in Gewalttaten um – so auch zur Zeit der großen Pest 1347–1351.“ Während direkt zuvor das religiöse Motiv (Schuld an der Kreuzigung Christi) entkräftet wird – „Das stimmte übrigens nicht, denn die Römer hatten Jesus verurteilt“ –, fehlt zum Geldmotiv das Pendant, sodass die Vorwürfe des überzogenen Zinses angesichts der daraus hervorgehenden Folgen eine Plausibilität bekommen, zumal dies noch von einer Quelle bekräftig wird, der Begründung der Judenausweisung 1431 durch die Stadt Köln: „Besonders, weil sie ihr Geld [...] zu Wucher und Zins verleihen möchten, was wir nach den Geboten Gottes, den Gesetzen der heiligen Kirchen und allem geschriebenen Recht nach nicht erlauben [...].“[534]

In *GuG* wird die Konsequenz aus dem Ausschluss von den Zünften immerhin differenziert: „Deshalb waren viele Juden arm. Andere verdienten hingegen gut und erlangten hohes Ansehen, denn Juden waren meist gebildeter als die übrige Bevölkerung. [...] So arbeiteten einige Juden als Ärzte oder Gelehrte, andere waren als Fernhändler erfolgreich [...].“ Der Versuch, beim Geldthema

---

533 *DwZ 2*, S. 53.
534 *ZfG 7*, S. 84 f.; *Zr 5/6*, S. 160 f.

dann auch zu differenzieren, ist leider misslungen: „Vermögende Händler verliehen zudem Geld. Manche Schuldner zahlten jedoch ihre Schulden nicht zurück, auch verteuerten Steuern die Geschäfte. Die deshalb notwendigen hohen Zinsen erregten Wut und Neid der christlichen Mitbürger. Denn ihre Kirche hatte ihnen den Geldverleih gegen Zinsen lange Zeit verboten. Allerdings hielten sich auch nicht alle Christen an diese Vorschrift." Der letzte Satz vermag schon durch seine Unkonkretheit das angebliche Zinsverbot für Christen nicht zu relativieren und in der vorliegenden Logik wären diese sündigen Christen die Ausnahme, der Geldverleih der Juden aber die Regel. Auch die kontextuelle Erklärung der hohen Zinsen, die es seit Langem gibt, wonach die Juden zu überhöhten Zinsen quasi gezwungen waren, soll ihnen zwar die Schuld nehmen, löst das Vorurteil aber nicht auf, sondern bestätigt es nur. Die „notwendigen hohen Zinsen erregten Wut und Neid" nur auf die Juden, nicht auf die Christen, die sich nicht an die Vorschrift des Zinsverbotes hielten. Das Lehrbuch vermittelt dann seit Jahrzehnten die nie belegte Information, dass „seit 1435 Christen wieder Geld verleihen durften".[535]

Die auch in früheren Lehrbuchgenerationen immer wieder zitierte Quelle von Jakob Twinger zum Judenpogrom in Straßburg taucht weiter in den Büchern auf, so in *EuV*: „[...] Das Geld war auch die Ursache, dass die Juden getötet wurden. [...]" Ferner in *GEnt* mit einem typischen Arbeitsauftrag, wie er früher schon immer wieder auftauchte, der die Schülerinnen und Schüler auf die „richtige" Interpretation lenken soll: „5. Unterscheide bei Q3 zwischen Vorwand und Grund für die Tötung der Juden in Straßburg." Darauf folgt „6. Wie lässt sich heute der Vorwand leicht entkräften? Erkläre."[536] Mit dem Vorwand ist die Brunnenvergiftung gemeint, die der Autor der Quelle, Jakob Twinger, selbst für vorgeschoben hält: „Wegen des Sterbens [i.e. durch die Pest] wurden die Juden in der Welt verleumdet und überall beschuldigt, sie hätten es durch Gift bewirkt, das sie ins Wasser und in die Brunnen getan hätten." Beide Arbeitsaufträge in Kombination sollen also die „Verleumdungen" entkräften und das „wahre Motiv" bekräftigen. In Wirklichkeit verhielt es sich genau umgekehrt: Die Obsession der Brunnenvergiftung angesichts der unerklärlichen Epidemie fanatisierte die Christen, wie die unmittelbaren Quellen zur Entstehung des Straßburger Pogroms (Briefwechsel zwischen Straßburg und den anderen Städten am

---

535 *GuG 2 (Hessen 2022)*, S. 36 f.
536 *EuV 7/8*, S. 168; *GEnt 2*, S. 51.

Rhein) zeigen, wo der Geldverleih keine Rolle spielte.[537] Mit Bezug auf Twinger heißt es in *ZfG*: „In der Stadt Straßburg starben nach Angaben von Chronisten Mitte des 14. Jahrhunderts Tausende Menschen an der Pest. Einer der Autoren dieser Stadtchroniken war Jakob Twinger von Königshofen. *Er schildert sehr anschaulich*, was damals geschah." Deswegen schlussfolgert der Schulbuchautor: „Jakob Twinger macht deutlich, dass er in der Geldgier der Bürger den Hauptgrund dafür sieht, dass die Juden in Straßburg verfolgt wurden. Damit wird er sicher recht haben." Daran anschließend wird zwar die Fremdheit als Grund für die Gewalt gegen Minderheiten allgemein genannt, aber konkret dann doch auf die berufliche Situation verwiesen. Abstrahiert taucht diese Erklärung von Twingers These auch in *DwZ* im Autorentext auf: „Dabei waren die Morde und Vertreibungen oft wirtschaftlich motiviert."[538]

Widersprüchliches zur Brunnenvergiftungslegende findet sich in *ZfG* durch eine Quelle, Konrad von Megenberg von 1350, der argumentiert, die Juden hätten sich dadurch ja selbst vergiftet, dann aber einräumt: „Man fand in zahlreichen Brunnen mit Gift gefüllte Säckchen […]" und dadurch die Brunnenvergiftungsthese grundsätzlich stützt.[539]

Außer der Quelle von Twinger bringt *EuV* übrigens noch eine weitere, ganz analoge Quelle: „Ein Geistlicher aus Erfurt notierte 1349 in seiner Chronik: […] Man sagt auch, sie hätten in Erfurt die Brunnen und die Gera vergiftet … Ob sie Recht haben, weiß ich nicht. Eher glaube ich, der Anfang ihres Unglücks war das unendlich viele Geld, das Barone und Ritter, Bürger und Bauern ihnen schuldeten."[540]

---

537 Cf. Wolfgang Geiger: Judenhass und Pogrome im Mittelalter und ihre Erklärung in heutigen Schulbüchern. Mit einem Nachtrag: Der Straßburger Pogrom von 1349 im historischen Kontext". In: Ders., Zwischen Urteil und Vorurteil. Jüdische und deutsche Geschichte in der kollektiven Erinnerung. Frankfurt/M. 2012, S. 77-104, hier v. a. S. 91-104.

538 *ZfG 7*, S. 118, Hervorh. durch uns; *DwZ 2*, S. 53.

539 *ZfG 7*, S. 119. Die Megenberg-Quelle gibt es auch in *GuG 2 (Hessen 2022)*, S. 37.

540 *EuV 7/8*, S. 38.

2. Frühe Neuzeit bis zur Emanzipation im 19. Jahrhundert

Die Gleichberechtigung durch die Grundrechtecharta der Paulskirche wird nirgendwo erwähnt, nur einmal indirekt in *GEnt*, doch nur das Zitat von § 144 „Glaubens- und Gewissensfreiheit" im Rahmen einer Auflistung von Grundrechten macht dies nicht deutlich.[541] Die Frühe Neuzeit kommt in den jüngeren Schulbüchern noch weniger zur Sprache als in unserem Sample von 2014, dafür gibt es als neue Entwicklung in einigen Werken Doppelseiten zur jüdischen Geschichte im 19. Jahrhundert.

Einzig in *EuV* ergänzt ein Blick auf die Frühe Neuzeit das Mittelalterkapitel mit Verweis auf Luthers wechselnde Haltung von der Kritik des Judendiskriminierung zu „Gegnerschaft und Hass" sowie auf das Edikt des Großen Kurfürsten (mit Quellenauszug) zur Aufnahme jüdischer Flüchtlinge aus Wien gegen hohe Zahlungen bei sehr beschränkten Rechten. Eingebettet in ein relativ breit angelegtes Thema mit zusätzlichem regionalen Bezug zu Esslingen kommt in *ZfG* die Judenemanzipation von Mendelssohn über die napoleonische Zeit und das Preußische Toleranzedikt von 1812 (Quelle) bis zum Vorabend von 1848 zur Sprache.[542]

Von der napoleonischen Zeit bis zur Gründung des Kaiserreichs reicht die entsprechende Doppelseite in *GuG*, illustriert durch eine große Abbildung des berühmten Gemäldes von Moritz Daniel Oppenheim „Die Rückkehr des Freiwilligen aus den Befreiungskriegen zu den nach alter Sitte lebenden Seinen" (1833/34).[543] Die Details sind durch eine Legende erklärt und ermöglichen daher tatsächlich einen Einblick in jüdisches traditionelles Leben.

Inhaltlich gehen beide über die formale Erwähnung der „Toleranzedikte" „aufgeklärter" Herrscher[544] auch stärker in die Tiefe, indem die Assimilationsfrage (ohne diesen Begriff) angesprochen wird: „Manche Juden blieben ihrer Tradition verhaftet, andere nahmen den Lebensstil der Mehrheit ihrer Mitbürger an." – „In manchen Gemeinden beteten und sangen Juden nun auch auf Deutsch und nicht wie bisher nur auf Hebräisch", eine so nicht ganz zutreffende

---

541 *GEnt 3*, S. 81.
542 *EuV 7/8*, S. 169; *ZfG 8*, S. 20 f.
543 *GuG 3 (Hessen 2023)*, S. 116 f.
544 Anführungszeichen im Orig., *ZfG 8*, S. 20.

Darstellung hinsichtlich der liturgischen Rolle des Hebräischen, so wie auch die gesellschaftliche Integration verzerrt wird in der Formulierung: „Sie begannen nun auch verstärkt schulische Bildungseinrichtungen wahrzunehmen und sie als Chance für gesellschaftlichen Aufstieg zu nutzen"[545]. Der Satz suggeriert, sie hätten es vorher gekonnt, aber nicht gewollt (beides falsch), ganz umgekehrt haben jüdische Schulen zur Modernisierung des Schulwesens beigetragen.

In den Salons von Rahel Varnhagen und Dorothea Schlegel (Tochter Mendelssohns) „setzte man sich z.B. darüber auseinander, ob man gleichzeitig Jude und Deutscher sein könne"[546]. Dass Juden aufgrund der trotzdem beschränkten Emanzipation in Preußen zum Christentum konvertierten, z.B. weil sie sonst keine Beamten werden konnten, aber auch für den „Taufzettel" als „Eintrittskarte zur europäischen Kultur" (Heinrich Heine, zit. ebd.), wird in *ZfG* ebenfalls benannt, allerdings nicht hinsichtlich der beiden Frauen, für die die Konvertierung Voraussetzung für ihre Heirat mit christlichen Männern war. Auch *GuG 3* betont die Grenzen der Gleichstellung (Militär, Justiz, Verwaltung), die Rücknahme in einigen Staaten in der Restauration und die „Verbesserungen [...] in einzelnen deutschen Staaten [...] nach der Revolution von 1848/49". Die Bedeutung der Paulskirche bleibt jedoch unerwähnt.

Das preußische Emanzipationsedikt als Quellenauszug wird auf einer Doppelseite in *EuV 7-8* kontrastiert mit einem Text von Walther Rathenau von 1911, in dem er die Grenzen der Gleichberechtigung im Kaiserreich benennt („Militärlaufbahn", „höherer Richterstand"), was „Jüdische Entscheidungen: Anpassung" (Spaltenüberschrift) erklären soll: die Taufe von 22000 Jüdinnen und Juden, unter ihnen Heinrich Heine (mit dem Zitat der „Eintrittskarte") und Rahel Levin (mit Bild) und dem Hinweis, dass nur dadurch die Heirat mit einem Christen oder einer Christin möglich war. Vergleichsweise ausführlich wird auf die Bedeutung von Rahel Levins Salons verwiesen, „in dem der freie Geist der Aufklärung herrschte". Zusammen mit der Anpassung wird die Emigration von bis zu 110000 Personen genannt, darunter Löb Strauss (Levi-Strauss). Dritte Komponente ist die Integration unter Beibehaltung des jüdischen Glaubens mit der Gleichstellung 1871, trotz der von Rathenau benannten Diskrepanz. Ein Beispiel dafür, dass vielseitige und präzise Erklärungen oft nicht so viel Platz brauchen.[547]

Ferner gibt es in *ZfG* einen zusammengefassten Bericht über den Kampf Leopold Hirschs in Tübingen um seine Gleichberechtigung 1850 mit Berufung

---

545 *GuG 3 (Hessen 2023)*, S. 116.
546 *ZfG 8*, S. 20.
547 *EuV 7/8*, S. 172 f.

auf das seit 1828 geltende Recht, eingeordnet ist dies im Kapitel zum Kaiserreich, gehört aber zur Vorgeschichte.[548] Es ist eine außergewöhnliche Quelle, weil sie schon für die Zeit vor 1848 den Widerspruch zwischen Gesetz und Realität früher Gleichberechtigung und einen erfolgreichen individuellen Kampf für die Gewährung eines bestehenden Rechts veranschaulicht.

Mit regionalem Bezug zu Bayern wird in *DwZ* die Gleichberechtigung der Juden 1848 erwähnt, sowohl in der Quelle M3 der Königlichen Proklamation Ludwigs I., als auch diesbezüglich im Autorentext.[549] Bei der Quelle handelt es sich in der Tat um eine wohl einzigartige Gewährung der gleichen Rechte durch den Monarchen schon zu Beginn der Revolution.

---

548 *ZfG 8*, S. 86.
549 *DwZ 3*, S. 62 f.

3. Kaiserreich

Kein Kapitel jüdischer Geschichte in den Schulbüchern unterliegt so vielen konjunkturellen Wandlungen wie das zur Zeit des Kaiserreichs. In der „Goldhagen"-Ära der 1990er Jahre wurde der Antisemitismus stark betont, danach schwang das Pendel mehr zur Integration, trotzdem blieb die jüdische Geschichte als „Erfolgsgeschichte" stets im Schatten ihrer Negation durch den neuen Antisemitismus.

Eine Erfolgsgeschichte?

Die Stellung der Juden im Kaiserreich wird in drei von vier Büchern gar nicht mehr oder nur ganz kurz thematisiert: „Eine ausgegrenzte Minderheit blieben ferner die jüdischen Mitbürger, obwohl sie gemäß der Verfassung die gleichen Rechte wie alle Bürger besaßen."[550] Ein minimalistisches Statement, das weit weniger erklärt als es vielmehr Fragen aufwirft.

Im Abschnitt zur industriellen Entwicklung wird der jüdische Beitrag zur wirtschaftlich-technischen Entwicklung immerhin in *Zr* am Beispiel des späteren Chemie-Nobelpreisträgers Fritz Haber exemplifiziert, dessen Leistung – die Erfindung des Grundstoffes für Kunstdünger – allerdings durch die des Giftgases im Ersten Weltkrieg überschattet wird: „Warum ist Habers Erfindung zweischneidig? Begründe (Schon gewusst?)."[551] So verdienstvoll es ist, überhaupt einen Wissenschaftler exemplarisch vorzustellen, so zweifelhaft ist daher gerade diese Wahl. In *FG* ist dagegen „der Politiker Walther Rathenau" in einer Quelle mit einem Textauszug gegen den Antisemitismus aufgenommen und wird biographisch vorgestellt mit „[…] hatte jüdische Vorfahren" (S. 135). Diese distanzierende Charakterisierung als Jude folgt wohl dem Verständnis des Textauszuges „Ich kenne kein anderes Blut als deutsches, keinen anderen Stamm, kein anderes Volk als deutsches […]" im Sinne einer Assimilation, die die jüdische Identität ablegt. Der Reeder Albert Ballin wird dagegen als „bekennender Jude" bezeichnet. In Wirklichkeit verhielt es sich zwischen beiden eher umgekehrt. Abgesehen davon, dass Rathenau auch nur als Politiker und nicht als Unternehmer dargestellt wird, der er Zeit seines Lebens war (AEG), folgt

550 *DwZ 3*, S. 136.
551 *Zr 7/8*, S. 109.

das hier zum Ausdruck kommende Assimilierungsverständnis, dass man nicht „Jude und Deutscher" zugleich sein könne, einer Variante des Antisemitismus und drückt so keineswegs Rathenaus Selbstverständnis aus. Die jüdische „Erfolgsgeschichte" besteht aber auf der ganzen Doppelseite nur aus dem Foto von Wilhelm II. mit dem Reeder Albert Ballin.[552]

In *ZfG* gibt es auch eine Doppelseite, die ähnlich wie in früheren Lehrbuchgenerationen „Juden im Kaiserreich – eine Erfolgsgeschichte?" überschrieben ist. Hier wird präzisiert, dass die Juden „häufig im Staatsdienst und bei der Armee diskriminiert" wurden, obwohl „die meisten jüdischen Deutschen inzwischen weitgehend assimiliert" waren. Aufgrund der Assimilation entstanden bei Kleinbürgern wiederum Neid und Angst, weil sie „sich durch wirtschaftliche und gesellschaftliche Umwälzungen während der Zeit der Industrialisierung bedroht fühlten" und „oft Juden die Schuld an ihrer Situation" gaben. „Die Auffassung, Juden würden christliche Bürger zur Seite drängen, verbreitete sich", im konservativen Bürgertum „verbreiteten sich zunehmend rassistische Auffassungen", der Antisemitismus sprach von einer „semitischen Rasse".[553] Leider wird hier wie in den meisten Büchern der ideologische Rassenbegriff nur kurz als Feindschaft definiert, aber nicht weiter in seiner Besonderheit erläutert.

In *GuG* endet der Autorentext auf der oben genannten Doppelseite zum 19. Jahrhundert mit einem Abschnitt zu „Emanzipation und Antisemitismus", worin nicht zufällig das zweite als Folge des ersten erscheint. Die jüdische Erfolgsgeschichte wird hier zumindest assoziativ als Grund für den neuen Antisemitismus der Gründerkrise 1873 gedeutet: „Als die Wirtschaftskrise begann, machten viele Menschen ganz unberechtigt jüdische Unternehmer und Bankers dafür verantwortlich." Das „unberechtigt" wird beim Lesenden vermutlich nicht die zuvor hergestellte Assoziation zum Erfolg verhindern, zumal wenn „viele Menschen" diese Aversion entwickelten. Dies gilt auch für den widersprüchlichen Satz „Antisemitisches Gedankengut fand im Kaiserreich zwar nie massenhafte Verbreitung, gewann aber doch zahlreiche Anhänger", der immerhin durch den Hinweis auf den geringen Wahlerfolg der antisemitischen Parteien wieder relativiert wird. Jedoch wird auch Treitschkes Spruch „Die Juden sind unser Unglück" ohne Datierung zitiert und in den Kontext des jüdischen Erfolgs und der Krise 1873 eingeordnet und damit ein neuer kausaler Konnex für den neuen Antisemitismus nahegelegt.[554]

---

552 *FG 3 (Hessen 2017)*, S. 134 f., 143 f.
553 *ZfG 8*, S. 86.
554 *GuG* 3 *(Hessen 2023)*, S. 116 f.

Hintergrund der Kehrseite der „Erfolgsgeschichte“ ist der Sozialneid, der zwar in früheren Lehrbuchgenerationen stärker ausgeführt wurde, aber auch hier noch mitschwingt, zum Teil relativ deutlich: „Viele Menschen waren auch auf die Erfolge jüdischer Kaufleute und Wissenschaftler [...] neidisch.“[555]

FG geht dagegen etwas stärker auf die Rassentheorien ein und leitet den neuen Antisemitismus davon ab: „Viele von ihnen hatten sich an die deutsche Lebensweise und Kultur angepasst. Doch das nützte ihnen wenig. Die Abstammung wurde jetzt wichtiger als die Kultur oder Religion.“ Lobenswert ist hier auch der Hinweis auf die Dreyfus-Affäre in Frankreich (ebd.) ebenso wie die Aussage zur Quelle Treitschkes, dieser „Text hatte große Wirkung und förderte Antisemitismus in gebildeten Kreisen“[556], womit dem weit verbreiteten Vorurteil über den Antisemitismus entgegengetreten wird, dieser nehme mit der Höhe des Bildungsgrades ab.

In *ZfG* wird auch eine explizit jüdische Perspektive, d.h. von Seiten der damals direkt Betroffenen, aufgegriffen, und zwar für das Kaiserreich durch ein Zeitzeugnis eines jüdischen Schülers über seine Diskriminierung sowie durch einen Auszug aus dem Gründungsaufruf des Centralvereins deutscher Staatsbürger jüdischen Glaubens (C.V.). Der Gründungsaufruf des C.V. ist die einzige Quelle, die nicht den Verfolgungs- oder Diskriminierungsaspekt thematisiert, sondern die Gegenseite, hier in Form des Bekenntnisses zur Assimilation und der Zurückweisung von Diskriminierung mit dem Aufruf „aller Kräfte zur Selbstverteidigung“.[557]

Wie ist somit die in der Überschrift gestellte Frage „... eine Erfolgsgeschichte?“ zu beantworten? Die konkreten Erfolge bleiben gewissermaßen anonym, aber es wird vermittelt, dass dieser abstrakt bleibende Erfolg auch kontraproduktiv auf die Juden zurückfiel.

Das dem Neidmotiv zugrunde liegende Vorurteil, dass es „den Juden“ unverdient „besser ging“, wird als verbreitete Anschauung und Schuldzuweisung charakterisiert, aber nicht in der Sache aufgelöst. Die pädagogische Erfahrung zeigt jedoch, dass es nicht reicht, ein Vorurteil nur als Vorurteil auszuweisen, um seine Wirkung zu neutralisieren. Jüdische Erfolge im Wirtschaftlichen bezogen sich auf einige Sektoren wie die entstehenden Warenhäuser und weiteten die vor der Emanzipation ausgeübten Tätigkeiten aus, von einem „Zurseitedrängen christlicher Bürger“ konnte dabei keine Rede sein.

---

555 *Zr 7/8*, S. 88.
556 *FG 3 (Hessen 2017)*, S. 134 f.
557 *ZfG 8*, S. 87.

Antisemitismus statt jüdischer Geschichte

In den meisten Schulbüchern besteht von der Gewichtung her eine quantitative Äquivalenz zwischen jüdischer Integration und Antisemitismus, die qualitativ jedoch zum Letzteren neigt. So heißt es in *Zr*: „Zu den inneren ‚Reichsfeinden' zählten auch jüdische Deutsche. Zwar waren sie gleichberechtigte Staatsbürger, doch eine große Mehrheit hatte Vorurteile gegen sie." Worauf die Quantifizierung beruht, ist unklar, wie auch das Ausmaß der Vorurteile – Abneigungen gab es auch zwischen Protestanten und Katholiken. Abgesehen von dem Begriff „Reichsfeinde" haben wir solche pauschalen Mengenangaben schon bei den früheren Lehrbüchern kritisiert, sie tauchen auch in den aktuellen fast überall auf; in diesem Beispiel kehrt dies undifferenziert fast schon zur Kollektivschuldthese aus den 1990er Jahren zurück. Zu den „Reichsfeinden" gehörten die Juden auch in *FG 3*, wozu es dann ebenso lapidar wie übertrieben falsch heißt: „Auch die deutschen Juden wurden ausgegrenzt." An anderer Stelle wird dies wiederholt und ergänzt: „Viele von ihnen empfanden sich als Deutsche, sie pflegten die deutsche Kultur und waren in der Gesellschaft aufgestiegen." Worin bestand dann die Ausgrenzung?[558]

Zwei Bildquellen illustrieren das Thema in *ZfG*.[559] Die erste ist die Abbildung einer antisemitischen Postkarte um 1900, die unter dem Titel „Die Zukunft" die Zwangsausweisung der Juden in Richtung Palästina darstellt, flankiert von einem Soldaten, der den Weg weist. Der heutige Rückblick überblendet die damalige Botschaft durch den Gedanken einerseits an die Erfüllung des Zionismus, andererseits an mögliche Rettung vor dem, was später im Holocaust passieren sollte. Solche Assoziationen sind im Unterricht zu erwarten, zumal, wenn man hier als Lehrkraft den Begriff Palästina kontextualisieren muss. Für die Situation damals bedeutet es aber die erste Stufe des „eliminatorischen Antisemitismus" nach Goldhagen, wonach die Juden aus Deutschland „verschwinden" sollten, und dessen zweite Stufe dann die Vernichtung des europäischen Judentums war. Verbunden mit dem Foto einer Chanukka-Feier an der Front 1916 und dem Kommentar „Nicht nur 1870 kämpften Juden auf deutscher Seite, sondern auch im Ersten Weltkrieg" wird aus dem C.V.-Gründungsaufruf zitiert: „Wir Juden haben […] an allen Kriegstaten und geistigen Kämpfen teilgenommen, die das zersplitterte Reich geeinigt und ihm unter der Oberhoheit eines Kaisers neuen Glanz verliehen hat." (ebd.) Liest man die Bildlegende jedoch

---

558 *Zr 7/8*, S. 88; *FG 3 (Hessen 2017)*, S. 122, 139.
559 *ZfG 8*, S. 86 f.

alleine, so transportiert sie mit der Formulierung, dass Juden „auf deutscher Seite" kämpften, auch die untergründige Botschaft, sie hätten sich das aussuchen können, quasi von einer unabhängigen Warte aus, dass sie also keine Deutschen wie alle anderen waren, während der C.V.-Text das Gegenteil ausdrücken will.

Gewissermaßen im Sinne eines Pro und Contra wird in *GuG 3* auf einer Doppelseite gegenübergestellt: eine Textquelle zur Einweihung einer neuen Synagoge in Darmstadt, ein Foto, das Kaiser Wilhelm II. beim Verlassen des Antiquitätengeschäfts eines jüdischen Inhabers zeigt, und ein Auszug aus dem Gründungsaufruf des Centralvereins; auf der Gegenseite ein Auszug aus der Satzung der Antisemitischen Vereinigung und die Abbildung der berüchtigten Ansichtskarte „Gruss aus dem Kölner Hof", des „einzig judenfreien Hotels in Frankfurt".[560] Formal gesehen ist die Pro-Seite sogar im Übergewicht, doch die Synagogeneinweihung und Wilhelms Besuch beim Antiquitätenhändler liefern keine Argumente gegen die Antisemiten, eine Contra-Position bezieht einzig der C.V. Die Bildlegende zur Ansichtskarte bringt allerdings einzigartig – anders als gemeinhin nur die Karte[561] – die wichtige Zusatzinformation: „Nach einem Gerichtsurteil wurde diese Postkarte wegen beleidigender Abbildungen von der Beförderung ausgeschlossen." Doch auch dies *bewertet* nur den Antisemitismus, wie es auch von den Schülerinnen und Schülern zu erwarten ist, es *widerlegt nicht* seine Strategie der bis heute eingeprägten Vorurteile (Wuchervorwurf, „keine produktive Arbeit", „finanzielle Macht").

---

560 *GuG 3 (Hessen 2023)*, S. 118 f.
561 Vgl. *Zr 7/8*, S. 89; *FG* 3 *(Hessen 2017)*, S. 150.

4. Weimarer Republik

Dass nicht immer das Motto „Neue Besen kehren gut“ für eine Überarbeitung gilt, zeigt ein Blick in die Neuauflagen der untersuchten Schulbücher. Lediglich drei Werke nehmen sich überhaupt Aspekten jüdischer Geschichte in der Weimarer Republik an.

DwZ besitzt ein eigenes Kapitel zu „Kunst und Kultur der 20er Jahre“ mit dem Verweis, dass dieses nicht verbindlich sei.[562] Gegenüber der früheren Ausgabe ist der monierte Abschnitt „Der jüdische Beitrag zur Kultur“ (vgl. S. 75) verschwunden. Die neue Doppelseite erwähnt eine Reihe prominenter Namen, darunter die von Fritz Lang, Billy Wilder oder Kurt Tucholsky, ein Verweis auf deren jüdische Herkunft fehlt. In der vorherigen Ausgabe gab es zu Tucholsky noch den Hinweis „Sohn eines jüdischen Kaufmanns“.[563]

Neu aufgenommen wurden Materialien für eine Beschäftigung mit dem Film „Im Westen nichts Neues“. Die US-amerikanische Verfilmung des Romans von Erich Maria Remarque kam im Dezember 1930 in deutschen Kinos und war seinerzeit mit zwei Oscars ausgezeichnet worden. *DwZ* präsentiert eine Bild- und zwei Textquellen. Der Arbeitsauftrag dazu lautet, die „politische Brisanz“ des Filmes herauszuarbeiten. Das Foto ist mit „Berliner Polizisten schützen eine Filmvorstellung“ unterschrieben, die erste Textquelle stammt aus der „Vossischen Zeitung“, die zweite aus dem „Völkischen Beobachter“, sie berichten jeweils über die massiven Beeinträchtigungen bei der Filmpremiere. Antisemitisch motivierte Boykott- und Störungsaktionen gehörten zum Repertoire der nationalsozialistischen Kulturpolitik.[564] Der Auszug aus dem „Völkischen Beobachter“ insinuiert eine Täter-Opfer-Umkehr, wenn des dort heißt: „Nach wenigen Augenblicken, besonders wenn es sich um die widerwärtigen Szenen widerwärtig dargestellter deutscher Soldaten handelte, kam es zum empörten Rufen: ‚Schluss‘. ‚Solche Judenfrechheit müssen wir uns nicht gefallen lassen.‘ (Eine große Zahl von Juden verließ den Saal.) Daraufhin versuchten anwesende Marxisten über die Nationalsozialisten herzufallen, sodass

---

562 *DwZ 4*, S. 34 f.

563 *DwZ 3* (2007), S. 188.

564 Siehe dazu auch Jörg Osterloh: „Ausschaltung der Juden und des jüdischen Geistes“. Nationalsozialistische Kulturpolitik 1920–1945 (Wissenschaftliche Reihe des Fritz Bauer Instituts 34), Frankfurt/M./New York 2020.

eine Schlägerei entstand, in deren Verlauf Stinkbomben geworfen wurden und plötzlich weiße Mäuse von verschiedensten Seiten ausgesetzt wurden [...]".[565] Der Arbeitsauftrag richtet den Blick auf den Film, wenn er auffordert: „Arbeitet die politische Brisanz des Films ‚Im Westen nichts Neues' heraus".[566] Damit rückt jedoch eher der Inhalt des Films in den Blickpunkt, weniger die Form des antisemitischen Protestes, des „Skandals", wie ihn die Vossische Zeitung bezeichnete.

Ebenfalls verschwunden ist der knappe Verweis auf den militärischen Beitrag der deutschen Juden im Ersten Weltkrieg. Diese Erwähnung im Kontext der Entstehung der „Dolchstoßlegende" und deren Widerlegung war noch in *DwZ* (vgl. S. 87) zu finden. Und auch das kleine Unterkapitel „Gleichberechtigung der Juden" fiel der Überarbeitung zum Opfer (vgl. S. 81).

Weiterhin herausgenommen wurde die Vertiefungsseite zum Mord an Walther Rathenau (vgl. S. 80). Übrig geblieben ist die namentliche Erwähnung Rathenaus in der berühmten Rede Reichskanzler Wirths im Reichstag am 24. Juni 1922 („Dieser Feind steht rechts!") und ein Satz im Autorentext: „Ein Jahr später [nach dem Attentat auf Matthias Erzberger, Anm. d. Verf.] wurde Reichsaußenminister Walter Rathenau (DDP) von Angehörigen eines Freikorps auf offener Straße ermordet, weil er jüdischer Herkunft war und auf einen Ausgleich mit den Siegermächten setzte."[567] Im neuem Werk *Geschichte entdecken (GEnt)* verschwindet auch der Hinweis auf die jüdische Herkunft Rathenaus, der noch in der alten Realschulausgabe von Gerl (vgl. S. 80) erwähnenswert war.[568]

Das Kapitel „Bayern – vom Königreich zum Freistaat" in *DwZ* stellt Kurt Eisner und Gustav Landauer als Akteure der Revolution vor. Die Ermordung von Eisner wird nicht mit der antisemitischen Haltung des Attentäters in Verbindung gebracht. Dagegen hieß es noch in der früheren Ausgabe, dass der Student Anton Graf von Arco Valley „aus nationalistischen und antisemitischen Motiven" Eisner ermordet habe.[569] In dem neuen Werk *GEnt* erfolgt das tödliche Attentat auf Eisner durch einen nicht näher genannten „königstreuen Adligen".[570] Die Person Landauers kommt in *DwZ* ohne Referenz auf seine jüdische Herkunft aus.[571] Während *Gerl 4* noch kurz die Verbindung von Anti-

565 *DwZ 4*, S. 36.
566 *DwZ 4*, S. 37.
567 *DwZ 4*, S. 22.
568 *GEnt 4*, S. 66.
569 *DwZ 3* (2007), S. 201.
570 *GEnt 4*, S, 50.
571 *DwZ 4*, S. 16 f.

semitismus und Antiparlamentarismus in der Endphase der Weimarer Republik thematisiert hat, ist dieser Aspekt in *GEnt* nicht mehr zu finden.

Auch in der Neukonzeption von *ZfG* spielen jüdische Geschichte oder Antisemitismus eine sehr untergeordnete Rolle. Neu in *ZfG* ist eine Doppelseite mit Abbildungen von Wahlplakaten, aus verschiedenen Wahlkämpfen, der bedeutendsten Parteien in der Weimarer Republik. In der Erläuterung zum Plakat DNVP aus dem Jahr 1924 ist vermerkt, dass die Partei „mit dem Slogan ‚Los von jüdisch-sozialistischer Fron!'" wirbt.[572] Herausgenommen wurde dagegen die Passage über die antisemitische Ausrichtung der NSDAP in den Anfangsjahren (vgl. S. 86). Das mehrseitige Kapitel „Demokratien ohne Demokraten?"[573] richtet den Blick sowohl auf Deutschland als auch auf Frankreich. Es kommt ohne Verweis auf die Bedrohung der demokratischen Ordnung durch antisemitisches Gedankengut und ebensolche Handlungen aus. Politische Gewalt und Republikfeindlichkeit werden durchweg auf eine nationalistische Haltung zurückgeführt. In der Weimarer Republik sahen die gesellschaftlichen Großgruppen nicht die Bedeutung des Antisemitismus – mit bekanntem Ergebnis. Diese Nichterzählung bzw. Ignoranz setzt sich in den heutigen Schulgeschichtsbüchern weitgehend fort.

Zu einer ähnlichen Bewertung kommt auch die Untersuchung zu den Schulgeschichtsbüchern im Bundesland Nordrhein-Westfalen, deren Ergebnisse 2023 veröffentlicht wurden: „Die Hälfte der untersuchten Geschichtsschulbücher kommt im Kapitel zur Weimarer Republik ohne jeglichen jüdischen Bezug aus. [...] Allgemein fällt auf, dass die vorliegenden Kapitel vor allem politikgeschichtlich geprägt sind. Jüdischer Geschichte kommt selten ein eigenständiger Stellenwert zu. Juden kommen zumeist im Zusammenhang der politischen Radikalisierung und des Aufstiegs der NSDAP, also im judenfeindlichen Kontext, vor [...]. Das Ausmaß der Radikalisierung des Antisemitismus in der Weimarer Republik wird insgesamt in den Büchern kaum deutlich. Dabei könnten ‚Leerstellen' beispielsweise durch die Darstellung der Ostberliner Scheunenviertelpogrome 1923, welche den Höhepunkt antisemitischer Ausschreitungen in der Weimarer Republik markierten, gefüllt werden. Diese könnten Virulenz und Gewalttätigkeit des Antisemitismus Schülerinnen und Schülern anschaulich vor Augen führen."[574]

---

572 *ZfG 8*, S. 169.

573 Ebd., S. 182-185.

574 https://www.schulministerium.nrw/system/files/media/document/file/darstellung_juedische_geschichte_kultur_religion_schulbuecher_nrw_abschlussbericht_gei_januar_2023.pdf , S. 76-78 (13.4.2023).

5. Nationalsozialismus

Machtübernahme und Schuldfrage

ZfG stellt gegenüber der vorherigen Ausgabe den Prozess der Machtübernahme in einem neu gestalteten Kapitel „Der Weg in die Diktatur“ weitaus differenzierter dar (vgl. S. 96). Mit Blick auf die Verantwortlichkeit für den Prozess sollen die Schülerinnen und Schüler erkennen, „welche staatlichen Einrichtungen Hitler noch hätten Einhalt gebieten können“[575]. Dazu gibt es einen „Tipp“ im hinteren Teil des Buches. Dieser lenkt den Blick jedoch ausschließlich auf die Abgeordneten des Reichstags und die Gerichte. Ausgeblendet bleiben andere Akteure, so wäre beispielsweise nach der Rolle Hindenburgs zu fragen.[576]

Auch *DwZ* hat das Kapitel zur Machtübernahme und der damit verbundenen Frage nach der Verantwortlichkeit einer Überarbeitung unterzogen. Statt des früheren Hinweises auf den unaufhaltsamen Aufstieg der NSDAP („Immer mehr machen mit“) signalisieren die neuen Zwischenüberschriften ein anderes Narrativ. So habe Hitler, was nicht falsch ist, „ohne absolute Mehrheit die ganze Macht“[577] erhalten. Doch erst „Propaganda sichert Zustimmung“[578], und unter der Zwischenüberschrift „Inszenierung und Zwang“ wird mit Blick auf das Ergebnis der Reichstagswahl vom März 1933 konstatiert, „dass viele Menschen der NSDAP weiterhin skeptisch gegenüberstanden“.[579] Ein vierseitiges Kapitel ist mit „Überall Propaganda“[580] überschrieben. In der vorherigen Ausgabe waren noch vier Seiten mit der Überschrift „Die Bevölkerung wird manipuliert“ versehen. Als Hinweis auf Formen abweichenden Verhaltens zeigte das Vorgängerwerk noch das ikonisch gewordene Foto aus dem Jahr 1936 mit dem Arbeiter auf der Hamburger Werft der Firma Voss & Blohm, der als Einziger in der Masse von Arbeitern und Angestellten nicht den Hitlergruß zeigt.[581] Die

---

575 *ZfG 9*, S. 13.
576 *ZfG 9*, S. 218.
577 *DwZ 4*, S. 59.
578 *DwZ 4*, S. 66.
579 *DwZ 4*, S. 67.
580 Gleiche Überschrift, ähnliche inhaltliche Struktur, anderes Layout ist in *GEnt 4* zu finden. Vgl. S. 96 ff.
581 *DwZ 4* (2007), 34. Das Foto ist jedoch in *GEnt 4*, S. 130 zu finden.

Aufnahme wurde, laut Simone Erpel, Ende der 80er Jahre „zu einem Sinnbild für Zivilcourage".[582]

In der neuen Ausgabe von *DwZ* sucht man vergebens Hinweise auf eine aktive Rolle der Bevölkerung, wie beispielsweise darauf, dass Hundertausende in die NSDAP drängten und diese einen Aufnahmestopp verfügte oder dass die Bücherverbrennungen unter reger Anteilnahme der Bevölkerung stattfanden. In der vorherigen Ausgabe hieß es noch, dass in Berlin in Gegenwart von 40000 Menschen die Bücher verbrannt wurden.[583] In der neuen Ausgabe wird vermerkt: „Der ‚Nationalsozialistische Deutsche Studentenbund' unterstützte die Kulturpolitik der NS-Regierung. Er organisierte z.B. zwischen März und Oktober 1933 überall im Reich öffentliche Bücherverbrennungen [...]."[584] Zurück bleibt eine dichotomische Erzählung – hier die Nationalsozialisten, dort die Bevölkerung oder in den Worten des Buches ausgedrückt: „Staats- und Parteiführung nutzten Propaganda, um das Denken, Handeln und Fühlen der Bevölkerung in ihrem Interesse zu beeinflussen."[585] Dazu kommt der Arbeitsauftrag: „Fasst die Mittel und Methoden, mit denen die Nationalsozialisten die Menschen beeinflussten, in einer Tabelle zusammen."[586]

Etwas kryptischer heißt es bei *Zr*: „Viele Menschen passten sich freiwillig an."[587] Nun macht es aber einen Unterschied, ob man von Anpassung oder freiwilliger Mitwirkung spricht. Anpassung kann auch ohne innere Überzeugung passieren. In der alten Ausgabe hieß es noch „Eine große Anzahl war anfangs vom Nationalsozialismus überzeugt." (Vgl. S. 95)

Dass auch ein anderes Narrativ möglich ist, zeigt das im gleichen Verlag wie *DwZ* erschienene Werk *Geschichte entdecken*. Eine Doppelseite widmet sich der Frage „Weshalb gab es große Zustimmung für Hitler?"[588] (so die Überschrift). Es visualisiert über zwei Fotos das Thema, darunter eines vom Reichsparteitag 1934 in Nürnberg, das eine jubelnde Menge zeigt. Zwei Textquellen – ein Gedicht an Hitler und ein Auszug aus dem Tagebuch von Thomas Mann – bieten unterschiedliche Perspektiven. Im Autorentext wird auf das „Problem mangeln-

---

582 Simone Erpel: Zivilcourage. Schlüsselbild einer unvollendeten „Volksgemeinschaft". In: Gerhard Paul (Hg.): Das Jahrhundert der Bilder. Göttingen 2009, S. 490. Dort auch zur weiterhin offenen Frage der Identität des Arbeiters, vgl. S. 494.

583 *DwZ 4* (2007), S. 32.

584 *DwZ 4*, S. 68.

585 *DwZ 4*, S. 66.

586 Ebd., S. 67.

587 *Zr 9/10*, S. 16.

588 *GEnt 4*, S. 110 f.

der Quellen" verwiesen und darauf, dass die Geschichtsforschung die Frage nach der Zustimmung unterschiedlich diskutiert. Damit wird eine Form der Kontroversität angedeutet und ein quellenkritischer Umgang thematisiert: „Rückblickende Aussagen nach 1945 werfen das Problem auf, dass sie den Zweck haben könnten, das eigene Verhalten zu rechtfertigen."[589]

Ausgrenzung und Verfolgung bis 1939/40

EuV präsentiert eine „Zeittafel der Verfolgung", die chronologisch zentrale Maßnahmen auflistet. Im Kontext der „Nürnberger Gesetze" ist gegenüber der vorherigen Ausgabe von *EuV* der Abschnitt „Juden als Sündenböcke" verschwunden. Der neue kurze Autorentext verzichtet auf die Wiedergabe des Rasse-Kriteriums in den Gesetzen oder einen Hinweis darauf und spricht dagegen ungenau von „520 000 deutschen Juden (0,5 % der Bevölkerung)".[590] Hier stimmen weder die absoluten noch die prozentualen Angaben. Nach den Zahlen der Volkszählung im Juni 1933 betrug die jüdische Bevölkerung 499 682 Menschen. Dies entspricht einem Bevölkerungsanteil von 0,8 Prozent.[591] Nicht gerade geglückt sind auch die weiteren Ausführungen: „Nun steigerten sich im täglichen Leben die Ausgrenzung und die Verfolgung von Juden. Deswegen wanderten bis 1938 über 220 000 jüdische Bürger aus Deutschland aus. Ihnen folgten bis 1941 mehr oder minder unfreiwillig weitere 100 000 deutsche Juden."[592] Die zeitliche Eingrenzung einer unfreiwilligen Auswanderung sollte nicht nur auf die Zeit ab 1938 begrenzt sein, auch die Auswanderung im Zeitraum zwischen 1933 und 1938 erfolgte keineswegs freiwillig.

Immerhin erfolgt in *EuV* eine Erweiterung des Umfangs auf nunmehr vier Seiten für die „Verfolgung der Juden bis 1939". Die Doppelseite „Was geschah während der Novemberpogrome?" verzichtet anders als die ältere Ausgabe auf den Begriff der „Reichskristallnacht". Auf eine erfahrungsberichtliche Quelle aus jüdischer Perspektive zu den Novemberpogromen wurde verzichtet.[593] Nachzulesen sind die Erinnerung eines nicht näher bestimmten Zeitzeugen aus

---

589 *GEnt 4*, S. 110.

590 *EuV 9/10*, S. 91. Auch die auf dieser Seite genannten Zahlen zur Auswanderung sind ungenau. Vgl. https://www.statistik-des-holocaust.de/stat_ger_pop.html (Zugriff: 18.12.2023).

591 Statistik des Deutschen Reiches, Band 451, Heft 5, S. 9.

592 *EuV 9/10*, S. 91.

593 Zur Darstellung der Novemberpogrome in den Schulbüchern vgl. Martin Liepach: Zur Darstellung des Holocaust in den aktuellen Schulgeschichtsbücher. In: Geschichte und Wissenschaft 2019, 70. Jg., Heft *9/10*, S. 543-553, hier S. 544.

Köln, der sich mit großer zeitliche Distanz im Jahr 1985 erinnert, der Bericht des amerikanischen Konsuls über die Ereignisse in Leipzig und ein Befehl des Chefs der Gestapo Reinhardt Heydrich. Der Zeitzeugenbericht verweist auf die „ausgelassene Stimmung wie zur Karnevalszeit", der Historiker Saul Friedländer wird mit den Worten zitiert: „Unter den meisten ‚gewöhnlichen Deutschen' gab es […] ein gewisses Maß an Schadensfreude beim Mitansehen ihrer Erniedrigung".[594] Demgegenüber legt der Autorentext eine andere Erklärung des Geschehens nahe, wenn es heißt: „Hitler und Goebbels nutzten diese Tat [das Attentat in Paris] schnell entschlossen, um eine neue große Verfolgungswelle gegen die jüdische Bevölkerung zu organisieren."[595] Hier setzt sich das Problem der Personalisierung und Reduzierung auf wenige prominente NS-Täter fort.

Weiterhin in dem Quellenkorpus belassen wurde die Erzählung des damals 16-jährigen HSV-Fans Gerhard Moss[596] (vgl. S. 126). Das Bemühen, zunehmend jüdische Perspektiven auf die Ausgrenzungserfahrung und deren Re-(Aktion) zu integrieren, ist *ZfG* zu entnehmen. Auf der Vertiefungs-Doppelseite „Jüdische Jugendliche: Wie weiterleben?"[597] wird im Autorentext zunächst die Errichtung von jüdischen Zwangsschulen beschrieben und der Begriff der Alija eingeführt. Entsprechende Hinweise in einer der Aufgabenstellungen führen auf die Internetseite der Geschichtswerkstatt der Lessing-Realschule in Freiburg.[598] In den Räumlichkeiten der heutigen Lessingschule war zeitweise die jüdische Zwangsschule in Freiburg untergebracht. Alternativ sollen die Schülerinnen und Schüler über das „Landwerk" im brandenburgischen Ahrensdorf recherchieren, eine Einrichtung der „Reichsvertretung der Juden in Deutschland", die auf die Auswanderung nach Palästina vorbereitete. Außerdem gibt es einen telegraphierten Text von Rolf Baruch, dessen Lebensgeschichte auszugsweise aus einem Roman vorgestellt wird. Warum hier die literarische Form das Format der Primärquelle ablöst, erschließt sich nicht zwingend. Das Format der „Romanfigur Ron" wird nicht problematisiert.

EuV bietet eine weitere Doppelseite zur Frage „Wie veränderte sich die Schule?"[599]. Hier ist die bekannte Aufnahme aus einem Klassenraum zu se-

---

594 *EuV 9/10*, S. 93.
595 *EuV 9/10*, S. 92.
596 *EuV 9/10*, S. 90.
597 *ZfG 9*, S. 34 f.
598 Der letzte Eintrag stammt aus dem Schuljahr 2020/21.
599 *EuV 9/10*, S. 86-87.

hen, die die Demütigung eines jüdischen Schülers zeigt. Die Bildunterschrift vermerkt: „Unterrichtssituation. An der Tafel steht: Der Jude ist unser größter Feind! Hütet euch vor den Juden! Foto, um 1937.“[600] Bereits in der Erstauflage dieses Buches haben wir darauf hingewiesen, dass das Foto mutmaßlich aus dem Jahr 1938 und aus Wien stammt (vgl. S. 104). Auch *ZfG* verwendet das Foto, jedoch mit einem größeren Bildausschnitt. Ohne Verweis auf das Jahr heißt es lapidar: „Blick in ein Klassenzimmer“.[601]

Nicht alle Überarbeitungen und Neuauflagen sind per se Verbesserungen. Das neu konzipierte Werk *GEnt*, das als Nachfolger des Realschulbuches *Gerl* gesehen werden kann, enthält keinen jüdischen Erfahrungsbericht mehr im Kapitel „Ausgrenzung und Verfolgung von Minderheiten“.[602] Hier wurde auf die beeindruckende Quelle „Alltag einer jüdischen Schülerin“[603] aus der Vorgängerausgabe verzichtet. Darin schildert eine jüdische Bambergerin in einem Brief aus dem Jahr 1996 ihre Erfahrungen und Erlebnisse zwischen 1935 und 1939.

Holocaust – Täter- und Opferperspektiven

Im Februar 2021 beklagte Martin Cüppers, wissenschaftlicher Leiter der Forschungsstelle Ludwigsburg, dass in den Schulbüchern die tatsächlichen Dimensionen und Abläufe der NS-Vernichtungspolitik zu häufig unklar blieben. „Zur Realisierung des Holocaust und der anderen NS-Massenverbrechen hat es Hunderttausender Täter und etlicher Täterinnen bedurft und […] wie wir aus den Quellen wissen, haben die oft genug allzu bereitwillig und initiativwillig überhaupt erst das Wissen geschaffen, wie Hunderttausende von Menschen bestmöglich ermordet werden können.“[604] Cüppers weiter: „Ich bin entsetzt darüber, wenn ich in Schulbücher schaue, was da an Vermittlung stattfindet. Das hinkt der Forschung um Jahrzehnte nach. Und stellt auch die falschen Fragen oder liefert vollkommen ungenügende Antworten.“[605]

Es scheint so, als hätten Ergebnisse der Täterforschung in den letzten Jahrzehnten keinerlei Beachtung gefunden, zumindest was die Schulbücher der Sekundarstufe I betrifft. Als eines der wenigen Werke bietet die hessische Ausga-

600 *EuV 9/10*, S. 60.
601 *ZfG 9*, S. 32.
602 *GEnt 4*, S. 102-103.
603 *Gerl 4* (2003), S. 161.
604 https://www.deutschlandfunk.de/darstellung-von-ns-verbrechen-schulbuecher-hinken-forschung-100.html (5.6.2023).
605 Ebd.

be von *FG* 4 für die Sekundarstufe I einen Textauszug aus der Untersuchung von Christopher Browning. Seine bahnbrechende Studie über ein Hamburger Reserve-Polizei-Bataillon und dessen Beteiligung an mindestens 38 000 Morden erschien 1992 unter dem Titel „Ordinary Men: Reserve Battalion 101 and the Final Solution in Poland" und ein Jahr später unter dem Titel „Ganz normale Männer"[606] auf Deutsch. Der forschungsstrategische Zugriff Christopher Brownings rückte den Blick zum einen weg von der intentionalistischen Konzentration auf die engen Führungszirkel der NSDAP und die obere und mittlere Funktionsebene, aber ebenso weg von dem Bild eines vor allem bürokratisch organisierten Holocaust. Damit verschob sich die Analyse auf die unteren Funktionseinheiten und ihre Akteure sowie die begangenen Gewalttaten vor Ort, womit der Blick auf den Holocaust eine deutliche perspektivische Erweiterung erfuhr. In der *FG*-Ausgabe sollen sich die Schülerinnen und Schüler unter der Aufforderung „Historische Ereignisse bewerten" mit den Positionen von Browning und Goldhagen beschäftigen.[607] Unter dem Aspekt des Kontroversitätsgebots eine sicherlich sinnvolle Aufgabe und unter den Schulbüchern eher eine Ausnahme. Mit Blick auf die Darstellung der Täter kommt der Untersuchungsbericht zu den Schulbüchern in Nordrhein-Westfalen zu folgendem Ergebnis: „Nur wenige Lehrwerke zeigen die Heterogenität der Täter auf, indem sie darauf hinweisen, dass es nicht nur fanatische Nationalsozialisten waren, sondern auch Schreibtischtäter oder Lokomotivführer, die den Vernichtungsprozess am Laufen hielten. Es sind aber die fanatischen, pathologisch gezeichneten Nationalsozialisten, die vor allem als subjekthafte Akteure in den einzelnen Schulbüchern auftreten."[608]

Eine eher seltene, psychologisierende Herangehensweise über die Frage von Gehorsam, Verdrängen und Nichtwissen bzw. Nichtwissenwollen bieten die Lebenserinnerungen eines ehemaligen Soldaten aus dem Jahr 1980 in *EuV*.[609] Das Werk verweist in seiner Überschrift explizit auf den Urheber der Quelle „Psychologieprofessor Peter Brückner"[610]. Der Quellenauszug ist aus drei Textpassagen montiert: „Es gab bei manchem sonst Hellhörigen eine spürbare Abwehr dagegen, gewisse Nachrichten über das Grauen im NS-Staat zur Kenntnis

606 Christopher R. Browning: Ganz normale Männer. Das Reserve-Polizeibataillon 101 und die „Endlösung" in Polen. Reinbek bei Hamburg 1993.

607 *FG 4 (Hessen, 2018)*, S. 148-149.

608 NRW-Bericht, S. 103, wie Anm. 28 (aufgerufen 12.6.2023).

609 *EuV 9/10*, S. 101.

610 Peter Brückner: Das Abseits als sicherer Ort. Kindheit und Jugend zwischen 1933 und 1945. Berlin 1980.

zu nehmen: Man erschrak, aber verstummte, wurde unwillig, vergaß. Und doch erinnerte ich mich, dass ich gelegentlich den Impuls verspürte, mich zuzuschließen, wie ein indischer Affe nichts zu sehen und nichts zu hören. Warum? [...] (E)s gab Verbrechen, denen gegenüber es fast unerträglich sein konnte, Zuhörer zu sein. Im Zugabteil reichten junge Soldaten Fotos herum – nicht die ihrer Bräute, sondern die aufgehängter Polen oder Russen; der Soldat, grinsend, im Vorder- oder Hintergrund, je nachdem." Peter Brückner schließt dann mit der Passage „Ich wollte ja leben und nicht nur überleben". Der Arbeitsauftrag fordert die Schülerinnen und Schüler dazu auf, „die Aussagen des Autors, am liebsten nichts über die Verbrechen sehen und hören zu wollen", zu untersuchen. Da den Schülerinnen und Schüler keine Untersuchungskriterien an die Hand gegeben werden, dürfte es in der Regel auf die Reproduktion der sicherlich für die Adressaten plausiblen Gründe der Verdrängung, aber auch eine Rechtfertigung des passiven Handelns hinauslaufen. Ob man mit dieser Zitatenmontage dem Anliegen des Quellenproduzenten Rechnung getragen hat, bleibt dahingestellt, zählte doch Peter Brückner zur Symbolfigur der Neuen Linken in der Bundesrepublik Deutschland.

Gleichfalls eine Leerstelle in den Schulbüchern ist die „Aktion Reinhardt", zu der in den vergangenen Jahren wichtige Forschungsarbeiten und -ergebnisse erschienen sind. In der Holocaust-Forschung wurde ihr zunehmend Bedeutung zugemessen. Dies reicht bis zu der Einschätzung, die „Aktion Reinhardt" sei der „Kern des Holocaust"[611] gewesen. Nur etwa 140 Menschen überlebten die Vernichtungslager der „Aktion Reinhardt", Belzec, Sobibor und Treblinka, in denen zwischen März 1942 und Oktober 1943 über eineinhalb Millionen Juden sowie Tausende Sinti und Roma getötet wurden. Neben dem Aufstand im Warschauer Ghetto sind es die weithin unbekannt gebliebenen Revolten in den Vernichtungslagern Sobibor und Treblinka, welche den Mythos widerlegen, dass Juden keinen Widerstand gegen die nationalsozialistische Verfolgung geleistet hätten.

In der alten Ausgabe von *ZfG* waren immerhin Auszüge aus dem sogenannten Gerstein-Bericht abgedruckt.[612] Kurt Gerstein war Abteilungsleiter im Rassenhygiene-Institut der SS. Er bekam den Auftrag, Blausäure (Zyklon B) zur Ermordung von Menschen zu beschaffen, und wurde im August 1942 Zeuge des Massenmordes in den Vernichtungslagern Belzec und Treblinka. Er

---

611 Stephan Lehnstaedt: Der Kern des Holocaust. Bełżec, Sobibór, Treblinka und die Aktion Reinhardt. München 2017. Sara Berger: Experten der Vernichtung. Das T4-Reinhardt-Netzwerk in den Lagern Belzec, Sobibor und Treblinka. Hamburg 2013.

612 Vgl. *ZfG 4* (2007), S. 130 f.

informierte mehrfach ausländische Diplomaten und Geistliche über die nationalsozialistischen Gewaltverbrechen. Im April 1945, in französischer Kriegsgefangenschaft, verfasste er kurz vor seinem Freitod einen Bericht über seine Handlungen und Motive. In der Neuauflage von *ZfG* erfahren die Orte Belzec, Sobibor und Treblinka lediglich eine kurze Erwähnung im Autorentext, ohne Erwähnung der Bezeichnung „Aktion Reinhardt". Der Fokus wird mit einer Doppelseite auf das Vernichtungslager Auschwitz gelegt.[613]

EuV hat sein kurzes Kapitel zum Holocaust überarbeitet. Die Zwischenüberschrift „Mitwirkung und Mitschuld" und der nachfolgende Text sind eine weitgehende Übernahme der älteren Ausgabe. Jedoch verzichtet das Werk nunmehr auf das schockierende Bild der Leichengrube im KZ Bergen-Belsen. Auch das Foto einer Erschießungsaktion in Pančevo mit problematischer und verfälschender Unterschrift („Ermordung von Juden und sogenannten Zigeunern durch Wehrmachtstruppen in Pančevo") wurde herausgenommen.[614] Als Quelle neu hinzugefügt wurde eine von der jüdischen Überlebenden Ella Liebermann-Shiber angefertigte Zeichnung, die den „Empfang" in Auschwitz darstellt, sowie ein Auszug aus den Erinnerungen von Ruth Klüger.[615]

Zr hat eine längere Beschreibung von Rudolf Höß (vgl. S. 125) über seine Tätigkeit als Lagerkommandant von Auschwitz herausgenommen. Dagegen wurde ein längerer Bericht eines jüdischen Häftlings, der gezwungen wurde jüdische Frauen, Kinder und Männer in die Gaskammer zu führen, eingefügt.[616] Neu ist auch ein Kapitel mit der Überschrift „Was man wissen konnte", das mit einer Doppelseite diesem Aspekt deutlich mehr Raum gibt. Die rhetorische Frage „Von allem nichts gewusst?" wird eingangs als Zwischenüberschrift wie in der Vorgängerausgabe erneut formuliert. Der Autorentext folgt dabei inhaltlich weitgehend dem früheren Autorentext. Neu sind jedoch die Textquelle des Technikers Karl Dürkefälden, der sich im Zeitraum zwischen 1933 und 1945 aus Zeitung, Rundfunk und Gesprächen informierte und seine Beobachtungen notierte, sowie eine Bildquelle, die eine öffentliche Versteigerung des Hausrats deportierter Juden in einem Dorf in der Nähe von Hanau zeigt.[617]

Zr 9/10 versucht einen geschichtspolitischen Bezug herzustellen, indem das Werk auf den Holocaust in Griechenland eingeht. Problematisch ist je-

---

613 *ZfG 9*, S. 50-54.
614 *EuV 9/10* (2009) S. 87 u. S. 99.
615 *EuV 9/10*, S. 107.
616 *Zr 9/10*, S. 39.
617 *Zr 9/10*, S. 42 f.

doch die Zwischenüberschrift „Das Gold der Juden von Saloniki". In dem zweiseitigen Kapitel geht es exemplarisch um die nationalsozialistische Besatzungspolitik in Europa. Auch sollen Schülerinnen und Schüler die Entschädigungsfrage diskutieren. Die Ausplünderung der griechischen Juden wird zwar durchaus passend beschrieben: „Die Wehrmacht nahm den Juden von Saloniki vor ihrer Deportation alle Vermögenswerte ab und erpresste Gold von ihren Gemeinden. Während dieses Gold auf Konten der griechischen Notenbank floss, wurden 43 850 griechische Juden nach Auschwitz deportiert."[618] Doch hätte es sicherlich nicht dieser Zwischenüberschrift bedurft, um unterbewusste antisemitische Vorstellung vom jüdischen Reichtum zu triggern. In der Untersuchung zur Darstellung der jüdischen Geschichte, Kultur und Religion in Schulbüchern des Landes Nordrhein-Westfalen wurde diese Passage ebenfalls moniert.[619] Inzwischen hat der Verlag auf die Kritik reagiert und eine Überarbeitung vorgenommen. In der Zwischenüberschrift ist nun von der „Erpressung der Juden" die Rede.[620]

Widerstand

Der Blick auf und die Beschäftigung mit dem Thema Widerstand unterliegen auch geschichtskulturellen Konjunkturen. Das zeigt ein Vergleich der beiden Werke *Geschichte erleben* und *Geschichte entdecken*. Hieß das Kapitel in *GErl* (2003) noch „Deutscher Widerstand im Krieg", geht in der Neuausgabe von *GEnt* diese historische Eingrenzung verloren. Herausgenommen wurden die umfangreichen Materialien zum „Protest in der Rosenstraße", der sich im weiteren Sinne als jüdische Geschichte lesen lässt (vgl. S. 119). Es scheint so, als ob diese Aktion aus dem geschichtskulturellen Gedächtnis verschwindet. Erkennbar bleibt eine stärkere Kanonisierung des Widerstands mit Referenzen an Georg Elser und den Umsturzversuch vom 20. Juli.[621] Ganz prominent und herausgehoben widmet sich eine Doppelseite der Weißen Rose. Hier wird bereits in der Überschrift „Die ‚Weiße Rose' – auch heute ein Vorbild"[622] der bildungspädagogische Ton gesetzt. Die Abbildung eines Fotos mit einer Schautafel „Schule

618 *Zr 9/10*, S. 48 f.
619 NRW-Bericht, S. 99 (wie Anm. 28).
620 *Zr 9/10 Ausgabe NRW/Thüringen/Mecklenburg-Vorpommern (2022)*, S. 82. Ebenso *Zr 3 Ausgabe Sachsen (2022)*, S. 144.
621 *GEnt 4*, S. 130.
622 *GEnt 4*, S. 132-133.

ohne Rassismus – Schule mit Courage“ stellt die Verknüpfung zur Gegenwart her. Mittels eines Mediencodes sollen sich Schülerinnen und Schüler über die Initiative informieren und untersuchen, inwiefern deren Werte mit denen der Weißen Rose übereinstimmen. Christian Kuchler beobachtete in den letzten Jahren eine zunehmende Fixierung auf Sophie Scholl als Ikone des „anderen Deutschlands“.[623] Für die Doppelseite würde die Kritik nur bedingt greifen, wenngleich mit Auszug aus dem Verhörprotokoll der Gestapo den Äußerungen von Sophie Scholl prominent Raum gegeben wird.

Aus *EuV* wurden die zwei Seiten „Verfolgung und Widerstand im Warschauer Ghetto“ (vgl. S. 117) herausgenommen. Das ikonische Foto des kleinen Jungen, der mit erhobenen Händen aus dem Versteck geführt wird, ist nunmehr auf der Auftaktdoppelseite des Gesamtkapitels zu finden. Daneben wurde ein Foto „Frankfurt/Oder nach Bombenangriffen“ aus dem Jahr 1945 montiert.[624] Nicht nur die radikale Kürzung des Themas Warschauer Ghetto-Aufstand irritiert, auch die Parallelisierung der Bildmontage, die eine problematische Analogie von Opfergruppen transportiert. Weiterhin ist ein Auszug aus dem Protokoll der Wannsee-Konferenz nicht mehr in der Neuauflage zu finden (vgl. S. 121). Vielmehr heißt es dort fälschlicherweise: „Am 20. Januar 1942 beschlossen führende NS-Führer, die ‚Endlösung der Judenfrage‘ auf der sogenannten Wannsee-Konferenz in Berlin (während des Zweiten Weltkrieges).“[625]

DwZ widmet mit der rhetorischen Frage „Kein Widerstand?“ dem jüdischen Widerstand einen kurzen Autorentext. Dieser nimmt explizit auf das Warschauer Ghetto Bezug und verweist auf den Kampf von „etwa 1,5 Millionen Jüdinnen und Juden als Partisanen und in den alliierten Armeen gegen den NS-Staat“[626]. Gegenüber der alten Ausgabe von *DwZ* wurde der normative Satz im Autorentext, dass „nicht alle Deutschen mit Hitler und dem NS-Regime gleichzusetzen sind“ (vgl. S. 114), herausgenommen. In *Zr 9/10* ist das frühere zweiseitige Kapitel „Kirchen im Nationalsozialismus“ nicht mehr enthalten. Der christliche Widerstand wird in dem Kapitel „Widerstand im NS“ in drei Sätzen beschrieben. Namentlich wird Dietrich Bonhoeffer als Beispiel dafür erwähnt. Als Beispiel für jüdischen Widerstand wird die Baum-Gruppe kurz beschrieben, welche in der früheren Ausgabe keine Erwähnung erfahren hatte.

---

623 Christian Kuchler: @ichbinsophiescholl: Soziale Medien als Chance für den Geschichtsunterricht? In: geschichte für heute, Heft 1 (2023), S. 53-66, hier S. 54.

624 *EuV 9/10*, S. 71.

625 *EuV 9/10*, S. 106.

626 *DwZ 4*, S. 99. Siehe dazu auch oben, S. 118.

Rechercheaufträge sollen die Schülerinnen und Schüler zu einer vertiefenden Auseinandersetzung führen.[627]

Arbeit mit Biografien

Einige Überarbeitungen erfuhren die biografischen Zugänge in den Schulbüchern. *Zr* widmet eine Doppelseite der Rettungsgeschichte von Fela Kokotek unter der Überschrift „Fela hat überlebt". Der Autorentext schildert die wichtigsten Stationen im Leben von Fela. Im Alter von fünf Jahren musste sie erleben, wie die Deutschen Polen überfielen. Weiterhin gibt es drei Fotos sowie einen Auszug aus einem Interview mit Fela aus dem Jahr 1947, das von der „Zentralen jüdischen Kommission" mit Überlebenden geführt wurde. Ein Foto zeigt ihre polnische Retterin, die sie als Pflegkind aufnahm, ein weiteres Foto Fela im Alter von zwölf Jahren (1947). Ein drittes recht kleines Foto soll die Auflösung des Ghettos Srodula in Sosnowiec und die Deportation zeigen und wird auf „vermutlich 1943" datiert. Verschiedene Aufgaben sind einer Lernprogression angepasst und bieten zwei Varianten in der Kompetenzdifferenzierung an. Gemeinsam ist die letzte Aufgabe, die einen Gegenwartsbezug herstellt und lautet: „Würdet ihr heute ein Flüchtlingsmädchen in eurer Familie aufnehmen? Ist die Situation vergleichbar mit der von Fela? Diskutiert."[628] Weitere kürzere biografische Skizzen lassen sich unter der Rubrik „Schon gewusst?" finden. Dort wird beispielsweise der Sinto Johann Trollmann vorgestellt.[629]

In *ZfG* wurden dagegen die sehr gelungene Doppelseite über die Familie Spiro (vgl. S. 130) und die eher problematische Seite über Helene Mayer (vgl. S. 129) herausgenommen. Neu sind eine biografische Skizze über die Journalistin Käthe Vordtriebe, die aus einer „nichtreligiösen jüdischen Familie"[630] stammte, sowie eine Doppelseite über den „Lebensweg Anne Frank"[631]. Letztere ist die Einstiegsseite zum Großkapitel „Zweiter Weltkrieg". In dem Auszug aus dem Tagebuch berichtet Anne Frank über die Existenz von Konzentrationslagern. Damit folgt das Werk jüngeren geschichtsdidaktischen Reflexionen, wie das Tagebuch als Quellenmaterial für den Geschichtsunterricht genutzt werden könn-

627 *Zr 9/10*, S. 54.
628 Zr *9/10*, S. 40-41.
629 *Zr 9/10*, S. 45.
630 *ZfG 9*, S. 30.
631 *ZfG 9*, S. 42-43.

te.[632] Dieser Tendenz folgen jedoch nicht alle Werke. In der Neuausgabe von *DwZ* wurden die Vertiefungsdoppelseiten zu Anne Frank (vgl. S. 133) herausgenommen; im Personenindex kommt Anne Frank nicht mehr vor.

Konsequenzen, Erinnern und Gedenken

Die Darstellung der Erinnerungskultur an den Holocaust in den untersuchten Schulbüchern bezieht sowohl die Dimension des Alltags wie auch die der Politik ein, wobei letztere Sphäre inhaltlich stärker vertreten ist. Insgesamt drängt sich der Eindruck auf, dass die Darlegung der erinnerungskulturellen Praktiken ein bisweilen größeres Gewicht in den historischen Kapiteln der Lehrwerke erhalten habt. Hierin spiegelt sich auch die Tendenz einer, nicht nur im akademischen Bereich, vorhandenen Public-History-Begeisterung. Beispielhaft steht hier *DwZ*: Das Werk setzt bereits auf seiner Auftaktseite zum NS-Kapitel mit der Überschrift „Nationalsozialismus, Zweiter Weltkrieg und Holocaust" eine Akzentverschiebung. In der früheren Ausgabe firmierte das Kapitel noch unter der Überschrift „Totalitäre Herrschaft und Zweiter Weltkrieg". Die Auftaktdoppelseite zeigt ein großformatiges Foto des Holocaust-Mahnmals für ermordeten Juden in Europa in Berlin. Damit liefert es den Vorgriff auf den Holocaust. In dem begleitenden Einführungstext urteilt der Schulbuchautor, der in diesem Buch durchgängig namentlich gekennzeichnet ist, dass Deutschland sich mit dem Denkmal „dem dunkelsten Kapitel seiner Vergangenheit" stellt. In den angefügten Arbeitsaufträgen sollen die Schülerinnen und Schüler Gründe dafür nennen, „warum die Erinnerung an das ‚dunkelste Kapitel' der deutschen Geschichte wichtig ist". Weiterhin sollen sie diskutieren, „inwiefern das Holocaust-Mahnmal in Berlin dafür geeignet ist".[633] Damit verschiebt sich der Schwerpunkt auf den Aspekt der Erinnerungskultur, nicht die zentrale Frage des historischen Lernens steht im Blickpunkt der Auftaktseite. Recht früh triggert das Buch sozial erwünschte Antworten, wie den Topos des „Lernens aus der Geschichte" und das „sich nie mehr wiederholen", wie es im Text heißt. Historisches Wissen benötigt man nicht unbedingt für diese Haltung.

Die politische Sphäre bedient *DwZ* mit mehreren Texten auf der Doppelseite „Erinnerung an den Nationalsozialismus". Dort sind Redeauszüge von Bundespräsident Frank-Walter Steinmeier im Bundestag zum Tag des Geden-

---

632 Nicola Brauch: Das Anne Frank Tagebuch. Eine Quelle historischen Lernens in Unterricht und Studium. Stuttgart 2016.

633 *DwZ 4*, S. 54-55.

kens an die Opfer des Nationalsozialismus 2020 sowie dessen Rede zum 75. Jahrestag des Endes des Zweiten Weltkriegs 2020 nachzulesen. Komplettiert wird dieses Ensemble mit einem Auszug aus der berühmten Rede von Richard von Weizsäcker am 8. Mai 1985 sowie einem Foto der Kranzniederlegung in der „Neuen Wache" am 8. Mai 2020.[634] Bei so viel Darstellung staatlicher Instanzen und Akteure zielt die Frage „Wie gehen wir mit der NS-Vergangenheit um?" doch etwas an der Rezipientenperspektive vorbei.

Die Perspektive aus der Gesellschaft im Themenfeld der Erinnerungskultur an die NS-Zeit wird bestimmt von Gunter Demnig und seinen Stolpersteinen. Abbildungen von Stolpersteinen sind in den diversen Neuauflagen vorhanden, meist im Kontext der Erinnerungskultur,[635] häufig verbunden mit einem Rechercheauftrag nach Stolpersteinen vor Ort. Die Erzählweise aus Sicht der Juden zur „Vergangenheitsbewältigung" bleibt in den Schulbüchern des Untersuchungssamples weithin ausgeblendet. Bemerkenswert ist daher die Doppelseite in *GEnt*, die sich der Kontroverse um das historische Erinnern widmet. Dort werden Josef Schuster und Charlotte Knobloch und deren unterschiedliche Haltung zum Projekt „Stolpersteine" kurz vorgestellt.[636]

Einen anderen Weg geht *Zr*, das das Kapitel „Erinnern an die Vergangenheit" herausgenommen hat. Die Frage der Konsequenz des Erinnerns und Gedenkens wird dafür an verschiedene Stellen integriert. So liefern neu geschaffene kleine Textboxen „Schon gewusst?" Anknüpfungspunkte zur Gegenwart. Dort gibt es Angaben zur Anzahl antisemitischer Straftaten im Zeitraum zwischen 2001 und 2015 und einen Verweis auf die Fortsetzung der Thematik im Kapitel „Gefahren für die Demokratie".[637] Ebenso gibt es eine Textbox zur Familiengeschichte des US-amerikanischen Pianisten und Sängers Billy Joel. Die Textilfirma von Billy Joels Vater wurde im Zuge der „Arisierung" von Josef Neckermann übernommen. Ein Foto zeigt Billy Joel im Jahr 2017. Er trägt einen „Judenstern" und protestiert damit gegen den US-Präsidenten Trump, der nach einem rassistischen Anschlag in der Stadt Charlottesville Demonstranten und Gegendemonstranten gleichgesetzt hat.[638]

---

634 Ähnlich *ZfG* mit Redeauszügen von Weizsäcker, Herzog und Steinmeier, S. 66 f.

635 *DwZ 4*, S. 117. *EuV* 9/10, S. 125. Ebenso die NRW-Ausgabe, S. 135. *Zr*, S. 31, *GEnt 4*, S. 140.

636 *GEnt 4*, S. 140 f. Gegenüber dem Vorgängerwerk *GErl* wurde das Kapitel „Schuld und Verantwortung" durch „Geschichte hört nicht auf. Verantwortung damals und heute" ersetzt. Vgl. ebd. S. 139-139.

637 *Zr 9/10*, S. 29 und S. 202-203.

638 *Zr 9/10*, S. 33.

Nach 1945

Jüdische Geschichte nach 1945 bleibt weiterhin eher ein marginales Thema. *ZfG* enthält eine Doppelseite „Displaced Persons" – glückliche Heimkehr?". Ein Foto zeigt die Lebensbedingungen im Jahr 1946 für jüdische Displaced Persons. Weiterhin gibt es Aussagen verschiedener DPler, darunter der jüdische Überlebende Zwi Katz. Ein Zeitungsartikel aus dem Jahr 2010, der über die Schwierigkeiten der jüdischen DPs in Neu-Ulm berichtet, komplettiert das Bild.[639]

Im Großkapitel „Deutschland – geteilt und vereint" gibt es in *Zr* das Kapitel „Der lange Schatten der NS-Zeit". Der Autorentext thematisiert die Verdrängung in der Bundesrepublik, aber auch den offiziell verordneten Antifaschismus in der DDR. Ereignisgeschichtlich wird die Ohrfeige von Beate Klarsfeld für Bundeskanzler Kiesinger bildlich in den Blick gerückt. In der Rubrik „Schon gewusst?" wird Fritz Bauer als „Sohn jüdischer Eltern" vorgestellt sowie dessen entscheidende Rolle für die Frankfurter Auschwitzprozesse und die Festnahme Adolf Eichmanns in Argentinien angesprochen.[640] Dem Kapitel folgen zwei Seiten über die deutsch-israelischen Beziehungen mit der Überschrift „Wiedergutmachung und Annäherung".[641]

---

639 *ZfG 9*, S. 86 f.

640 *Zr 9/10*, S. 131. Ähnlich dazu die Ausgabe für Sachsen (2015), S. 142 f.

641 Die Materialien auf der Seite stützten sich teilweise auf eine von KMK und der Botschaft des Staates Israel herausgegebene Quellensammlung für den Geschichts- und Politikunterricht aus dem Jahr 2015. Vgl. https://www.kmk.org/fileadmin/Dateien/pdf/PresseUndAktuelles/2015/KMK_Brosch_DeIsrael_Handreichung_Web.pdf (10.7.2023).

C. Didaktische Herausforderungen

1. Didaktische Grundsätze

Multiperspektivität

Multiperspektivität gilt als pädagogische Antwort auf die monoperspektivische Verengung der Wahrnehmung und Darstellung einer multikulturellen, multiethnischen und multinationalen Welt und soll Stereotype, Vorurteile und Feindbilder abbauen und ihnen vorbeugen.[642] Darüber hinaus ist Multiperspektivität „ein Prinzip historischen Lernens, bei dem historische Sachverhalte aus den Perspektiven verschiedener beteiligter und betroffener Menschen dargestellt und betrachtet werden."[643]

Angesichts der Überrepräsentation der NS-Geschichte und auch des künftigen Stellenwertes in den Lehrbüchern gilt es bei der Quellenauswahl darauf zu achten, dass offiziellen NS-ideologischen Verlautbarungen auch die Reaktionen der Betroffenen gegenüber gestellt werden. Wie im Abschnitt „Täter- und Opferperspektiven" gezeigt, gelingt es eher selten, die jüdische Perspektive in der NS-Verfolgungsgeschichte so zu berücksichtigen, dass das Postulat der Multiperspektivität eingelöst wird. Die Probleme werden noch dadurch verschärft, dass Schülerinnen und Schüler in der Sek. I an sich schon dazu neigen, Akteure historischen Handelns oder Personen aus historischen Quellen als Kollektivsubjekte – hier als „die Juden" – wahrzunehmen und die Vergangenheit als einen historischen Raum zu betrachten, in dem die Grenzen zwischen den Epochen verschwimmen und falsche Analogien entstehen, z. B. zwischen Juden im Mittelalter und Juden im Nationalsozialismus. Die didaktische Kunst besteht hier wie an anderen Stellen darin, solche kognitiven Schemata bei den Schülern aufzulösen. Damit sind gleichzeitig auch die Grenzen einer pädagogischen Schülerorientierung bezeichnet.

Den Schulbüchern gelingt es nur selten, das Bild „der Juden" auszudifferenzieren; zumeist werden sie als eine geschlossene homogene Gruppe vorgestellt.

---

642 K. Peter Fritzsche: Vorurteile und verborgene Vorannahmen. In: Ders. (Hg.): Schulbücher auf dem Prüfstand. Perspektiven der Schulbuchforschung und Schulbuchbeurteilung in Europa, Frankfurt/M. 1992, S. 115. Zur geschichtstheoretischen Begründung multiperspektivischen historischen Lernens siehe auch Klaus Bergmann, Multiperspektivität. Geschichte selber denken. 2. Auflage, Schwalbach/Ts. 2008, insbesondere S. 25-30.

643 Ebd. S. 65.

Aber die Juden in Deutschland waren politisch, soziologisch, ja sogar – zumindest seit dem 19. Jahrhundert – auch religiös keineswegs die homogene Gemeinschaft, wie es die judenfeindliche Propaganda glauben machten wollte. Spätestens seit dem Kaiserreich lassen sich zwei Hauptströmungen jüdischer Identität feststellen, vertreten auf der einen Seite durch den zahlenmäßig dominierenden *Centralverein deutscher Staatsbürger jüdischen Glaubens* und auf der anderen durch die zionistische Bewegung. In den kontroversen Debatten dieser Gruppen, von denen die eine ihre Heimat in Deutschland sah und die andere eine Heimstätte in Palästina anstrebte, offenbaren höchst unterschiedliche gesellschaftliche Positionen und zeigen, wie heterogen die ideologischen Strömungen innerhalb der jüdischen Gesellschaft war. Zudem lebten nicht alle Juden in den Städten oder waren Händler, es gab zum Beispiel auch ein jüdisches Proletariat, das überwiegend aus den vor den Pogromen und der wirtschaftlichen Not im Zarenreich geflohenen Juden aus Osteuropa bestand – von den zwei Millionen armer Juden aus Osteuropa, die ab 1880 über Deutschland in die USA auswanderten, blieben bis 1910 etwa 80000 in Deutschland. Es gilt also, dem explizit mit dem Geldklischee verbundenen Bild des reichen und erfolgreichen Juden Quellen jüdischen Lebens entgegenzustellen, die andere Perspektiven aufzeigen.

Auch die Sichtweise auf das „Judentum" ist häufig monoperspektivisch. Die in einigen Büchern im Kapitel „Mittelalter" eingeflochtene Darstellung jüdischer Religion dreht sich um religiöse Vorschriften und Feiertage. Da wir über die religiöse Praxis im Mittelalter wenig wissen, sind diese Schilderungen normative Vorgaben. Diese normativen Vorgaben schaffen zugleich ein ahistorisches Bild der jüdischen Religion. Die religiöse Ausdifferenzierung im 19. Jahrhundert, wird in keinem Buch beschrieben oder annähernd angedeutet. Als neue religiöse Richtung entstand in Auseinandersetzung mit der Orthodoxie das liberale Judentum, dem die Mehrheit der deutschen Juden angehörte.[644] Und schließlich definierten etliche Juden ihr Judentum gar nicht mehr religiös. Derartige Perspektiven gilt es zukünftig stärker zu berücksichtigen.

Das Prinzip des multiperspektivischen Zugangs hat aber auch seine Grenzen, vor allem dann, wenn dabei antisemitische Positionen aufgegriffen und verstärkt werden. Die Aufforderung an Schüler, antisemitische Perspektiven einzunehmen, ist an sich schon skandalös, da es grundlegenden Prinzipien des

---

644 Gegen Ende des 19. Jahrhunderts war nach Einschätzung Lowensteins weniger als ein Viertel der Juden in den Großstädten noch orthodox. Innerhalb der Orthodoxie bildete sich auch eine Vielfalt heraus. Steven Lowenstein: Religion und Identität. Paderborn 2012, S. 46 ff.

Geschichtsunterricht wie der gesellschaftlichen demokratischen Verantwortung und der interkulturellen Verständigung zuwider läuft. Dass dieser Hinweis auf die Grenzen der Multiperspektivität nicht nur theoretisch ist, zeigen die Beispiele in diesem Buch, etwa die Aufforderung, Assimilationsbestrebungen aus antisemitischer Sicht zu kommentieren.[645]

Ein anderes Problem ist die Vorstellung einer formalistischen scheinbaren Ausgewogenheit. Hier sei auf den sarkastischen Satz hingewiesen, mit dem der französische Filmemacher Jean-Luc Godard die politisch korrekte Ausgewogenheit kommentiert hat: „Die Objektivität? Das sind fünf Minuten für Hitler und fünf Minuten für die Juden."[646]

Kontroversität

Die Dominanz der Verfolgungsgeschichte schlägt sich auch in der Darstellung von Historikerkontroversen hier nieder. Einige Schulbücher realisieren die Anforderungen der Kontroversität. In *FG 9* zum Beispiel werden die Thesen von Götz Aly in *Hitlers Volksstaat* präsentiert durch einen Auszug aus einem Interview mit Aly und die unterschiedlichen Kommentare von Wehler und Mommsen dazu, nicht im Anschluss an das Kapitel zur Einschätzung des Nationalsozialismus, sondern als eigenständiges Kapitel „Die NS-Diktatur – ein ‚Sozialstaat'? – eine wissenschaftliche Kontroverse?" vorgestellt.[647] Zusammen mit den Arbeitsaufträgen und den ausführlichen Abschnitten zur „Volksgemeinschaft" im NS im Buch kann hier eine echte wissenschaftliche Kontroverse nachvollzogen werden.[648]

---

645 Siehe dazu Seite 60 f. Kritisch äußert sich auch Bergmann, wonach es unzulässig sei, Schülern Rollenspiele zuzumuten, in denen sie die Rolle von KZ-Aufseherinnen oder KZ-Kommandanten spielen sollen. Die Kritik erfolgt jedoch ohne Beleg durch Arbeitsmaterialien. Bergmann (wie Anm. 641), S. 70.

646 U.a. zitiert in: Henry Rousso: Les racines politiques et culturelles du négationnisme en France. S. 3. http://www.chgs.umn.edu/histories/occasional/Rousso_Roots_of_Negationism_in_France.pdf (17.6.2013). Französische Version von: The Political and Cultural Roots of Negationism in France. In: Fascism, Nazism: Cultural Legacies of Reaction, R. Golsan (Hg.): South Central Review, Vol. 23, 1, Spring 2006, S. 67-88.

647 *FG 9*, S. 126 f.; Interview mit Götz Aly im Mitteldeutschen Rundfunk 2006; Hans-Ulrich Wehler: „Engstirniger Materialismus". In: *Der Spiegel* Nr. 14, 4.4.2005, Hans Mommsen: „Die sozialpolitisch bestochenen Volksgenossen". In: SZ 10.3.2005.

648 Zum Wert der Kontroversität siehe auch knapp Elena Demke/Christoph Hamann: Emotionalität und Kontroversität in der historisch-politischen Bildung. In: Lernen aus der Geschichte 11/2012, S. 5-6.

EG2 präsentiert verschiedene Positionen aus dem Historikerstreit von 1986 (von Habermas, Nolte, Hillgruber, Bracher und Geiss) in der Rubrik „Geschichte kontrovers".[649] Die Arbeitsaufträge zu den Textauszügen sind durchaus anspruchsvoll. Neben notwendigen Erläuterungen zu den elaborierten Texten und dem Herausarbeiten von gemeinsamen und unterschiedlichen Positionen wird von den Schülern verlangt, die „jeweilige Argumentationsebene und -strategie" der Historiker zu analysieren. In direkter Ansprache heißt es zudem: „Welche Argumente kannst du jeweils dagegensetzen?" Allerdings dürften bei dieser gut gemeinten doppelseitigen „Kopfgeburt" des Autors auch Geschichtsstudenten aus den ersten Fachsemestern an den Texten und Aufgaben reihenweise scheitern.[650]

Die jüdische Geschichte in Deutschland vermag nur schwer aus dem Schatten des Antisemitismus zu treten, konstatierten vor einigen Jahren Dirk Blasius und Dan Diner, um dann weiter zu schlussfolgern, dass eine „antisemitisch grundierte Geschichte der Juden" auch immer eher eine Geschichte der ethnischen Deutschen als eine der jüdischen Bevölkerung sei.[651] Auch die beiden obigen Beispiele stammen nicht aus dem Bereich der genuin jüdischen, sondern der NS-Geschichte. Monika Richarz urteilte in einem Vortrag bei der Körber-Stiftung 2009: „Bei der Erforschung der jüdischen Geschichte dagegen kam es nicht zu spektakulären Kontroversen. So war die Dominanz der Shoa-Geschichte im öffentlichen Bewusstsein geradezu die natürliche Folge. Dies hatte Konsequenzen für das Bild der Juden, denn man sah sie immer mehr nur aus der Perspektive der NS-Geschichte als anonyme Opfer der deutschen Politik."[652]

Dem ersten Satz des Zitats ist nur bedingt zuzustimmen – kontroverse Themen und Auseinandersetzungen gab und gibt es natürlich auch im Feld der jüdischen Geschichtsforschung, nur begegnet man diesen nicht offensichtlich in den Schulbüchern, oder nur in subkutaner Form. Ein Beispiel ist die Kontroverse um die „deutsch-jüdische Symbiose" im Kaiserreich. Sie fand, unter anderem unter dem Einfluss der Goldhagen-Debatte von 1996, Eingang in die Schul-

---

649 *EG 2*, S. 184-185.

650 *EG* bietet weitere Materialien zur Kontroversität durch die im Buch eingeführte Rubrik „Geschichte kontrovers". So gibt es zwei unterschiedliche Urteile zur Rolle der Wehrmacht im Zweiten Weltkrieg. Auf der Grundlage einiger kurzer Quellenauszüge sollen die Schüler dann beurteilen, ob die Wehrmacht eine „saubere Truppe" gewesen sei oder einen Vernichtungskrieg geführt habe. *EG 2*, S. 212.

651 Dirk Blasius/Dan Diner (Hg.): Zerbrochene Geschichte. Leben und Selbstverständnis der Juden in Deutschland. Frankfurt/M. 1991, S. 9.

652 Der Text ist auf Anfrage bei der Körber-Stiftung erhältlich.

bücher und noch in dem Sample, das der vorliegenden Untersuchung zugrunde liegt, ist der Konflikt zwischen der Vorstellung von einer gelungenen Integration und dem Antisemitismus als Reaktion auf die Emanzipation präsent, mit einem deutlichen Schwerpunkt auf dem Antisemitismus.

Dasselbe gilt für vermeintliche Konkordanzen zwischen einem Rückblick aus „allgemein deutscher" oder nationalgeschichtlicher Perspektive und z.B. der zionistischen Perspektive, denn es ist ein Unterschied, ob Emanzipation im zionistischen Narrativ angesichts des Antisemitismus als Illusion interpretiert wird oder ob Ähnliches rückblickend auch aus „deutscher" Perspektive als historische Schlussfolgerung erscheint. „Warum blieben die Juden denn hier, wenn sie dauernd verfolgt wurden?" ist eine häufige Schülerfrage bei der ausführlicheren Behandlung jüdischer Geschichte im Unterricht. Dieses Eingeständnis des Scheiterns der Menschenrechte impliziert eine gewiss unbewusste, aber deutliche Übertragung zumindest eines Teils der Schuld auf die Opfer, denen durch ihre Präsenz eine Mitschuld an ihrem Schicksal zugesprochen wird.

Über den grundsätzlichen Charakter der deutsch-jüdischen Geschichte seit der Emanzipation besteht kein Konsens. Der vor einigen Jahren noch für obsolet gehaltene Begriff der Symbiose hat wieder Eingang in die Diskussion gefunden.[653] Er berücksichtigt nicht nur die Beziehungen zwischen Juden und Nichtjuden, „sondern macht sie zur Leitperspektive der Betrachtung, reduziert sie aber zugleich auf den positiven Aspekt. Wird die Perspektive dagegen vom zweiten Orientierungspunkt bestimmt, so erscheint die Verfolgung und Ermordung im Nationalsozialismus leicht als Endpunkt einer permanenten Diskriminierung und Ausgrenzung – was die historische Komplexität nur auf umgekehrte Weise reduziert und damit ebenso entstellt."[654]

Auch der Begriff der Assimilation findet gelegentlich Eingang in die Schulbücher, allerdings ohne Hinweis auf seinen kontroversen Charakter: So heißt es im Autorentext zu der Doppelseite „Quellentexte zum jüdischen Selbstverständnis in der Weimarer Republik": „Es ging um die Frage, wie man auf die Verfolgungen und Verleumdungen am besten reagieren könne: mit Assimilation, Bewahrung der eigenen Identität oder Auswanderung nach Palästina?"[655]

---

653 Salomon Korn: Die viel beschworene deutsch-jüdische Symbiose ist bloß ein Mythos. In: Frankfurter Rundschau, 14.6.2000. Online unter: http://www.hagalil.com/archiv/2000/06/symbiose.htm (8.9.2013). Cornelia Hecht: Deutsche Juden und Antisemitismus in der Weimarer Republik. Bonn. 2003, v.a. S. 7-12. Manfred Voigts: Die deutsch-jüdische Symbiose. Zwischen deutschem Sonderweg und Idee Europa. Tübingen 2006.

654 Maurer, S. 5. Vgl. auch den Abschnitt „Die Fallstricke der Chrono-Logik".

655 *EG 2*, S. 172-173.

Die Konnotation des Assimiliationsbegriffs läuft auf eine pejorative Wertung hinaus, die unwürdige Aufgabe der eigenen Identität, und wird als Verlustgeschichte gesehen. Die polemische Qualität des Begriffes zieht sich von den Kontroversen zwischen Zionisten und jüdischen Nichtzionisten, religiösen Reformern und Orthodoxen durch bis in die gegenwärtige Historiographie, die unterschiedliche Lesarten des Assimilationsbegriffes zulässt.[656]

Gegenwartsbezug

Schulbücher unterliegen zahlreichen allgemeinen Anforderungen, die von Staat und Gesellschaft, von Lehrern, Schülern und Eltern, von Verlagen und Wissenschaftlern formuliert werden und dem Entstehungsprozess durch Erwartungshaltungen vorgeschaltet sind. Ein Beispiel für die Anforderungen, die zunächst an die Lehrpläne formuliert werden und sich dann auch in den Schulbüchern niederschlagen, ist die Antisemitismus-Entschließung des Bundestags vom November 2008 anlässlich des 70. Jahrestags der Wiederkehr des Novemberpogroms. Dort heißt es: „Eine besondere Beachtung sollte dabei den Lehrplänen in den Schulen zukommen. Neben der Vermittlung von Geschichtsbewusstsein und dem bewussten Umgang mit historischem Wissen geht es auch um ethische Erziehung. Die Ablehnung des Antisemitismus darf nicht nur erlernt werden, sondern sie muss auch verinnerlicht werden. So können Jugendliche und Kinder gegen antisemitische Einstellungen immunisiert und Werte wie Menschenwürde und demokratisches Bewusstsein verankert werden."[657]

Dahinter steckt der Gedanke: Prävention durch Information. Der Schulunterricht soll als antirassistische „Schutzimpfung" (Th. W. Adorno[658]) wirken. Fast alle Bücher liefern das Remedium und stellen einen Gegenwartsbezug her, indem sie auf die Gefahren des Rechtsextremismus für die Demokratie eingehen, häufig in Form von Doppelseiten innerhalb des Kapitels zur NS-Geschichte.[659] Aber auch außerhalb dieser explizit auf die „Lehren aus der Geschichte"

---

656 Till van Rahden: Verrat, Schicksal oder Chance: Lesarten des Assimilationsbegriffs in der Historiographie zur Geschichte der Juden. In: Historische Anthropologie. Kultur-Gesellschaft-Alltag 13, (2005), S. 245-264.

657 http://dip21.bundestag.de/dip21/btd/16/107/1610775.pdf (25.9.13).

658 Theodor W. Adorno: Was bedeutet Aufarbeitung der Vergangenheit? In: Ders.: Erziehung zur Mündigkeit. Vorträge und Gespräche mit Helmut Becker 1959-1969, Frankfurt/M. 1971. S. 10-28, (Erstveröfftl. 1960) S. 27.

659 *RiV 4*: Nichts gelernt aus der Vergangenheit? S. 140-141; *EuV 3*: Rechtsextremismus heute, S. 52-53; *FG 9* (Nieders.): Rechtsextremismus – ein Erbe des Nationalsozialismus, S. 150-153.

angelegten Seiten werden historische Quellen durch Vergegenwärtigung des Vergangenen mit einer Aktualitätsorientierung verbunden. So gibt es zur Erzählung der Frau eines Rabbiners über die Erfahrungen ihrer Kinder 1937 in der Schule (Herkunft der Quelle nicht weiter präzisiert) die beiden Arbeitsaufträge: „1 Beschreibt, auf welche Weise sich der Judenhass der Nationalsozialisten in der Schule ausgewirkt hat. – 2 Diskutiert darüber, was man unternehmen kann, wenn heute Mitschüler in der Schule juden- oder ausländerfeindliche Meinungen vertreten.“[660]

So sehr das Prinzip „Lernen aus der Geschichte“ den Geschichtsunterricht aktualitätsbezogen gestalten soll, so fragwürdig sind solche Parallelisierungen, denn weder lässt sich die heutige Situation auf die damalige noch die damalige auf die heutige projizieren. Die Verbindung „juden- und ausländerfeindlich“ läuft unbewusst auf die Gleichsetzung von „Juden“ und „Ausländern“ hinaus, die ohnehin schon im Unterbewusstsein verankert ist.[661] Auf der anderen Seite zeigt schon der seit Langem überholte Begriff „Ausländer“, dass deutsche Schüler mit Migrationshintergrund hier ebenfalls zu quasi Fremden gemacht werden. Darüber hinaus sind „ausländerfeindliche“ und selbst „judenfeindliche“ Äußerungen in der Schule heute Äußerungen einer Minderheit, auch wenn diese massiv auftreten können, während damals die Situation genau umgekehrt war.

Beim Gegenwartsbezug geht es nicht um einen unmittelbaren Bezug zur Gegenwart, sondern um die Übertragung von Erfahrungen und Einsichten, die bei der Beschäftigung mit verwandten historischen Situationen gewonnen werden, auf gegenwärtige Situationen.[662] Die Brücke zur Gegenwart wird in Schulbüchern zumeist durch Arbeitsaufträge hergestellt, da die Quellen in ihrer eigenen Historizität verankert sind; insofern unterliegt der Bezug zur Gegenwart einer gedanklichen Konstruktion. Dass diese völlig misslingen kann, wenn sie die Historizität des Themas vernachlässigt und vollkommen in den Dienst der Gegenwart gestellt wird, zeigt das folgende Beispiel für einen vom historischen Kontext ganz und gar gelösten Arbeitsauftrag im Kapitel „Gewalttaten gegen jüdische Mitbürger“: „Stellt Euch vor, ihr hört zufällig von einem ge-

---

660 *EuV (Nieders.) 3*, S. 92.

661 Vgl. einen Bericht über diesbezügliche Erfahrungen in: Geiger: Zwischen Urteil und Vorurteil (wie Anm. 85), S. 34 und 65 f.

662 Zum Gegenwartsbezug allgemein vgl. Klaus Bergmann: Geschichte als Steinbruch? Anmerkungen zum Gegenwartsbezug im Geschichtsunterricht. In: Zeitschrift für Geschichtsdidaktik, 2002, S. 138-150.

planten rechtsradikalen Anschlag auf einen chinesischen Laden in eurem Viertel. Bei Benachrichtigung der Polizei müsst ihr mit Vergeltung rechnen. Was würdet ihr tun?"[663] Viel unrealistischer, auch in seinem Handlungsbezug, kann ein Arbeitsauftrag kaum daherkommen. Man beachte auch den Hinweis auf die Wahrscheinlichkeit einer Vergeltung, der der ohnehin arg konstruierten Aufgabe noch eine besondere Dramatik verleihen soll.

So ist es nicht verwunderlich, dass der Gegenwartsbezug zur jüdischen Geschichte fast durchweg über die Ausgrenzungs- und Verfolgungsgeschichte hergestellt wird. Selten erfolgt der Bezug auf die jüdische Migrationsgeschichte. Dieser Zugang scheint jedoch auch deshalb lohnenswert, weil damit transnationale Dimensionen in den Blick geraten, die durch den starken Fokus auf den Nationalstaat im Geschichtsunterricht zumeist kaum berücksichtigt werden. Die jüdische Geschichte wird in den Schulbüchern genauso wie die Geschichte des Antisemitismus fast durchweg aus nationalstaatlicher und nicht aus europäischer Perspektive dargestellt. jüdische Geschichte besitzt aber, wie es Dan Diner formulierte, einen „transterritorialen Charakter".[664]

GK 3 ist eines der wenigen Werke, das der Migrationsgeschichte Aufmerksamkeit schenkt. Dort sollen die Schüler mit Blick auf die jüdische Migration nach dem Zweiten Weltkrieg erklären, warum Deutschland für osteuropäische Juden ein Einwanderungsland geworden ist. Leider werden sie diese Frage mithilfe des Buches aber kaum beantworten können. Sie erfahren in dem Kapitel auch nichts über die Folgen der Einwanderung für die Bundesrepublik Deutschland oder für die jüdischen Gemeinden, obwohl die seit 1990 verstärkte Zuwanderung von Juden aus der ehemaligen Sowjetunion zu einer neuen Vielfalt jüdischen Lebens führte. Geradezu anachronistisch ist der „Lesetipp" dazu: „Wie die Juden ihre Lage während des Exils empfanden kommt sehr gut im Psalm 137 zum Ausdruck."[665]

Mehrdimensionalität

Neben der Frage der Multiperspektivität als Gegenüberstellung von Perspektiven bleibt abschließend noch die Frage nach der Perspektivenvielfalt zu klären. Perspektivenvielfalt, soviel ist festzustellen, fällt durchweg einer Eindimensionalität

---

663 *Gr 3*, S. 91.

664 Dan Diner (Hg.): Synchrone Welt. Zeitenräume jüdischer Geschichte. Göttingen 2005, S. 31.

665 *GK 3*, S. 287.

des dargestellten Geschehens zum Opfer. Die Herstellung des Gegenwartsbezugs, indem man Ausgrenzungssituationen parallel setzt, ist vom Ergebnis her gedacht: gezeigt wird das Resultat der Ausgrenzung. Dabei wäre es lohnenswert, auch über den Kampf um bürgerliche Grundrechte nachzudenken, über ihre Erringung und über ihre (mitunter vergebliche) Verteidigung. Nur so wird das Prozesshafte deutlich, nur so kann die historische Analyse die Stationen auf dem Weg zur Ausgrenzung oder, positiv betrachtet, zur Umsetzung der Prinzipien von Freiheit und Gleichheit offenlegen. In der Lebensgeschichte des Abgeordneten und zeitweiligem Vizepräsidenten der Frankfurter Nationalversammlung in der Paulskirche, Gabriel Riesser (1806-1863), sind zahlreiche wichtige Aspekte der jüdischen Emanzipation und des bürgerlichen Kampfes für den Verfassungsstaat personifiziert. Als in der Nationalversammlung die Grundrechte beraten wurden, forderte der Stuttgarter Abgeordnete Moritz Mohl einen Sonderpassus für die Juden. Riesser antwortete ihm in einer improvisierten Rede und lehnte jede weiteren Ausnahmegesetze ab. Die Mehrheit der Abgeordneten folgte Riesser später bei der Formulierung in den Grundrechten, dass „durch das religiöse Bekenntnis [...] der Genuß der bürgerlichen und staatsbürgerlichen Freiheiten weder bedingt noch beschränkt" werden dürfe. Eine zeitlose Erkenntnis ist aber auch die, dass Rechtsgleichheit gesichert werden muss. Riesser musste die schmerzliche Erfahrung machen, dass die Verfassung der Paulskirchen-Versammlung nicht in Kraft gesetzt wurde. Sein Plädoyer für ein tolerantes Neben- und Miteinander, das die Würde des Unterschieds und die Bewahrung der Identität unter Anpassungsdruck berücksichtigt, ist von beeindruckender Aktualität.[666] Dennoch wird Riesser, sein Kampf für die Gleichberechtigung der Juden und seine Rolle in der Paulskirche in keinem Buch unseres Sample erwähnt.

Mehrdimensionalität ließe sich auch durch einen Sinnzusammenhang mit der Gegenwart herstellen, der die Beschäftigung mit grundlegenden menschlichen Existenzfragen, ihrer Ausprägung und ihrem Wandel stärker berücksichtigt. Michael Sauer schlägt dazu unter anderem die Themen Glaube und Religion, Menschenrechte, Arbeit, Armut, Migration vor.[667] jüdische Geschichte könnte hier als Prisma eingesetzt werden, das viele historische und gesamtgesellschaftliche Fragen bündelt.

Die Perspektivenvielfalt eröffnet zudem sinnvolle empathische Optionen für die Diskussion im Kontext von Antisemitismus und Nationalsozialismus.

---

666 Siehe auch www.gabrielriesser.de

667 Michael Sauer: Geschichte unterrichten. Eine Einführung in die Didaktik und Methodik. 5. aktualisierte Auflage, Seelze 2006, S. 93.

Beispielsweise liegt es nahe, die von Yad Vashem als „Gerechter unter den Völkern" geehrten Menschen als Beispiele für gelungene Hilfe und damit auch erfolgreichen Widerstand vorzustellen. Dass Oskar Schindler in den Schulbüchern der Generation vor dem Zeitraum unserer Auswahl thematisiert wurde, ist nur dem Film von Stephen Spielberg zu verdanken, nicht etwa im gesellschaftlichen Interesse danach zu suchen.

Die Mehrdimensionalität beinhaltet, neben einer dominanten politikgeschichtlichen Sichtweise, Zugänge aus den Bereichen der Alltagsgeschichte, Geschlechtergeschichte, Bildungsgeschichte, Kulturgeschichte, Religionsgeschichte oder Migrationsgeschichte. Das Leo Baeck Institut legte mit der Orientierungshilfe „Deutsch-jüdische Geschichte im Unterricht" eine thematische Zusammenstellung vor, die die Perspektivenvielfalt jüdischer Geschichte unterrichtsnah aufzeigt.[668]

668 Deutsch-jüdische Geschichte im Unterricht (wie Anm. 8).

2. Wie erzählt man deutsch-jüdische Geschichte? Zur Frage der Begrifflichkeit

Die deutsch-jüdische Geschichte ist zweifellos ein Bestandteil sowohl der allgemeinen deutschen als auch der allgemeinen jüdischen Geschichte. Dabei teilen sich die Narrative aber nicht zwangsläufig in deutsche einerseits und jüdische andererseits. Schließlich gibt es ja mehr als ein Narrativ in der deutschen wie auch in der jüdischen Geschichte. Am anschaulichsten wird das in den jüdischen Narrativen, wenn man die zionistische Perspektive anderen Perspektiven gegenüberstellt. In der deutschen Geschichte scheinen die Varianten dagegen weitaus geringer; sie konvergieren zu einer quasi „offiziellen" Interpretation, die sich allerdings immer wieder verändert.

Dass es nicht eins, sondern mehrere Narrative gibt, macht die Suche nach dem einzig legitimen oder „richtigen" Narrativ obsolet. Geschichte darf im Geschichtsunterricht nie in die Zwangsjacke eines einzigen autorisierten Narrativs gesteckt werden. Die Alternative ist freilich kein relativistisches „anything goes", vielmehr müssen alle Interpretationen innerhalb der jeweiligen globalen Perspektive nach allgemein gültigen Maßstäben auf Stimmigkeit und Triftigkeit überprüft werden. Das bedeutet aber nicht, dass die „allgemeine deutsche" und die angeblich „spezifisch deutsch-jüdische" Geschichte nicht in ein Narrativ einmünden könnten. So formulierte der Historiker Moshe Zimmermann: „Gemeinsame deutsch-jüdische Narrative [sic!] schafft man, indem man jeweils eine Terminologie benutzt, die die Gegenüberstellung ‚wir' gegen ‚ihr' meidet."[669]

Auf welche Schwierigkeiten Zimmermanns Überlegungen stoßen, zeigt ein kurzer Blick in die fachwissenschaftliche Literatur und auf einige Buchtitel. Wanda Kampmanns Klassiker *Deutsche und Juden. Studien zur Geschichte des deutschen Judentums*[670] trägt genau wie Yaacov Ben-Chanans Schrift *Deutsche und Juden. Deutsche Traditionen judenfeindlichen Denkens*[671] die Dichotomie bereits im Titel. Auch Götz Aly benutzt mit der Frage *Warum die Deutschen?*

---

669 Moshe Zimmermann: Deutsch-jüdische Geschichte – Möglichkeiten eines gemeinsamen Narrativs. Abstract für den Historikertag in Konstanz 2006 in der Sektion „Deutsch-jüdische Geschichte im Unterricht", unveröffentl. Mskr.

670 Wanda Kampmann: Deutsche und Juden. Studien zur Geschichte des deutschen Judentums. Heidelberg 1963.

671 Yaacov Ben-Chanan: Deutsche und Juden. Deutsche Traditionen judenfeindlichen Denkens (Polis 24, Schriftenreihe der Hessischen Landeszentrale für politische Bildung) Wiesbaden 1997.

Warum die Juden? Gleichheit, Neid und Rassenhass[672] eine konfrontative Zuschreibung.

Dennoch ist die Terminologie „Deutsche und Juden" vieldeutig. Die verschiedenen Lesarten des Wortes „und" lassen sowohl Inklusions- als auch Exklusionsvorstellungen zu. Man kann sie als Beziehungsgeschichte zweier Gruppen lesen, als Doppelidentität, wie es beispielsweise der Centralverein deutscher Staatsbürger jüdischen Glaubens in seiner Namensgebung schon 1893 bei seiner Gründung postulierte. Hier kann es nur um die Vermessung eines Spannungsfeldes gehen. Eine neue Begriffsbildung, die das Spannungsfeld auflösen könnte, scheint nicht in Sicht, zumal es historisch gewachsen ist und seine Fortsetzung in der fachwissenschaftlichen Diskussion findet.

Dass auch Schulbuchautoren diese Begriffe mit der entsprechenden Konnotation übernehmen oder damit ringen, ist nicht verwunderlich. So heißt es in einem Sekundärtext als Arbeitsmaterial in einem Schulbuch: „So tief war die Moral der Rechten gesunken, dass sie begann, Leistungen in Literatur, Musik, Wissenschaft und Technik danach zu beurteilen, ob sie von ‚Juden' oder von ‚Deutschen' stammten. [...] Hier seien lediglich einige Namen hervorragender Juden in Erinnerung gerufen, deren Leistungen tatsächlich andere im deutschen Sprachbereich in den Schatten stellten."[673] Als Beleg folgt eine umfangreiche Namensliste. Die Anführungszeichen stellen die Klassifizierungen in Frage und sollen kenntlich machen, dass es sich um die Perspektive der Rechten, sprich um eine antisemitische Perspektive handelt. Und doch stellt uns dieses Beispiel vor das Problem, ob hier nicht Reste „völkischen Denkens" unbewusst eine Fortsetzung finden.

In einem anderen Werk heißt es: „Zahlreiche Juden hatten sich im 19. und 20. Jahrhundert vollständig in ihre Umgebung integriert und meist auch ihre Religion und Tradition aufgeben. Dennoch wurden sie von vielen Deutschen weiterhin als ‚Fremde' angesehen."[674] Auch wenn „Fremde" als Konstruktion charakterisiert wird, die Perspektive ist die der Deutschen, sogar der „vielen Deutschen", zu denen die Juden, die diese Perspektive nicht einnehmen können, nach der semantischen Logik des Satzes nun einmal nicht gehören können. So gesehen werden sie ein weiteres Mal, auf gedanklicher und sprachlicher Ebene, ausgegrenzt.

---

672 Götz Aly: Warum die Deutschen? Warum die Juden? Gleichheit, Neid und Rassenhass – 1800 bis 1933. Frankfurt/M. 2011.

673 *FG 9*, S. 2007. Der Text „Die Zerstörung der deutschen Politik" stammt von Harry Pross aus dem Jahr 1963.

674 *GPlus 9/10*, S. 102.

Die von Zimmermann kritisierte Gegenüberstellung von „wir“ und „ihnen“ taucht in verschiedenen Varianten auf. Eine zeigt der folgende Satz aus einem Schulbuch: „Im Kampf um die eigene wirtschaftliche Existenz wurden jüdische Geschäftsleute, Ärzte und Anwälte zu verhassten Konkurrenten.“[675] Die Konstruktion des „Eigenen“ hat auch die des „Anderen“ oder des „Fremden“ zur Folge. Die sprachliche Logik des zitierten Satzes folgt diesem Gedanken, denn wer soll hinter der Formulierung von der „eigenen wirtschaftlichen Existenz“ stehen außer den Deutschen, zu denen die Juden nun mal nicht gehörten?

Eine weitere Variante der Ausgrenzungsdichotomie liefert die Verwendung der Begriffe „Juden“ und „Bürger“ im folgenden Beispiel. So verweist zu Beginn ein Autorentext auf die Verfolgung der „jüdischen Bürger“, schildert dann aber im nächsten Abschnitt den April-Boykott so: „Jüdische Kinos und Theater sollten nicht besucht werden. Firmen und Betriebe von jüdischen Eigentümern erhielten kaum Aufträge. Die Bürger wurden aufgefordert sich nicht von Juden unterrichten, behandeln und rechtlich vertreten zu lassen.“[676] Wenn also die „Bürger“ aufgefordert wurden sich nicht von Juden unterrichten zu lassen, was waren dann die Juden? Keine Bürger (=keine Deutschen)!?[677] Das Reichsbürgergesetz von 1935 nahm den Juden die bürgerlichen Rechte. Doch das Schulbuch ist in diesem Fall schneller und erklärt im gedanklichen Vorgriff und entsprechend seiner eigenen sprachlichen Logik Juden schon früher zu Nichtbürgern.

Unterrichtserfahrungen zum Thema Weimarer Republik und Nationalsozialismus[678] zeigen: Vielen Schülern ist nicht bewusst, dass die Juden bis 1933 gleichberechtigte deutsche Staatsbürger waren – auch wenn dies zuvor behandelt wurde. Der Antisemitismus richtete sich quasi „gegen Ausländer“, jedenfalls gegen „nicht richtige Deutsche“. Ab und zu kommt das Argument: „Die Juden hatten ja noch keinen eigenen Staat.“ Noch in der Verteidigung der Opfer des Antisemitismus werden somit dessen Prämissen, wie in Art. 4 des NSDAP-

---

675 *RiV 4*, S. 186.

676 *EuV 9/10*, S. 2004.

677 Siehe dazu auch Susanne Popp, die den Schulbüchern attestiert, bei der Darstellung der antisemitischen Politik des „Dritten Reiches“ durchgängig die Begriffsopposition „Deutsche“ vs. „Juden“ zu verwenden. Susanne Popp: Nationalsozialismus und Holocaust im Schulbuch (wie Anm. 380), S. 108 f.

678 Es handelt sich hier um mehr als zehnjährige Erfahrungen, durchgängig in der Oberstufe sowie in einzelnen Jahren auch in der Mittelstufe. Vgl. Wolfgang Geiger: Zwischen politischem Anspruch, medialer Überrepräsentanz und didaktischer Reduktion. S. 84 (wie Anm. 196).

Programms von 1920 festgelegt[679], unbewusst und unwillentlich übernommen. Mit dem Hinweis auf den noch fehlenden jüdischen Staat wird zudem Ursache und Wirkung verkehrt, war doch der Zionismus eine Reaktion auf den Antisemitismus.[680] So aber erscheint die mehr als tausendjährige jüdische Präsenz in Europa nur als vorübergehendes Provisorium.

Nachdenklich stimmen die Ergebnisse aus einer Studie mit 272 Schülerinnen und Schülern aus den 10. Klassen nordrhein-westfälischer Gesamtschulen. Die Abgrenzung zwischen „Deutschen" und Nazis" ermöglichte es den Schülern danach nicht nur, die Verantwortung für den Holocaust allein den „Nazis" anzulasten, selbst wenn der Text eine derartige Deutung verneinte, sie vollzogen auch eine problematische gedankliche Trennung von „Deutschen" und „Juden": „Eine Dichotomisierung von ‚Deutschen' und ‚Juden' resultierte bei zahlreichen Jugendlichen in einem Verständnis des Antisemitismus als Parallelphänomen heutiger Fremdenfeindlichkeit. Bei einigen Befragten führte diese Einschätzung dazu, den ‚Juden' eine Mitschuld am Holocaust anzulasten. Obwohl keiner der Texte Juden als Einwanderer bezeichnete, meinten die Jugendlichen, diese Position in den Texten wiederfinden zu können."[681] Dementsprechend war die Vorstellung eines fundamentalen Gegensatzes zwischen „Juden" und „Deutschen" bei den befragten Jugendlichen weit verbreitet.

Für die Verfolgungsgeschichte, insbesondere für den Holocaust, scheint auf den ersten Blick nachvollziehbar, dass Deutsche die Täter und Juden die Opfer waren. Dass die Verfolgungsgeschichte jedoch nicht zwangsläufig in diese dichotomische Beschreibung münden muss, macht Moshe Zimmermann schon im Titel seines Buches deutlich: „Deutsche gegen Deutsche."[682]

---

679 „Staatsbürger kann nur sein, wer Volksgenosse ist. Volksgenosse kann nur sein, wer deutschen Blutes ist, ohne Rücksichtnahme auf Konfession. Kein Jude kann daher Volksgenosse sein." In: Walter Hofer (Hg.): Der Nationalsozialismus. Frankfurt/M. 1957, 1982, Dok. 14.

680 Auch dies ist vielschichtiger; der real erfahrene Antisemitismus war jedoch das entscheidende Motiv für die Auswanderung.

681 Manuel Köster: Vom Holocaust lesen. Textverstehen im Spannungsfeld von Darstellungstext und Identitätsbedürfnissen. In: Zeitschrift für Geschichtsdidaktik 2012, S. 116-130, hier S. 124 und 126. Neben einem Fragebogen wurden mit 50 Teilnehmern leitfadengestützte Interviews durchgeführt. Als Texte wurden den Teilnehmern ein Auszug aus dem Vorwort von Daniel Goldhagen und ein „von einem auf historischen Themen spezialisierten Journalisten" verfasster „Experimentaltext" vorgelegt.

682 Moshe Zimmermann: Deutsche gegen Deutsche. Das Schicksal der Juden 1938-1945. Berlin 2008.

Auch die häufig vorkommende Beschreibung von Mehrheits- und Minderheitsgesellschaften birgt ihre Tücken. Zu den landläufigen Vorstellungen der Forschung und der Pädagogik gehört, dass in einer Gesellschaft eine „Mehrheit" existiert. Die Existenz einer Mehrheit impliziert zugleich auch die Existenz einer oder mehrerer Minderheiten. Unausgesprochen bleibt zumeist der Status der Minderheit. Die Konstruktion des Verhältnisses von Mehrheits- und Minderheitsgesellschaft geht zumeist davon aus, dass die Minderheit nicht die gleichen Rechte, die gleichen ökonomischen Voraussetzungen oder o. Ä. besitzt – kurz, dass sie unterprivilegiert und benachteiligt ist. Aber das ist keineswegs immer der Fall. Der Adel stellte in der Geschichte numerisch durchweg eine Minderheit dar, war aber sicherlich nicht unterprivilegiert und einflusslos. Das Verhältnis von Minderheit und Mehrheit folgt also nicht zwangsläufig dem hierarchischen Prinzip von oben und unten.

Mehrheitsgesellschaften bleiben in der Beschreibung häufig diffus, was daran liegt, dass das Konstrukt Mehrheits- versus Minderheitsgesellschaft statisch aus der Perspektive der Minderheit betrachtet wird. Doch auch wenn Juden im religiös definierten Sinne numerisch zweifelsfrei eine Minderheit waren, ergibt sich daraus nicht zwangsläufig eine konfrontative Haltung gegenüber einer nichtjüdischen Mehrheitsgesellschaft. Wäre es sinnvoll, alle Nichtjuden zu einer Gruppe zusammenzufassen? Welche Erklärungskraft hätte die Bildung einer so heterogenen Gruppe? Oder wird die konfrontative Haltung erst durch die Definition geschaffen? Der amerikanische Historiker Michael Meyer kritisierte das Konzept der Assimilation: „Man hat sich daran gewöhnt, ‚die Juden' als eine Einheit zu denken, die eine spezifische Form von Judentum verkörperte und in Wechselwirkung mit einer Außenwelt stand, die ihrerseits eine eigene Einheit bildete."[683] Aber es entspräche völkischem Denken, die nichtjüdischen Deutschen in Abgrenzung zu „den Juden" als Einheit zu betrachten. Die didaktische Herausforderung besteht darin, der Vorstellung von „den Juden" als einer in sich geschlossenen Einheit entgegenzuwirken.

Für das Kaiserreich zeichnen Schulbücher gerne das Bild einer Klassengesellschaft, die gegen verschiedene Minderheiten und „Reichsfeinde" vorging.[684] Zählt man Sozialdemokraten, Arbeiterschaft, Katholiken und Juden, also die Gruppen, die gemeinhin als „Reichsfeinde" definiert wurden, zusammen, fragt

---

683 Zitiert nach Georg G. Iggers: Ohne jüdische Identität keine jüdische Geschichte. In: Michael Brenner/David N. Myers (Hg.): Jüdische Geschichtsschreibung heute. München 2002, S. 50.

684 Siehe dazu das Kapitel *Kaiserreich*.

sich, ob sie nicht die Mehrheit im Kaiserreich darstellten? War folglich nicht das bürgerlich-protestantische Kaiserreich eine Minderheitsgesellschaft, die eine Wagenburg-Mentalität entwickelte? Das Konzept der „Minderheitengeschichte“ bleibt dem Paradigma und der Vorstellung nationaler Homogenität verpflichtet. Aber eine Gesellschaft ohne Kulturkonflikte, von der der homogenisierende Nationalismus träumte, gibt es ebensowenig wie eine Gesellschaft ohne soziale Spannungen.[685]

Narrative und Identität sind eng verbunden. So blieb im 19. Jahrhundert trotz der weitgehenden soziokulturellen Angleichung an die nichtjüdische Mehrheit die kulturelle und kollektive jüdische Identität bestehen – „doch es war eine Identität innerhalb der deutschen Gesellschaft, nicht im Gegensatz zu ihr.“[686] Dieser Hinweis ist bedeutsam, da er die Annahme in Frage stellt, es gebe eine konfrontative Haltung zwischen Minderheits- und Mehrheitsgesellschaft. Die didaktische Reduktion auf die Dichotomie von Identität und Alterität bei der Konstruktion von Identitäten ist allzu stark vereinfacht. Das pädagogische Desiderat der Multiperspektivität in der historischen Betrachtung muss vielmehr auch die soziologische Realität einer vielschichtigen Gesellschaft berücksichtigen, die man mit dem heutigen Begriff „multikulturell“ charakterisieren könnte, wäre dieser Begriff nicht zwangsläufig ebenfalls konfrontativ, weil konnotiert mit „Parallelgesellschaften“ und den entsprechenden Assoziationen (wie Selbstabgrenzung usw.).

Ernst Fraenkel erklärte einem Mitarbeiter, „dass es Juden im objektiven und im subjektiven Sinne gäbe. Letztere seien Juden, deren religiöser Glaube den Sinn ihres Daseins bestimme. Juden im objektiven Sinne seien hingegen diejenigen, die aufgrund ihrer Familienzusammengehörigkeit und ansonsten vornehmlich von anderen als Juden bezeichnet und behandelt werden und sich damit abzufinden hätten. Er selbst sei ein Jude im objektiven Sinne, was seiner bewussten Solidarität mit seinen jüdischen Glaubensgenossen keinerlei Abbruch tue.“[687] Aber diese Analogie zum subjektiven und objektiven Nationen-

---

685 Siehe dazu auch Till van Rahden: Juden und andere Breslauer. Die Beziehungen zwischen Juden, Protestanten und Katholiken in einer deutschen Großstadt von 1860 bis 1925. Göttingen 2000, S. 17f.

686 Trude Maurer: Die Entwicklung der jüdischen Minderheit in Deutschland (1780-1933). Göttingen 1992, S. 177.

687 Zitiert nach: Michael Wildt: Die Angst vor dem Volk. Ernst Fraenkel in der deutschen Nachkriegsgesellschaft. In: Monika Boll/Raphael Gross (Hg.): „Ich staune, dass Sie diese Luft atmen können.“ Jüdische Intellektuelle in Deutschland nach 1945. Frankfurt/M. 2013, S. 328f.

begriff ist problematisch, sobald es um Fremdzuschreibung geht. Die Frage ist, wann der Hinweis, dass jemand jüdisch ist, angebracht ist. Dabei geht es nicht nur um misslungene Zuschreibungen wie die des „jüdischen Außenministers“[688] für Walther Rathenau, der selbstverständlich deutscher Außenminister war, oder wie bei den „jüdischen Kinos und Theatern“, bei denen es sich ja nicht um Einrichtungen handelte, die ausschließlich jüdische Filme oder Theaterstücke aufführten, sondern um solche, die von Juden betrieben wurden.

Während Rathenau in seinen Veröffentlichungen Stellung zu seinem Judentum bezogen hatte und seiner Ermordung antisemitische Angriffe vorausgegangen waren, sieht die Sache z. B. bei Rosa Luxemburg ganz anders aus. Rosa Luxemburg hat sich wohl zu jüdischen Themen nie geäußert.[689] Noch schwieriger wird es bei Helene Mayer, die bei den Olympischen Spielen in Berlin eine Silbermedaille errang. Sie war nach religiös-jüdischer Definition keine Jüdin, verstand sich selbst als frei-religiös und dementierte jeglichen Kontakt zur Synagogengemeinde.[690]

„Identität ist definiert als Selbstidentifizierung: Jude ist jeder, der sich selbst als Jude identifiziert, oder als Fremdidentifizierung: Jude ist, wer als Jude identifiziert wird. Peter Gay sagt, seine Familie habe sich bis 1933, als das Naziregime sie als jüdisch identifizierte, als deutsch und nicht als jüdisch betrachtet. War Karl Marx Jude, obwohl er im Alter von sechs Jahren getauft wurde und sich nachdrücklich von jüdischer Religion distanzierte?“[691]

Dem ersten Teil der Definition mag man zustimmen, aber ist der zweite Teil, die Fremdidentifizierung, nicht gleichbedeutend mit der Bereitschaft, die

---

688 *Gr 3*, S. 49.

689 Peretz Merchav: Jüdische Aspekte in der Einschätzung von Rosa Luxemburg. In: Juden und jüdische Aspekte in der deutschen Arbeiterbewegung, Internationales Symposium, Dezember 1976. Herausgegeben von Walter Grab, Institut für Deutsche Geschichte, Universität Tel Aviv, Jahrbuch des Instituts für deutsche Geschichte, Beiheft 2, S. 189. Abweichend dazu: Robert S. Wistrich: Rosa Luxemburg: The Polish-German-Jewish Identities of a Revolutionary Internationalist. In: Leo Baeck Year Book, Vol. 57, 2012, S. 239-266. Die weit auseinanderliegenden Erscheinungsjahre der beiden Aufsätze und die weiteren Veröffentlichungen zur Frage der jüdischen Identität Rosa Luxemburgs in den Jahren dazwischen belegen, dass man weit von eine konsensfähigen Bewertung entfernt ist.

690 Siehe auch den Abschnitt *Arbeit mit Biografien*.

691 Georg G. Iggers: Ohne jüdische Identität keine jüdische Geschichte (wie Anm. 682), S. 49. Das Beispiel des jüdischen Kulturwissenschaftlers und Historikers Peter Gay kommt der Definition von Jens Malte Fischer nahe: „Jude ist, wer sich für einen solchen hält, sich mit dem Judentum identifiziert oder solange für einen solchen gehalten wird, bis er sich selbst für einen hält.“ Zitiert nach Rahden, Breslau (wie Anm. 684), S. 20.

Kennzeichnung der Antisemiten zu übernehmen? Helene Mayer wird wider Willen zur „Halbjüdin", in einem anderen Buch zur „Jüdin" gemacht. Übernimmt man diese Zuschreibung, folgt man der Definition der Nationalsozialisten. Doch hatte nicht auch Viktor Klemperer sie in seinem Tagebuch als Jüdin identifiziert? (Siehe dazu auch Kapitel *Arbeit mit Biografien*)

Zu diesem Thema gibt es Konfliktlinien innerhalb des jüdischen Selbstverständnisses wie auch in der Gegenüberstellung mit der nichtjüdischen Perspektive. So ist für das weitgehend durch die Orthodoxie bestimmte jüdische Selbstverständnis neben der Abstammung die Religionszugehörigkeit konstitutiver Bestandteil. Gleichwohl gibt es Juden, die sich als nicht-religiöse Juden verstehen oder ihr Judentum aufgegeben haben, sei es durch Konversion, sei es durch bloße Ablehnung. Umgekehrt haben historisch viele Juden, die aufgrund gesellschaftlicher Zwänge zum Christentum konvertierten, ihre jüdische Identität nicht aufgegeben, sondern allenfalls relativiert, z. B. Heinrich Heine.

Angesichts der komplexen Überlagerung durch religiöse und ethnische Kategorien und differierende Selbst- und Fremdkonzepte kann man den begrifflichen Herausforderungen nur schwer wirklich gerecht werden. In der fachwissenschaftlichen Diskussion hat sich Till van Rahden für das Konzept der „situativen Ethnizität" stark gemacht, das nicht von einem festen und unveränderbaren Kern von Kultur, Tradition und Religion ausgeht, sondern von einer kulturellen und sozialen Grenzmarkierung, die Zugehörigkeit oder Ausschluss signalisiert: „Die Zugehörigkeit zu einer ethnischen Gemeinschaft schließt demnach die Loyalität gegenüber anderen Sozialformen und Gruppen wie der Klasse, dem Geschlecht, der Konfession, der Berufsgruppe oder der Nation nicht aus. Gerade das Konzept der situativen Ethnizität, das für die Analyse der deutschen Juden besonders hilfreich erscheint, betont, in welch hohem Maße Ethnizität an die konkrete soziale Situation gebunden sein kann. Spielt also für ein Individuum die Zugehörigkeit zu einer ethnischen Gruppe in spezifischen Situationen, etwa im engeren Familienleben oder bei der Teilhabe am ethnischen Vereinsleben, eine wichtige Rolle, tritt Ethnizität in anderen Situationen ganz zurück, und andere Zugehörigkeitsgefühle werden handlungsleitend."[692]

Begrifflichkeit beim Historischen Lernen ist nicht nur eine Frage von Definitionen und Kategorien. Man gerät hier in einen Bereich von Differenzierungszusammenhängen, die die Herstellung eines Problembewusstseins erfordern. Exklusionsvorstellung lassen Doppelidentität – und Doppelloyalität – nicht zu. Geht man von der Annahme aus, dass ethnische und religiöse Differenzen nicht

---

692 Rahden (wie Anm. 684), S. 20.

aufhebbar sind, dann ist kulturelle Pluralität nicht nur wünschenswert, sondern unvermeidbar. Ziel der pädagogischen Arbeit und eine der wesentlichen Leistungen beim Erlernen von Geschichtsbewusstsein ist es, Differenz und Ambivalenzen zu erkennen und zu ertragen, und das ist mitunter nicht leicht. Der Historiker Klaus Hödl erklärte zuletzt: „Max Liebermann, der Begründer des deutschen Impressionismus, war Jude. Aber nur ganz wenig aus seinem umfangreichen Schaffen hat einen Bezug zum Judentum. Vielleicht wäre es angemessen, von ihm als einem Deutschen, Juden, Maler und vieles mehr zu sprechen. Und all diese Identitätsfacetten haben sein Werk in gewisser Weise bestimmt. Es ist aber nicht möglich, das Jüdische oder Nichtjüdische in seiner Malerei genau zu ermitteln. Juden und Nichtjuden stellen eben keine deutlich voneinander unterscheidbaren Kollektive dar". [693]

Letztlich wird man die Perspektive hinter den Begriffen „Deutsche" und „Juden" oder bei der Frage, wer Jude ist, immer mit Blick auf die konkrete Situation überprüfen müssen. „Jüdische Identität ist pluralistisch und fragmentiert. Jeder Versuch, jüdische Geschichte zu schreiben, ist eine selektive Aufgabe, bei der Historiker/innen ihre eigenen Fragen stellen müssen."[694] Dasselbe gilt für den Geschichtsunterricht.

---

693 http://www.dradio.de/dkultur/sendungen/politischesfeuilleton/2178146/ Sendung vom 16.7.2013 (30.10.2013).

694 Iggers (wie Anm. 682), S. 50.

3. Das Sündenbock-Theorem

„Warum die Juden", formulierte einst Leo Löwenthal sarkastisch in einem Brief, „warum nicht die Radfahrer?"[695] Hinter dieser Überlegung steht die Frage, warum die Verantwortung für alle möglichen Missstände gerade den Juden zugeschrieben wird und sie zu Objekten von Anfeindungen und Opfern von Angriffen, kurz: warum sie zu „Sündenböcken" gemacht werden.

Der Ausdruck „Sündenbock" leitet sich ursprünglich von einem in Levitikus 16 (3 Mose 16) beschriebenen Ritual ab. Dabei übertrug der Hohepriester die Sünden des Volkes auf einen Ziegenbock, der in die Wüste gejagt wurde. So nahm er die Verfehlungen mit und ließ das Volk gereinigt zurück. Die Übertragung von Sünden und entsprechende Reinigungsrituale gibt es auch in anderen Kulturen. Die Hindus erlegen die Schuld nicht einem Ziegenbock, sondern einem „Sündenpferd" auf. In Japan gab es Wandertheater, bei denen ein Schauspieler, besudelt vom Übel des Gemeinwesens, am Schluss der Vorstellung den Ort des Geschehens schleunigst verlassen musste, um nicht verprügelt oder gar gelyncht zu werden.[696]

Von der biblischen Geschichte und dem damit verbundenen Gedanken der (rituellen) Reinigung hat sich das Bild des Sündenbocks weitgehend gelöst. Zahlreiche Unterrichtswerke greifen die Figur auf, wenn es darum geht, judenfeindliche Übergriffe und Ausschreitungen zu „erklären". Explizite Zwischenüberschriften wie „Juden als Sündenböcke"[697] oder „Die Juden als Sündenböcke"[698], „Sündenböcke in Notzeiten"[699], „Sündenböcke gesucht und gefunden"[700], „Bequeme Sündenböcke"[701]markieren die zentrale Aussage.[702]

---

695 Leo Löwenthal an Herbert Marcuse 29.6.43. Brief aus der Ausstellung „Die Frankfurter Schule und Frankfurt", 2009. Vgl. http://www.faz.net/aktuell/feuilleton/ausstellung-frankfurter-schule-warum-nicht-die-radfahrer-1853148.html (10.10.2013).

696 Eberhard Th. Haas: Das Rätsel des Sündenbocks. Zur Entschlüsselung einer grundlegenden kulturellen Figur. Gießen 2009, S. 17 u. S. 107.

697 *EuV 9/10*, S. 123.

698 *RiV 4*, S. 181

699 *Zr 2*, S. 154.

700 *RiV 2*, S. 46.

701 *Gerl 2*, S. 97.

702 In *EuV 2* (Ausgabe Hessen) lautet die Kapitelüberschrift „Mein jüdischer Nachbar ist schuld an ..." Diese Formulierung ist eine wortwörtliche Übernahme aus dem damaligen

Die Beschäftigung mit dem Antisemitismus stellt für zahlreiche wissenschaftliche Disziplinen eine Herausforderung dar. Entsprechend vielfältig sind die Erklärungsansätze und Zugriffsmöglichkeiten. In der psychologischen Deutung gilt der Antisemitismus als pathologische Erscheinung, verwurzelt nicht nur in der Psyche individueller Bewohner des Westens, sondern insgesamt im kollektiven „Diskurs“ der westlichen Kultur, ja sogar der „Moderne“ im Allgemeinen. In der „Sündenbock-Theorie“ gibt es einen gruppensoziologischen Ansatz, der einen allgemeinen Kern enthält, unabhängig von bestimmten historischen Situationen. So schreibt Eberhard Th. Haas, es gebe „weltweit zu allen Zeiten spontan auftretende Sündenbock-Reaktionen, die in Krisenzeiten entstehen und darin gipfeln, dass einer Minderheit oder einem Einzelnen die Schuld für einen sozialen Konflikt oder eine Katastrophe aufgebürdet wird.“[703] Doch wirft nicht gerade die scheinbar „spontane“ Reaktion begründete Fragen auf? Spontanität folgt einem Impuls, der scheinbar nicht erklärbar ist, es sei denn im Zusammenhang mit Krisenzeiten und Katastrophen. Doch auch hier stellt sich die Frage nach dem Erklärungszusammenhang. Ist das Sündenbock-Phänomen im Grunde irrational oder lässt es sich rational verstehen – wenn auch nicht billigen?

Historiker wollen in erster Linie die Ursachen des Antisemitismus in einer spezifischen geschichtlichen Situation möglichst umfassend und vielschichtig erforschen. Die Beschäftigung mit den Formen der Ausgrenzung und Verfolgung von Juden im Mittelalter wie in anderen Epochen bedarf der differenzierten und ausführlichen Auseinandersetzung mit den Motiven und den spezifischen Hintergründen. Andernfalls entsteht bei den Schülerinnen und Schülern ein Bild einer Allgegenwart von Judenfeindschaft. „Der ewige Sündenbock“ ist ein durchgehender Topos auf entsprechenden Internetseiten und zwangsläufig das Pendant zum „ewigen Juden“. Das fördert die verhängnisvolle Bereitschaft, Judenfeindschaft als historische Konstante zu akzeptieren, eine geradezu ahistorische Verhaltensweise.

Dem Geschichtsunterricht kommt als eine grundlegende Aufgabe eine Erklärungsfunktion zu. Die Schüler/innen sollen erfahren, warum historische Ereignisse oder Veränderungen so stattgefunden haben. Ziel historischen Den-

---

Hessischen Rahmenplan für Realschulen. Wenngleich die weiteren Ausführungen auf der Schulbuchseite sehr differenziert und angemessen auf die Geschichte der Juden in der Spätantike und im Mittelalter eingehen und die jüdische Siedlungsgeschichte thematisieren, so dominiert doch die Aussage der Überschrift das Kapitel. *EuV 2*, 2003, S. 114.

703 Eberhard Th. Haas: Das Rätsel des Sündenbocks (wie Anm. 695), S. 17.

kens ist das abwägende Verstehen. Monokausale Erklärungen sind zumeist wenig hilfreich und greifen zu kurz. Arbeitsaufträge wie „Erklärt den Begriff ‚Sündenbock' und stellt fest, ob auch heute Menschen zum ‚Sündenbock' gemacht werden"[704] zeigen eine falsch verstandene Form des Gegenwartsbezugs, sind aber historisch inhaltsleer und können die Beschäftigung mit dem konkreten Ereignis sogar obsolet machen.

Aber auch in entsprechenden Autorentexten taucht der Sündenbock-Topos auf: „Bei dem Mord an dem jüdischen Außenminister Walther Rathenau am 24. Juni 1922 spielte auch der zunehmende Antisemitismus eine Rolle. Nationalistisch eingestellte Judenfeinde (Antisemiten) machten die Juden für Probleme in Politik und Wirtschaft verantwortlich und benutzten sie als ‚Sündenböcke'".[705] „Mit hasserfüllter Propaganda gelang es den Nationalsozialisten, die Juden zu Sündenböcken zu machen."[706] „Als 1873 und in den 1920er Jahren Wirtschaftskrisen ausbrachen, wurden die alten Vorurteile und Neidkomplexe wieder wirksam: Die jüdischen ‚Kapitalisten' wurden als Sündenböcke hingestellt."[707] Oder: „In den zurückliegenden Jahrhunderten waren die Juden als Außenseiter oder Sündenböcke kritisiert, angegriffen und verfolgt worden, weil man ihnen den wirtschaftlichen Erfolg neidete, ihre fremdartig wirkenden Rituale nicht verstand oder ihnen vorwarf ‚Christusmörder' zu sein."[708]

Die Beispiele zeigen die Beliebtheit des Erklärungsmodells und belegen seine Universalität, es lässt sich zu allen Zeiten und Epochen (Mittelalter, Kaiserreich, Weimarer Republik, Nationalsozialismus) einsetzen. Aber liefert es wirklich eine Erklärung? Im letzten Beispiel wird der Hass und die Sündenbock-Markierung durch die Formulierung: „weil man ihnen den wirtschaftlichen Erfolg neidete" noch vermeintlich ökonomisch begründet und damit eine Verbindung zum „Sozialneid-Theorem" hergestellt. Das Beispiel davor deutet diese Begründung durch den Verweis auf die „jüdischen ‚Kapitalisten'" noch an. Auch *EuV 3* signalisiert durch die Zwischenüberschrift: „Die Juden werden zu Sündenböcken gemacht", eine Erklärung für die Verfolgung in der NS-Zeit. Der folgende Autorentext setzt gleichfalls auf eine vermeintlich ökonomische Begründung: „Die von den Nationalsozialisten verbreiteten Vorurteile gegenüber den Juden wurden von vielen Deutschen geteilt oder

704 *Gr 3*, S. 49.
705 *Gr 3*, S. 49.
706 *EuV 9/10*, S. 123.
707 *Gplus 9/10*, S. 102.
708 *ZuM 3*, S. 156.

hingenommen. Diese Vorurteile waren seit der Mitte des 19. Jahrhunderts in Deutschland immer wieder aufgekommen. Sie entstanden unter anderem aus Neid über den Erfolg von Juden in Handel und Bankgewerbe. Auch die herausragende Stellung jüdischer Gelehrter an den Universitäten erweckte Neid und Missgunst."[709] Der im Text genannte Entstehungszeitpunkt („Mitte des 19. Jahrhunderts) für das Aufkommen des Antisemitismus bleibt ebenso unspezifisch und fragwürdig wie der Verweis auf die „herausragende Stellung jüdischer Gelehrter an den Universitäten". An den damaligen Universitäten gingen herausragende Leistungen keineswegs mit einer herausragenden Stellung einher. Zahlreiche jüdische Akademiker mussten sich zeitlebens mit einer Privatdozentur zufrieden geben.[710] Das Bild des erfolgreichen Juden wird in *EuV 3* mit einem abschließenden Satz politisch korrekt relativiert: „Dabei übersahen viele Menschen, dass die Mehrzahl der Juden ebenso in einfachen Verhältnissen lebte wie die übrigen Deutschen."[711] Hier wird der Sozialneid der Zeitgenossen zur Chimäre.

Diese und andere Beispiele zeigen, dass Sündenbockthese, Vorurteile und Erklärungsmuster oft miteinander verbunden sind. Eigentlich sollte das Sündenbock-Theorem an sich schon die Erklärung liefern, aber dann werden hintergründige Erklärungen hinzugefügt, warum die Sündenböcke zu Sündenböcken wurden – Erklärungen, die oft in diametralem Widerspruch zur Sündenbock-These stehen.

Unterrichtsmaterialien verweisen seit Jahrzehnten auf die „allgemeine Sündenbock-Funktion der Juden".[712] Auch im LeMO wird der Antisemitismus nach 1918 an erster Stelle mit der Sündenbock-Funktion erklärt: „Die Juden, die weniger als ein Prozent der Bevölkerung im Deutschen Reich ausmachten, waren in den ersten Nachkriegsjahren die Sündenböcke für all das, was einen Großteil der Deutschen traumatisierte: Revolution, Inflation, soziales Elend. Die antisemitische Propaganda stützte sich dabei vornehmlich auf den aus dem Kaiserreich übernommenen völkischen Rassegedanken."[713] Der letzte Satz soll

---

709 *EuV 3*, S. 90.

710 Siehe dazu Shulamit Volkov: Soziale Ursachen des jüdischen Erfolgs in der Wissenschaft. In: Dies.: Jüdisches Leben und Antisemitismus im 19. und 20. Jahrhundert. München 1990, S. 146-165.

711 *EuV 3*, S. 90.

712 Hans-Gert Oomen/Hans-Dieter Schmid (Hg.): Arbeitstexte für den Unterricht. Vorurteile gegen Minderheiten. Die Anfänge des modernen Antisemitismus am Beispiel Deutschlands, für die Sekundarstufe. Stuttgart 1978, S. 12.

713 http://www.dhm.de/lemo/html/weimar/antisemitismus/ (20.10.2013).

die Sündenbock-Theorie wohl argumentativ ergänzen oder erläutern, aber in Wirklichkeit liefert die Rassentheorie eine ganz eigene Erklärung.

Den direkten Zusammenhang zwischen Rassenideologie und sozioökonomischen Aspekten stellt *Hor 3* her: „Neu am Antisemitismus [...] im Kaiserreich war, dass Juden nicht mehr wie früher wegen ihrer Religion, sondern wegen angeblicher rassischer Unterschiede angegriffen wurden. Es wurde behauptet, dass Juden von Natur aus betrügerisch, raffgierig und ohne Moral seien."[714] Betrug und Raffgier setzen den Wuchervorwurf fort. Historisch wird dies als Konflikt in *FG 8* im Zusammenhang mit der Gründerkrise thematisiert: „Gesellschaftliche Gruppen, wie Landwirte, Handwerker und Kaufleute, erlebten die so genannte Gründerkrise als bedrohlich, verloren jegliche Hoffnung und suchten die Schuld dafür bei den Juden. Darüber wurden sie für die mit der Industrialisierung verbundenen Veränderungen und Probleme verantwortlich gemacht. Für die von vielen abgelehnte ‚Modernisierung' wurde ‚der' Jude zum Sündenbock gemacht."[715] Wie oben beschrieben, wird das Sündenbock-Theorem auch hier dadurch ad absurdum geführt, dass nachvollziehbare Gründe genannt oder zumindest evoziert werden.

Aber auch ohne explizite Erwähnung wird immanent auf den Sündenbock zurückgegriffen: „Adolf Hitler hetzte hemmungslos gegen das ‚Weimarer System', gegen den Versailler Vertrag, gegen die ‚Erfüllungspolitik' der demokratischen Regierungen und die Juden, die er für das Unglück Deutschlands verantwortlich machte."[716]

Das klassische historische Thema für das Sündenbock-Theorem sind die Pestpogrome. Die Brunnenvergifterlegende scheint die Absurdität der Sündenbockthese, also die Irrationalität und Zufälligkeit bei der Wahl eines Sündenbocks als Erklärung für das Unerklärliche, am besten zu bestätigen. Doch war der historische Hintergrund hierfür sehr vielschichtig und auch von Ort zu Ort unterschiedlich.

Das zeigt sich zum Beispiel in Frankfurt/M.: Am 5. Juli 1349 verließ Karl IV. Frankfurt; weniger als drei Wochen danach kam es zur zweiten Vernichtung der Frankfurter jüdischen Gemeinde. Die Frankfurter Juden wurden entweder erschlagen oder verbrannten in ihren Häusern. Noch im Juni 1349 hatte Karl IV. einen Vertrag mit der Stadt Frankfurt abgeschlossen, in dem er ihr gegen ein Pfand von 15 200 Pfund Heller die Rechte an den Frankfurter Juden überließ. Die Verpfändungsurkunde Karls IV. traf nicht grundlos Regelungen

---

714 *Hor 3*, S. 39.
715 *FG 8*, S. 160.
716 *ZfG 4*, S. 74.

für den Fall eines Pogroms. Schon seit Ende 1348 kursierten im Maingebiet Gerüchte über angebliche Brunnenvergiftungen durch Juden. Jedoch verging das Frühjahr 1349, ohne dass die Pogromwelle Frankfurt erreichte, während hingegen Gemeinden in der Umgebung Frankfurts – in Eisenach, Fulda, Heidelberg, Worms und Speyer – ausgelöscht wurden. Noch im März 1349 nahm der Rat der Stadt Frankfurt Einträge von Juden ins Bürgerbuch vor. In jüngeren Interpretationen werden religiöser Fanatismus und die Pest als Auslöser für das Pogrom verneint; sie sehen das entscheidende Moment für die mörderischen Ausschreitungen im Thronkampf zwischen Günther von Schwarzburg und Karl IV. 1346 war Karl IV. durch die Kurfürsten von Mainz, Köln, Trier, Böhmen und Sachsen zum Gegenkönig von Ludwig dem Bayern gewählt worden. Nach Ludwigs Tod 1347 wählten seine Anhänger 1349 in Frankfurt den thüringischen Grafen Günter von Schwarzburg zum Gegenkönig Karls IV. Zur Einordnung der Verpfändungsurkunde gehört, dass die Stadt sich vom Kaiser alle erdenklichen Bestätigungen erbat, um möglichen Spätfolgen der Parteinahme gegen Karl IV. vorzubeugen.[717]

Ein anderer Fall ist Straßburg: Unter der Überschrift „Wer ist schuld?" präsentiert *ZfG 2* Auszüge aus der bekannten Quelle von Jakob Twinger aus Straßburg über den Pestpogrom 1349, geschrieben um 1400.[718] Twingers distanzierte Darstellung greift zunächst die Sündenbockthese als Erklärung auf: „Wegen dieser Pest wurden die Juden in der Welt verleumdet und bezichtigt, sie hätten es verursacht, indem sie Gift in das Wasser und die Brunnen getan." Dann ergänzt er aber, in Wirklichkeit sei das Geld „das ‚Gift'" gewesen, „das die Juden tötete."[719] Somit wird schon in einer damaligen Quelle die Sündenbockthese in den Vordergrund gestellt, dann aber im Hintergrund ein reales Motiv präsentiert, nämlich das „Geldmotiv" (Geldverleih, Verschuldung, Reichtum etc.). Aber die Quellenlage ergibt für die ganze unmittelbare Vorgeschichte des Straßburger Pogroms keinerlei Hinweis auf den Wuchervorwurf, sondern verweist vielmehr auf Konflikte innerhalb der Straßburger Bürgerschaft, in denen die wirtschaftliche Konkurrenz mit den Juden eine Rolle spielte. Dabei wurde die Panik vor der herannahenden Pest durchaus zu einem entscheidenden Faktor.[720]

---

717 Vgl. Johannes Heil: Vorgeschichte und Hintergründe des Frankfurter Pogroms von 1349. In: Hessisches Jahrbuch für Landesgeschichte, Jg. 41 (1991), S. 105-151. Nach Heils Einschätzung sind zeitgenössische Quellen rar und widersprüchlich.

718 *ZfG 2*, S. 209.

719 *EuV 1*, Nds., S. 206, ZfG 2, S. 209 verzichtet genau auf diese Textpassage.

720 Vgl. Geiger: Zwischen Urteil und Vorurteil (wie Anm. 85), S. 91-108.

Schon Hannah Arendt äußerte sich kritisch zum Erklärungspotenzial des „Sündenbock-Theorems": „Handelte es sich nämlich wirklich nur um Sündenböcke, so könnten es in der Tat ebenso die Radfahrer sein. Will man aber, wie es natürlich immer geschieht, erklären, warum gerade die Juden sich so gut für den Sündenbock eigneten, so hat man bereits die eigentliche Theorie, die hinter dieser These steht (und eine Beziehungslosigkeit zwischen dem Opfer und dem, was ihm geschieht, annimmt) aufgegeben und sich auf ganz gewöhnliche historische Forschung eingelassen. Diese wiederum wird wohl kaum je etwas anderes zutage fördern, als dass Geschichte von vielen verschiedenen Gruppen gemacht wird und dass, wenn einer Gruppe plötzlich eine so oder anders bestimmte Rolle zugeteilt wird, dies seine geschichtlichen Gründe haben muss. Damit aber hört der Sündenbock auf, bloß zufälliges Ventil und unschuldiges Opfer zu sein; er stellt sich als selbst geschichtlich und der politischen Welt verhaftet heraus."[721]

---

721 Hannah Arendt: Elemente und Ursprünge totaler Herrschaft. Frankfurt/M. 1955, S. 9.

4. Das Sozialneid-Theorem

„Die Juden und das Geld" zieht sich als permanenter Topos in Klischeevorstellungen und Vorurteilen vom Mittelalter bis heute durch die Geschichte, aber auch in Vorstellungen, die durchaus anerkennend gemeint sein können.[722] Die Juden als Wegbereiter der Moderne, Begründer sowohl des Kapitalismus als auch – durch Karl Marx – seiner Negation, sind auch das Thema im 2002 erschienenen Buch *Les Juifs, le Monde et l'Argent* (Die Juden, die Welt und das Geld) des französischen Wirtschaftswissenschaftlers Jacques Attali. Er will darin aufzeigen, „wie die Erfinder des Monotheismus dazu gekommen sind, die Ethik des Kapitalismus zu begründen, bevor sie durch einige Söhne zum ersten Bankier und durch andere zu ihrem unerbittlichsten Feind wurden. Es ist auch für das jüdische Volk selbst entscheidend, sich diesem Teil seiner Geschichte zu stellen, den es nicht mag, obwohl es allen Grund hätte, darauf stolz zu sein."[723] Tatsächlich gibt es gute Gründe – nicht nur für jüdische Autoren –, sich dieser Auffassung nicht anzuschließen und die Phantasmen vom „Geldjuden" zu bekämpfen. Wie selbst bei dem Versuch, bis heute gängige Vorurteile zu widerlegen, Stereotypen über das Mittelalter reproduziert werden, zeigt das Buch *Jews and Money*[724] von Abraham Foxman, dem National Director der Anti-Defamation League. Hier wird deutlich, wie sich historisch „falsche Klarheit" im Sinne von Adorno und Horkheimer[725] universell einprägen kann. Wie Attali behauptet auch Foxman, die Juden im Mittelalter hätten quasi ein Monopol auf Tätigkeiten im Finanzbereich gehabt[726], für Foxman allerdings nur gezwungenermaßen, wegen des christlichen Zinsverbots. Dies ist auch das gängige Bild in den Schulbüchern, obwohl es eine lange Liste von Publikationen jüdischer wie nichtjüdischer Historiker gibt, die das Klischee vom jüdischen Geldverleiher

---

722 Das Ineinandergreifen von positivem und negativem Bild thematisiert die Ausstellung „Juden. Geld. Eine Vorstellung", die 2013 im Jüdischen Museum Frankfurt gezeigt wurde. Freilich überwog auch hier der negative Aspekt. Vgl. Fritz Backhaus/Raphael Gross/Liliane Weisberg (Hg.): Juden. Geld. Eine Vorstellung. Frankfurt/M. 2013. Katalog zur gleichnamigen Ausstellung.

723 Vgl. den Klappentext von Jacques Attali: Les Juifs, le Monde et l'Argent. Histoire économique du peuple juif. Paris 2002, ²2005. Übers. W.G.

724 Abraham H. Foxman: Jews & Money. The Story of a Stereotype. New York 2010.

725 Vgl. die Definition des Mythos als „falsche Klarheit" (wie Anm. 127), S. 45.

726 Foxman (wie Anm. 723), S. 61.

widerlegen.[727] Attali dagegen übernimmt das Klischee affirmativ: er will seine negative Wertung ins Positive verkehren. Aber die Richtigkeit des Klischees ist keine Frage der *Bewertung*, sondern der historischen *Wahrheit*. Schon die Analyse des Abschnitts, in dem Attali über die Juden als die „ersten Bankiers der Christen" im frühen Mittelalter schreibt, zeigt, dass er das Klischee vom jüdischen Monopol auf den Geldverleih durch die interessengeleitete und letztlich falsche Interpretation der entsprechenden Quellen[728] beweisen will, während er in Wirklichkeit nur die Macht des Vorurteils beweist.[729]

Geldverleih, Schulden und Neid im Mittelalter

In den Schulbüchern wird das Geldthema als Motiv für den Hass auf Juden sowie als auslösenden Faktor und letztlich als Grund für die Verfolgung und die Pogrome dargestellt. Wie im Abschnitt zum Mittelalter dargelegt, werden andere Motive, vor allem religiöse, sowie die Rolle der Kirche fast durchgängig zugunsten dieses materiell-sozialen Motivs relativiert. Gemäß eines seit den 1970er Jahren im allgemeinen Bewusstsein nach und nach verinnerlichten Verständnisses von Sozialgeschichte, das dem ursprünglich marxistischen Basis-Überbau-Schema folgt, erscheinen kulturelle Phänomene wie die Religion nur als äußerer Schein eines zugrunde liegenden „echten", nämlich materiellen Beweggrundes. Entsprechend wird das Geldmotiv automatisch aus den weiteren genannten Motiven für Antijudaismus oder Antisemitismus als das eigentliche herausgefiltert.

Die „Verschuldung breiter Bevölkerungskreise" bei den Juden und die daraus resultierenden „materiellen Beweggründe" benennt auch der Brockhaus von 2004 als zentrales Hassmotiv.[730] Daraus entsteht eine Dialektik von *Schulden* und *Schuld*: Da die Verschuldung als „materieller Beweggrund" eigentlich schuld am Antijudaismus sein soll, wird auch eine objektive Mitschuld der Juden suggeriert, wenn sie auch durch das moderne Erklärungsschema, demzufolge sie die Rolle des Geldverleihers nicht freiwillig übernommen hätten, relativiert wird. Ein sehr frühes Beispiel für diese scheinbar rationale Erklärung lieferte

---

727 Eine bibliographische Auswahl gibt es auf www.juedischegeschichte.de/html/geldverleiher.html

728 Dass Attali für diese Fehlinterpretation der Quellen alleine verantwortlich ist, soll hier nicht behauptet werden; vielmehr konnte er sich in seinem Buch an vielen Stellen auch auf zahlreiche ältere Autoren berufen.

729 Vgl. Wolfgang Geiger: Christen, Juden und das Geld (wie Anm. 114).

730 Wie Anm. 135.

der mittelalterliche Scholastiker Petrus Abaelard, der mit einer entsprechenden Textstelle in einem Schulbuch zitiert wird.[731] Es handelt sich um den Bericht über den Straßburger Pestpogrom, in dem es heißt, in Wirklichkeit sei das Geld „das ‚Gift', das die Juden tötete".[732]

Eine „Verschuldung breiter Bevölkerungskreise" bei Juden ist historisch jedoch nicht nachweisbar, weder für den Straßburger Pestpogrom 1349 noch für den Fettmilch-Aufstand in Frankfurt 1614, sondern entspringt der Phantasie auf der Basis eines kulturell tief verwurzelten Vorurteils. Der Mythos vom kirchlichen Zinsverbot als „falsche" Klarheit hindert Autoren (nicht nur von Schulgeschichtsbüchern) daran, sich diesbezüglich über die Realitäten des Wirtschafts- und Finanzwesens im Mittelalter zu informieren. Was man vermeintlich sicher weiß, wird man nicht recherchieren. Und die vermeintliche Sicherheit wird umso nachdrücklicher bestätigt, als es sich um ein konstantes, epochenübergreifendes Motiv handelt, das vermeintlich den Antijudaismus des Mittelalters genauso erklärt wie den Antisemitismus des 19. und 20. Jahrhunderts und vielleicht sogar, wie in einer Schüleräußerung, die Eroberung Judäas durch die Römer genauso wie den Holocaust: „Weil die Juden reich waren."[733]

Tatsächlich ist die angeblich besondere Affinität der Juden zum Geld das grundlegendste und allgemeinste aller Vorurteile über Juden, es lässt sich nahezu bei jeder Gelegenheit, zu jedem Thema und für jede historische Epoche einsetzen und hat sich so weit verselbständigt, dass es längst nicht mehr nur in bewusst antisemitischer Absicht benutzt wird. Das *Vorurteil der Anklage* im Mittelalter ist heute das *Vorurteil der Erklärung*, der Wucher, der damals gewalttätige Aktionen rechtfertigte, dient heute als Erklärung für das Motiv des Hasses.

Das mittelalterliche Thema Zins und Geldverleih begründet nicht nur das Verschuldungsklischee, sondern auch die Vorstellung, die Juden seien reicher gewesen als die Christen. Letztlich geht es um das Zerrbild des „reichen Juden" – der Geldverleih erklärt seinen Reichtum ja nur scheinbar. Deshalb wird in den Schulbüchern beim Mittelalter auch der Neid auf die Juden angesprochen: „Die blanke Habgier war das eigentliche Motiv"[734], die immer wiederkehrenden Plünderungen werden nicht nur als Befreiung von den Schulden dargestellt.

---

731 Wie Anm. 126.

732 Wie Anm. 141.

733 So aus einer konkreten Erfahrung in einem Leistungskurs Geschichte, wo dies so zur Sprache kam. Nach langer Erfahrung haben wir allen Grund zu der Annahme, dass solches öfters gedacht, aber aus „politischer Korrektheit" nicht so klar benannt wird.

734 *Mos B7*, S. 94.

Kapitalismus, Erfolg und Neid im Kaiserreich

Nach den spärlichen Belegen zur jüdischen Geschichte in der Frühen Neuzeit, in denen das Geldthema vereinzelt angesprochen wird (Fettmilchaufstand, Joseph Süß Oppenheimer), rückt das Thema des wirtschaftlichen Erfolges der Juden und des Neids, den sie deswegen auf sich zogen, im Kaiserreich als Ursache des Antisemitismus wieder in den Vordergrund. Hier stehen „neuartige Elemente der Judenfeindschaft" wie die „so genannte Rassenlehre" alten Aspekten in neuer Form gegenüber, denn, so erklärt *FG 4*, „der wachsende Antisemitismus gegenüber den Juden [...] hatte vor allem wirtschaftliche und kulturelle Gründe."[735] Wie im Mittelalter „materielle Beweggründe" hinter dem religiösen Antijudaismus, so stehen hier „wirtschaftliche Gründe" hinter dem ideologischen Antisemitismus. Was die ebenfalls erwähnten „kulturellen Gründe" sein sollen, lässt das Lehrbuch offen. Als Erläuterung zu den im Autorentext aufgestellten Thesen gibt es zwei antisemitische Quellen: eine Postkarte vom „judenfreien" Borkum und einen Auszug aus Treitschkes „Unsere Aussichten", worin er „Lug und Trug" des „Semitentums", die „freche Gier des Gründer-Unwesens" anprangert und behauptet: „In tausenden deutscher Dörfer sitzt der Jude, der seinen Nachbarn wuchernd ausverkauft." Dann äußert er sein Verständnis für die „gehässige aber natürliche Reaktion des germanischen Volksgefühls gegen ein fremdes Element, das in unserem Leben einen breiten Raum eingenommen hat."[736] Dem setzt der Autorentext außer einem Verweis auf die Sündenbock-Rolle der Juden nichts entgegen.

Den direkten Zusammenhang zwischen Rassenideologie und sozioökonomischen Aspekten stellt *Hor 3* her: „Neu am Antisemitismus [...] im Kaiserreich war, dass Juden nicht mehr wie früher wegen ihrer Religion, sondern wegen angeblicher rassischer Unterschiede angegriffen wurden. Es wurde behauptet, dass Juden von Natur aus betrügerisch, raffgierig und ohne Moral seien."[737] „Betrug" und „Raffgier" setzen den Wuchervorwurf fort. Wie beim Sündenbock-Theorem werden auch hier wieder nachvollziehbare Gründe genannt oder zumindest evoziert. Deutlich benannt wird dies in *ZfG 3*: Die Wurzeln des neuzeitlichen Antisemitismus „lagen [...] in sozialen Neidgefühlen und rassistischen Vorstellungen, nach denen die Juden als minderwertig galten. Vor allem Bürger, die sich und ihre Vorstellungen durch die wirtschaftlichen und gesellschaftlichen Umwälzungen

---

735 *FG 8*, S. 160.
736 Ebd.
737 *Hor 3*, S. 39.

während der Industrialisierung bedroht fühlten, neigten ihm zu."[738] Zuvor wird die überproportionale Präsenz von Juden in den freien Berufen zwar richtig historisch hergeleitet, aber dann durch den Satz „Viele waren als Bankiers und Kaufleute tätig" in eine bestimmte Richtung geführt; den „sozialen Neidgefühlen" wird also der „materielle Beweggrund" zugewiesen. Die beiden dazugehörenden Textquellen – Auszüge aus einem Text von Adolf Stoecker sowie aus der Erklärung von Mommsen, Virchow u. a. im Zusammenhang mit dem Berliner Antisemitismusstreit (was im Buch allerdings nicht erwähnt wird) – sind ein Beispiel für in diesem Zusammenhang eher seltene Multiperspektivität, doch werden die antisemitischen Thesen Stoeckers vom „jüdischen Kapital" weder durch die zweite Quelle noch durch den Arbeitsauftrag dekonstruiert. Während die Erklärung der Antisemitismusgegner auf die „Wiederbelebung eines alten Wahns" verweist, dem es gelte in „Zeiten der Verwirrung" entgegen zu vertreten, fordert die Aufgabenstellung dazu auf, die Begründung des Aufrufes zur Toleranz herauszuarbeiten.[739]

Andere Bücher stellen einen Zusammenhang zwischen altem und neuem Sozialneid als Begründung für die Ausgrenzung der Juden her: Neben der Darstellung des ideologischen Antisemitismus gibt es mehr oder weniger deutliche sozialpsychologische Deutungen in Zusammenhang mit der sozioökonomischen Stellung der Juden: „1873 begann eine Wirtschaftskrise, die so genannte Gründerkrise. Viele Menschen machten dafür jüdische Finanziers verantwortlich – schon oft hatten die Juden in schweren Zeiten als Sündenböcke herhalten müssen."[740] Das Stichwort „Finanzier" ist der deutlichste Brückenschlag zum Geldthema früherer Zeiten. Andernorts heißt es: „In den zurückliegenden Jahrhunderten waren die Juden als Außenseiter oder Sündenböcke kritisiert, angegriffen und verfolgt worden, weil man ihnen den wirtschaftlichen Erfolg neidete, ihre fremdartig wirkenden Rituale nicht verstand oder ihnen vorwarf, ‚Christusmörder' zu sein. Im letzten Drittel des 19. Jahrhunderts wurde aus der religiös begründeten Judenfeindschaft ein völkischer Antisemitismus."[741] Es folgt ein Hinweis auf den Sozialdarwinismus. Ausgetauscht wird hier nur das religiöse gegen das völkische Motiv, die anderen Aspekte bleiben bestehen. Zuvor wird der Sozialneid indirekt durch die Behauptung aktualisiert, die zahlreichen als Kaufleute und Unternehmer erfolgreichen Juden seien trotz ihres Anpassungswillens „nicht integriert" worden.[742]

---

738 *ZfG 3*, S. 190.
739 *ZfG 3*, S. 191.
740 *GuG 4*, S. 117.
741 *ZuM 3*, S. 156.
742 Siehe S. 61.

Als Quellen werden durchweg antisemitische Texte vorgegeben, die die Thesen des Autorentextes belegen und noch weiter ausführen, z. B. in der Satzung der „Deutschen Antisemitischen Vereinigung“ von 1886, in der es unter anderem heißt: „Nirgends beteiligt sich der Jude an der ehrlichen produktiven Arbeit“, „Hausierhandel“, „Magazin-Wesen“ (gemeint sind wohl die Warenhäuser), „Börsen-Jobberei“ und „schwindelhaftes Gründertum“ hätten „das redliche Handwerk und den soliden Handel“ verdrängt.[743]

In all diesen Quellen soll sich der Antisemitismus quasi von selbst desavouieren. Von der historischen Wirklichkeit erfährt man fast nichts. Wer waren die Finanziers des Gründerbooms? Dass es bei dem enormen wirtschaftlichen Nachholbedarf in Deutschland in Verbindung mit dem Aufstiegsstreben deutscher Juden nach der Emanzipation überproportional viele jüdische Bankiers und Börsenhändler gab, ist unbestritten, doch was folgt daraus? Es ist statistisch nachweisbar, dass der wirtschaftliche Aufschwung des Gründerbooms mehr nichtjüdischen als jüdischen Gewerbetreibenden zugutekam[744], während die jüdischen Bankiers genauso von der Gründerkrise betroffen waren wie die nichtjüdischen.

Ein anderes Beispiel sind die Warenhäuser, die in *ZfG 3* durch eine Karikatur aus dem *Simplicissimus* von 1898 zwar thematisiert[745], aber nicht kontextuell erklärt werden. Hier wird der jüdische Warenhausbesitzer als jemand dargestellt, der die Konkurrenz durch seine „Schleuderpreise“(heute: Dumpingpreise) ruiniert und seinem ruinierten Konkurrenten dann zynisch den Weg zum 3. Stock (Schießwaren) und damit zum Selbstmord weist. Abgesehen davon, dass es in einem Warenhaus wohl keine Abteilung „Schießwaren“ gab und dies eine Übertreibung des Karikaturisten ist, bleibt festzuhalten, dass hier nicht nur die „Erfindung“ des Warenhauses, sondern auch dessen vermeintlich unlauteres Geschäftsgebaren angeprangert wird.

Tatsächlich ist der gesamten Vorurteilsstruktur des Sozialneid-Theorems der Vorwurf inhärent, der Reiche habe seinen Reichtum zu Unrecht, nämlich unredlich, erworben. Dabei folgte die vorteilhafte Preiskalkulation nur wirtschaftlichen Gesetzen (Vorteil des höheren Umsatzes). Die Entstehung der Warenhäuser in Deutschland, Jahrzehnte später als in Frankreich, Großbritannien und den USA, ist in der Tat einigen jüdischen Unternehmern zu

---

743 *GuG 4*, S. 119.

744 Vgl. Marion Kaplan (Hg.): Geschichte des jüdischen Alltags in Deutschland. Vom 17. Jahrhundert bis 1945. München 2003, S. 276 ff., 289 f.

745 *ZfG3*, S. 191.

verdanken, meist Textilhändlern oder gar Hausierern aus der Provinz, die ihre Idee in die Stadt trugen und dort realisierten.[746] Man könnte das also auch als eine „Self-made-man"-Geschichte erzählen. Zudem wurde damals durch die Gründung der Warenhausketten der kleine Einzelhandel generell keineswegs verdrängt; er nahm im Zuge der wirtschaftlichen und sozialen Entwicklung (Urbanisierung) vielmehr stark zu, wovon jüdische wie christliche Besitzer und Beschäftigte profitierten.[747]

EuV 3 benutzt in einem Längsschnitt zum Thema Antisemitismus eine Sozialstatistik, die in Anlehnung an das bekannte Flugblatt des Reichsbundes jüdischer Frontsoldaten über die gefallenen Juden im Ersten Weltkrieg tabellarisch Auskunft über die prozentualen Anteile von Juden an den verschiedenen Berufsgruppen 1907 im Vergleich zur Gesamtbevölkerung gibt.[748] Zur Berufsstatistik gibt es dann folgende Arbeitsaufträge: „2. Stellt mithilfe der Tabelle den Anteil der Juden in der Bevölkerung für 1907 fest. 3. Vergleicht den Anteil bestimmter Berufe in der Gesamtbevölkerung und den Anteil der Juden bei diesen Berufen. 4. Vergleicht bei ‚Handel und Verkehr' auch die absoluten Zahlen. Gibt es nach eurer Ansicht auf Grund der Zahlen für die nichtjüdische Bevölkerung einen Anlass zu Neid und Hass auf die Juden?"[749] Letzteres bezieht sich auf folgende Zahlen:

Handel und Verkehr:	**Gesamtbevölkerung**	**Juden**
	7 965 063	313 176
	12,9 %	55,2 %

Nun soll wohl aus dem Vergleich der absoluten Zahlen die Schlussfolgerung entstehen, der Abstand sei zu groß, um eine Aversion zu rechtfertigen, doch zwangsläufig beeindrucken die relativen Zahlen, auf die sich ja auch das antisemitische Ressentiment stützt. Das Arrangement von Quellen und Arbeitsauftrag könnte dieses Ressentiment also sogar noch fördern.

---

746 Vgl. Paul F. Lerner: „Könige des Einzelhandels: Jüdische Warenhausunternehmer und die Macht des Konsums". In: Backhaus et al., Juden. Geld. Eine Vorstellung (wie Anm. 721), S. 209 ff.

747 Die Zahl der „offenen Läden und Einzelverkaufsstellen" stieg 1861-1895 von 82.000 auf über 200.000, die Zahl der Beschäftigten in den Handelsbetrieben aller Art 1882-1907 von 1.088.000 auf über 2 Millionen. Vgl. Avraham Barkai: Jüdische Minderheit und Industrialisierung. Tübingen 1998, S. 38.

748 *EuV* (Nieders.) 3, S. 86.

749 *EuV* (Nieders.) 3, S. 87.

Dagegen zeigt *EuV 2* mit statistischen Daten sehr gut, wie im Zuge der Emanzipation die Zahl der im Handel tätigen Juden sank (von 90 % auf 50 %) und in Industrie und Gewerbe anstieg (auf 130.000)[750], woraus man auf eine weitere „Normalisierung" im Lauf der Zeit schließen könnte (einen entsprechenden Arbeitsauftrag gibt es allerdings nicht).[751]

Erklärt man jedoch den Antisemitismus aus seinen materiellen Motiven, ob im Zusammenhang mit der Gründerkrise oder generell als antikapitalistische Bewegung, ist man mit dem Umkehrschluss Juden = Kapitalismus schnell bei der antisemitischen Perspektive selbst angelangt. Werner Sombart glaubte übrigens damals, die Gleichung von Judentum und Kapitalismus auch wissenschaftlich beweisen zu können.[752]

Dass sich hier in Schulbüchern nur allgemeine geschichtskulturell verankerte Vorstellungen widerspiegeln, zeigt u. a. ein Blick in den *Brockhaus Geschichte*, wo es heißt: „Der entstehende moderne Antisemitismus [...] sah in dem nach Emanzipation strebenden Juden den Exponenten einer von ihm missbilligten Entwicklung von Staat und Gesellschaft; er bekämpfte ihn als Repräsentanten moderner Staats- und Gesellschaftstheorien (Liberalismus, Kapitalismus, Sozialismus, Kommunismus, Materialismus) [...]."[753] Völlig unklar bleibt in der Formulierung der Passage, ob und, wenn ja, inwiefern „der Jude" (an sich schon ein sprachlicher Missgriff) tatsächlich Repräsentant dieser Ismen (hier unter Einschluss des Marxismus) war und ob es nur um die Verurteilung dessen durch die Antisemiten geht, nicht um die Infragestellung dieser Behauptung: „Er bekämpfte ihn als Repräsentanten [...]" – War er Repräsentant?

In den Sek. I-Büchern wird dies in den Autorentexten weniger direkt formuliert, sondern mit Widerstand gegen die „Veränderungsprozesse" oder „gesellschaftliche Umwälzungen" im Zuge der Industrialisierung usw. umschrieben, wie oben an einigen Beispielen zitiert. Wesentlich deutlicher sind dagegen die zitierten antisemitischen Quellen, in denen „der Jude" für das Negativbild des modernen Kapitalismus steht und deren *inhaltlicher Aussage*, wie gesagt, weder im Autorentext noch durch multiperspektivische Quellenauswahl widersprochen wird. Der Antisemitismus soll sich auch hier selbst desavouieren.

---

750 Andere Angaben ergänzen die Statistik. Vgl. *EuV 2* (Nieders.), S. 238.

751 Über die Exaktheit der hier angegebenen Daten ist damit nichts gesagt.

752 Vgl. Werner Sombart: Die Juden und das Wirtschaftsleben. Leipzig 1911.

753 Brockhaus Geschichte. Vom Altertum bis ins 21. Jahrhundert, Leipzig 2010, DVD-Rom USM, München 2011, „Antisemitismus".

So wird auch in der Erklärung des Antisemitismus durch das Sozialneid-Theorem der *Neid* moralisch verurteilt, der dafür vermeintlich verantwortliche *soziale Grund* aber bestätigt. Die Sozialneidthematik fokussiert auch nicht mehr nur auf Bankiers und Finanziers. So heißt es in *Zr 2*: „Große Teile der Bevölkerung begegneten ihren jüdischen Nachbarn mit Vorurteilen. Dazu kam auch Neid, weil viele jüdische Deutsche im Handel, in der aufstrebenden Industrie und in den Bildungsberufen erfolgreich waren."[754]

Dies kommt dem am nächsten, was der Historiker Götz Aly in seinem Buch *Warum die Deutschen – Warum die Juden?* vertritt: dass der Sozialneid eine reale materielle Ursache gehabt habe, die nachweislich den Antisemitismus in Deutschland erklären könne. Natürlich führte der Drang „hinaus aus dem Ghetto" im Zuge des Emanzipationsprozesses an vielen Stellen zu einem „Willen zum Aufstieg"[755], der sich in einem überproportionalen Bildungsgrad und in einer überproportionalen Präsenz in bestimmten Berufszweigen niederschlug, was allerdings im Zuge der Normalisierung der Emanzipation nachließ. Bezweifelt werden darf aber die monokausale Erklärung des Antisemitismus aus dem Sozialneid. Für Aly sind die Rassentheorien und die daraus abgeleiteten sozialen und politischen Vorstellungen nur Kopfgeburten aus einem Minderwertigkeitskomplex, die die Realität durch dialektische Umkehrung kompensierten: Die Juden sollten als „minderwertig" gelten, weil sie in der Realität viel erfolgreicher waren. Doch das hat der Antisemitismus schon immer selbst behauptet. Er erklärte den Erfolg mit Schlauheit und verwandelte das in eine Bedrohung. Interessanterweise beruft sich Aly maßgeblich auf Werner Sombart, der die (pseudo-) wissenschaftliche Meistererzählung von den Juden als Erfindern des Kapitalismus geschaffen hat. Sombart sei damals (1911) noch kein Antisemit gewesen, so Aly: „Er lehnte die Annahmen ab, Juden kämen besondere Rassenmerkmale zu", „erst später verstand sich Sombart als Antisemit"[756] – nämlich 1934. Was Aly nicht zitiert, weil es seinen Hauptzeugen diskreditieren würde, ist folgende Passage aus einem anderen Buch Sombarts: „Die rastlose Energie der jüdischen Rasse, ihre nie ruhende Betriebsamkeit, sie fand nun also das natürliche Feld ihrer Betätigung in dem Streben nach Geldbesitz. [...] In

---

754 *Zr 2* (Nieders.), S. 138.

755 Vgl. Rachel Heuberger/Helga Krohn: Hinaus aus dem Ghetto ... Juden in Frankfurt/M. 1800-1950. Begleitbuch zur ständigen Ausstellung des Jüdischen Museums Frankfurt/M. 1988. S. 87 (Kap. VI: Juden als Staatsbürger 1864-1914).

756 Werner Sombart: Die Juden und das Wirtschaftsleben, Leipzig 1911. Vgl. Götz Aly: Warum die Deutschen – warum die Juden? Gleichheit, Neid und Rassenhass, Frankfurt/M. 2011, S. 177.

dem Maße, wie in diesem [= dem Juden] die reine Geschäftsmoral zur ausschließlichen Geltung gelangt, [...], müssen, das ist klar, sich Vorteile für eine Rasse ergeben, die in besonders hohem Grade eigennütziger Gesinnung fähig ist. Hiermit hängt wohl das zusammen, was man als Skrupellosigkeit im jüdischen Wesen bezeichnet."[757]

Dies macht deutlich, dass Schulbücher in ihren Darstellungen und Argumentationen nicht isoliert sind, sondern Teil einer geschichtskulturellen Öffentlichkeit. Zu diesem Thema zeigt sich zudem für beide, wie schnell man beim Versuch der Erklärung des Antisemitismus zur Übernahme von dessen Prämissen oder zumindest einiger Aspekte davon gelangt. Dass es Sozialneid gegeben hat, steht außer Frage, fraglich ist nur, ob er sich ausschließlich und in dieser Form konstituierend für den Antisemitismus auf die Juden fokussierte.

---

757 Werner Sombart: Die deutsche Volkswirtschaft im 19. Jahrhundert und im Anfang des 20. Jahrhunderts, 4. Aufl. Berlin 1919, S. 114. Erstausg.: Die deutsche Volkswirtschaft im 19. Jahrhundert, Berlin 1903.

5. Texte und Kontexte, Empathie und Hermeneutik

Die Hermeneutik als Wissenschaft vom Verstehen der „Botschaft“[758] eines Textes erfordert, wie einst Friedrich Schleiermacher schrieb, „dass man sich auf der objektiven und subjektiven Seite dem Urheber gleichstellt.“[759] *Subjektiv* wollen wir die Sichtweise und Absicht des Autors verstehen, *objektiv* die Rahmenbedingungen, auf die der Autor reagierte, also *Text* und *Kontext*, in Beziehung zueinander setzen. Das beschrieb schon Schleiermacher als „psychologische Aufgabe“.[760] Die moderne Pädagogik hat das durch das Konzept der Empathie ersetzt und den Begriff der Empathie, der ursprünglich Mitgefühl bezeichnete, in der didaktischen Diskussion zu einer Komponente des Fremdverstehens weiterentwickelt oder ihn pragmatisch sogar damit gleichgesetzt, auch wenn er in der deutschen geschichtsdidaktischen Diskussion „diffus“ bleibt.[761] Die Konzeption von Empathie bzw. Fremdverstehen wurzelt einerseits in der Lernpsychologie, andererseits in grundsätzlichen ethnologischen und soziologischen Überlegungen sowie in der Diskussion über interkulturelles Lernen in der Migrationsgesellschaft. Außerdem gibt es eine eigenständige Diskussion in der Gedenkstättenpädagogik seit den 1980er Jahren.[762] Interkulturelles Geschichtslernen zielt daher auf ein Fremdverstehen, welches das Verstehen und Akzeptieren des Anderen aus seinen jeweiligen historisch-kulturellen Bedingungen heraus zum Gegenstand hat. Die historische Dimension – Vergangenheit als Alterität – sowie die Multi-Alterität von Vergangenem und Fremdem in einem oder die

---

758 Vgl. die Entstehung des Begriffes Hermeneutik aus Hermes, griechischer Götterbote.

759 Friedrich D.E. Schleiermacher: Hermeneutik und Kritik. Herausgegeben und eingeleitet von Manfred Frank. Frankfurt/M. 1977 [Hermeneutik und Kritik mit besonderer Beziehung auf das Neue Testament, Berlin 1838], S. 94. Dazu Hans-Jürgen Pandel: Quelleninterpretation. Die Quelle im Geschichtsunterricht. Schwalbach/Ts. 2006, S. 110 ff.

760 Ebd. S. 167.

761 Frank Baring: Empathie und historisches Lernen. Eine Untersuchung zur theoretischen Begründung und Ausformung in Schulgeschichtsbüchern. Frankfurt/M. 2011, S. 32.

762 Zum Stand der Diskussion vgl. Barbara Thimm/Gottfried Kößler/Susanne Ulrich (Hg.): Verunsichernde Orte. Selbstverständnis und Weiterbildung in der Gedenkstättenpädagogik. Frankfurt/M. 2010.

„doppelte Fremdheit des Fremden" – bleibt in der deutschen geschichtsdidaktischen Diskussion noch zu entwickeln.[763]

Sich-Einfühlen war für Schleiermacher nicht synonym mit hermeneutischem Verstehen. Das „grundsätzliche Verstehensproblem" sah er „auf der Seite des Gefühls", das wegen seiner „Unübertragbarkeit" die „Grenze des Verstehens" bilde.[764] Die Annahme eines Erkenntnisgewinns durch Empathie und die pädagogische Forderung nach Perspektivenübernahme oder -wechsel übersieht leicht, dass zur Hermeneutik auch Kritik gehört. Entsprechend unterscheidet Schleiermacher zwischen „objektiver" und „subjektiver" Gleichstellung mit dem Autor einer historischen Quelle. Daraus ergibt sich auch die Notwendigkeit einer Selbstkritik im historischen Verständnis, die jedoch nicht nur die durch die Relativierung der eigenen Perspektive hergestellte „Selbstdistanz"[765], sondern die „Erkenntnis des Erkennens"[766] als notwendigen Bestandteil des Erkennensprozesses meint – Selbstreflexion auch als eine ethische Forderung. Das findet sich heute ansatzweise in den Konzeptionen der Kompetenzorientierung wieder.[767] Die didaktische Umsetzung dieses Desiderats lässt allerdings noch zu wünschen übrig, wie beim vorliegenden Thema an vielen Stellen in den Geschichtslehrwerken deutlich wird.

---

763 Baring, S. 36, vgl. auch Bettina Alavi: Migration und Fremdverstehen – eine geschichtsdidaktische Einführung. In: Bettina Alavi/Gerhard Henke-Bockschatz (Hg.): Migration und Fremdverstehen. Geschichtsunterricht und Geschichtskultur in der multiethnischen Gesellschaft. Idstein 2004, S. 23-35. Das Wörterbuch der Geschichtsdidaktik urteilte 2006: „Historische Empathie ist als geschichtsdidaktisches Lernziel in Deutschland noch nicht ausreichend erforscht." Ulrich Mayer, Hans-Jürgen Pandel, Gerhard Schneider, Bernd Schönemann (Hg.) Wörterbuch Geschichtsdidaktik. Schwalbach/Ts. 2006, S. 45.

764 Gunter Scholtz: Ethik und Hermeneutik. Schleiermachers Grundlegung der Geisteswissenschaften. Frankfurt/M. 1995, S. 136 f.

765 Alavi (wie Anm. 762), S. 31.

766 Scholtz (wie Anm. 763), S. 118.

767 Die SuS sollen „ihre eigenen Einstellungen, Vorurteile, Haltungen, Deutungsmuster und Wertmaßstäbe in den Geschichtsunterricht einbringen und kritisch hinterfragen und bewerten." Kerncurriculum Hessen: Lernzeitbezogene Kompetenzerwartungen am Ende der Jahrgangsstufe 9/10 (Übergang zu Sek. II). In: Hessisches Kultusministerium: Bildungsstandards und Inhaltsfelder. Das neue Kerncurriculum für Hessen, Sekundarstufe I Gymnasien. Wiesbaden 2011, S. 28.

Empathie als Chance oder Grenze des Verstehens

Da die Fähigkeit zu Kritik und Selbstkritik als Lernziel für die jüngeren Jahrgangsstufen pädagogisch nur äußerst reduziert angestrebt werden kann, soll diese Problematik hier am Beispiel des in der letzten Phase der Sekundarstufe I behandelten Themas Antisemitismus und Nationalsozialismus verdeutlicht werden, das gleichzeitig das schwierigste Thema der deutschen und jüdischen Geschichte darstellt. In der Praxis bieten sich Perspektivenwechsel und Diskussion über die Perspektiven der historisch Beteiligten an – Tätern, Opfern, Mitläufern und Zuschauern. Täter- und Opferperspektiven stehen sich meist dichotomisch gegenüber. Die empathische Übernahme der Opferperspektive erfolgt jedoch nicht eigenständig sondern nur vermittelt durch die Tat und als Gegensatz zur vorher bereits eingenommenen Täterperspektive, die sich meistens in Quellen zu den Höhepunkten der antisemitischen Verfolgung zeigt, folgt doch die Konzeption der Schulbuchkapitel zum Nationalsozialismus schon insofern der Täterperspektive, als diese in der Perspektive eines historischen *mea culpa* verurteilt werden soll, was durch eine entsprechende Gegenüberstellung von Autorentexten und Quellen geschieht. Wie wir nicht nur im Kapitel zum Nationalsozialismus, sondern auch schon zur Weimarer Republik und zum Kaiserreich dargelegt haben, werden die antisemitischen Quellen durch ihre konzeptuelle Einbettung und die Arbeitsaufträge dazu nicht unmittelbar in ihrem ideologischen Kern ad absurdum geführt; sie sollen vielmehr reproduziert und nachvollzogen werden. Zum Beispiel: „Liste auf, wer zur Volksgemeinschaft gehörte und wer nicht." – „Nenne die Kriterien für die Einordnung als Jude."[768] *Be*urteilt bzw. *ver*urteilt werden sollen sie dann mithilfe der Autorentexte, deren Lernziel durchgängig die autoritative Verurteilung ist, die argumentativ mit dem Hinweis auf die Folgen des Antisemitismus – Verfolgung und Holocaust – erreicht wird. Antisemitismus wird also vor allem deshalb verurteilt, weil er die spätere Gewalt und die Verbrechen legitimierte. Dagegen werden die Vorurteile, die der Ideologie zugrunde liegen, häufig nicht aufgelöst und manchmal sogar ungewollt noch bestätigt. Das zieht sich von der Darstellung der mittelalterlichen Verfolgungsgeschichte bis zum Antisemitismus des 20. Jahrhunderts, wenn es zum Beispiel heißt, dass „Missgunst und Neid" gegenüber Juden im Mittelalter schon „wirtschaftlich motiviert" gewesen seien[769], oder wenn im Rahmen einer fast immer misslungenen

---

768 *Zr 3*, 51. – *RiV 4*, 129. – Siehe oben im Abschnitt zum Nationalsozialismus.
769 Siehe S. 48, und im Abschnitt Sozialneid-Theorem.

Thematisierung der Rassentheorien der Darwinismus selbst sozialdarwinistisch interpretiert wird („Survival of the fittest" als „Überleben des Stärkeren" oder gar „Recht des Stärkeren").[770]

Die Grenzen einer empathischen Annäherung an den Holocaust hat Primo Levi formuliert: „Die Erfahrungen, deren Träger wir Überlebenden der nationalsozialistischen Lager sind, ist den neuen Generationen des Westens fremd und wird ihnen im Laufe der Jahre immer fremder."[771] Auch einige Schulbuchautoren scheinen hier Zweifel an einer bedingungslosen Perspektivenübernahme zu haben; ein Werk weist in einer Arbeitsanweisung darauf hin, dass man sich nicht ohne Hilfestellung in die Lage der KZ-Insassen versetzen könne. Ein Zitat des Philosophen Günter Anders soll den Schülern helfen, „Gefühle und Eindrücke" zu formulieren.[772]

Aber der ausdrückliche Hinweis auf die Problematik der Perspektivenübernahme in den Schulbüchern – dass „unsere Kraft nicht ausreicht um uns diese Millionen [Ermordeter] wirklich vorzustellen" – bleibt die Ausnahme. In einem Werk zum Beispiel lautet der Arbeitsauftrag zu Ausschnitten aus einem Schreiben an Juden im Reichsgebiet vor der Deportation: „Versucht Euch in die Lage der Menschen zu versetzen, die diesen Brief erhielten. Was mögen sie empfunden haben?"[773] Und zu einer Abbildung einer jüdischen Familie mit Judenstern heißt es: „Vermutet, welche Gefühle die Menschen mit Judenstern in Abbildung 4 hatten."[774]

Mitunter hat man den Eindruck, den Autoren sei das Fehlen einer jüdischen Perspektive in den Kapiteln teilweise bewusst gewesen. Dann wird das Postulat der Multiperspektivität durch Aufträge eingelöst, bei denen die Schüler diese Perspektive übernehmen sollen. Zu den Zeichnungen des Holocaust-Überlebenden David Olere heißt es zum Beispiel: „Wie werden sich die verschiedenen abgebildeten Personen gefühlt haben?"[775] Berücksichtigt man, dass der Häftling Olere dem Sonderkommando in Auschwitz angehörte, das die Leichen aus den Gaskammern und die Asche aus den Öfen entfernen

---

770 Siehe S. 99f.

771 Primo Levi: Die Untergegangenen und die Geretteten. Wien 1990, S. 204.

772 *ZuM 4*, S. 115. Günter Anders wird im Buch als Schriftsteller vorgestellt: „Dass unsere Kraft nicht ausreicht, um uns diese Millionen wirklich vorzustellen und um den ungeheuren Klagelärm, den die Summe der Abermillionen Todesschreie ergeben würden, wirklich zu hören, das wissen wir ja. Was können wir da tun, um ihrer dennoch zu gedenken?"

773 *EuV 9/10* (2009), S. 85.

774 *Gr 2*, S. 23.

775 *GK 3*, S. 135.

musste, und dass seine Bilder nicht nur künstlerisch Zeugnis vom „Innern aus der Todeszone" ablegen, sondern auch eine Ausdrucksform der Verarbeitung seines moralischen Dilemmas sind, dürfte ein solcher Arbeitsauftrag die Grenzen der emphatischen Fähigkeiten von Schülern bei weitem überschreiten.

Die Dominanz des Verfolgungsparadigmas führt zu fragwürdigen Parallelisierungen. Eine Doppelseite zu den „Judenverfolgungen" zeigt über der Fotographie einer jüdischen Familie bei der Deportation in der NS-Zeit einen Kupferstich von Matthias Merian aus dem Jahr 1628 vom Überfall auf die Frankfurter Judengasse, hier namentlich als Getto bezeichnet, während des Fettmilchaufstandes von 1614. Dazu gibt es folgenden Arbeitsauftrag: „Beschreibt das Pogrom von Abbildung 3 aus der Sicht eines Gettobewohners. Ihr könnt so beginnen: ‚*Es war mitten in der Nacht. Plötzlich hörten wir einen ungeheuren Lärm auf der Straße …*"[776] Auffallend ist neben der Vorstellung einer Permanenz des Gettos, durch die Kombination mit der Fotographie aus der NS-Zeit, die Aufforderung zu einer empathischen, aber unspezifischen Perspektivenübernahme. Mangels historischer Kenntnisse und Informationen ist zu befürchten, dass die Bearbeitung nur auf eine willkürliche Spekulation hinauslaufen kann. Die knappe Bildunterschrift, der zu entnehmen ist, dass sich die Handwerkerzunft unter Vincenz Fettmilch gegen die Vorherrschaft der reichen Patrizier erhob, erlaubt kaum eine historische Perspektive. Auch der weitere Hinweis, der Kaiser habe den Aufstand niederschlagen und die Juden ins Getto zurückführen lassen, überlässt es den Schülern, das „fehlende Glied" in der Geschichte – die Vertreibung aus der Frankfurter Judengasse im Gefolge des Aufstands – zu erkennen. Hier soll Empathie in Verbindung mit der Entwicklung von narrativer Kompetenz ohne ausreichende Kenntnisse des Geschehens und des Kontextes erreicht werden.

Für die Zeit des Nationalsozialismus ist die Übernahme der Perspektive der Opfer weit geringer als die der Gedankengänge Hitlers und der NS-Ideologie. Deren Nachvollzug führt in letzter Konsequenz zur Bestätigung von ihren Thesen. Am deutlichsten wird das in der Konzeption der oben zitierten Arbeitsaufträge: „[…] 2. Versuche zu erklären, welche Vorstellungen der Menschen Hitler jeweils aufgriff, d.h. was seine Ideologie so attraktiv machte. […] 4. Beurteile Hitlers Einschätzung der ‚Psyche der breiten Masse'."[777] Dies orientiert geradezu auf die Auffassung, Hitlers „Attraktivität" verdanke sich der Tatsache, dass er nur das Sprachrohr des Volkes und das Volk wiederum nur

---

776 *Gr 2*, S. 23.
777 *ZfG 4* , S. 96. Vollständig siehe S. 98.

seine willfährige Masse gewesen sei – und übernimmt damit die Sicht Hitlers selbst. Hier ist bei dem Versuch eines hermeneutischen Verständnisses mit empathischer Komponente („Attraktivität" und „Psyche") die Kritik verloren gegangen. Man muss also nach der didaktischen Zielsetzung solcher Strategien fragen.[778]

In der Diskussion um die Formen der Erinnerungskultur verweist Werner Konitzer auf die Probleme, die die besondere Parteinahme durch eine Identifizierung mit den Opfern hervorruft. Er schlägt die Unterscheidung zwischen einer „opfer-identifizierten" Erinnerung und einer „opfer-orientierten" Erinnerung vor.[779] Welchen Ertrag diese Unterscheidung für das historische Lernen erbringen könnte, soll an einem Beispiel illustriert werden. *Gr 3* zitiert in knapper Form aus einer Behördenakte: „Bauernmädchen schikaniert jüdischen Bäckerjungen, spuckt ihn an und wirft einen Stein auf einen Kuchen, den dieser ausliefern muss. Als der Junge sich wehrt, wird er verhaftet." Zu dieser Quelle lautet der Arbeitsauftrag: „Versetzt euch in den Bäckerjungen im Gefängnis. Er schreibt einen Brief an seine Eltern, in dem er seine Gefühle schildert."[780] Die Aufgabe erfordert die empathische Leistung, die Gefühle des Bäckerjungen zum Ausdruck zu bringen, was nur über die Identifikation mit dem Bäckerjungen möglich ist. Dabei soll, laut Aufgabenstellung, die Tatsache berücksichtigt werden, dass der Bäckerjunge im Gefängnis sitzt. Die Konstruktion der Aufgabenstellung rahmt damit einen Kontext, der für die Schüler schwer nachvollziehbar ist, denn welcher Schüler saß jemals im Gefängnis? Dabei könnte die allzu verständliche Handlung des Jungen, nämlich, dass er sich wehrt, nicht nur die klassische Vorstellung von einem passiven Opfer brechen, sondern Anknüpfungspunkt für eine sinnvolle Auseinandersetzung im Sinne einer opferorientierten Aufgabenstellung sein. Ausgehend von der Frage an die Schüler: Wie würdet ihr euch verhalten, wenn ihr in ähnlicher Weise

---

778 In diesem Sinne lässt sich auch Ian Kershaw Kritik am Film „Der Untergang" verstehen: „Trägt der Film nun dazu bei, Hitler besser zu verstehen? Ich glaube nicht, so hervorragend das Porträt auch ist. Das kann er auch gar nicht leisten – ich wüsste auch nicht, welche Einsichten wir gewännen, wenn wir Hitler tatsächlich besser kennten [...] Würden wir besser verstehen, warum er so viel Macht über die Deutschen besaß?" Ian Kershaw: Der Führer küsst, der Führer isst Schokolade. FAZ, 17.9.2004, S. 37.

779 Werner Konitzer: Opferorientierung und Opferidentifizierung. Überlegungen zu einer begrifflichen Unterscheidung. In: Margit Frölich/Ulrike Jureit/Christian Schneider (Hg.): Das Unbehagen an der Erinnerung – Wandlungsprozesse im Gedenken an den Holocaust. Frankfurt/M. 2012, S. 119-127.

780 *Gr 3*, S. 91.

schikaniert werdet und was wären die Konsequenzen? Ein anschließender Vergleich der beiden Situationen (damals und heute) mit den unterschiedlichen Konsequenzen, die sich durch das Wehren ergeben, macht deutlich, welchen historischen Bedingungen die Handlung des Bäckerjungen unterworfen war. Die für die NS-Zeit typische Ausschließung der Juden aus dem schützenden Recht des Staates zeigt sich. Dabei bietet es sich an, die relativ knappen und unspezifischen Angaben zum Ausgangspunkt weiterer Fragen zu nehmen, um eine historische Kontextualisierung zu schaffen: Ist es selbstverständlich, dass der Junge verhaftet wird? Begründet, warum es eine Rolle spielt, dass der Bäckerjunge jüdisch ist. Formuliert Überlegungen, zu welchem Zeitpunkt/Jahr und wo das Ereignis passiert sein könnte? Didaktisches Ziel ist nicht die Identifikation, sondern eine reflektierende Erschließung der Perspektive des jüdischen Jungen.

Vorwissen und Vor-Urteil

Für Schleiermacher waren Hermeneutik, Kritik und Ethik untrennbar miteinander verbunden, wobei Ethik hier ganz allgemein die Haltung des Forschenden als Bestandteil des Erkenntnisprozesses meint. Hermeneutisches Erkennen ist zudem nicht unabhängig von der Herangehensweise an den Erkenntnisgegenstand und vom Erwartungshorizont, der de facto durch ein Vorwissen geprägt ist, das wiederum aus einem Überlieferungszusammenhang resultiert, in dem sich das Vorwissen tendenziell zu einem „Vorverständnis“ mit einer „Wahrheitserwartung“[781] entwickelt – *Vor*-Urteil im ursprünglichen, nicht selten aber auch im heutigen Sinne. Schülerinnen und Schüler haben meistens schon Vorstellungen von „Juden“, wenn sie im Geschichtsunterricht zum ersten Mal davon hören, und spätestens bei der Behandlung des Nationalsozialismus in Klasse 9 ist die Erwartung absurd, man könne das Thema so erarbeiten wie jedes andere. Die Lehrbücher tragen diesem Problem anscheinend dadurch Rechnung, dass sie gleich zu Beginn des Kapitels, also bei den Anfängen des Nationalsozialismus, auf das Ende, auf den Holocaust verweisen. Sie stellen durch ein Vorauswissen bewusst ein Vorwissen her, aus dem heraus alles gedeutet werden solle. Darin folgen sie natürlich einem geschichtskulturell etablierten Narrativ. Das daraus entstehende spezifische Problem der „Chrono-Logik“ behandeln wir in einem eigenen Abschnitt. Hier geht es um das Problem des kritischen

781 Jean Grondin: Hermeneutische Wahrheit? Zum Wahrheitsbegriff Hans-Georg Gadamers. Königstein/Ts. 1994, 2. Auflage, S. 128.

Verstehens, das sich aus dieser Gesamtkonstellation ergibt und das die Lehrbücher mit der Strategie des Vorwissens über die Folgen lösen wollen. Durch die argumentative Anbindung der Kritik an die Folgen des Antisemitismus entsteht jedoch latent und manchmal auch manifest eine bedenkliche Kritiklosigkeit gegenüber der antisemitischen Quelle und ihrer Argumentation.

Verstehen und Verständnis

Ein grundsätzliches Problem zeigt sich dabei auch in der Mehrdeutigkeit des Begriffes „Verstehen" in Abgrenzung zum ethischen „Verständnis". *Verstehen, warum* etwas so geschehen ist und nicht anders oder *warum* jemand bestimmte Ansichten vertreten hat, ist nicht dasselbe wie das Verstehen, *dass* etwas so und nicht anders geschah, *dass* jemand diese Ansichten vertrat, also *Verständnis dafür* zu empfinden. Im Falle des Antisemitismus und des Nationalsozialismus ist das Eine sogar das exakte Gegenteil des Anderen, weil wir solche Ideologien im Unterricht nicht neutral, sondern mit einem pädagogischen Auftrag behandeln, der auf einer moralisch-politischen Positionierung beruht. Die geschilderten Probleme entstehen aus dem fast permanenten Wechsel zwischen den beiden Bedeutungen von *Verstehen*: Verstehen schlägt in Verständnis um. Dies ergibt sich auf der Ebene der Quelleninterpretation aus einer im oben erwähnten Sinne kritiklosen Empathie mit der Täterperspektive. Die autoritative Korrektur durch den Autorentext dagegen wird von Schülern und übrigens auch von Studierenden[782] der Lehrämter oft als verfehlte Moralisierung empfunden.[783] Sie empfinden diesen moralisierenden Zeigefinger als eine Art transgenerationelle Anklage des „Nie wieder!", die ihnen stellvertretend für ihre Vorfahren den bösen Geist austreiben solle. Tatsächlich kommt es häufig vor, dass „Unterricht über den Holocaust als Mittel gegen Antisemitismus"[784], dass Auschwitz und Holocaust als „Chiffren eines auf Gegenwart und Zu-

---

782 Erfahrungen der beiden Autoren mit Lehramtsstudierenden während zweier Semester (unterschiedliche Teilnehmer) zum Thema „Nationalsozialismus im Schulbuch" an der Goethe-Universität Frankfurt.

783 Hingewiesen sei hier auf Meseth u.a. (2004) und Meseth/Proske (wie Anm. 330), sowie im weiteren Kontext auf Dana Giesecke/Harald Welzer: Das Menschenmögliche. Zur Renovierung der deutschen Erinnerungskultur. Hamburg 2012.

784 Gottfried Kößler: Antisemitismus als Thema im schulischen Kontext. In: Bernd Fechler/Gottfried Kößler/Astrid Messerschmidt (Hg.): Neue Judenfeindschaft? Perspektiven für den Umgang mit dem globalisierten Antisemitismus. Jahrbuch 2006 zur Geschichte und Wirkung des Holocaust, Fritz Bauer Institut. Frankfurt/M., S. 172-186, S. 183

kunft gerichteten moralpädagogischen Projekts"[785] verstanden oder auch missverstanden werden. Dabei ist das Thema ohnehin schon ständig von der Aura der Mahnung und des Gedenkens umgeben, ob im Rahmen öffentlicher Veranstaltungen, Ausstellungen oder Fernsehdokumentationen. Es geht wohlgemerkt nicht darum, die oben angesprochene moralisch-politische Positionierung der Lehrkraft hier wieder in Frage zu stellen, denn wie sollte man dieses Thema „neutral" unterrichten? Vielmehr geht es um die Art und Weise ihrer pädagogische Umsetzung. Nicht selten werden „Gedenken und historische Bildung in eins gesetzt, und folgerichtig entstehen Kollateralschäden der Geschichtsaufklärung, die der historischen Bildung zuwiderlaufen [...]."[786] Zu diesen Kollateralschäden gehört es, „diesen Prozess vom Ergebnis, also von der millionenfachen Vernichtung her, verstehen und erklären zu wollen. Das absolute Grauen, das der Nationalsozialismus erzeugt hat, muss auf diese Weise opak und erratisch erscheinen [...]."[787] Das kann bei den einen Abwehrreaktionen erzeugen, während es von anderen auf eine bestimmte Weise „rationalisiert" wird, indem sie die Ermordung aller Widersacher als selbstverständliche Handlungsweise der Nazis oder den Holocaust als von Hitler von Anfang an beabsichtigtes Projekt betrachten (dazu mehr im Abschnitt *Chrono-Logik*).

Es handelt sich hier um Interferenzen im pädagogischen Geschehen, die durch Vorwissen (das zwangsläufig nur ein Halbwissen ist), Vorprägung und gesellschaftlichen Rahmenbedingungen die simple Strategie von Empathie und Nachvollziehen bei angeleiteter Verurteilung erheblich konterkarieren können.

Antisemitismus und Nationalsozialismus sind Grenzfälle des hermeneutischen Verstehens und zeigen gleichzeitig die Grenzen der Empathie. Die Theoretiker der Hermeneutik haben sich von Anfang an nicht nur mit ihrem eigentlichen Gegenstand – Wie kann ich *den Anderen* verstehen? – befasst, sondern auch mit dem damit ursächlich verbundenen Problem des verstehenden Subjekts: *Wie* kann ich den Anderen verstehen?

---

785 Matthias Proske: Das moralpädagogische Projekt „Aus der Geschichte lernen" und der schulische Geschichtsunterricht über den Nationalsozialismus und den Holocaust. In: Ethik und Gesellschaft 2/2010: Der ganz alltägliche Rassismus. Download unter: http://www.ethik-und-gesellschaft.de/mm/EuG-2-2010_Proske.pdf (10.9.2013).

786 Giesecke/Welzer (2012) (wie Anm. 782), S. 8.

787 Ebd.

Texte und Kontexte

Text und Kontext sind auf mehreren Ebenen miteinander verbunden: auf der historischen Ebene des Gegenstandes sowie auf der aktuellen Ebene der durch einen etablierten Überlieferungszusammenhang vermittelten Rezeption. Der historische Kontext wird in den Lehrbüchern an vielen Stellen zu wenig zum Verständnis der Texte genutzt; entweder fehlt er ganz oder das Verhältnis zwischen Text und Kontext wird verkehrt, etwa wenn aus den Texten Hitlers auf seine „Attraktivität“ für die Bevölkerung, also auf den Kontext, geschlossen werden soll. Quellen von Zeitgenossen, die den „Aufstieg“ Hitlers und der NSDAP erlebt haben und die die Stimmung in der Bevölkerung, etwa die reale Angst vor einer kommunistischen Revolution, die bis hinein in jüdische Kreise reichte, verständlich machen könnten, fehlen. Der Breslauer Lehrer Willy Cohn zum Beispiel schrieb am 30. Januar 1933, also am Tag der Ernennung Hitlers zum Kanzler: „Ich fürchte, dass dies den Bürgerkrieg bedeutet! Demnächst wird die Rechte siegen, aber am Ende steht der Kommunismus! Und kommt nun eine Revolution von links, dann wird sie nicht so milde ausfallen.“[788] Genauso wenig werden Publikationen zitiert, die den Antisemitismus widerlegen[789], oder Quellen zum Widerstand gegen den Aufstieg der NSDAP, zum Konflikt um das Ermächtigungsgesetz (mit Ausnahme des obligatorischen Redeauszugs von Otto Wels) oder später zum jüdischen Widerstand. Die auf wenige historische Momente reduzierte Multiperspektivität folgt weitgehend der Konfrontation zwischen (allmächtigen) Tätern und (hilflosen) Opfern.

Die fehlende Kontextualisierung ist auch ein zentrales Problem für die Darstellung der jüdischen Geschichte des Mittelalters. Hierzu beweisen sämtliche Bücher eine eklatante Unkenntnis wirtschaftsgeschichtlicher Zusammenhänge und zum Teil sogar simpler Fakten, die zum Verständnis der Geld-Zins-Thematik dringend notwendig wären.[790] Stattdessen werden Klischees und Vorurteile perpetuiert und deren historische Konsequenzen bedauert.

So verwischen sich bei diesem Thema nicht nur die Grenzen zwischen Verstehen und Verständnis, auch die Wechselbeziehung zwischen Text und Kon-

---

788 Cohn, Willy: Kein Recht, nirgends. Tagebuch vom Untergang des Breslauer Judentums 1933-1941. Köln 2006, S. 6.

789 Abgesehen vom Aufruf von Mommsen u. a. im Berliner Antisemitismusstreit, der in einigen Büchern auszugsweise zitiert wird, aber leider keine inhaltliche Widerlegung gegen die antisemitischen Quellen liefert. Siehe S. 70.

790 Materialien dazu auf www.juedischegeschichte.de

text wird oft einseitig darauf reduziert, den Kontext aus dem Text heraus zu verstehen, das heißt, den Text als Produkt des Kontextes zu präsentieren. Zur Ermordung der Straßburger Juden heißt es in einer zeitgenössischen Quelle: Das Geld „war das Gift, das die Juden tötete.“[791] Daraus wird ein Kontext abgeleitet, der wiederum die Texte (und die darin gerechtfertigten Handlungen) erklären soll. Hitler hatte Erfolg, folglich hatte er „überzeugende Lösungen“[792] für die drängenden Probleme; was scheinbar nach einer Erklärung des Textes (Hitlers Ansichten) durch den Kontext aussieht, argumentiert in Wirklichkeit aus der umgekehrten Perspektive, weil sie weder die realen Probleme noch Hitlers „Lösungen“ ausführt, sondern nur Hitlers „erfolgreiche“ Ideologie darstellt.

Ein bereits angesprochenes hermeneutisches Problem ist das Vorverständnis als Zugang zum Gegenstand, aber auch als Filter der Wahrnehmung, als notwendige Basis für das Verstehen, aber auch als Quelle für Vorurteile. Der historische Rückblick läuft immer Gefahr, in der Chronologie eine Logik der Entwicklung absolut zu setzen, wonach es bedauerlicherweise nicht anders kommen konnte, als es gekommen ist. Dieser strukturelle Determinismus zeigt sich ganz besonders in der Darstellung der jüdischen Geschichte.

---

791 Siehe S. 45.
792 Siehe S. 93.

6. Ikonographie – Wenn Bilder täuschen

Der Bedeutungszuwachs von Bildern firmiert in der wissenschaftlichen Diskussion unter den Begriffen des „iconic turn“ (Boehm) bzw. „pictural turn“ (W.J. Thomas Mitchell). Gerhard Paul bezeichnete das 20. Jahrhundert als das „Jahrhundert der Bilder“ und veröffentlichte eine beeindruckende Sammlung, von „Bildern, die Geschichte schrieben“.[793]

Zunehmend wird der analytische und motivierende Wert von Abbildungen für den Geschichtsunterricht erkannt, sodass diese Quellengattung auch in den Schulbüchern einen größeren Stellenwert erhält. Trotzdem werden Abbildungen auch weiterhin oft rein illustrativ benutzt, um textlastige Seiten aufzulockern. [794] Im Rahmen der Kompetenzdiskussion haben zudem Kapitel zur Bild- bzw. Fotoanalyse Eingang in Schulbücher gefunden. Kritisch wird jedoch in jüngster Zeit auch angemerkt, dass Bilder nur begrenzt und mittelbar als „Fenster zur Vergangenheit“ taugen. Im Grunde erzeugen Bilder eben die Realität, die sie vermeintlich dokumentieren. Diesem Umstand muss auch die Geschichtsdidaktik Rechnung tragen und ihre Vorstellung vom „Bild als Passiva“ aufgeben.[795]

Fotografien bieten keineswegs eine objektive, sondern stets eine subjektive Darstellung der Realität. Ihre authentische Wirkung entsteht aus der Spannung zwischen Absicht und Einfluss des Fotografen sowie den persönlichen Erfahrungen und Erwartungen des Betrachters. Das Foto kann beim Betrachter Betroffenheit, Distanz und Voyeurismus erzeugen, aber auch sein Vorwissen

---

793 Vgl. Gerhard Paul (Hg.): Bilder, die Geschichte schrieben. 1900 bis heute. Bonn 2011, S. 7, sowie zu den unterschiedlichen Konzepten der beiden Begriffe Ders. (Hg.): Das Jahrhundert der Bilder, Bd. I: 1949-1949, Bd. II.: 1949 bis heute. Göttingen 2008/09.

794 Die verstärkte Hinwendung zu bildlichen Zeugnissen in der Geschichtsbetrachtung macht sich im Rezeptionsverhalten der jugendlichen Besucher bei Ausstellungsbesuchen bemerkbar. Bilder und insbesondere Fotografien gelten zunehmend als bedeutsame Darstellung einer wie immer gearteten „sozialen Realität“. Der Aussage: „Bilder sind wichtiger als Texte“, stimmten 44 % der befragten jugendlichen Besucher einer Ausstellung im Jüdischen Museum Frankfurt zu; nur 11,3 % lehnten sie ab. Martin Liepach: Repräsentation und Rezeption. Schülerwahrnehmungen der Ausstellung „Und keiner hat für uns Kaddisch gesagt ...“ – Deportationen aus Frankfurt/M. 1941 bis 1945. In: Fritz Bauer Institut, Newsletter Nr. 32, Frühjahr 2008, S. 15-17.

795 Gerhard Paul: Visual History und Geschichtsdidaktik. Grundsätzliche Überlegungen. In: Zeitschrift für Geschichtsdidaktik 2013, 12. Jg., S. 9-26.

und seinen Erwartungshorizont (vermeintlich) bestätigen oder widerlegen bzw. enttäuschen. Zu den subjektiven Faktoren bei Fotograf und Betrachter kommt dann noch die nachträgliche Bearbeitung oder sogar Manipulation der Aufnahme. Schon die Erstellung eines Ausschnitts kann die ursprüngliche Aufnahme für den Betrachter erheblich verändern.

Fotografien sind Bestandteil der Geschichtskultur und des kulturellen Gedächtnisses. Bestimmte Bilder werden durch die ständig wiederholte „Zitierung" zu Sinnbildern, die weit über das hinaus, was sie eigentlich zeigen, mit einer allgemeinen Bedeutung aufgeladen sind.

Bernd Schönemann forderte vor einigen Jahren einen verstärkten quellenkritischen Umgang mit Bildern und Fotos im Geschichtsunterricht; er müsse „Bilder und Fotos konsequent als Quellen behandeln und [...] systematisch lehren, nach Auftraggebern, Urhebern, und Adressaten, nach Gattung, Datierung, Inhalt, Hauptaussagen und Darstellungsmitteln, nach historischem Kontext, Echtheit und Überlieferungsgeschichte [...] fragen und auf diese Weise dem Irrtum vorbeugen, Bilder *seien* vergangene Realität".[796] Wie schwierig es sein kann, diese sinnvolle Forderung umzusetzen, soll im Folgenden an Hand zweier Fotografien aus der NS-Zeit, die – nicht nur – Eingang in Schulbücher gefunden haben, demonstriert werden.

Beispiel 1: Deportation von Juden

Die Zahl der Fotografien, die den Abtransport von Juden aus Deutschland zeigen, ist überschaubar.[797] Ob über den bekannten Fundus hinaus weitere Bilder existieren, darüber lässt sich nur spekulieren. Einen besonderen Stellenwert unter den fotografischen Dokumenten hat das Fotoalbum über die Deportation der mainfränkischen Juden 1941/42 mit 119 von insgesamt 139 Fotos, die ein Beamter der Gestapo Würzburg aufgenommen hat. Es handelt sich um die umfangreichste Sammlung von Fotos der Deportationen aus Deutschland und somit um ein einzigartiges historisches Dokument, das 2001 in einer Akte der

---

796 Bernd Schönemann: Visualität als Lernfalle? Vom Nutzen und Nachteil der Bilder beim Aufbau von Geschichtsbewusstsein. In: Gerhard Schneider (Hg.): Die visuelle Dimension des Historischen. Hans-Jürgen Pandel zum 60. Geburtstag, Schwalbach/Ts. 2002, S. 21-31, Zitat, S. 28 (Hervorhebung im Original).

797 Siehe dazu einige Beispiele aus Gailingen, Kitzingen, Regensburg und Wiesbaden bei Beate Meyer: Ausgrenzung und Vernichtung der deutschen Juden (1933-1945). In: Arno Herzig, Cay Rademacher (Hg.): Die Geschichte der Juden in Deutschland. Hamburg 2007, S. 208 f.

Staatsanwaltschaft Nürnberg-Fürth wieder aufgetaucht ist. Wahrscheinlich gehörte das Album zu den Beweismitteln im Würzburger Deportationsprozess von 1949 und wurde nicht zurückgegeben.[798]

In *FG 9* ist ein Foto zu finden, das dem Würzburger Bestand zugeschrieben wird, datiert auf den 25. April 1942. Weiter erfährt der Leser: „856 Männer, Frauen und Kinder wurden zum Güterbahnhof getrieben. Der Transport ging über das Sammellager Nürnberg und endete in den Vernichtungslagern Belzec, Majdanek und Treblinka."[799] Einem Foto wird in der Regel mehr Beweiskraft eingeräumt als dem gesprochenen oder geschriebenen Wort, weil der Betrachter „mit eigenen Augen" zu sehen glaubt, was an einem anderen Ort oder in einer anderen Zeit geschehen ist. Aber die Bilder des Würzburger Albums wurden von Tätern aufgenommen. Damit schildern die Fotos die Wirklichkeit aus der Sicht der Täter und dessen muss man sich bei der Betrachtung bewusst sein. Zu sehen sind die entwürdigende Registrierung und Durchsuchung der Deportierten, Außenaufnahmen von Würzburg und Kitzingen, Bilder vom Marsch durch die Stadt und Aufnahmen vom Besteigen des Zugs und dem Verladen des Gepäcks. Der Terror fand, daran lassen diese Fotos keinen Zweifel, zum größten Teil in aller Öffentlichkeit statt. Hier sei nur auf den im Jahr 2000 erschienenen Beitrag von Karl-Heinz Reuband verwiesen, der sich mit der Frage beschäftigt, was die Bevölkerung in Deutschland vor 1945 über den Holocaust wusste. Die quantitative Untersuchung, die auf retrospektiven Meinungsumfragen basiert, ergab, dass offenbar ein gutes Drittel der deutschen Bevölkerung – nicht weniger als 25 Millionen Deutsche – nach eigener Angabe vor Kriegsende über den Massenmord an den Juden informiert war. Diese bemerkenswerte Zahl zeigt, dass die Deportation und anschließende Vernichtung der Juden keineswegs im Geheimen und unter Ausschluss der Öffentlichkeit geschah. [800]

---

798 Zur Überlieferungsgeschichte vgl. Wege in die Vernichtung. Die Deportation der Juden aus Mainfranken 1941-1943. Begleitband zur Ausstellung des Staatsarchivs Würzburg und des Instituts für Zeitgeschichte München-Berlin in Zusammenarbeit mit dem Bezirk Unterfranken. Generaldirektion der Staatlichen Archive Bayerns, München 2003.

799 *FG 9*, S. 134.

800 Karl-Heinz Reuband: Gerüchte und Kenntnisse vom Holocaust in der deutschen Gesellschaft vor Ende des Krieges. Eine Bestandsaufnahme auf der Basis von Bevölkerungsumfragen. In: Jahrbuch für Antisemitismusforschung 9, (2000), S. 196-233.

Dieses Foto soll laut dem Schulbuch FG 9 die Deportation im April 1942 aus Würzburg in die Vernichtungslager Belzec, Majdanaek und Treblinka zeigen. (Vorlage FG 9, 2007, S. 134)

Aber stammt das Foto wirklich aus dem Würzburger Bestand und ist die Bildlegende wirklich korrekt? Eine Literaturrecherche ergibt zunächst abweichende Informationen über die Anzahl der Deportierten und den Zielort. Herbert Schott schreibt in seinem Beitrag über die Deportationen in Würzburg:

„Am 25. April 1942 marschierten die Menschen vom Platz'schen Garten zum Bahnhof Aumühle. Es handelte sich um 852 Juden, darunter zwei aus Nenzenheim, das 1942 noch zu Mittelfranken und damit eigentlich nicht zum Einflussbereich der Würzburger Gestapo gehörte [...] Der Transportzug [...] fuhr über den Würzburger Hauptbahnhof (Abfahrt hier 15.20 Uhr) nach Bamberg, wo weitere 103 Juden zustiegen, dann weiter über Lichtenfels, Kronach und Saalfeld ins nördliche Schlesien und von dort über Umwege nach Lublin (Ankunft 28. April 2.30 Uhr, Abfahrt 5 Uhr). Am 28. April um 8.45 traf er schließlich in Krasnystaw ein."[801]

Die Deportierten wurden dann mit ziemlicher Sicherheit am 6. Juni in das Vernichtungslager Sobibor gebracht. Zweifelhaft ist auch, ob das Foto tatsächlich in Würzburg aufgenommen wurde.[802] Laut der Bildquellenangabe in *FG 9* stammt das Foto aus den Beständen des SV-Bilderdienst (Scherl). Auf der ent-

801 Herbert Schott: Die ersten drei Deportationen mainfränkischer Juden 1941/42. In: Wege in die Vernichtung (wie Anm. 797), S. 119.

802 Nach Auskunft von Herbert Schott stammt das Foto nicht aus der Würzburger Sammlung.

sprechendem Internetseite heißt es zur historischen Einordnung nur lapidar: „Datum: 01.01.1939-31.12.1945 Aufnahmeort: Deutschland".[803] Im Bildtext heißt es: „Eine jüdische Familie mit Judenstern am Revers wird in ein Vernichtungslager abtransportiert." Und weiter: „Foto: Scherl". Das Foto stammt demnach aus den Beständen des ehemaligen Berliner Scherl-Verlags, der von ca. 1900 bis 1945 einen Bilderdienst unterhielt. Nach Angaben des SZ-Bilderdienstes wurden die Fotos aus diesem Beständen anonymisiert, sodass sich die Fotografen der einzelnen Motive nur schwer identifizieren lassen.[804]

(GuG 5, 2005, S. 130)

Auch bei Corbis Images ist das Bild zu finden, hier jedoch auf Juni 1943 (!) datiert, genauer sogar auf den 1. Juni. Auf der Internetseite heißt es: „A Jewish family in Amsterdam have just been arrested and leave their house in Amsterdam to go to a Nazi concentration camp in Poland."[805] Das Foto wird der Bettmann-Collection zugeordnet. Otto Bettmann, ein Berliner Bibliothekar und Sammler, nahm bei seiner Emigration 1935 zahlreiche Bilder, Bücher und Filme mit.[806]

803 http://bilder.sz-photo.de/preview.php?caller=search&page_num=1&page=8 (9.10.2013).
804 http://www.sz-neueprodukte.de/dokumente/Info_Photocollection.pdf (9.10.2013).
805 http://www.corbisimages.com/stock-photo/rights-managed/BE061048/dutch-jews-leaving-for-concentration-camp?popup=1 (8.10.2013).
806 http://www.corbisimages.com/content/collections_portfolio/bettmann/default.aspx. (8.10.2013).

Das bei Corbis Images gezeigte Bild ist jedoch nicht mit dem Foto aus *FG 9* identisch, sondern zeigt einen Bildausschnitt. Auf dem Foto im Schulbuch ist in der rechten Bildhälfte im Hintergrund eine weitere Person zu sehen, vermutlich eine weitere Deportierte. In zwei Ausgaben von *GuG* ist das Bild von Corbis Images mit oben noch stärker beschnittenem Hintergrund und der Bildlegende „Deportation einer jüdischen Familie, 1943" zu sehen.[807] Für die Betrachter, in der schulischen Praxis also die Lehrkräfte und Schüler, stellen sich die Fragen: Wer gehört zur Familie? Ist die Person am linken Bildrand auch ein Familienmitglied?

Das Foto findet auch in *Zr 3* Verwendung, jedoch in bearbeiteter Form. Die Auftaktdoppelseite zum Thema „Der Nationalsozialismus" ist aus verschiedenen Elementen komponiert: Landkarte, Zeitleiste, Textelemente und Fotos. Sie hat die Funktion, eine erste grobe historische Orientierung zu geben, Motivation zu schaffen sowie historische Fragen aufzuwerfen und mögliche Gegenwartsbezüge anzudeuten. Das Foto ist das zentrale Bild auf der Seite; weitere Fotos in kleinerem Format stehen unterhalb eines Zeitstrahls mit den Jahreszahlen 1935, 1938, 1941, 1944 und 1945. Das Bild zeigt drei Personen: den Jungen, die Frau und den Mann mit ihren Schatten, der Hintergrund ist wegretuschiert. Auch der in *FG 9* noch zu sehende dritte Erwachsene ist weggefallen. Die Bildlegende vermerkt: „Deportation einer jüdischen Familie in ein Vernichtungslager, 1942."[808]

GuG 4 nutzt ebenfalls eine stark bearbeitete Version des Fotos. Die Seite mit der Überschrift „Einen Begriffskatalog erstellen" zeigt im unteren Drittel eine Bildcollage aus vier sich teilweise überlagernden Elementen: das Bild eines Radios (Volksempfänger), eine Zeichnung von David Olere, die Menschen beim Gang in die Gaskammer darstellt, das Foto von einer zerstörten Stadt und das der Familie bei der Deportation. Auch hier sind nur drei Personen zu sehen. Der Hintergrund wurde wegretuschiert, die Schatten fehlen zum Teil, weil der untere Teil des Bildes beschnitten wurde. Auf eine Bildlegende wurde verzichtet.[809]

Eine solche Auflösung der Zeit- und Ortsangaben deuten auf einen Funktionswechsel des Bildes hin: Es dient jetzt zur Verdichtung eines komplexen Phänomens und soll beim Betrachter eine besondere emotionale Wirkung er-

---

807 *GuG 5* (Sachs.), S. 136, *GuG 4 (*NRW) 2005, S. 130.
808 *Zr 3* (Sachs.), S. 84f. Zr 3 (Nds.), S. 39f.
809 *GuG 4 (*NRW), 2005, S. 143. Auf Seite 130 ist das Foto schon einmal zu sehen.

zeugen. Hier könnte man von einer Symbolisierungsfunktion sprechen.[810] Möglicherweise waren die Schulbuchredaktionen von dieser Funktion selbst nicht überzeugt; zumindest wurde in eine Neuausgabe von *Zr* die von Corbis-Images vertriebene, am oberen Bildrand beschnittene Version aufgenommen. Die Bildlegende wurde hingegen nicht geändert. Noch immer steht hier abweichend die Jahreszahl 1942 als Entstehungszeitpunkt.[811]

Beispiel 2: Die Kinder von Auschwitz

Neben dem bekannten Foto von der Niederschlagung des Warschauer Ghettoaufstands gehören die Standbilder aus den Filmaufnahmen in Auschwitz nach der Befreiung durch die Rote Armee sowie damals offenbar auch entstandene Fotos zu den wirkmächtigsten Bildern der *Ikonographie des Holocaust.*[812] Internetseiten, Reportagen und Nachrichtenmeldungen im Fernsehen zum Thema Holocaust, beispielsweise zum Holocaust-Gedenktag am 27. Januar oder zum 70. Jahrestag der Wannseekonferenz am 20. Januar 2012, kommen fast nie ohne die Bilder oder Szenen aus, die die Kinder oder die erwachsenen Häftlinge von Auschwitz hinter dem Zaun zeigen. *EuV 3* verwendet als Auftaktbild für das Kapitel „Menschen mit dem Gelben Stern“ im Rahmen des Themas Nationalsozialismus ein Foto aus der Szenenfolge der Kinder, die nach der Rettung mit ihren Betreuerinnen zwischen zwei Stacheldrahtzäunen entlang gehen, allerdings ohne Bildlegende. In dem Einleitungstext am unteren Bildrand heißt es:

„Für die meisten jungen Menschen unterscheidet sich ihr Verhältnis zu Menschen jüdischen Glaubens in keiner Weise von dem zu anderen Menschen.

---

810 Hans-Jürgen Pandel: Bildinterpretation. Die Bildquelle im Geschichtsunterricht. Bildinterpretation I. Schwalbach/Ts. 2008, S. 160.

811 *Zr 3* (Nds.), 2010, S. 8.

812 Zum Begriff „Ikonographie des Holocaust“ siehe u.a. Christoph Hamann: Der Junge aus dem Warschauer Ghetto (wie Anm. 414); Cornelia Brink: Ikonen der Vernichtung. Öffentlicher Gebrauch von Fotografien aus nationalsozialistischen Konzentrationslagern nach 1945, Berlin 1998; Harald Welzer: Erinnerungskultur und Zukunftsgedächtnis. Dossier: Geschichte und Erinnerung. Bundeszentrale für politische Bildung (21.6.2010). http://www.bpb.de/geschichte/zeitgeschichte/geschichte-und-erinnerung/39868/zukunftsgedaechtnis (8.10.2013). Zum bekannten Foto von der Niederschlagung des Warschauer Ghettoaufstandes siehe auch Sebastian Schönemann: Kulturelles Bildgedächtnis und kollektive Bilderfahrung – Die visuelle Semantik der Erinnerung am Beispiel des Fotos des Jungen aus dem Warschauer Ghetto. In: Zeitschrift für Geschichtsdidaktik 2013, 12. Jg., S. 46-60.

Oft wissen sie gar nicht, welcher Religion jemand angehört. Das war nicht immer so. Das Verhältnis zwischen Christen, der Mehrheit in Deutschland, und der Minderheit der Juden war seit dem Mittelalter durch Wellen der Verfolgung und Diskriminierung gekennzeichnet. In diesem Kapitel könnt ihr untersuchen, wie es zu der Katastrophe der Verfolgung und Ermordung der Juden in Europa zur Zeit des Nationalsozialismus kam. Ihr könnt das Schicksal der Juden verfolgen und auch erarbeiten, warum so wenige Menschen sich gegen das Unrecht wehrten. Schließlich könnt ihr euch damit beschäftigen, wo es heute noch Minderheiten gibt, die bewusst oder unbewusst diskriminiert werden."[813]

In diesem insgesamt problematischen Präsentationstext wird der Holocaust in eine Verfolgungsgeschichte ohne konkreten Anfang und, durch die Suggestion, sie setze sich in der heutigen Diskriminierung von Minderheiten fort, auch ohne klares Ende eingeordnet. Wenn aber schon in der historischen Einordnung der konkrete Kontext für die konkrete Tat verloren geht, bleibt letztlich auch die Schuld diffus. Selbst die Formulierung „warum so wenige Menschen sich gegen das Unrecht wehrten" ist ambivalent, denn damit könnten auch die Opfer gemeint sein.

Auch der Zusammenhang, in dem das Bild steht, bleibt diffus. Der Vergleich der Kapitelüberschrift „Menschen mit dem Gelben Stern" mit dem Foto ist verwirrend, sind doch auf der gestreiften Häftlingskleidung, die die Kinder über wärmere Kleidung angezogen haben, gar keine gelben Sterne zu sehen. Die Website *eines tages – Zeitgeschichten auf Spiegel Online* zeigt ein anderes bekanntes Foto aus demselben Entstehungszusammenhang mit dem Kommentar: „Befreite Kinder in Auschwitz: Diese unmittelbar nach der Befreiung des KZ Auschwitz entstandene Aufnahme zeigt eine Gruppe von Kindern in Häftlingskleidung."[814] Die Seite enthält zudem einen um 1970 entstandenen Bericht des Frontdolmetschers Nikolai Poliatanov, der bei der Befreiung von Auschwitz dabei war, sowie ein weiteres Foto aus der medial bekanntesten Sequenz, in der Kinder ihre Ärmel zurückschlagen, um ihre Tätowierung zu zeigen. Dazu heißt es: „Diese Aufnahme entstand einige Tage nach der Befreiung des Lagers."[815] „Unmittelbar danach", „einige Tage danach" – die Kommentare der Autoren oder Redakteure verraten eine gewisse Unsicherheit. In den meisten Fällen werden diese Bilder einfach präsentiert

813 E*uV3* (Nds.) 2006, S. 85.

814 http://einestages.spiegel.de/static/authoralbumbackground/1296/_wir_trauten_unseren_augen_nicht.html. (hier Bild 13, 8.10.2013).

815 Ebd. Siehe Bild 4.

als „Auschwitz-Überlebende nach der Befreiung des KZ durch die Rote Armee“ (Berliner Zeitung)[816], was wörtlich genommen nicht falsch ist, wenn man das *nach* ziemlich weit fasst. Das ist aber gemeinhin nicht der Fall, wird es doch meist als „unmittelbar danach“ verstanden und soll es wohl auch so verstanden werden. Doch auch bei diesem zweiten Bild bei *eines tages* verwirrt der Vergleich zwischen der Abbildung und dem historischen Kontext, wie er von Politanow beschrieben wird: „Aus den Baracken kamen immer mehr hungrige und in Lumpen gehüllte, zu Skeletten abgemagerte Kinder gekrochen.“ Genau solche Kinder sind jedoch auf dem Foto nicht zu sehen. Das Foto mit den Tätowierungen kommentiert die Süddeutsche Zeitung daher mit einer vermeintlichen Erklärung: „Sie wurden teilweise besser ernährt, um an ihnen entsetzliche Menschenversuche vorzunehmen.“[817] Aber auch solche Erklärungsversuche für die offensichtliche Diskrepanz gehen der Sache nicht wirklich auf den Grund, auch wenn sie nicht grundsätzlich falsch sind. Hier jedoch treffen sie nicht zu, da die Kinder wie alle anderen in Auschwitz Zurückgelassenen sehr lange nichts mehr zu essen bekommen hatten.

Diese „Nachhilfe gegen das Vergessen“[818] alimentiert zwangsläufig revisionistische und negationistische Thesen, auch auf Webseiten, denen man das auf den ersten Blick nicht ansieht: All diese Bilder wurden nicht *bei der Befreiung* des KZ Auschwitz-Birkenau – bei der die Rote Armee kein Kamerateam dabei hatte –, sondern einige Wochen später aufgenommen, als sich die KZ-Häftlinge erholt hatten. Sie wurden in den sowjetischen Dokumentarfilm „Die Befreiung von Auschwitz“ integriert, der aus authentischen Aufnahmen und nachgestellten Szenen besteht. Der Kameramann Alexander Woronzow erwähnt in Irmgard von zur Mühlens gleichnamiger Dokumentation von 1986[819] eine nachgestellte Szene, in der Häftlinge bei der Ankunft der Roten Armee am Tor rüttelten und den Sowjetsoldaten zujubelten, was eine Selbstbefreiung wie in Buchenwald suggerierte. Woronzow erklärte, wegen dieser Manipulation – es wurden noch weit mehr Szenen nachgedreht – sei der Film dann nicht gezeigt worden. Gleichwohl haben sich etliche Szenen daraus verselbständigt. Im Vorspann zum Film von Irmgard von zur Mühlen

---

816 http://www.bz-berlin.de/aktuell/welt/auschwitz-nachhilfe-gegen-das-vergessen-article 1371694.html (8.10.2013).

817 http://www.sueddeutsche.de/politik/bildstrecke-taeter-und-opfer-des-kz-auschwitz-1.527462-15 (Bild Nr. 15, 8.10.2013).

818 Siehe den BZ-Titel (wie Anm. 815).

819 Irmgard von zur Mühlen (Regie), *Die Befreiung von Auschwitz*, Chronos Film GmbH, 1986.

heißt es: „Die Dokumentation enthält sämtliche Filmaufnahmen, die sowjetische Kameramänner nach der Befreiung von Auschwitz zwischen dem 27. Januar und dem 28. Februar gedreht haben." Das Einstellungsprotokoll der Kinderszene zwischen den Zäunen verzeichnet drei verschiedene Einstellungen: „Kinder und Jugendliche auf Weg zwischen Doppelzaun (zwei kurze Einst., eine Obersicht): Frontal auf Kamera zu."[820] Die erwähnte Obersicht konnte nur von einem Wachturm aus gedreht worden sein, der genau an der rechtwinkligen Biegung des Weges zwischen den Zäunen steht. Diese Szene ist allerdings nicht in die Ikonographie des Holocaust eingegangen, sondern praktisch unbekannt geblieben; sie könnte auch schwerlich den Eindruck erwecken, bei der Befreiung aufgenommen worden zu sein. Woronzow könnte allerdings auch gemeint haben, dass nur die Szene am Tor falsche Tatsachen vorspielt, weil der Film die nachgestellten Szenen mit den Kindern und Erwachsenen hinterm Zaun keineswegs als Aufnahmen bei der Befreiung präsentiert. Das wird erst in ihrer medialen Verwertung mit den entsprechenden Zuschreibungen suggeriert. In Irmgard von zur Mühlens Dokumentation heißt es denn auch, dass die Kinder aus dem Lager „entlassen wurden", d.h. nach ihrer Rekonvaleszenz.

Das *Austria-Forum* präsentiert zwei Bilder von Kindern mit unterschiedlichen Kommentaren. Beim ersten Bild, offenbar ein Standbild aus dem Film, heißt es: „Kinder werden nach der Befreiung aus dem KZ Auschwitz geführt. Photographie. Polen. 1945. Künstler: Anonym, Entstehungsdatum: 1945, Copyright: IMAGNO. IMAGNO-Mediennummer: 00467011." Das zweite ist das schon erwähnte Foto, diesmal mit der Erklärung: „Überlebende Kinder werden von Betreuerinnen aus dem KZ Auschwitz gebracht. Die Aufnahme wurde im April 1945 für die Militär-Berichterstatter gestellt. Photographie von B. Fischmann. Polen. 1945. Künstler: Anonym [*sic!*[821]]. Entstehungsdatum: 1945. Copyright: IMAGNO. IMAGNO-Mediennummer: 00467020."[822]

Diese Angaben für das Foto werden auf einer Methoden-Sonderseite in *RiV 4* übernommen: „Aufnahme aus dem Konzentrationslager Auschwitz nach der Befreiung durch die Rote Armee im April 1945. Überlebende Kinder werden von Betreuerinnen aus dem KZ Auschwitz geführt. Die Aufnahme wurde im April 1945 für die Militär-Berichterstatter gestellt. Der Fotograf war B. Fischmann."[823]

---

820 http://www.cine-holocaust.de/> Suche Filmtitel „Befreiung von Auschwitz" (8.10.2013).
821 Dies steht da, obwohl B. Fischmann als Photograph genannt ist!
822 http://www.austria-lexikon.at/af/AEIOU/Auschwitz/Bilder_Auschwitz?start=2 (8.10.2013).
823 *RiV 4*, S. 135.

Die Autoren stellen das Bild auf der Methodenseite zum Thema „Analyse historischer Fotografien als Quellen“ einer anderen, authentischen Aufnahme gegenüber und verweisen auf die Problematik der häufig falschen Bildunterschriften und Zuordnungen. Trotzdem bleibt die zeitliche Beziehung zwischen Befreiung und Aufnahme in der Bildlegende unklar, weil das Datum der Befreiung fehlt.

Bild Nr. 2 aus dem Austria-Forum (RiV 4, 2008, S. 135)

Weit mehr als die Tatsache, dass diese Bilder auf einschlägigen Webseiten als vermeintliche Argumente für die Leugnung des Holocaust benutzt werden, erstaunt die Verwandlung offensichtlich nicht stimmiger Bilder in der öffentlichen Medienlandschaft zu unhinterfragten Ikonen der Erinnerungskultur. Natürlich ändert die Nachstellung der Szenen nichts am Verbrechen selbst. So handelt es sich bei einem der Kinder, die auf dem Foto zwischen den Zäunen in der ersten Reihe stehen, um Eva Mozes (heute Eva Mozes Kor), die mit ihrer Schwester Miriam von Mengele für seine Zwillingsexperimente missbraucht wurde und als eine der wenigen Überlebenden bis heute als Zeitzeugin aktiv ist.[824] Noch

---

824 Siehe u.a. die Website http://www.candlesholocaustmuseum.org/index.php?sid=1 sowie Eva Mozes Kor, wie sie sich auf dem historischen Foto identifiziert: http://www.relaxed-politics.com/2009/10/ultimate-forgiveness-eva-mozes-kor/(Beide 8.10.2013).

zu Sowjetzeiten haben sich westliche Bild- und Medienverwertungsagenturen das Material angeeignet und sich ein zweifelhaftes Copyright gesichert. Schulbücher und andere (Bildungs-) Medien greifen auf das Angebot der Agenturen zurück, die die Bilder mit der genannten Spannbreite an Kommentaren verkaufen. Auch das US Holocaust Memorial Museum hat die Sequenz mit den Kindern aus dem sowjetischen Film übernommen und identifiziert die Aufnahme folgendermaßen: „Soviet troops entered the Auschwitz camp in Poland on January 27, 1945. This Soviet military footage shows children who were liberated at Auschwitz by the Soviet army."[825] Auch hier muss man zwangsläufig glauben, die Bilder seien bei oder unmittelbar nach der Befreiung aufgenommen worden. Ein Standbild aus dem Film findet sich auch im Memorial and Museum Auschwitz-Birkenau mit der Beschreibung „Children after liberation."[826]

Für die mediale Präsentation von Auschwitz scheinen diese Bilder deshalb so ideal, weil sie das Grauen einerseits nicht schockierend zeigen, andererseits aber anhand der Kinder die besondere Unmenschlichkeit des Verbrechens darstellen und entsprechend Empathie auslösen. Anders als die Aufnahmen von Leichenbergen sind diese Bilder auch frei für alle Altersstufen; sie *repräsentieren* das Schreckliche, ohne es zu *präsentieren*. Außer der Ambivalenz, die sich daraus für die pädagogische Diskussion ergibt (Vorwurf der Beschönigung), ist vor allem die damit verbundene falsche Identifizierung das Problem, da sie ihren Stellenwert in der Ikonographie des Holocaust nur als scheinbar authentische *Bilder der Befreiung* erhalten – bei korrekter Datierung und damit Identifizierung wären sie von geringem Interesse.

Man könnte noch etliche Beispiele für die nachträgliche Bearbeitung, falsche Datierung und ikonographische Verselbstständigung von Bildern im Kontext des Nationalsozialismus anführen, auch wenn sie weniger gravierend sind als das der „Kinder von Auschwitz". Sie werfen ein Schlaglicht auf den Umgang mit diesen scheinbar objektiven Zeugnissen der Geschichte, die im Mittelpunkt des historischen Lernens stehen sollen.

---

825 http://www.ushmm.org/wlc/en/media_fi.php?ModuleId=10005142&MediaId=174 (8.10.2013).

826 http://en.auschwitz.org/m/index.php?option=com_ponygallery&Itemid=3&func=detail&id=543 http://en.auschwitz.org/m/index.php?option=com_ponygallery&Itemid=3&func=detail&id=543>Archives > Photo Gallery > search: „children" (8.10.2013).

7. Die Fallstricke der Chrono-Logik

Die retrospektive Betrachtung der Geschichte läuft immer Gefahr, im vergangenen *Geschehen* eine lineare Entwicklung der *Geschichte* zu erkennen, die so und nicht anders verlaufen konnte und in der man früher eine Vorsehung oder Sinnhaftigkeit zu erkennen glaubte. Die Katastrophen des 20. Jahrhunderts und namentlich der Holocaust haben diese positiven Determinismen ad absurdum geführt, aber anscheinend nur zugunsten seines Gegenstücks: zum negativen Determinismus der Schicksalshaftigkeit und Zwangsläufigkeit. Natürlich äußert sich deterministisches Geschichtsdenken heute nicht mehr im Pathos großer philosophischer Thesen. Aber suggeriert nicht noch im „sachlichsten" Nachvollzug die Chrono-Logie historischer Ereignisse auch eine Logik, solange die Frage der Alternativen nicht erörtert und neben der Faktizität des Geschehenen nicht auch die Potenzialität dessen, was hätte geschehen können, berücksichtigt wird? Auf der Suche nach den Ursachen historischer Ereignisse meinen wir in der Kausalität ein Gesetz zu erkennen, das die Stringenz und damit die Unvermeidlichkeit einer Entwicklung begründet. Wir betrachten also Geschichte zunächst immer mit dem Wissen, was aus Ereignissen geworden ist, wie sie endeten. Aber Geschichtsunterricht und Geschichtsbücher versuchen jedoch – oder sollten es zumindest –, Geschichte „im Fluss" zu präsentieren, die Schüler in die Situation hineinzuversetzen, in das *Geschehen*, das noch nicht *Geschichte* war und folglich noch Alternativen möglich erscheinen lässt. Für die jüdische Geschichte und die neuralgischen Kapitel der deutschen Geschichte allgemein darf jedoch bezweifelt werden, ob das gelungen oder tatsächlich intendiert ist.

Die zweitausendjährige jüdische Geschichte in Europa und vor allem die über tausendjährige Geschichte der Juden in Mitteleuropa – d.h. in Deutschland, auch wenn es Deutschland noch nicht gab[827] –, steht im Rückblick von heute zwangsläufig im Zeichen des Holocaust. jüdische Geschichte lässt sich ohne die Vernichtung des europäischen Judentums – nicht: der europäischen

---

827 Als „ältestes Zeugnis jüdischer Präsenz in Deutschland" wird immer das konstantinische Edikt zu den Juden in Köln aus dem Jahr 321 angegeben. Nicht nur, dass es Deutschland damals natürlich noch nicht gab, selbst der Begriff „deutsch" im Sinne einer ethnischen Beschreibung entstand erst lange nach der Teilung des Frankenreiches im 10. Jahrhundert.

Juden[828] – unmöglich denken. Doch ist deswegen die jüdische Geschichte keineswegs nur die Vorgeschichte des Holocaust, als die sie in der Wahrnehmung erscheint: ein historisches Kontinuum, das von den mittelalterlichen Verfolgungen über den Antisemitismus des 19. Jahrhunderts quasi unausweichlich in den Holocaust führte. Diese scheinbare Geradlinigkeit drängt sich dadurch auf, dass (fast) keine Alternativen aufgezeigt werden. In den Lehrbüchern wird die jüdische Geschichte unter dem Aspekt der Verfolgungsgeschichte dargestellt; das eine oder andere Buch zieht Parallelen zwischen dem „gelben Fleck" des Mittelalters (in Wirklichkeit der Frühen Neuzeit) und dem NS-„Judenstern", zwischen dem Ghetto des Mittelalters (in Wirklichkeit der Frühen Neuzeit) und dem Ghetto des 2. Weltkrieges. In einem entsprechenden Arbeitsauftrag heißt es: „Was weißt du über Judenverfolgungen der jüngeren Vergangenheit? Diskutiere Gemeinsamkeiten und Unterschiede zu den Pogromen des Mittelalters."[829] Doch selbst wenn diese Parallelisierung nicht explizit hergestellt wird, entsteht sie durch die kulturelle und mediale Präsenz des Themas NS-Judenverfolgung und Holocaust im heutigen virtuellen und realen öffentlichen Raum, implizit im Bewusstsein, seit einigen Jahren bestärkt durch die Stolpersteine. Ohne diese Aktion an sich hier kritisieren zu wollen, ist für die vorliegende Fragestellung festzuhalten, dass durch sie die Geschichte einmal mehr von ihrem Ende her thematisiert wird.

Die Fokussierung auf die Verfolgungsgeschichte folgt einem historischen *mea culpa*, das unter der Losung „Nie wieder!" und mit der Mahnung „Wehret den Anfängen!" in der Vergangenheit in allen Epochen das „Damals schon!" aufspüren und die Schülerinnen und Schüler damit „impfen" will im Sinne der schon 1960 von Adorno geforderten „Schutzimpfung" gegen Antisemitismus.[830] Kontraproduktiv dabei ist allerdings, dass in der Wahrnehmung einer solchen kontinuierlichen Verfolgung die Juden in unserem historischen Bewusstsein Ausgegrenzte bleiben, solange wir nicht wahrnehmen, dass es über längere Zeiträume auch ein friedliches Neben- oder sogar Miteinander von Christen und Juden und im 19. Jahrhundert schließlich auch die Emanzipation und Gleichstellung der jüdischen Staatsbürger gegeben hat. Diese Problema-

---

828 Letzteres war das nicht erreichte Ziel der NS-Vernichtungspolitik, die Verwechslung zwischen beidem führt oft zur falschen Vorstellung, nach dem Holocaust habe es keine Juden mehr in Europa gegeben. Dies findet sich auch häufig in Schüleräußerungen.

829 Dazu gibt es eine Abbildung mit der Bildlegende: „Judenverbrennung wegen vermeintlicher Brunnenvergiftung. (Aus einer Handschrift, 14. Jahrhundert)." *Mos B7*, S. 95.

830 Adorno 1960 (wie Anm. 657), S. 27. Zur Kritik der Schutzimpfungsthese siehe u.a. Geiger 2012 (wie Anm. 85), S. 15 ff. und 45 ff.

tik wird in den wenigen Fällen, in denen die Schulbücher einen historischen Längsschnitt zur Geschichte der Juden anbieten, zwar reduziert, aber auch hier verstricken sich die Autorentexte in das Ausgrenzungsnarrativ. So beginnt ein Kapitel unter der Überschrift „Aufklärung und Emanzipation" mit den Worten: „Auch im Zeitalter der Aufklärung im 18. Jahrhundert waren die Juden weder in die Gesellschaft eingegliedert, noch formal gleichberechtigt."[831] Das Wort „auch" signalisiert, dass die Juden selbst in einem Zeitalter, das sich für sie als Zeitalter des Wandels darstellt, in der Paria-Stellung verbleiben. Das Konstrukt der Gesellschaft ist in dem Satz gedanklich von der Fiktion einer homogenen nationalstaatlichen Gesellschaft geprägt, andernfalls macht der Hinweis auf eine nicht vorhandene Eingliederung keinen Sinn, unter Ignorierung der damaligen Ständegesellschaft: Niemand war damals gleichberechtigt. Zudem negiert der Verweis auf die fehlende Gleichberechtigung auch die historischen Bedingungen, unter denen sie umgesetzt wurde; hier sei nur kurz auf die Französische Revolution verwiesen. Eine deutsch-jüdische Geschichte jenseits der Verfolgungsgeschichte wird durch unser Vorwissen über deren Ende 1933-1945 so sehr relativiert, dass sie, weil nur vorübergehend, fast bedeutungslos erscheint, was sie natürlich nicht ist.

Dies gilt insbesondere für die der NS-Zeit unmittelbar vorausgehende Weimarer Republik, die immer weniger als erste deutsche Demokratie in Erinnerung ist, sondern als Übergangsphase zwischen Erstem Weltkrieg und Nationalsozialismus, als Republik, die zum Untergang verurteilt war, weil sie scheinbar keine wirkliche Mehrheit im Volk besaß.[832] Die Erklärung des Aufstiegs der NSDAP durch die angebliche Mehrheit für Hitler und die Popularität seiner Ideologie im Volke, die in einigen Lehrbüchern zu finden ist, haben wir bereits kritisiert.[833] Die Empfänglichkeit für die NS-Ideologie wird mehr oder weniger deutlich mit einer, und das ist das Entscheidende: *mehrheitlichen* Abneigung der Deutschen gegen die Demokratie oder mit einer grundsätzlich schon vorhandenen und mehrheitlich verankerten mentalen Disposition für eine Ideologie (vor allem die des Antisemitismus) erklärt, die Hitler quasi nur abzurufen brauchte.

---

831 *RiV 4*, S. 182. Während die Kapitelüberschriften zu den Epochen Mittelalter, Aufklärung und Emanzipation, Kaiserreich und Weimarer Republik noch neutral gehalten sind, signalisieren Zwischenüberschriften wie „Die Juden als Sündenböcke", „Langes Leiden mit dem ‚Judenregal'" insbesondere für das Mittelalter bereits die Botschaft der Verfolgungsgeschichte. *Riv 4*, S. 180-187.

832 Dies entspricht auch unserer langjährigen Erfahrung mit Schüleräußerungen im Unterricht, in Klausuren und im Abitur.

833 Siehe oben, S. 91 ff.

Zu den oben genannten Beispielen seien hier noch zwei weitere ergänzend zitiert, zunächst eine Passage, die argumentativ ausgerechnet auf dem Höhepunkt der Weimarer Republik ansetzt:

„Ab Mitte der 1920er Jahre gelang es Hitler mit seinen Angriffen gegen den Versailler Vertrag, gegen die Demokratie, gegen die Juden und die Kommunisten immer mehr Anhänger zu gewinnen. Denn er sprach damit das aus, *was ohnehin die meisten dachten*: Gegen Versailles war fast jeder Deutsche, für die Demokratie setzten sich nur wenige ein, der Antisemitismus hatte eine lange Tradition und die Juden waren als Sündenböcke für alles Unheil willkommen, Kommunisten wurden als Anhänger der Bolschewisten verachtet. [...] Wo blieb der Widerspruch gegen die NS-Parolen? Die Masse der Bevölkerung sowie einflussreiche gesellschaftliche Kreise leisteten ihn nicht."[834]

Schon die Datierung „Mitte der Zwanziger Jahre" ist anachronistisch, weil die NSDAP damals völlig bedeutungslos war und auch noch längere Zeit blieb. Die These vom Konnex zwischen der gewiss mehrheitlichen Ablehnung des Versailler Vertrags und der Demokratiefeindlichkeit ist ein Konstrukt ohne historische Grundlage, wie unter anderem die Volksabstimmung zum Young-Plan zeigte, die ein Erfolg für die Politik der Weimarer Republik war, und nicht das Gegenteil.

Ein anderes Lehrbuch geht in dieser Logik konsequenterweise gleich auf den Anfang der Weimarer Republik zurück:

„Viele politische Vorstellungen und Ziele, die von Hitler und der NSDAP vertreten wurden, fanden nach 1918 *in weiten Kreisen der Bevölkerung*, aber auch bei den politischen Eliten von Militär, Diplomatie und Wirtschaft offene Zustimmung. Hierzu gehörten besonders die Forderungen nach einer Nachbesserung des Versailler Vertrages, die bedingungslose Ablehnung der Demokratie sowie der Rassismus und Antisemitismus."[835]

Nun war Hitlers Ziel erklärtermaßen nicht die „Nachbesserung des Versailler Vertrages", die real durch die Regierungspolitik erreicht wurde, sondern seine Aufhebung. Gleichwohl stößt diese in dieser Darstellung zusammen mit der „bedingungslosen Ablehnung der Demokratie" und „Rassismus und Antisemitismus" in „weiten Kreisen der Bevölkerung" auf Zustimmung. Diese unspezifische Quantifizierung haben wir bereits im Kapitel zum Nationalsozialismus kritisiert. Sie ist typisch für die Suggestion einer strukturellen Mehrheit, obwohl die rechtsextremen Parteien (DNVP und NSDAP) in Wirklichkeit bis

---

834 *GuG 5*, S. 89 Hervorhebung von uns.
835 *EuV3 Nds.*, S. 55 Hervorhebung von uns.

zur Juliwahl 1932 zusammen nicht mehr als 25 % der Stimmen bzw. Mandate bekamen.

Eine verbreitete Charakterisierung der Weimarer Republik lässt sich in dem Zitat „Republik ohne Republikaner" zusammenfassen – wohl jeder hat es schon im Unterricht verwendet. Symptomatisch bewertet auch Wikipedia damit die gesamte Weimarer Republik: „Das Ausbleiben von demokratischen Reformen von Militär, Justiz und Verwaltung, der Versailler Vertrag und die Dolchstoßlegende waren ein schweres Erbe für den neuen deutschen Staat, der eine *Republik ohne Republikaner* war." (Hervorheb. im Original).[836] Die hier eingangs genannten Probleme der Weimarer Republik sind dieser Argumentation zufolge keine Erklärung für die „Republik ohne Republikaner", sondern nur zusätzliche Faktoren, die diese Behauptung stützten. Auch hier wird der Kern der These von der „Republik ohne Republikaner" nicht geliefert, sie soll offenbar aus sich selbst heraus verständlich sein.

Mit der Verallgemeinerung dieses Slogans auf die ganze Weimarer Republik wird das Zitat aus dem *Simplicissimus* letztlich missbraucht. Es erschien dort als Titel eines Gedichts von Hans Seiffert erst am 5. März 1933, dem Tag der Reichstagswahl.[837] Das damals offenkundige Ende der Republik veranlasste Seiffert zu einem satirischen Rückblick nach dem Schema des Liedes „Zehn kleine Negerlein", wonach von den „fünf deutschen Republikanerlein" einer nach dem anderen verloren gegangen ist. „Republik ohne Republikaner" meint damit jedoch *nicht*, dass die Republik *von Anfang an* ohne Republikaner gewesen sei, sondern dass sie *am Ende* ohne Republikaner dastand.

Auch für die vorausgehende Zeit des Kaiserreichs, eigentlich die Epoche der endlich erreichten Emanzipation, steht der Antisemitismus im Vordergrund. Darstellungen von Integration und Erfolg deutscher Juden werden in den Lehrwerken meist von vornherein durch ihre Infragestellung überschattet, lediglich ein Werk verzichtet auf antisemitische Quellen und stellt konsequent die jüdische Perspektive in den Mittelpunkt.[838] Nun soll hier gleichwohl nicht gefordert werden, antisemitische Quellen sollten gar nicht verwendet werden, es stellt sich aber die Frage nach deren kontextueller Einbettung und nach ihrem Stellenwert im Zusammenhang. Angesichts des chrono-logischen Vorwissens über die weitere Entwicklung und die dadurch erfolgende Projektion des Wis-

---

836 http://de.wikipedia.org/wiki/Deutschland_im_20._Jahrhundert (24.9.2013).

837 Vgl. Hans Seiffert: Republik ohne Republikaner. In: Simplicissimus Nr.49/5.3.1933, S. 583. Online über Suchfunktion aufrufbar auf www.simplicissimus.info

838 Siehe S. 61 f.

sens über den Holocaust auf die Ereignisse der Geschichte des 19. Jahrhunderts bleibt selbst in der Gegenüberstellung im Verhältnis 50:50 der antisemitische Aspekt der ausschlaggebende und dies umso mehr, wenn, wie oben dargestellt, keine wirkliche Auseinandersetzung mit den antisemitischen Quellen erfolgt oder wenn generell das Täter/Opfer-Schema abgebildet wird, d.h., wenn es keine Antithese zum Antisemitismus aus der nichtjüdischen Mehrheitsgesellschaft gibt, sondern allenfalls durch jüdische Betroffene. Denn dadurch wird suggeriert, die schweigende Mehrheit der Gesellschaft habe den Antisemitismus gebilligt. Keines der untersuchten Schulbücher enthält einen Hinweis auf den 1890 gegründeten Verein zur Abwehr des Antisemitismus, der als überkonfessionelle Organisation gegründet wurde.[839]

Im Zusammenhang damit steht auch das Problem, dass verbreitete Klischeevorstellungen gegenüber Juden implizit gleich als Disposition für einen radikalen oder, um mit Goldhagen zu sprechen, „eliminatorischen" Antisemitismus und als Sympathien für den Nationalsozialismus gedeutet werden. Eine entsprechende Analogie ist, wie oben beschrieben, Teil des Erklärungsschemas für Hitlers Erfolg bis zur letzten Reichstagwahl 1933. Und entsprechend wird von Schülerinnen und Schülern immer wieder angenommen, Hitler habe die Vernichtung von Anfang an gewollt, das Terrorregime der Phase seit 1940 habe bereits ab 1933 bestanden, latenter Widerstand, etwa durch Wehrmachtsoffiziere, sei gleich mit dem Tod bestraft worden und es habe keinen Unterschied zwischen den Konzentrationslagern der ersten Phase und den späteren Vernichtungslagern gegeben.

Diese Chrono-Logik versperrt somit den Blick auf Entwicklungen und Alternativen, auf die in der Geschichte vorhandenen Potenziale, ja, die Rückwirkungen solch eines historischen Rückblicks verzerren und verfälschen letztlich die Geschichte als solche zu einem Determinismus, der gar keine „Fragen an die Geschichte" und auch keine pädagogischen Überlegungen (Was hätte ich getan? Was hätte eine andere Entwicklung möglich gemacht?) mehr zulässt und von daher trotzdem vorhandene Arbeitsaufträge dieser Art doppelt absurd erscheinen lässt.

---

839 Barbara Suchy: The Verein zur Abwehr des Antisemitismus (I). From its Beginnings to the First World War, S. 205-239; (II) From the First World War to its Dissolution 1933, S. 67-103, Yearbook Leo Baeck Institute 28 (1983) bzw. 30 (1985). Der Gründungsaufruf wurde von 585 Personen unterzeichnet, darunter Abgeordnete der Nationalliberalen Partei und der Deutschen Freisinnigen Partei sowie Priester beider christlichen Konfessionen.

Abkürzungsverzeichnis der Schulbücher

ZfG	Zeit für Geschichte	Schroedel	Ba-Wü 2004-2007
EG	Expedition Geschichte	Diesterweg	Sachsen-Anhalt, Bln Brandenburg 2003-04
FG	Forum Geschichte	Cornelsen	Niedersachsen 2004-08
GPlus	Geschichte plus	Volk und Wissen	Berlin-Brandenburg 2008/09
Hor	Horizonte	Westermann	Niedersachsen 2007-09
Mos	Mosaik	Oldenbourg	Bayern 2005-08
DwZ	Das waren Zeiten	Buchner	Bayern 2004-08
ZuM	Zeiten und Menschen	Schöningh	Ba-Wü 2004-08
GuG	Geschichte und Geschehen	Klett	Sachsen 2003-05
RiV	Reise in die Vergangenheit	Westermann	Sachsen-Anhalt, Thüringen 2006-08
EuV	Entdecken und Verstehen	a) Cornelsen b) Volk und Wissen	Niedersachsen 2004-06/2009 Berlin-Brandenburg 2008/09*
Gkuv	Geschichte kennen und verstehen	Oldenbourg	Bayern 2001-04
Gerl	Geschichte erleben	Buchner	Bayern 2001-05
GK	Geschichte konkret	Schroedel	Ba-Wü 2004-2006
VB	Von ... bis	Schöningh	Ba-Wü 2004-06
Zr	Zeitreise	a) Klett b) Klett	Sachsen 2006-07 Niedersachsen 2004-2006
Gr	Geschichte real	Cornelsen	NRW 2011-2013

Für alle Schulbücher lagen die vollständigen Jahrgangsbände vor. Die Anzahl der Bände variierte zwischen zwei (*Doppeljahrbänden) und bis zu fünf (Einzelbänden).

Info zu Geschichte und Geschehen:
NRW: Ausgabe für Nordrhein-Westfalen, Hamburg, Schleswig-Holstein, Berlin und Mecklenburg-Vorpommern.

Unterschiede zwischen den damals gültigen Lehrplänen der betreffenden Bundesländer wurden in Bd. 3 durch eine zusammenfassende Rekapitulation von Antike und Mittelalter berücksichtigt („Europa: Welche Traditionen führen in die Zukunft?“). Mit Ausnahme dieses Teils sowie des Teils zur Antike in Bd.1

ist diese Ausgabe in den Passagen zur jüdischen Geschichte und zum Nationalsozialismus identisch mit der Ausgabe für Sachsen. Die Angaben zu GuG beziehen sich generell auf die Sachsen-Ausgabe, bei Unterschieden zwischen den beiden Ausgaben wird die jeweilige Ausgabe (Sachs. oder NRW, 2003-2005) benannt.

Literatur

Adorno, Theodor W.: Was bedeutet Aufarbeitung der Vergangenheit? In: Ders.: Erziehung zur Mündigkeit. Vorträge und Gespräche mit Helmut Becker 1959-1969. Frankfurt/M. 1971

Alavi, Bettina: Migration und Fremdverstehen – eine geschichtsdidaktische Einführung. In: Alavi, Bettina/Henke-Bockschatz, Gerhard (Hg.): Migration und Fremdverstehen. Geschichtsunterricht und Geschichtskultur in der multiethnischen Gesellschaft. Idstein 2004, S. 23-35

Aly, Götz: Warum die Deutschen – warum die Juden? Gleichheit, Neid und Rassenhass. Frankfurt/M. 2011

Arendt, Hannah: Elemente und Ursprünge totaler Herrschaft. Frankfurt/M. 1955

Attali, Jacques: Les Juifs, le Monde et l'Argent. Histoire économique du peuple juif. Paris 2002, 2005

Backhaus, Fritz/Gross, Raphael/Weisberg, Liliane (Hg.): Juden. Geld. Eine Vorstellung. Katalog zur gleichnamigen Ausstellung. Frankfurt/M. 2013

Baring, Frank: Empathie und historisches Lernen. Eine Untersuchung zur theoretischen Begründung und Ausformung in Schulgeschichtsbüchern. Frankfurt/M. 2011

Barkai, Avraham: Jüdische Minderheit und Industrialisierung. Tübingen 1998

Battenberg, Friedrich: Das europäische Zeitalter der Juden. Zur Entwicklung einer Minderheit in der nichtjüdischen Umwelt Europas. Band II: Von 1650 bis 1945. Darmstadt 1990

Beauftragter der Bundesregierung für jüdisches Leben in Deutschland und den Kampf gegen Antisemitismus (Hg.): Nationale Strategie gegen Antisemitismus S. 45, https://www.antisemitismusbeauftragter.de/SharedDocs/downloads/Webs/BAS/DE/nasas.pdf?__blob=publicationFile&v=5

Beller, Steven: Antisemitismus. Stuttgart 2009

Berger, Sara: Experten der Vernichtung. Das T4-Reinhardt-Netzwerk in den Lagern Belzec, Sobibor und Treblinka. Hamburg 2013

Bergmann, Klaus: Geschichte als Steinbruch? Anmerkungen zum Gegenwartsbezug im Geschichtsunterricht. In: Zeitschrift für Geschichtsdidaktik, 2002, 1. Jg., S. 138-150

Bergmann, Klaus: Multiperspektivität. Geschichte selber denken. 2. Auflage, Schwalbach/Ts. 2008

Blaich, Fritz: Der Schwarze Freitag. Inflation und Wirtschaftskrise. München 1985

Blasius, Dirk/Diner, Dan (Hg.): Zerbrochene Geschichte. Leben und Selbstverständnis der Juden in Deutschland. Frankfurt/M. 1991

Brauch, Nicola: Das Anne Frank Tagebuch. Eine Quelle historischen Lernens in Unterricht und Studium. Stuttgart 2016

Brenner, Michael (Hg.): Geschichte der Juden in Deutschland. Von 1945 bis zur Gegenwart. Politik, Kultur und Gesellschaft. München 2012

Brenner, Michael: Kleine jüdische Geschichte. München 2008

Breuer, Mordechai: Prolog: Das jüdische Mittelalter. In: Breuer, Mordechai/Graetz, Michael (Hg.): Deutsch-jüdische Geschichte der Neuzeit, Bd. 1: 1600-1780. München 1996, S. 19-82

Brink, Cornelia: Ikonen der Vernichtung. Öffentlicher Gebrauch von Fotografien aus nationalsozialistischen Konzentrationslagern nach 1945. Berlin 1998

Brockhaus, Gudrun: „Bloß nicht moralisieren!" – Emotionale Prozesse in der pädagogischen Auseinandersetzung mit dem Nationalsozialismus. In: Einsichten und Perspektiven. Bayerische Zeitschrift für Politik und Geschichte. Themenheft 1/08, S. 28-33

Browning, Christopher R.: Ganz normale Männer. Das Reserve-Polizeibataillon 101 und die „Endlösung" in Polen. Reinbek bei Hamburg 1993

Brückner, Peter: Das Abseits als sicherer Ort. Kindheit und Jugend zwischen 1933 und 1945. Berlin 1980

Cohn, Willy: Kein Recht, nirgends. Tagebuch vom Untergang des Breslauer Judentums 1933-1941. Köln 2006

Deutsch-israelische Schulbuchempfehlungen. Studien zur Internationalen Schulbuchforschung. Schriftenreihe des Georg-Eckert-Instituts. Band 44, 2. erweiterte Auflage, Frankfurt/M. 1992.

Deutsch-Israelische Schulbuchkommission (Hg.): Deutsch-israelische Schulbuchempfehlungen. Göttingen 2. Aufl. 2017

Deutsch-jüdische Geschichte im Unterricht. Orientierungshilfe für Lehrplan- und Schulbucharbeit sowie Lehrerbildung und Lehrerfortbildung, herausgegeben vom Leo Baeck Institut/Kommission für die Verbreitung deutsch-jüdischer Geschichte 2003. 2. erweiterte und aktualisierte Fassung 2011

Diner, Dan (Hg.): Synchrone Welt. Zeitenräume jüdischer Geschichte. Göttingen 2005

Dipper, Christof: Schwierigkeiten mit der Resistenz. In: Geschichte und Gesellschaft 22 (1996), S. 409-416

Dwork, Deborah: Kinder mit dem gelben Stern. Europa 1933-1945. München 1994

Erpel, Simone: Zivilcourage. Schlüsselbild einer unvollendeten „Volksgemeinschaft". In: Paul, Gerhard (Hg.): Das Jahrhundert der Bilder. Göttingen 2009, S. ???-???

Erziehungswesen und Judentum. Die Darstellung des Judentums in der Lehrerbildung und im Schulunterricht. Hg. vom Verband Deutscher Studentenschaften (VDS), zusammengestellt von Ekkehart Krippendorff in Zusammenarbeit mit Dieter Bielenstein, München 1960

Fechner, Eberhard: Die Comedian Harmonists. Sechs Lebensläufe. Weinheim 1988

Fossier, Robert: Das Leben im Mittelalter. München 2009

Foxmann, Abraham H.: Jews & Money. The Story of a Stereotype. New York 2010

Fried, Johannes: Zins als Wucher. Einleitung zu Jacques Le Goff: Wucherzins und Höllenqualen. Ökonomie und Religion im Mittelalter, 2., völlig neu bearbeitete Auflage, Stuttgart 2008

Friedländer, Saul: Das Dritte Reich und die Juden, Erster Band: Die Jahre der Verfolgung. München 1998

Gebhardt, Miriam: The Lost World of German Jewry. Collecting, Preserving and Reading Memories. In: Hoffmann, Christhard (Hg.): Preserving the Legacy of German Jewry. A History of the Leo Baeck Institute, 1955-2005. Tübingen 2005, S. 263-279

Gebhardt, Miriam: Das Familiengedächtnis. Erinnerung im deutsch-jüdischen Bürgertum 1890 bis 1932. Stuttgart 1999

Geiger, Wolfgang: Hilflose Aufklärung? Probleme des Anti-Antisemitismus in Schulbüchern und Unterricht. Erfahrungen eines Lehrers, 2. Teil: Der Antisemitismus des 19. und 20. Jahrhunderts. In: Ders.: Zwischen Urteil und Vorurteil, S. 63-76. Erstveröffentl. In: Kommune Nr. 6, 2004

Geiger, Wolfgang: Christen, Juden und das Geld. Über die Permanenz eines Vorurteils und seine Wurzeln. In: Einsicht 04. Bulletin des Fritz Bauer Instituts, Herbst 2010, S. 30-37

Geiger, Wolfgang: Zwischen politischem Anspruch, medialer Überrepräsentanz und didaktischer Reduktion. jüdische Geschichte und Holocaust im Unterricht. In: Hedwig, Andreas/Neebe, Reinhard/Wenz-Haubfleisch, Annegret (Hg.): Die Verfolgung der Juden während der NS-Zeit. Stand und Perspektiven der Dokumentation, der Vermittlung und der Erinnerung. Schriften des Hessischen Staatsarchivs Marburg, Bd. 24, Marburg 2011, S. 83-91

Geiger, Wolfgang: Judenhass und Pogrome im Mittelalter und ihre Erklärung in heutigen Schulbüchern. Mit einem Nachtrag: Der Straßburger Pogrom von 1349 im historischen Kontext". In: ders.: Zwischen Urteil und Vorurteil. Jüdische und deutsche Geschichte in der kollektiven Erinnerung. Frankfurt/M. 2012, S. 77-104

Geiger, Wolfgang: Zwischen Urteil und Vorurteil. jüdische Geschichte in der kollektiven Erinnerung. Frankfurt/M. 2012

Geiger, Wolfgang: Zwischen Schuld und Scham, Urteil und Vorurteil. Kollektive Erinnerung (nicht nur) in der pädagogischen Realität. In: Sachor (Gedenke): Der Zukunft ein Gedächtnis. Themenheft 2013, Deutscher Koordinierungsrat der Gesellschaften für Christlich-Jüdische Zusammenarbeit, Bad Nauheim 2013, S. 39-45

Geiger, Wolfgang: Antisemitismus auch im Schulbuch? Zum historischen und pädagogischen Kontext eines gravierenden Vorwurfs. In: Medaon – Magazin für jüdisches Leben in Forschung und Bildung, Jg. 13 (2019), Nr. 25 (Online-Publikation)

Geiger, Wolfgang: „Geldjuden" – Die Grundlagen eines universellen Vorurteils vom Mittelalter bis heute. In: KIgA, Widerspruchstoleranz – Ein Methodenhandbuch zu antisemitismuskritischer Bildungsarbeit, Nr. 3, 2019, S. 16-24

Geiger, Wolfgang: Zur KMK-Empfehlung über den Umgang mit Antisemitismus in der Schule. Fragen eines lesenden Lehrers – und einige Antworten. In: geschichte für heute 2/2023, S. 7-80

Giesecke, Dana/Welzer, Harald: Das Menschenmögliche. Zur Renovierung der deutschen Erinnerungskultur. Hamburg 2012

Grab, Walter: Die jüdische Antwort auf den Zusammenbruch der deutschen Demokratie 1933. Beiträge zum Widerstand 1933-1945, Gedenkstätte Deutscher Widerstand, Berlin 1988

Greiffenhagen, Martin (Hg.): Handwörterbuch zur politischen Kultur der Bundesrepublik Deutschland. Wiesbaden 2002

Grondin, Jean: Hermeneutische Wahrheit? Zum Wahrheitsbegriff Hans-Georg Gadamers. Königstein/Ts. 1994

Gross, Raphael: November 1938. Die Katastrophe vor der Katastrophe. München 2013

Gruner, Wolf: Widerstand in der Rosenstraße. Die Fabrik-Aktion und die Verfolgung der „Mischehen" 1943. Frankfurt/M. 2005

Haas, Th. Eberhard: Das Rätsel des Sündenbocks. Zur Entschlüsselung einer grundlegenden kulturellen Figur. Gießen 2009

Hamann, Christoph: Der Junge aus dem Warschauer Ghetto. Der Stroop-Bericht und die globalisierte Ikonografie des Holocaust. In: Paul, Gerhard (Hg.): Bilder, die Geschichte schrieben. 1900 bis heute. Göttingen 2011, S. 106-115

Hecht, Cornelia: Deutsche Juden und Antisemitismus in der Weimarer Republik. Bonn 2003

Heil, Johannes: Vorgeschichte und Hintergründe des Frankfurter Pogroms von 1349. In: Hessisches Jahrbuch für Landesgeschichte, Jg. 41 (1991), S. 105-151

Herzig, Arno/Rademacher, Cay (Hg.): Die Geschichte der Juden in Deutschland. Hamburg 2007

Hettinger, Anette: „Die Mechanismen erkennen". Überlegungen zum historischen Lernen an Biografien von NS-Täterinnen und Tätern. In: Zeitschrift für Geschichtsdidaktik, 2012, 11. Jg., S. 77-97

Heuberger, Rachel/Krohn, Helga: Hinaus aus dem Ghetto ... Juden in Frankfurt/M. 1800-1950. Begleitbuch zur ständigen Ausstellung des Jüdischen Museums Frankfurt/M. 1988

Hödl, Klaus: Kultur und Gedächtnis. Paderborn 2012

Horkheimer, Max/Adorno, Theodor W.: Dialektik der Aufklärung. Frankfurt/M. 1969

Höxter, Julius: Quellenbuch zur jüdischen Geschichte und Literatur. Bd. III, Frankfurt/M. 1931

Hufenreuter, Gregor/Knüppel, Christoph (Hg.): Wilhelm Schwaner. Walther Rathenau. Eine Freundschaft im Widerspruch. Der Briefwechsel 1913-1922. Berlin 2008

Iggers, Georg G.: Ohne jüdische Identität keine jüdische Geschichte. In: Brenner, Michael/Myers, David N. (Hg.): Jüdische Geschichtsschreibung heute. München 2002, S. 45-53

Kampmann, Wanda: Deutsche und Juden. Studien zur Geschichte des deutschen Judentums. Heidelberg 1963

Kaplan, Marion (Hg.): Geschichte des jüdischen Alltags in Deutschland. Vom 17. Jahrhundert bis 1945. München 2003

Kedourie, Elie (Hg.): Die Jüdische Welt. Offenbarung, Prophetie und Geschichte. München 2002

Kößler, Gottfried: Antisemitismus als Thema im schulischen Kontext. In: Fechler, Bernd/Kößler, Gottfried/Messerschmidt, Astrid (Hg.): Neue Judenfeindschaft? Perspektiven für den Umgang mit dem globalisierten Antisemitismus. Jahrbuch 2006 zur Geschichte und Wirkung des Holocaust, Fritz Bauer Institut. Frankfurt/M., S. 172-186

Köster, Manuel: Vom Holocaust lesen. Textverstehen im Spannungsfeld von Darstellungstext und Identitätsbedürfnissen. In: Zeitschrift für Geschichtsdidaktik 2012, S. 116-130

Kotowski, Albert S.: Zwischen Staatsräson und Vaterlandsliebe. Die Polnische Fraktion im Deutschen Reichstag 1871-1918. Düsseldorf 2007

Konitzer, Werner: Opferorientierung und Opferidentifizierung. Überlegungen zu einer begrifflichen Unterscheidung. In: Frölich, Margit/Jureit, Ulrike/Schneider, Christian (Hg.): Das Unbehagen an der Erinnerung – Wandlungsprozesse im Gedenken an den Holocaust. Frankfurt/M. 2012, S. 119-127

Kracauer, Isidor: Geschichte der Juden in Frankfurt/M. Erster Band, Frankfurt/M. 1925

Krüger, Arnd: Die Olympischen Spiele 1936 und die Weltmeinung. Ihre außenpolitische Bedeutung unter besondere Berücksichtigung der USA. Berlin 1972

Kuchler, Christian: @ichbinsophiescholl: Soziale Medien als Chance für den Geschichtsunterricht? In: geschichte für heute, Heft 1 (2023), S. 53-66

Kühberger, Christoph: Empirische Forschung zur Verwendung des Geschichtsschulbuches. In: ders./Bernhard, Roland/Bramann, Christoph (Hg.): Das Geschichtsschulbuch: Lehren – Lernen – Forschen. Salzburger Beiträge zur Lehrer/innen/bildung, Münster 2019, S. 17-33

Lämmer, Manfred: Die jüdische Turn- und Sportbewegung in Deutschland 1898-1938. Sankt Augustin 1989

Lässig, Simone: Wer definiert relevantes Wissen? Schulbücher und ihr gesellschaftlicher Kontext. In: Fuchs, Eckhardt/Kahlert, Joachim/Sandfuchs, Uwe (Hg.): Schulbuch konkret. Kontexte – Produktion – Unterricht. Bad Heilbrunn 2010, S. 199-215

Langer-Plän, Martina: Darstellung und Rezeption deutsch-jüdischer Geschichte als didaktisches Problem. Frankfurt/M. 1995

Lässig, Simone: Die historische Biographie auf neuen Wegen? In: Geschichte in Wissenschaft und Unterricht, 10/2009, S. 540-553

Lässig, Simone: Wer definiert relevantes Wissen? Schulbücher und ihr gesellschaftlicher Kontext. In: Fuchs, Eckhardt/Kahlert, Joachim/Sandfuchs, Uwe (Hg.): Schulbuch konkret. Kontexte Produktion Unterricht. Bad Heilbrunn 2010, S. 199-215

Lehnstaedt, Stephan: Der Kern des Holocaust. Bełżec, Sobibór, Treblinka und die Aktion Reinhardt. München 2017

Leibniz-Institut für Bildungsmedien (Georg-Eckert-Institut): Darstellungen der jüdischen Geschichte, Kultur und Religion in Schulbüchern des Landes Nordrhein-Westfalen. Abschlussbericht. Braunschweig (GEI), Jan. 2023, https://www.schulministerium.nrw/system/files/media/document/file/darstellung_juedische_geschichte_kultur_religion_schulbuecher_nrw_abschlussbericht_gei_januar_2023.pdf

Lenhard, Philipp (zus. m. Gregor Pelger und Mirjam Zadoff): Von der Sondergeschichte zur integrierten Geschichte: Jüdische Geschichte im Schulunterricht. In: Münchner Beiträge zur jüdischen Geschichte und Kultur 1 (2015), S. 11-26

Lestschinsky, Jakob: Das wirtschaftliche Schicksal des deutschen Judentums. Aufstieg – Wandlung – Krise – Ausblick. Berlin 1932

Levi, Primo: Die Untergegangenen und die Geretteten. Wien 1990

Leyenberg, Hans-Joachim: Glanzvolle Siege und bitteres Leid – die Stationen im Leben der Fecht-Olympiasiegerin Helene Mayer. Offenbachs „blonde He": Kronzeugin eines deutschen Schicksals. In: Rhein, Peter/Weber, Fritz/Weber, Michael (Hg.): Ereignisse – Sport in der Region. Frankfurt/M. 1993, S. 43-52

Liepach, Martin: Repräsentation und Rezeption. Schülerwahrnehmungen der Ausstellung „Und keiner hat für uns Kaddisch gesagt . . ." – Deportationen aus Frankfurt/M. 1941 bis 1945. In: Fritz Bauer Institut, Newsletter Nr. 32, Frühjahr 2008, S. 15-17

Liepach, Martin: Die Marginalisierung jüdischer Geschichte in den Schulgeschichtsbüchern – Das Beispiel Centralverein. In: Medaon. Magazin für jüdisches Leben in Forschung und Bildung, Jg. 13 (2019) Nr. 25 (Online-Publikation)

Liepach, Martin: Zur Darstellung des Holocaust in den aktuellen Schulgeschichtsbüchern. In: Geschichte in Wissenschaft und Unterricht, 70 (2019), H. 9/10, S. 543-553

Liepach, Martin (zus. m. Alfons Kenkmann): NS-Gewalttäter und ihre Verbrechen in aktuellen Schulgeschichtsbüchern. In: Köhler, Thomas/Matthäus, Jürgen/Pegelow Kaplan, Thomas/Römer, Peter (Hg.): Polizei und Holocaust. Eine Generation nach Christopher Brownings Ordinary Men. Paderborn 2023, S. 207-228

Lowenstein, Steven: Religion und Identität. Paderborn 2012

Mann, Golo: Deutsche Geschichte 1919-1945, unveränderte Neuaufl. 1969

Marienfeld, Wolfgang: Die Geschichte des Judentums in deutschen Schulbüchern (Theorie und Praxis, Band 72), Hannover 2000

Marienfeld, Wolfgang: jüdische Geschichte im Schulbuch der Gegenwart. Geschichte in Wissenschaft und Unterricht, 3/2003, S. 167-173.

Maurer, Trude: Die Entwicklung der jüdischen Minderheit in Deutschland (1780-1933). Göttingen 1992

Meseth, Wolfgang/Proske, Matthias/Radtke, Frank-Olaf (Hg.): Schule und Nationalsozialismus. Anspruch und Grenzen des Geschichtsunterrichts. Frankfurt/New York 2004

Metzger, Thérèse und Mendel: Jüdisches Leben im Mittelalter nach illuminierten hebräischen Handschriften vom 13. bis 16. Jahrhundert. Fribourg/Würzburg 1983

Meyer, Michael A./Brenner, Michael (Hg. i. A. des Leo Baeck Instituts): Deutsch-jüdische Geschichte in der Neuzeit. 4 Bände. München 1996/97

Niewyk, Donald L.: Jews in Weimar Germany. Louisiana State University Press 1980

Oomen, Hans-Gert/Schmid, Hans-Dieter (Hg.): Arbeitstexte für den Unterricht. Vorurteile gegen Minderheiten. Die Anfänge des modernen Antisemitismus am Beispiel Deutschlands, für die Sekundarstufe. Stuttgart 1978

Osterloh, Jörg: „Ausschaltung der Juden und des jüdischen Geistes". Nationalsozialistische Kulturpolitik 1920 – 1945. (Wissenschaftliche Reihe des Fritz Bauer Instituts 34), Frankfurt/M./New York 2020

Pandel, Hans-Jürgen: Bildinterpretation. Die Bildquelle im Geschichtsunterricht. Bildinterpretation I. Schwalbach/Ts. 2008

Pandel, Hans-Jürgen: Quelleninterpretation. Die schriftlichte Quelle im Geschichtsunterricht. Schwalbach/Ts. 2006, 3. Auflage

Pandel, Hans-Jürgen: Geschichtsunterricht nach Pisa. Kompetenzen, Bildungsstandards und Kerncurricula. Schwalbach/Ts. 2005

Paul, Gerhard (Hg.): Bilder, die Geschichte schrieben. 1900 bis heute. Bonn 2011

Paul, Gerhard (Hg.): Das Jahrhundert der Bilder, Bd. I: 1900-1949, Bd. II.: 1949 bis heute. Göttingen 2008/09

Paul, Gerhard: Visual History und Geschichtsdidaktik. Grundsätzliche Überlegungen. In: Zeitschrift für Geschichtsdidaktik 2013, 12. Jg., S. 9-26

Pingel, Falk: Unterricht über den Holocaust. Eine kritische Bewertung der aktuellen Diskussion. In: Georg-Eckert-Institut (Hg.): Grenzgänger/Transcending Boundaries. Aufsätze von Falk Pingel. Göttingen 2009, S. 165- 179

Popp, Susanne: Nationalsozialismus und Holocaust im Schulbuch. Tendenzen der Darstellung in aktuellen Geschichtsschulbüchern. In: Paul, Gerhard/Schoßig, Bernhard (Hg.): Öffentliche Erinnerung und Medialisierung des Nationalsozialismus. Eine Bilanz der letzten dreißig Jahre. Göttingen 2010

Pulzer, Peter: Die Entstehung des politischen Antisemitismus in Deutschland und Österreich 1867 bis 1914. Göttingen 2004

Rahden, Till van: Verrat, Schicksal oder Chance: Lesarten des Assimilationsbegriffs in der Historiographie zur Geschichte der Juden. In: Historische Anthropologie. Kultur-Gesellschaft-Alltag 13, (2005), S. 245-264

Rathenow, Hanns-Fred/Wenzel, Birgit/Weber, Norbert H. (Hg.): Handbuch Nationalsozialismus und Holocaust. Historisch-politisches Lernen in Schule, außerschulischer Bildung und Lehrerbildung. Schwalbach/Ts. 2013

Richarz, Monika (Hg.): Jüdisches Leben in Deutschland. 3 Bände. Stuttgart 1976-1982

Rürup, Reinhard: Der Liberalismus und die Emanzipation der Juden. In: Schaser, Angelika/Schüler-Springorum, Stefanie (Hg.): Liberalismus und Emanzipation. In- und Exklusionsprozesse im Kaiserreich und in der Weimarer Republik, Stuttgart 2010, S. 25-38

Sabrow, Martin: Die Diktatur des Paradoxons. Fragen an die Geschichte der DDR. In: Hockerts, Hans Günter (Hg.): Koordinaten deutscher Geschichte in der Epoche des Ost-West-Konflikts. München 2003. S. 153-174

Sandkühler, Thomas: Nach Stockholm: Holocaust-Geschichte und historische Erinnerung im neueren Schulgeschichtsbuch für die Sekundarstufen I und II. Zeitschrift für Geschichtsdidaktik, 2012, 11. Jg., S. 50-76

Sauer, Michael: Geschichte unterrichten. Eine Einführung in die Didaktik und Methodik. 5. Aktualisierte Auflage , Seelze 2006

Schatzker, Chaim: Juden und Judentum in den Geschichtslehrbüchern der Bundesrepublik Deutschland. In: Lange, Thomas (Hg.): Judentum und jüdische Geschichte im Schulunterricht nach 1945. Bestandsaufnahmen. Erfahrungen und Analysen aus Deutschland, Österreich, Frankreich und Israel. Aschkenas – Zeitschrift für Geschichte und Kultur der Juden, Beiheft 1, Wien u.a. 1994, S. 37-47

Schleiermacher, Friedrich D. E.: Hermeneutik und Kritik. Herausgegeben und eingeleitet von Manfred Frank. Frankfurt/M. 1977 [Hermeneutik und Kritik mit besonderer Beziehung auf das Neue Testament, Berlin 1838],

Schneider, Gerhard: Personalisierung/Personifizierung. In: Barricelli, Michele/Lücke, Martin (Hg.): Handbuch – Praxis des Geschichtsunterrichts. Bd. 1. Schwalbach/Ts. 2012, S. 302-315

Schoeps, Julius H./Wallenborn, Hiltrud: Juden in Europa. Ihre Geschichte in Quellen, Bd. 1: Von den Anfängen bis zum späten Mittelalter. Darmstadt 2001

Scholtz, Gunter: Ethik und Hermeneutik. Schleiermachers Grundlegung der Geisteswissenschaften. Frankfurt/M. 1995

Schönemann, Bernd/Thünemann, Holger: Schulbucharbeit. Das Geschichtslehrbuch in der Unterrichtspraxis. Schwalbach/Ts. 2010

Schönemann, Bernd: Visualität als Lernfalle? Vom Nutzen und Nachteil der Bilder beim Aufbau von Geschichtsbewusstsein. In: Schneider, Gerhard (Hg.): Die visuelle Dimension des Historischen. Hans-Jürgen Pandel zum 60. Geburtstag. Schwalbach/Ts. 2002, S. 21-31

Schönemann, Sebastian: Kulturelles Bildgedächtnis und kollektive Bilderfahrung – Die visuelle Semantik der Erinnerung am Beispiel des Fotos des Jungen aus dem Warschauer Ghetto. In: Zeitschrift für Geschichtsdidaktik 2013, 12. Jg., S. 46-60

Sombart, Werner: Die Juden und das Wirtschaftsleben. Leipzig 1911

Sombart, Werner: Die deutsche Volkswirtschaft im 19. Jahrhundert und im Anfang des 20. Jahrhunderts. 4. Aufl. Berlin 1919

Suchy, Barbara: The Verein zur Abwehr des Antisemitismus (I). From its Beginnings to the First World War, S. 205-239. (II) From the First World War to its Dissolution 1933, S. 67-103, Yearbook Leo Baeck Institute 28 (1983) bzw. 30 (1985)

Tal, Josef: Der Sohn des Rabbiners. Ein Weg von Berlin nach Jerusalem. Berlin 1985

Thimm, Barbara/Kößler, Gottfried/Ulrich, Susanne (Hg.): Verunsichernde Orte. Selbstverständnis und Weiterbildung in der Gedenkstättenpädagogik. Frankfurt/M. 2010

Toch, Michael: Die Juden im mittelalterlichen Reich, München 2003

Voigts, Manfred: Die deutsch-jüdische Symbiose. Zwischen deutschem Sonderweg und Idee Europa. Tübingen 2006

Volkov, Shulamit: Soziale Ursachen des jüdischen Erfolgs in der Wissenschaft. In: Dies.: Jüdisches Leben und Antisemitismus im 19. und 20. Jahrhundert. München 1990, S. 146-165

Wege in die Vernichtung. Die Deportation der Juden aus Mainfranken 1941-1943. Begleitband zur Ausstellung des Staatsarchivs Würzburg und des Instituts für Zeitgeschichte München-Berlin in Zusammenarbeit mit dem Bezirk Unterfranken. Generaldirektion der Staatlichen Archive Bayerns. München 2003

Wildt, Michael: Die Angst vor dem Volk, Ernst Fraenkel in der deutschen Nachkriegsgesellschaft. In: Boll, Monika/Gross, Raphael (Hg.): „Ich staune, dass Sie diese Luft atmen können". Jüdische Intellektuelle in Deutschland nach 1945. Frankfurt/M. 2013

Yavetz, Zvi: Die Juden und die Großmächte der Alten Welt. In: Kedourie, Elie (Hg.): Die Jüdische Welt. Offenbarung, Prophetie und Geschichte. München 2002

Zimmermann, Moshe: Deutsche gegen Deutsche. Das Schicksal der Juden 1938-1945. Berlin 2008

Zumbini, Massimo Ferrari: Die Wurzeln des Bösen. Gründerjahre des Antisemitismus: Von der Bismarckzeit zu Hitler. Frankfurt/M. 2003

Zeitfracht Medien GmbH
Ferdinand-Jühlke-Straße 7
99095 Erfurt, Deutschland
produktsicherheit@kolibri360.de